BIBLIOTHÈQUE ÉGYPTOLOGIQUE

CONTENANT LES

ŒUVRES DES ÉGYPTOLOGUES FRANÇAIS

Dispersées dans divers Recueils
et qui n'ont pas encore été réunies jusqu'à ce jour

PUBLIÉE SOUS LA DIRECTION DE

G. MASPERO

Membre de l'Institut
Directeur d'études à l'École pratique des Hautes-Études
Professeur au Collège de France

TOME CINQUIÈME

THÉODULE DEVÉRIA

MÉMOIRES ET FRAGMENTS

II

PARIS
ERNEST LEROUX, ÉDITEUR
28, RUE BONAPARTE, 28
—
1897

ERNEST LEROUX, ÉDITEUR
28, RUE BONAPARTE, 28

BIBLIOTHÈQUE ÉGYPTOLOGIQUE

CONTENANT

LES ŒUVRES DES ÉGYPTOLOGUES FRANÇAIS

Dispersées dans divers Recueils et qui n'ont pas encore été réunies jusqu'à ce jour, publiée sous la direction de

G. MASPERO

Membre de l'Institut, professeur au Collège de France

Tomes I, II. — **G. Maspero**. ÉTUDES DE MYTHOLOGIE ET D'ARCHÉOLOGIE ÉGYPTIENNES. — In-8°. Chaque vol. 12 fr.

Tome III. — **Marquis de Rochemonteix**. ŒUVRES DIVERSES. — In-8° avec planches .... 15 fr.

Tome IV. — **Th. Devéria**. MÉMOIRES ET FRAGMENTS. — Première partie. Un fort volume in-8°, avec portrait, dessins, planches en couleur et en phototypie.......................... 16 fr.

Tome V. — Deuxième partie. In-8°, figures et planches........ 16 fr.

Tomes VI, VII. — **G. Maspero**. MÉMOIRES DIVERS. In-8°. (Sous presse).

Tomes VIII à XV. — ŒUVRES DE CHABAS (Sous presse).

Tomes XVI à XX. — ŒUVRES DU VICOMTE E. DE ROUGÉ.

MÉMOIRES PUBLIÉS PAR LES MEMBRES DE LA

MISSION ARCHÉOLOGIQUE FRANÇAISE DU CAIRE

sous la direction de M. G. Maspero, membre de l'Institut.

Tomes I à XIX. Collection de volumes in-4°, avec planches en noir et en couleur.

CHALON-SUR-SAONE, IMP. FRANÇAISE ET ORIENTALE DE L. MARCEAU

BIBLIOTHÈQUE
ÉGYPTOLOGIQUE

TOME CINQUIÈME

CHALON-SUR-SAONE
IMPRIMERIE FRANÇAISE ET ORIENTALE DE L. MARCEAU

BIBLIOTHÈQUE
ÉGYPTOLOGIQUE

CONTENANT LES

ŒUVRES DES ÉGYPTOLOGUES FRANÇAIS

Dispersées dans divers Recueils
et qui n'ont pas encore été réunies jusqu'à ce jour

PUBLIÉE SOUS LA DIRECTION DE

G. MASPERO

Membre de l'Institut
Directeur d'études à l'École pratique des Hautes-Études
Professeur au Collège de France

TOME CINQUIÈME

THÉODULE DEVÉRIA

MÉMOIRES ET FRAGMENTS

II

PARIS
ERNEST LEROUX, ÉDITEUR
28, RUE BONAPARTE, 28

1897

THÉODULE DEVÉRIA

MÉMOIRES ET FRAGMENTS

II

CHALON-SUR-SAONE
IMPRIMERIE FRANÇAISE ET ORIENTALE DE L. MARCEAU

THÉODULE DEVÉRIA

MÉMOIRES ET FRAGMENTS

PUBLIÉS PAR

G. MASPERO

MEMBRE DE L'INSTITUT

TOME SECOND

PARIS
ERNEST LEROUX, ÉDITEUR
28, RUE BONAPARTE, 28

1897

LA
RACE SUPPOSÉE PROTOCELTIQUE

Est-elle figurée dans les monuments égyptiens [1] ?

M. Alexandre Bertrand a dernièrement annoncé à la Société des Antiquaires la découverte récente, en Algérie, dans la province de Constantine, de nombreuses sépultures antiques semblables à celles qu'on est convenu d'appeler sépultures de l'*âge de pierre* [2], dont les plus beaux spécimens subsistent encore en France et dans le nord de l'Europe. Ces sépultures présentent des *dolmens*, des *menhirs*, des *cromlechs*, et tout ce qui constitue les caractères des monuments dits *protoceltiques* [3]. Il est donc à peu près incontestable que le peuple qui les laissa sur le sol africain à une époque dont l'histoire n'a pas gardé le souvenir [4], appartenait

---

1. Publiés en 1864 dans la *Revue archéologique*, 2ᵉ série, t. IX, p. 38-43.
2. Voyez *Revue archéologique*, décembre 1863.
3. J'emploie cette expression, faute de mieux, sans affirmer, toutefois, que ces populations antiques aient eu d'autres analogies avec les Celtes ou Gaulois que d'avoir habité les mêmes contrées et d'avoir appartenu probablement aussi à la race blanche.
4. Je n'ignore pas que la découverte de monnaies romaines et d'objets en fer et en bronze, dans quelques-unes de ces sépultures, peuvent faire penser qu'elles appartiennent à une époque relativement moderne, mais ces objets n'ont pas été trouvés dans toutes celles qui ont été fouillées, et rien n'empêche d'attribuer aux monuments de cette grande nécropole des âges très différents.

à la même race que les premiers habitants de l'Europe. Cette race primitive était très probablement blanche, puisque, d'une part, il n'y a aucune trace de populations de couleurs dans les contrées septentrionales, telles que le Danemark, où elle se réfugia, repoussée par des invasions successives à des époques encore inconnues, et que, d'autre part, il serait difficile d'admettre l'anéantissement absolu d'immigrations aussi considérables.

La présence de ces peuples dans le nord de l'Afrique à une époque très reculée est, je crois, confirmée par les monuments égyptiens, et elle peut résoudre un problème intéressant de l'archéologie : celui de savoir à quelle race appartenaient les populations désignées dans les inscriptions hiéroglyphiques sous le nom de Tamh'ou, populations blanches dans lesquelles Champollion voyait des Européens, tandis que M. Brugsch veut y reconnaître des Libyens.

Voici comment Champollion s'exprime dans ses *Lettres d'Égypte* en parlant des bas-reliefs peints qui contiennent, parmi plusieurs autres, la représentation du peuple que je viens de nommer[1] :

« Dans la vallée proprement dite de Biban-el-Molouk,
» nous avons admiré, comme tous les voyageurs qui nous
» ont précédés, l'étonnante fraîcheur des peintures et la
» finesse des sculptures de plusieurs tombeaux. J'y ai fait
» dessiner la série de *peuples* figurée dans des bas-reliefs.
» J'avais cru d'abord, d'après les copies de ces bas-reliefs,
» publiées en Angleterre, que ces peuples, de races bien
» différentes, conduits par le dieu Horus, tenant le bâton
» pastoral, étaient les nations soumises au sceptre des
» Pharaons; l'étude des légendes m'a fait connaître que
» ce tableau a une signification plus générale. Il appartient
» à la troisième heure du jour, celle où le soleil commence
» à faire sentir toute l'ardeur de ses rayons et réchauffe

1. Voyez Champollion Figeac, l'*Égypte ancienne*, p. 30.

» toutes les contrées habitées de notre hémisphère. On a
» voulu y représenter, d'après la légende même, *les habi-*
» *tants de l'Égypte et ceux des contrées étrangères.* Nous
» avons donc ici sous les yeux l'image des diverses *races*
» *d'hommes* connues des Égyptiens, et nous apprenons
» en même temps les grandes divisions géographiques ou
» *ethnographiques* établies à cette époque reculée.

» Les hommes guidés par le pasteur des peuples, Horus,
» appartiennent à quatre familles bien distinctes. Le pre-
» mier, le plus voisin du dieu, est *de couleur rouge sombre*,
» taille bien proportionnée, physionomie douce, nez légère-
» ment aquilin, longue chevelure nattée, vêtu de blanc :
» les légendes désignent cette espèce sous le nom de *Rot-*
» *en-ne-rôme*, la race des hommes [1], les hommes par excel-
» lence, c'est-à-dire les Égyptiens.

» Il ne peut y avoir aucune incertitude sur la race de
» celui qui vient après; il appartient à la race des *nègres*,
» qui sont désignés sous le nom général de *Nahasi*.

» Le suivant présente un aspect bien différent : peau
» couleur de chair tirant sur le jaune, ou teint basané, nez
» fortement aquilin, barbe noire, abondante et terminée
» en pointe, court vêtement de couleurs variées; ceux-ci
» portent le nom de *Namou* [2].

» Enfin, le dernier a la teinte de la peau que nous nom-
» mons couleur de chair, ou peau blanche de la nuance la
» plus délicate, le nez droit ou légèrement voussé, les yeux
» bleus, barbe blonde ou rousse, taille haute et très élancée,

---

1. Ce que Champollion lisait alors *Rot-en-ne-rôme*, est simplement le mot *ret'u*, « hommes, race humaine » suivi de ses déterminatifs, et que M. Brugsch a rapproché du nom de Lud ou Ludim, premier fils de Mizraim.

2. Lisez *ámou* ou plutôt *aámou*, la valeur phonétique du caractère initial n'ayant été reconnue que depuis peu de temps. M. de Rougé a rapproché ce nom de l'hébreu *populus*, et M. Brugsch a cru y reconnaître la désignation des Ammonites.

» vêtu de peau de bœuf conservant encore son poil, véri-
» table sauvage tatoué¹ sur diverses parties du corps; on
» les nomme *Tamhou*².
  » Je me hâtai de chercher le tableau correspondant à celui-
» ci dans les autres tombes royales, et, en le retrouvant en
» effet dans plusieurs, les variations que j'y observai me con-
» vainquirent pleinement qu'on a voulu figurer ici *les habi-
» tants des quatre parties du monde*, selon l'ancien système
» égyptien, savoir : 1° *les habitants de l'Égypte*, qui, à elle
» seule, formait une partie du monde, d'après le très mo-
» deste usage des vieux peuples; 2° les habitants propres de
» l'*Afrique*, les nègres; 3° les *Asiatiques*; 4° enfin (et j'ai
» honte de le dire, puisque notre race est la dernière et la
» plus sauvage de la série), les *Européens*, qui, à ces époques
» reculées, il faut être juste, ne faisaient pas une trop belle
» figure dans ce monde. Il faut entendre ici tous les peuples
» de race blonde et à peau blanche, habitant non seulement
» l'*Europe*, mais encore l'*Asie*³, leur point de départ.
  » Cette manière de considérer ces tableaux est d'autant
» plus la véritable que, dans les autres tombes, les mêmes
» noms génériques reparaissent, et constamment dans le
» même ordre. On y trouve aussi les Égyptiens et les Afri-
» cains représentés de la même manière, ce qui ne pouvait
» être autrement : mais les *Namou*⁴ (les Asiatiques) et les
» *Tamhou* (les races européennes) offrent d'importantes et
» curieuses variantes.

1. M. Brugsch a cru reconnaître dans ces tatouages sur les bras et sur les jambes le signe du nom de la déesse égyptienne Neith; ce fait est des plus contestables, car on ne pourrait y voir qu'une forme cursive et imparfaite du caractère en question; je ne discuterai donc pas les déductions qu'il a voulu en tirer (*Geographische Inschriften*, t. II, p. 79), et je me contenterai de signaler l'incertitude du fait.
2. Voir les *Monuments* de Champollion et de Rosellini, les *Denkmœler* de Lepsius.
3. Ceci est une simple hypothèse de Champollion.
4. Âmou ou Aamou.

» Au lieu de l'Arabe ou du Juif si simplement vêtu, figuré
» dans un tombeau, l'Asie a pour représentants dans d'autres
» tombeaux (ceux de *Rhamsès-Méïamoun*, etc.) trois indi-
» vidus toujours à teint basané, nez aquilin, œil noir et
» barbe touffue, mais costumés avec une rare magnificence.
» Dans l'un, ce sont évidemment des *Assyriens :* leur cos-
» tume, jusque dans les plus petits détails, est parfaitement
» semblable à celui des personnages gravés sur les cylindres
» assyriens; dans l'autre, les peuples *mèdes*, ou habitants
» primitifs de quelque partie de la Perse, leur physionomie
» et costume se retrouvant en effet trait pour trait sur les
» monuments *persépolitains*. On représentait donc l'Asie
» par l'un des peuples qui l'habitaient indifféremment. Il en
» est de même[1] de nos bons vieux ancêtres les *Tamhou;*
» leur costume est quelquefois différent; leurs têtes sont
» plus ou moins chevelues et chargées d'ornements diver-
» sifiés; leur vêtement sauvage varie un peu dans sa forme;
» mais leur teint blanc, leurs yeux et leur barbe conservent
» tout le caractère d'une race à part. J'ai fait copier et
» colorier cette curieuse série ethnographique. Je ne m'at-
» tendais certainement pas, en arrivant à Biban-el-Molouk,
» d'y trouver des sculptures qui pourront servir de vignettes
» à l'histoire des habitants primitifs de l'Europe, si on a
» jamais le courage de l'entreprendre. Leur vue a toutefois
» quelque chose de flatteur et de consolant, puisqu'elle nous
» fait bien apprécier le chemin que nous avons parcouru
» depuis. »

Champollion, comme on le voit, n'a pas hésité un seul instant à reconnaître dans les Tamh'ou le type de la race blanche d'Europe; cela lui paraissait même être un fait palpable et sans contestation possible, tant les similitudes lui semblaient évidentes.

M. Brugsch, d'un autre côté, n'a pu nier aucun des carac-

---

1. On pourrait dire au contraire : *il n'en est pas de même.*

tères physiologiques observés et décrits par Champollion; mais ses savantes recherches sur les connaissances géographiques de l'ancienne Égypte l'ont amené à acquérir la certitude que les Tamh'ou n'habitaient pas l'Europe, et que leur pays était au contraire situé dans le nord de l'Afrique, à l'ouest ou au nord-ouest de l'Égypte, c'est-à-dire sur le littoral de la Méditerranée[1]. Ce savant a donc cru pouvoir les désigner sous le nom générique de *Libyens*, qui doit être appliqué plus spécialement aux *Rebou*, ou mieux *Libou*, des inscriptions hiéroglyphiques.

Aucun document n'indique jusqu'à quelle distance, au nord-ouest de la vallée du Nil, pouvait s'étendre la race en question, et rien n'empêche de croire qu'elle occupa primitivement, à partir de la Libye proprement dite, toute la côte nord de l'Afrique; elle peuplait même plusieurs des îles de la Méditerranée[2]. Les Tamh'ou sont cités dans les inscriptions avec les H'àu-nebou, ou peuples européens[3], et même avec les Grecs[4], ce qui semble indiquer leur connexion avec les habitants de l'Europe. Enfin, leur mention devient de plus en plus rare dans les textes des basses époques[5], et ce dernier fait pourrait s'expliquer par la disparition ou la fusion des derniers restes de la race primitive sur le territoire africain, aux époques qui avoisinent le commencement de notre ère.

M. Brugsch semble admettre que les Tamh'ou, quoique blancs, étaient d'origine africaine; il les considère comme

---

1. Brugsch, *Geographische Inschriften*, t. II, *die Geographie der Nachbarländer Ægyptens*, p. 89, pl. I et XV. — Chabas, *Les Papyrus hiératiques de Berlin*, p. 27, etc.
2. Brugsch, *ibid.*, t. II, p. 80. Le savant prussien considère les Pursatas, les Zakarys et les S'akals'as comme appartenant à la même race blanche.
3. Brugsch, *ibid.*, t. III, p. 51.
4. Brugsch, *ibid.*, t. III, p. 58.
5. Brugsch, *ibid.*, t. III, p. 51.

les plus septentrionales des populations, appelées Teh'nou[1], mais cette expression devait s'appliquer à une confédération plutôt qu'à une race, puisque les Tamh'ou sont toujours choisis comme type de la race blanche. Il est certain, dans tous les cas, que cette race, quelle que soit sa désignation antique, pouvait être venue d'Europe, après avoir pénétré en Afrique par l'Espagne ou par toute autre voie[2].

Aujourd'hui que la nécropole, dite celtique, de la province de Constantine et les découvertes analogues faites antérieurement dans la province d'Alger[3] viennent nous révéler le séjour d'un rameau de la race primitive de l'Europe dans le nord de l'Afrique, à une époque où l'usage des monuments qui caractérisent le premier âge de la civilisation n'était pas encore perdu, il me semble possible de reconnaître dans ces populations anciennes la souche des Tamh'ou, types de la race blanche dans les monuments pharaoniques, dont la mention dans les textes égyptiens remonte à plus de 2500 ans avant notre ère[4], et dont l'établissement dans ces contrées est nécessairement beaucoup plus ancien. Cette

---

1. Brugsch, *ibid.*, t. II, p. 79. Je lis *Teh'nou* et non pas *Teh'ennou*, la finale pléonastique *nou* ne nécessitant en aucune manière le redoublement de l'*n*.

2. D'après l'opinion de quelques savants, la race primitive, originaire d'Asie, se serait, au contraire, divisée en deux grands rameaux, dont l'un, se dirigeant vers le Nord, aurait peuplé l'Europe, tandis que l'autre, traversant l'isthme de Suez et la Basse-Égypte, se serait répandu en Afrique. Mais nous n'entrerons pas dans la discussion de ces hypothèses.

3. Voir l'article de M. Bertrand dans le numéro de décembre [1863 de la *Revue archéologique*].

4. Ils sont figurés dans les tombes royales de la XIXe et de la XXe dynastie (Voir Lepsius, *Denkm.*, III, 136, Tombeau de Séti Ier; Champollion, *Monuments*, pl. XXIV et CCLXXIII). La race blanche apparaît déjà dans les peintures de la XVIIIe dynastie (voyez Lepsius, *Denkm.*, III, 115-116), et Amenemhâ Ier, premier roi de la XIIe dynastie, dont M. Brugsch place l'avènement en l'an 2812 avant Jésus-Christ, avait déjà envoyé des explorateurs dans le pays qu'habitaient les Tamh'ou. (Voyez Chabas, *Les Papyrus hiératiques de Berlin*, p. 41.)

identification des premières populations blanches du nord de l'Afrique avec les Tamh'ou¹ des inscriptions donnerait raison à la fois à Champollion et à M. Brugsch, au moins pour les points les plus importants de leurs assertions, et rien ne s'opposerait à ce qu'on vit avec Champollion dans les Tamh'ou le type de nos premiers ancêtres, tout en y reconnaissant avec M. Brugsch une nation établie dans le nord de l'Afrique.

Si ce rapprochement était admis et confirmé par quelque nouvelle découverte, nous nous rappellerions la prévision de Champollion, et le jour serait venu d'ajouter à l'histoire des habitants primitifs de l'Europe la représentation d'un type de leur race, conservé dans les hypogées de la vieille Égypte.

---

1. L'étymologie proposée par quelques égyptologues, qui donnerait à ce mot la signification de *Terre du Nord* en langue égyptienne, n'est pas admissible, parce que le signe initial *t* ou *ta* n'est jamais remplacé par le caractère *tâ*, « terre, pays ».

ACQUISITIONS DU MUSÉE ÉGYPTIEN

AU LOUVRE

I

S. A. I. le prince Napoléon vient de donner au musée du Louvre quatre inscriptions hiéroglyphiques, parmi lesquelles se place en première ligne la pierre qui porte la date astronomique du calendrier d'Éléphantine. On se rappelle que c'est à l'aide de ce document célèbre dans la science égyptologique que MM. Biot et de Rougé ont placé l'an 1442 avant Jésus-Christ dans le règne de Toutmès III (XVIII⁰ dynastie). Il est certain, en effet, que le calendrier en question a été dressé sous le règne de ce pharaon [1], pour un édifice sacré qui a été postérieurement détruit, et dont les matériaux ont été employés, pendant l'époque ptolémaïque, à la construction du grand quai actuel d'Éléphantine. Mais, malgré l'évidence apparente de ces données et la grande autorité qui s'attache aux noms des deux savants académiciens qui en ont fait ressortir l'importance, nous n'ignorons pas que les conclusions chronologiques qui en ont été tirées ont été sérieusement contestées. Ce précieux fragment est donc encore et pourra

---

[1]. Publié dans la *Revue arcéologique*, 2⁰ série, t. IX, p. 220-221.
[2]. Des empreintes et des photographies d'autres débris de ce monument, que j'ai prises sur les lieux mêmes, ne peuvent laisser subsister aucune incertitude à cet égard.

être longtemps un sujet d'étude pour les égyptologues et pour les chronologistes. C'est dire assez l'intérêt qui s'attache à ce fragment d'inscription.

Les autres objets sont : 1° une très belle stèle en forme de porte, aussi remarquable par son style archaïque que par la finesse de sa gravure ; elle appartient à l'Ancien Empire égyptien et peut remonter jusqu'au temps de la VI° dynastie, puisqu'elle porte le cartouche du roi Teta et le nom propre du défunt Asa. Les collections du Louvre ne possédaient pas encore un si bel échantillon de l'art de ces temps reculés[1]; 2° un linteau de porte orné d'hiéroglyphes et provenant d'un tombeau memphite de l'époque de la construction des grandes pyramides, c'est-à-dire plus ancien encore que la stèle que je viens de mentionner[2]; enfin, 3° un petit bloc de pierre portant sur trois faces un des cartouches de Ramsès II, où on remarque la variante assez rare du cartouche prénom qui se lit dans les colonnes médiales des inscriptions de l'Obélisque de Paris[3].

Ces quatre monuments proviennent des fouilles et explorations dirigées, il y a quelques années, par M. Mariette-Bey, pour S. A. I. le prince Napoléon.

II[4]

Le Musée du Louvre vient d'acquérir une collection d'antiquités égyptiennes dans laquelle on remarque : 1° un petit sphinx couché, en bronze, orné des cartouches du roi Smendès de la XXI° dynastie, incrustés en or. C'est une pièce de

---

1. C'est la stèle C 164 de la *Notice des Monuments*, 3° édit., 1872, p. 136-137. — G. M.
2. Actuellement C 155 ; cfr. E. de Rougé, *Notice des Monuments*, 3° édit., 1872, p. 134. — G. M.
3. A été classé sous le n° D 62 ; cfr. E. de Rougé, *Notice des Monuments*, 3° édit., 1872, p. 211. — G. M.
4. Publié dans la *Revue archéologique*, 2° série, t. XI, p. 68.

la plus grande rareté¹; 2° un sphinx debout, portant sur la poitrine le nom hiéroglyphique du roi Tahraq, également en bronze et d'un beau travail²; 3° une statuette de la déesse Pacht, en serpentine, qui semble, d'après ses légendes, avoir été un présent dédié par le roi *Râûser-mâ-t Pi-ânx'i* à sa femme Kennese-t. Elle nous fait connaître le prénom d'un roi Pi-ânx'i et le nom d'une reine inconnus jusqu'ici³; 4° enfin, une multitude de figurines en bronze et en terre émaillée, dont quelques-unes sont du plus beau travail ou de la plus grande rareté.

1. *Salle historique*, n° 265; cfr. Pierret, *Catalogue de la Salle historique*, 1877, p. 56. — G. M.
2. *Salle historique*, n° 266; cfr. Pierret, *Catalogue de la Salle historique*, 1877, p. 56. — G. M.
3. *Salle historique*, n° 28; cfr. Pierret, *Catalogue de la Salle historique*, 1877, p. 17. — G. M.

LA CARICATURE ÉGYPTIENNE[1]

Le musée égyptien de Turin possède le débris d'un papyrus où l'on remarque des caricatures analogues à celle que Grandville a faites de notre temps et dans lesquelles les personnages sont représentés par des animaux. Les fragments de ces curieuses peintures, qui peuvent remonter au temps de Moïse, ont été réunis avec patience et habilement disposés, de manière à former un long tableau à deux registres[2], dans lequel on distingue à la bande supérieure un animal qui semble se servir d'un double siphon[3], puis un concert exécuté par un âne qui joue de la harpe, un lion qui pince de la lyre, un crocodile qui a pour instrument une sorte de théorbe et un singe qui souffle dans une double flûte. Cet assemblage bizarre est certainement, ainsi que l'a reconnu M. Lepsius, la charge d'un gracieux groupe dont on connaît plusieurs exemples, dans les monuments égyptiens, et qui se compose de quatre jeunes femmes jouant des mêmes instruments dans le même ordre[4].

---

1. Note rédigée en 1864, et publiée dans Champfleury, *Histoire de la Caricature antique*, in-8°, Paris. — G. M.
2. Voyez Lepsius, *Auswahl der wichtigsten Urkunden*, pl. XXIII, et l'une des dernières planches [pl. 34, p. 178] de l'*Égypte Ancienne* (de Champollion-Figeac), dans l'*Univers* de Didot.
3. Cet instrument était en usage parmi les prêtres pour transvaser certains liquides destinés aux cérémonies religieuses, ainsi que le prouve un bas-relief qui a été copié par M. Prisse d'Avennes.
4. Lepsius, *Auswahl*, pl. XXIII, et Rosellini, *Monumenti Civili*, pl. XCVIII.

Plus loin, un autre âne, vêtu d'une sorte de tunique, armé d'un long bâton ou d'un *pedum* reçoit majestueusement les offrandes que lui présente en toute humilité un chat amené devant lui par une génisse. On peut reconnaître dans cette composition la scène funéraire dans laquelle un défunt est conduit par la déesse Hathor, à corne de vache, devant Osiris, le grand juge des enfers.

C'est ensuite un autre quadrupède qui semble trancher la tête à un animal captif, de la même manière qu'on représentait dans les grands monuments les Pharaons massacrant leurs prisonniers.

Vient après cela une bête à cornes armée d'un casse-tête et conduisant un lièvre et un lion attachés par le cou à une même corde. Cela fait allusion à la manière dont les rois traitaient leurs ennemis vaincus, ainsi qu'on le voit sur les murailles de Karnak et de Médinet-Abou. La même scène est reproduite une seconde fois par d'autres animaux.

Dans la bande inférieure, on remarque d'abord un combat de chats et d'oiseaux, dont l'intention était peut-être de rappeler les batailles de l'armée égyptienne; puis un épervier montant à une échelle qui est appuyée contre un arbre dans lequel on aperçoit un hippopotame femelle entouré de fruits. Il n'est pas impossible de reconnaître ici un sujet sacré : l'âme, figurée ordinairement par l'oiseau à tête humaine, s'approchant du sycomore dans lequel est Nout, la dispensatrice des aliments divins. Plus loin on trouve une scène qui pourrait presque servir d'illustration à la *Batrachomyomachie* d'Homère : c'est l'attaque d'une forteresse par une armée de rats portant des lances et des boucliers ou tirant de l'arc. Le capitaine des assiégeants est monté sur un char traîné par deux lévriers au galop; les chats qu'on voit autour de lui figurent les lions que les rois d'Égypte menaient en guerre. Ensuite, un combat singulier entre un rat et un lion; puis un char de bataille sur lequel un chat s'apprête à monter, et enfin quelques autres figures dans lesquelles on peut trouver la représentation d'ennemis vaincus faisant acte de soumission devant leur conquérant.

Tout cela n'est que la première partie du papyrus, qui contient encore deux tableaux de la même dimension que celui que nous venons de décrire, et dans lesquels sont des charges érotiques dont il serait difficile de donner une idée sans sortir des bornes de la bienséance.

Le musée de Londres possède aussi des fragments d'un papyrus dans lequel sont dessinées des caricatures analogues aux premières de celui de Turin ; la religion et la royauté y sont également tournées en dérision. Dans l'un de ces débris un chat, tenant à la main une fleur, présente à un rat des offrandes qui sont déposées devant lui. Ce dernier, gravement assis

sur une chaise, respire le parfum d'une énorme fleur de lotus ; derrière lui, un second rat debout tient un éventail et un autre objet. Un second fragment qui porte la représentation d'un chat debout devait faire partie de la même scène. Je n'hésite pas à reconnaître ici la charge de l'offrande funéraire, telle qu'elle est fréquemment représentée dans les bas-reliefs, quoique M. Lepsius ait cru y démêler la satire des hommages qu'on rendait aux rois ; on remarquera, en effet, que, dans les autres figures de ce papyrus le Pharaon est représenté par un lion. Ainsi l'on distingue plus loin, après un chat et un autre animal qui portent un fardeau à l'aide d'un bâton qu'ils soutiennent sur leur épaule, un *lion* assis devant une table?,

puis un autre lion qui s'approche d'un *thalamus* sur lequel est une gazelle. Nous allons voir que ces figures doivent représenter un Pharaon. Plus loin, et comme dans le papyrus de Turin, un troupeau de canards dont les pasteurs sont des chats. Vient ensuite un troupeau de gazelles sous la conduite d'un loup qui porte son bagage sur l'épaule, comme les bergers égyptiens, et qui souffle dans un double chalumeau. Je trouve dans cette scène, ainsi que dans l'avant-dernière dont j'ai parlé et dans celle que je vais décrire, une allusion évidente aux mœurs intimes d'un Pharaon ou à son gynécée, le harem des anciens souverains de l'Égypte qui paraît avoir été analogue à celui des Musulmans. Nous voyons, en effet, sur notre papyrus, ce même lion terrible, c'est-à-dire le roi, jouant aux échecs avec une gazelle, juste comme dans les appartements du palais de Médinet-Abou où on a sculpté l'image de Rhamsès III, jouant à ce jeu avec une de ses femmes[1]. Le dernier dessin représente enfin un quadrupède apportant des mets à un hippopotame

1. Lepsius, *Auswahl*, pl. XXIII, et Rosellini, *Monumenti Storici*, pl. CXXII. Il est donc évident, que si le roi est figuré par un lion, ce qui est une métaphore employée souvent et en bonne part dans les inscriptions, ses femmes, que Manéthon appelle *pallacides*, sont représentées par les gazelles; c'est une image tout orientale.

qui plonge ses pattes dans des vases placés devant lui. Cela rappelait peut-être encore la bonne chère des Pharaons.

La collection Abbott, maintenant en Amérique, contient aussi un exemple des caricatures égyptiennes[1]. C'est un éclat de pierre calcaire qui porte une scène d'offrande : un chat debout, armé d'un *flabellum*, offre une oie dépouillée de ses plumes à une chatte assise sur un pliant, tenant une coupe à boire dans une de ses pattes et une fleur dans l'autre. Ce croquis au pinceau est habilement esquissé; il conserve encore quelques traces d'enluminure et rappelle les scènes analogues des deux papyrus dont nous avons parlé! Ces trois pièces sont, je crois, tout ce qu'on connaît de l'art satirique de l'ancienne Égypte; elles suffisent pour nous apprendre que dans ce genre la religion n'était pas plus respectée que la royauté, et qu'on les tournait en ridicule aussi bien que de simples scènes de mœurs.

1. E. Prisse, *Notice sur le musée du Caire*, p. 17, dans la *Revue archéologique*, 15 mars 1846.

LA
NOUVELLE TABLE D'ABYDOS

COMPARÉE AUX AUTRES LISTES ROYALES DE L'ANCIENNE ÉGYPTE

RÉDIGÉES

SOUS LES RAMESSIDES OU ANTÉRIEUREMENT[1]

ANCIEN EMPIRE

Nous avons plusieurs fois déjà signalé à l'attention des lecteurs de la Revue un précieux recueil d'études égyptologiques, fondé l'année dernière par M. le docteur H. Brugsch sous le titre de *Zeitschrift für œgyptische Sprache und Alterthumskunde*. Le savant rédacteur de cette publication ayant été appelé à des fonctions diplomatiques en Égypte, M. le docteur Lepsius s'est chargé de la direction scientifique de ce journal, et y a apporté une importante amélioration en y introduisant l'usage des beaux types hiéroglyphiques qu'il a fait graver à Berlin.

Le premier numéro publié dans ces conditions est celui d'octobre et novembre 1864; il contient un des plus précieux documents que les découvertes modernes nous aient fait connaître. C'est un nouvel exemplaire presque intact de la liste de noms royaux connue sous le titre de Table d'Abydos.

---

[1]. Publié dans la *Revue archéologique*, nouvelle série, janvier 1865, t. XI, p. 50-65.

Cet important monument a été copié par M. Dümichen dans des fouilles récentes[1], exécutées au grand temple voisin du village moderne d'Arabat-el-Medfouneh. Sa découverte vient confirmer plusieurs des points importants pour la chronologie que M. Mariette a mis en lumière par la publication de la Table de Saqqarah[2].

M. Dümichen a joint à sa communication un essai de concordance de la nouvelle liste avec les noms royaux des premières dynasties de Manéthon, mais on doit regretter que ce savant, retenu au Caire par une maladie, n'ait pas pu y ajouter, dès à présent, les éclaircissements dont il annonce la publication prochaine.

Nous croyons devoir, en attendant, faire connaître ce nouveau document aux archéologues français, et le comparer aux autres listes déjà connues. Les plus importantes de ces listes sont au nombre de sept pour les dynasties de l'Ancien Empire ou du premier livre de Manéthon; les autres ne présentent que des séries partielles, utiles pour la chronologie, mais dont le but n'a été que de rappeler un petit nombre de règnes, ou de représenter de courtes périodes. M. Lepsius les a soigneusement réunies dans son *Kœnigsbuch*. Celles dont je m'occuperai sont les suivantes :

1° **La liste du grand temple d'Arabat-el-Medfounehou** *Nouvelle Table d'Abydos*, copiée par M. Dümichen. — A gauche : « Le Dieu bon (Râ-men-mâ), le roi des régions supérieure et inférieure (Ménéptah-Séti) [Séti Ier], » présente de l'encens. Devant lui, « les invocations sont prononcées par l'héritier, le royal fils préféré de son flanc, qu'il aime, Ramsès, justifié[3], » revêtu du costume des grands prêtres

---

1. L'auteur n'indique pas si ces fouilles sont celles de M. Mariette, mais nous pensons qu'il n'est pas possible d'en douter, car M. Mariette continue depuis plusieurs années des travaux qui doivent amener le déblaiement complet du grand temple d'Abydos.

2. *Revue archéologique*, nouvelle série, 1864, t. X, p. 170.

3. Cette qualification n'indique en aucune manière que le personnage

de Ptah. Trois rangées de noms royaux, composées chacune de 38 cartouches hiéroglyphiques et surmontées d'une légende générale, sont placées en face d'eux. Le tout se lit de la manière suivante: « Acte d'oblation à Ptah-Sokar-
» Osiris, seigneur du tombeau, qui réside au palais de Râ-
» men-mà-heh [1], et aux rois des régions supérieure et infé-
» rieure, par le roi des régions supérieure et inférieure, le
» seigneur des deux mondes ⟨Ita-men-mä⟩, le fils du soleil
» ⟨Mer-n-Ptah-Séti⟩; multitude de pains, multitude de
» boissons, multitude de bestiaux, multitude de volailles,
» multitude de parfums, multitude d'ingrédients, multitude
» de vêtements, multitude de préparations, multitude de
» vins, multitude de biens sacrés en offrande du roi des ré-
» gions supérieure et inférieure, ⟨Rà-men-mä⟩ ⟨Séti Ier⟩. »

(1re RANGÉE)	(2e RANGÉE)	(3e RANGÉE)
» [1] au roi Mena^c,	[39] au roi Râ-mer-n-si-ʾ-m-bes-tc [2], en offrande du fils du Soleil Ménéptah^c-Séti Ier;	
» [2] au roi Tota^c,	[40] au roi Râ-nuter-kd, en offrande du roi Râ-mâ-men [4];	
» [3] au roi A^{c}tota,	[41] au roi Râ-men-kd, en offrande du fils du Soleil Ménéptah^c-Séti Ier;	
» [4] au roi A^{c}tà (I),	[42] au roi Râ-nower-kd, en offrande du roi Râ-mâ-men;	
» [5] au roi (Koi-koi?) [3],	[43] au roi Râ-nower-kd-Nebi, en offrande du fils du Soleil Ménéptah^c-Séti Ier;	
» [6] au roi Mer-ba^c-pu,	[44] au roi Râ-ded-kd-mää-..., en offrande du roi Râ-mâ-men;	

soit mort, comme on l'a cru longtemps. Ce prince n'est, en effet, autre que celui qui succéda à Séti Ier sous le nom de Ramsès II.

1. Nom du palais de Séti Ier ou grand temple d'Abydos. Il est probable que, comme dans l'autre table d'Abydos, l'image de la divinité est figurée sur la muraille à la suite des cartouches, mais la planche publiée ne la donne pas.

2. Ou Bai, ou Seb?

3. J'indique, par des lettres *italiques*, tout ce qui reste dans l'autre Table d'Abydos.

4. Prénom de Séti Ier.

5. Ou Z^{c}à-z^{c}à, mal copié?

22　　　LA NOUVELLE TABLE D'ABYDOS

» [7] au roi (Ptah?)¹,

» [8] au roi Qebeb'u,

» [9] au roi Buz'au (?),

» [10] au roi Kâ-kàu,

» [11] au roi Bai-nuter-n,

» [12] au roi Uaz'-nes,

» [13] au roi Senda',

» [14] au roi Z'az'ai,

» [15] au roi Neb-kà,

» [16] au roi... Ser-hesa,

» [17] au roi Tota' (II),

» [18] au roi Sez'es,

» [19] au roi Râ-nower-kà (I),

» [20] au roi Snowrù,

» [21] au roi X'uwù,

» [22] au roi Râ-ded-w,

» [23] au roi Râ-s'à-w,

» [24] au roi Râ-meu-kàu,

» [25] au roi A'ses-kà-w,

» [26] au roi User-kà-w,

» [27] au roi Râ-sàh'ù,

[45] au roi *Râ-nower-ka-x'enâù*, en offrande du fils du Soleil Ménéptah'-Séti 1er;

[46] au roi *H'or-mer-n*, en offrande du roi Râ-mâ-men;

[47] au roi *S-nower-kà*, en offrande du fils du Soleil Ménéptah'-Séti 1er;

[48] au roi *Râ-n-kà*, en offrande du roi Râ-mâ-men;

[49] au roi *Râ-nower-kà-t-rer...*, en offrande du fils du Soleil Ménéptah'-Séti 1er;

[50] au roi Hor-nower-kà, en offrande du roi Râ-mâ-men;

[51] au roi *Râ-nower-kà-Popi-senb*, en offrande du fils du Soleil Ménéptah'-Séti 1er;

[52] au roi *Râ-nower-kà-ânù*, en offrande du roi Râ-mâ-men;

[53] au roi *Râ-(a'n?)-kau*, en offrande du fils du Soleil Ménéptah'-Séti 1er;

[54] au roi *Râ-nower-kau*, en offrande du roi Râ-mâ-men;

[55] au roi *H'or-nower-kau*, en offrande du fils du Soleil Ménéptah'-Séti 1er;

[56] au roi *Râ-nower-a'r-kà*, en offrande du roi Râ-mâ-men;

[57] au roi *Râ-neb-x'eru*, en offrande du fils du Soleil Ménéptah'-Séti 1er;

[58] au roi *Râ-s-ànx'-kà*, en offrande du roi Râ-mâ-men;

[59] au roi *Râ-s-h'otep-h'et*, en offrande du fils du Soleil Ménéptah'-Séti 1er;

[60] au roi *Râ-x'oper-kà*, en offrande du roi Râ-mâ-men;

[61] au roi *Râ-nub-kàu*, en offrande du fils du Soleil Ménéptah'-Séti 1er²;

[62] *au roi Râ-s'à-x'oper, en offrande du* roi Râ-mâ-men;

[63] *au roi Râ-s'à-kàu, en offrande du* fils du Soleil Ménéptah'-Séti 1er;

[64] *au roi Râ-n-màà-t, en offrande du* roi Râ-mâ-men;

[65] *au roi Râ-màà-x'erù, en offrande du* fils du Soleil Ménéptah'-Séti 1er;

1. Figure de Ptah (?) debout.
2. Dans l'autre Table, on lit alternativement le prénom et le nom de Ramsès II, au lieu de celui de Séti 1er.

LA NOUVELLE TABLE D'ABYDOS

» [28] au roi Kà-kàaʿ,
» [29] au roi Rà-nower-w,
» [30] au roi Rà-n-ùser,
» [31] au roi Hor-men-kàu,
» [32] au roi Rà-ded-kà,
» [33] au roi Unaʿs,
» [34] au roi Rà-ùser-kà,
» [35] au roi Totà (III),
» [36] au roi Rà-meri,
» [37] au Rà-mer-n,
» [38] au roi Rà-nower-kà (II),

[66] *au roi Rà-neb-pehʿu-ti, en offrande du roi Rà-mà-men;*
[67] *au roi Rà-ser-kà, en offrande du fils du Soleil Ménéptahʿ-Séti Iᵉʳ;*
[68] *au roi Rà-xʿoper-kà*[1], *en offrande du roi Rà-mà-men;*
[69] *au roi Rà-xʿoper-n*[2], *en offrande du fils du Soleil Ménéptahʿ-Séti Iᵉʳ;*
[70] *au roi Rà-men-xʿoper, en offrande du roi Rà-mà-men,*
[71] *au roi Rà-àa-xʿoper-u, en offrande du fils du Soleil Ménéptahʿ-Séti Iᵉʳ;*
[72] *au roi Rà-men-xʿoper-u, en offrande du roi Rà-mà-men;*
[73] *au roi Rà-mà-neb, en offrande du fils du Soleil Ménéptahʿ-Séti Iᵉʳ;*
[74] *au roi Rà-ser-xʿoperu-Sotep-n-rà, en offrande du roi Rà-mà-men;*
[75] *au roi Rà-men-pehʿutī, en offrande du fils du Soleil Ménéptahʿ-Séti Iᵉʳ;*
[76] *au roi Rà-mà-men*[3], *en offrande du roi Rà-mà-men.* »

[L'image de Ptahʿ-Socar-Osiris doit figurer ici?]

2° *L'ancienne Table d'Abydos*, ou du petit temple d'Arabat-el-Medfouneh, copiée et publiée pour la première fois par M. Cailliaud, puis rectifiée par Letronne. Ce monument, qui ne nous est parvenu qu'incomplet, a été apporté à Paris par M. Mimaut, consul de France en Égypte, puis, après sa mort, acquis par le Musée britannique pour la somme de quatorze mille francs. Dans son état primitif, c'était, à de très légères variantes près, la copie de la Table publiée par M. Dümichen, avec cette différence que le prince Ramsès ayant succédé à son père Séti Iᵉʳ, sous le nom de Ramsès II, était probablement figuré seul, rendant hommage aux mêmes rois. Son prénom et son nom occupent en effet

---

1. *Rà-àà-xʿoper-kà.*
2. *Rà-àà-xʿoper-n.*
3. L'autre Table d'Abydos, dressée par Ramsès II, ajoute le prénom de ce roi.

toute la rangée inférieure des cartouches, et Séti Ier, comme à la vérité Ramsès lui-même[1], figure au nombre des rois auxquels il présentait ses offrandes. Une légende analogue à celle de la Nouvelle Table devait aussi surmonter les rangées de cartouches, qui étaient au nombre de quatre[2], et les restes de deux colonnes d'hiéroglyphes, placées entre les cartouches et l'image du dieu, contiennent une partie de la réponse des rois « à leur fils, le bienfaiteur, le pieux, le seigneur des deux mondes (Râ-ûser-mâ) [Ramsès II]. (Ils disent) : « Nous, nos bras sont empressés (litt. vigilants) à recevoir (tes) offrandes,... ton palais, nous prospérons par notre contentement de ce qui est prescrit dans ta demeure; nos prières t'accompagnent pour la gouverner comme l'horizon du ciel où est le dieu Soleil. » Les parties conservées ne contiennent que les cartouches 39 à 52 et 61 à 76, au-dessus de ceux de Ramsès II.

3o La *Table de Saqqarah*, découverte dans un tombeau particulier de la nécropole de Memphis et publiée avec un savant commentaire, par M. Auguste Mariette, dans la *Revue archéologique*, 1864, vol. II, p. 170 sqq. — Le défunt Tûnrî, fils de Pâ-ser, est debout, en adoration derrière une série de 58 cartouches royaux, divisée en deux rangées et à laquelle fait face l'image de Ptah-Sokar-Osiris. La légende générale est disposée pour se lire de la manière suivante: « [Acte d'oblation[3] aux Ro]is des régions supérieure et inférieure, à l'Osiris Roi (n), justifié, Roi (n), justifié, etc., en

1. Les exemples d'hommages rendus par les Ramsès à leur propre nom ne sont pas rares, et Séti Ier avait déjà placé son cartouche à la fin des noms royaux auxquels il présente des offrandes dans la Table du grand temple.
2. La reproduction publiée par M. Lepsius, dans son *Choix de monuments*, pl. II, contient une restitution qui est certainement inexacte.
3. L'auteur a restitué le mot *ûten*, comme l'a fait le docteur Lepsius pour la Table d'Abydos dans son *Choix de monuments;* mais la comparaison des autres Tables montre qu'il y avait : *ar-t-sûten-di-h'tep*, « Acte d'oblation ».

offrande du Roi ⟨Râ-ùser-mâ-sotep-n-Râ⟩, du fils du Soleil ⟨Râ-mes-sû-[II]-mai-Amon⟩, vivificateur éternel. Ils font accepter les pains qui leur sont présentés... chaque jour, à la personne de l'Osiris, celui qui sort la fête de tous les dieux, le chargé des travaux dans tous les monuments du Roi, le basilicogrammate, le *heb* supérieur, Tûnrî, justifié, fils de Pâ-ser. » Les rois des XI° et XII° dynasties sont disposés dans l'ordre rétrograde.

4° La *Chambre des rois de Karnak*, ou *Chambre des ancêtres de Thoutmès III*, découverte à Thèbes, publiée et apportée en France par M. E. Prisse. — « Le Dieu bon ⟨Râ-men-x'eper⟩ qui donne la vie, la durée, la sainteté et la force comme le soleil, éternellement, » c'est-à-dire le roi Thoutmès III, de la XVIII° dynastie, y est représenté rendant hommage à soixante et un rois de ses prédécesseurs, dont les noms sont choisis de la III° à la XVIII° dynastie. La légende dédicatoire est simplement : « Acte d'oblation aux rois des régions supérieure et inférieure. »

Le but de cette liste semble avoir été principalement de rappeler les dynasties thébaines antérieures à la XVIII° (la XI°, la XII°, la XIII°, la XVII°) et les autres accessoirement. La XI°, la XII° et la XVII° formant trois petits groupes parfaitement distincts pour les Égyptiens, on les a placées parallèlement du même côté, et de manière à mettre au premier rang des trois registres qu'elles occupent les rois les plus importants, ce qui a nécessité de les ranger tantôt de droite à gauche et tantôt de gauche à droite. Quant à la XIII° dynastie, elle est si nombreuse qu'on lui a réservé une moitié tout entière du monument et peut-être même un ou deux cartouches en plus. Mais il est supposable qu'on y a joint plusieurs rois de la XIV° dynastie. Après ces explications, j'indique par des lettres l'ordre supposé des cartouches ; il est établi sur la comparaison des autres listes [1] :

---

1. M. E. de Saulcy a consacré un travail spécial à l'étude de cette

a — b — c — d — e — f — bj — bi	ad — ae — af — ag — ah — ai — aj — ak
8 7 6 5 4 3 2 1	1 2 3 4 5 6 7 8
n — m — l — k — j — g — h — i	al — am — an — ao — ap — aq — ar — as
16 15 14 13 12 11 10 9	9 10 11 12 13 14 15 16
u — x — y — z — ab — ac — o	at — au — av — ax — ay — az — ba
23 22 21 20 19 18 17	17 18 19 20 21 22 23
o — bl — bk — t — s — r — q — p	bb — bc — bd — be — bf — bg — bh
31 30 29 28 27 26 25 24	24 25 26 27 28 29 30

Cette disposition semble indiquer qu'on a commencé par placer à droite la grande famille de la XIII° dynastie (*ad* à *bj*), puis, qu'on a disposé à gauche, comme on a pu, 1° les représentants des premières dynasties (3 à 11 ou *a* à *i*), 2° la XI° dynastie en trois parties (12 à 17 et 24 à 28 ou *j* à *t*), pour laisser les places d'honneur à la XII° (23, 31, 22 à 18, suivant l'ordre rétrograde, ou *u* à *ac*); enfin, 3° deux rois de la XVII° (29 et 30 ou *bk* et *bl*), pour occuper les dernières places.

5° La *Procession du Ramesseum* de Thèbes, publiée par Champollion. — Quatorze statues de rois portées par des prêtres dans les bas-reliefs d'un monument du règne de Ramsès II (XIX° dynastie). On n'y trouve que deux rois de l'Ancien Empire: Ménès et Râ-neb-x'er (Mentou-h'otep, de la XI° dynastie).

6° L'*autel Clot-Bey* ou *Table à libation du Musée de Marseille*. Monument acquis en Égypte par le docteur Clot-Bey et publié pour la première fois par M. Ernest de Saulcy dans son *Étude sur la série des rois inscrits à la salle des*

série de rois dans les *Mémoires de l'Académie impériale de Metz*, année 1863-1864, in-32. Nous adoptons en grande partie les résultats qu'il a obtenus, mais les nouveaux documents que nous allons étudier ne nous permettent plus d'être complètement d'accord avec lui.

ancêtres de Thoutmès III. Les offrandes ordinaires sont représentées sur la face supérieure de la pierre et répondent à la formule oblatoire *Suten di h'otep*, qu'on y lit en effet; cette formule initiale, deux fois répétée, est accompagnée de quatorze cartouches inscrits dans différents sens [1]. Sur l'épaisseur de la pierre, en avant, « le scribe de la grande demeure, C ....», est représenté en adoration devant cinq cartouches; puis, une série de quinze cartouches inscrits en sens inverse occupe les trois autres côtés. Ce monument ne contient qu'un seul nom royal de l'Ancien Empire, c'est celui de Râ-neb-x'er (Mentou-h'otep de la XI° dynastie).

7° Le *Papyrus* ou *canon hiératique des rois*, de Turin. C'est le seul document historique revêtu d'un caractère véritablement chronologique qui soit parvenu jusqu'à nous. Toutes les listes monumentales ont en effet été dressées dans un but religieux, comme l'a très bien fait remarquer M. Mariette, et ce fait a souvent permis d'en exclure un grand nombre de rois ou d'intervertir l'ordre des règnes. Malheureusement, le Papyrus du Musée de Turin est dans un tel état de mutilation que ce n'est qu'à l'aide des listes monumentales qu'on peut en rapprocher les fragments. Si mutilé qu'il soit, ce manuscrit est néanmoins de la première importance pour la reconstruction des dynasties égyptiennes, et son autorité l'emporte sur celle de tous les autres documents, toutes les fois qu'elle peut être constatée.

Cependant, il ne faudrait pas croire que tous les princes décorés du titre de roi dans certains monuments ou dans les listes grecques aient jamais figuré au papyrus de Turin. Cela est bien prouvé par le contenu des premières colonnes du manuscrit, comparé à celui de la Nouvelle Table d'Abydos et des dynasties de Manéthon. L'ordre et la place relative

1. A part les deux noms de reines qui sont séparés des autres, et les deux cartouches de Ramsès II qui occupent la ligne supérieure, l'ensemble des autres cartouches forme deux séries : l'une de trois noms à gauche; l'autre, de sept, à droite et en bas.

des fragments qui composent chacune de ces colonnes vient d'être déterminé d'une manière incontestable par mon savant ami M. J. de Horrack, à l'aide des documents que nous étudions, et cette disposition du Papyrus est venue nous éclairer sur plusieurs faits intéressants. Après les dynasties divines, la première colonne des rois se compose des fragments 1, 20 et 19', qui donnent ensemble 26 lignes d'écriture ; la deuxième, des fragments 18, 32 et 31, et 34, qui donnent également le nombre de 26 lignes, en faisant remonter le fragment 32 dans la déchirure du fragment 18, de manière à faire une seule ligne avec 18, 5, — 32, 1 — et 18, 5; c'est le point le plus important du classement de M. de Horrack. La 3º colonne commence par les fragments 52 et 61, devant lesquels s'ajoutent le fragment 43 et probablement aussi les fragments 48 et 47 ; mais il est douteux que les fragments 63, 64 et 67 fassent partie de la même colonne, quoique le texte du revers semble l'indiquer d'après l'édition de Wilkinson; ils formaient peut-être la partie inférieure d'une quatrième colonne dont le haut serait entièrement perdu.

Les listes grecques de Manéthon et d'Ératosthène serviront de point de départ à notre travail de comparaison. Nous numéroterons les noms contenus dans chacune de ces listes suivant l'ordre chronologique, c'est-à-dire en commençant par les plus anciens règnes et finissant par les plus modernes.

1. D'après les éditions de Lepsius (*Auswahl der wichtigsten Urkunden*, pl. II) et de Wilkinson.

CONCORDANCE

DES

ONZE PREMIÈRES DYNASTIES MANÉTHONIENNES

MANÉTHON		ÉRATOSTHÈNE		ABYDOS
Ire DYN. 8 rois Thinites.				
1er LIVRE. Règnes, ans.		Règnes, ans.		
1. Μήνης, » 62		1. Μήνης, » 62		1. Mena′¹,
2. Ἄθωθις, » 57		2. Ἄθωθις, » 59		2. Tota′²,
3. Κενκένης, » 31		3. Ἄθωθης³, » 32		3. A″tota′,
4. Οὐενέφης, » 23		»		4. A″iâ,
(42?)				
5. Οὐσαφαΐδος, » 20		»		5. Z′az′a′²,
6. Μιεβιδός, » 26		4. Διαβίης, » 19		6. Merba′p⁴,
7. Σεμέμψης, » 18		5. Πεμφώς, » 12		7. Ptah′?⁷,
8. Βιηνεχής′, » 26		6. Μομχειρί, » 79		8. Qebeh′,
IIe DYN. 9 rois Thinites⁸.				
1. Βοηθός, » 38		»		9. Buz′au¹⁰,
2. Καιέχως, » 39		7. Στοίχος, » 6		10. Kâ-kaû,
3. Βίνωθρις, » 47		»		11. Bâi-nuter-n,
4. Τλάς, » 17		8. Γοσορμιῆς, » 30		12. Uz′-nes,
5. Σεθένης, » 41		»		13. Senda′,
6. Χαίρης, » 17		»		»
7. Νεφερχέρης, » 25		»		»
8. Σέσωχρις, » 48		9. Μάρης, » 26		»
9. Χενέρης, » 30		»		»
				14. Z′az′ai¹³,
IIIe DYN. 9 rois Memphites.				
1. Νεχερόφης, » 28		10. Ἀνωῦφις, » 20		15. Neb-kâ,
2. Τόσορθρος, » 29		11. Σίρμος, » 18		16. ...Ser-bes,
3. Τύρεις, » 7		»		17. Tota,
4. Μέσωχρις, » 17		12. Χνοῦβος[ἤ] Γνευρός, 22		18. Sez′es,
5. Σώυφις, » 16		?13. Ῥαῶσις, » 13		»
6. Τοσέρτασις, » 19		»		»
7. Ἄχης, » 42		»		»

1. Cf. *Ramesseum*, 1. — 2. = Ἀθώθης, comme Popï = Ἄπωρις. — 3. Ici Ératosthène est plus correct que Manéthon. — 4. Ce petit morceau du papyrus n'appartient peut-être pas au fragment n° 20. — 5. Mal copié dans le *Zeitschrift*? — 6. M. Dümichen s'est trompé quand il a lu Merhempu. — 7. *Ptah*, dieu de Memphis? debout dans le cartouche. La version arménienne d'Eusèbe porte *Mempses*. — 8. Ou Οὐὐέυθης. — 9. Le papyrus de Turin n'indique aucune division

SAQQARAH	PAPYRUS	KARNAK
»	1, 1. Menaʿ.	»
»	1, 2. At...?.	»
»	1, 3. ..... (20. — 28 jours).	»
»	20, 1. ..... àa ?ʿ,	»
»	20, 2. Zʿàtù (Zʿàzʿà).	»
1. Merbàipeu,	20, 3. Merbaipeu,	»
»	20, 4.	»
2. Qebehʿù,	20, 5 et 21, 1. ...behʿ, (Pas de division.)	»
3. Nuter-baiù (Bài-nuter),	20, 6 et 21, 2. ...baiu,	»
4. Kà-kàù,	20, 7 et 21, 3. ... kà ..	»
5. Bài-nuter-u,	20, 8 et 21, 4. ...ʿnuter-u,	»
6. Uzʿnes,	21, 5.	»
7. Send,	19, 1. Send,	»
8. Ra-nower-kà ([nower]-kà-rà),	19, 2. (Ilʿa?)-kà ʿ,	»
9. Sokeri-Newer-kà (Newer-kà-Sokeri),	18, 1. Newer-kà-Sokeri ʿ, 8 ans, 3 mois, ... jours...	»
10. ...Zʿewà,	18, 2. Hʿu-zʿewa (31?)—8—4	»
11. Bubuï,	18, 3. Bubu... 27—2—1, (Pas de division.)	»
»	18, 4. Neb-kà... 19 ʿ,	»
12. Ser,	18, 5. Sɛɴaʿ?	»
13. Ser-totaʿ,	32, 1. 19 — (1?), ... ʿ.	»
	18, 6. Ser-totaʿ,	
	32, 2. — 6.	
»	»	»
»	»	»
14. Rà-neb-kà,	32, 3. . .zewàu, 6 ans.	»
»	»	»

entre la Iʳᵉ et la IIᵉ dynastie. — 10. Peut-être *Bàà-neter* mal copié ? — 11. Lecture douteuse. Pas de cartouche? Bas de colonne. — 12. Haut de colonne. Ces deux noms sont séparés et attribués à deux rois différents dans la liste de Manéthon. Ce dédoublement a nécessité la suppression du dernier nom de la IIᵉ dynastie. — 13. Faute évidente. — 14. Sans cartouche? Semble joint à la IIᵉ dynastie. — 15. Le titre royal en rouge et la formule écrite en entier, indiquent un **nouveau groupe**.

MANÉTHON			ÉRATOSTHÈNE			ABYDOS
8. Σίφουρις,	»	30	»			?19. Râ-nower-kà (Newer-kà-râ),
9. Κερφέρης,	»	26	»			»
IVᵉ DYN. 8 rois Memphites.						
1. Σῶρις,	»	29	14. Βιῦρης,	»	10	20. Snowrû¹,
2. Σοῦφις,	»	63	15. Σαῶφις,	»	29	21. X'uwû,
						22. Râ-ded-w³,
3. Σοῦφις,	»	66	16. Σαῶφις,	»	27	23. Râ-s'à-w (S'à-w-râ),
4. Μενχέρης,	»	63	17. Μοσχέρης,	»	31	24. Râ-men-kà (Men-kau-ra),
5. 'Ρατοίσης,	»	25	»			»
6. Βίχερις,	»	22	»			»
7. Σεβερχέρης,	»	7	»			»
8. Θαμφθίς,	»	9	»			»
Vᵉ DYN. 9 r. Éléphantites.						25. (Voyez après 27).
1. Οὐσερχέρης,	»	28	»			26. User-kà-w,
2. Σεφρής,	»	13	»			27. Râ-sa'hû (Sah'u Râ),
3. Νεφερχέρης,	»	20	»			»
4. Σισίρης,	»	7	»			(25). A'ses-kà-w³,
5. Χέρης,	»	20	»			»
»			»			28. Kàkàa⁴,
»			»			29. Râ-nower-w.
»			»			(34). Râ-ûser-kà⁶,
6. 'Ραθούρης,	»	44	»			30. Râ-n-ûser.
7. Μενχέρης,	»	9	»			31. H'or-men-kàu (Men-kàu-h'or),
8. Ταυχέρης,	»	44	»			32. Râ-ded-kà (Ded-kà-râ),
9. Ὄβνος,	»	33	»			33. Una's.
						34. (Voir après 29).

1. Cf. *Papyrus Prisse*. C'est le prédécesseur de Snowru. — 2. Cf. *Papyrus Prisse*. C'est le successeur de *Huni*. — 3. Quelques documents s'accordent à placer ce roi après Râ-s'a-w (S'Awrâ ou Souphis II), et c'est pour cela qu'on l'a assimilé au Ratoisès de Manéthon. Mais son nom devait se lire Ded-w-râ et la liste de Saqqarah ne semble pas autoriser cet arrangement, car elle indique un roi de plus que Manéthon sous la IVᵉ dynastie. — 4. Ce déplacement est autorisé

LA NOUVELLE TABLE D'ABYDOS

SAQQARAH	PAPYRUS	KARNAK
»	»	8. (I) Râ-nower-kâ.
15. Huni',	31, 1. Hu...	»
	32, 4. ...V.S.F. 24 ans.	
	31, 2. Snowr...	
16. Snowru.	32, 5. ..... 24 ans.	7. (II) Snowru.
17. X'uwuw.	32, 6. ..... 23 ans.	»
18. Râ-ded-w.	32, 7. ..... 8 »	»
19. Râ-s'aú-w.	32, 8.	»
20.	32, 9.	»
21.	32, 10. — 34, 1. 28 ans + ...	»
22. (détruits).	34, 2. 4 ans.	»
23.	34, 3. 2 ans	»
24.	34, 4. ...ka, 7 ans.	»
25. User-kâ....	34, 5. 12 ans.	»
26. Itâ-sab'ú.	34, 6. ....'	6. (III) Râ-sah'ú.
27. Râ-newer-a'r-kâ (Newer-a'r-kâ-râ).	34, 7. ... 7 ans.	»
28. A'ses-kâ.	34, 8.	»
29. Râ-s'â-nower ([Nower]-s'â-râ).	34, 9. 11+...	»
»	»	»
»	»	»
»	»	5. (IV) A'n'.
30. H'or-men-kà.	34, 10. Hor-men-ka. 8 ans.	»
31. Râ-mââ-kâ'.	34, 11. Ded. 28 ans.	4. (V) A'sa'ś'.
32. Una's.	34, 12. Unas. 30 ans.	3. (VI)?.....
	Résumé. bas de colonne.	

par la Table de Saqqarah. — 5. La formule était écrite en entier. — 6. Déplacement autorisé par le Papyrus de Turin. — 7. Faute? Confusion avec le roi User-n-râ A'n de la statue de Bunsen (cartouche nom), qui est le dernier souverain de la XI° dynastie (Karnak, n° 28). — 8. Faute évidente. Voyez le Mémoire de Mariette [sur la Table de Saqqarah, p. 6-7]. — 9. Les monuments donnent souvent le cartouche nom A'ssa'.

MANÉTHON	ÉRATOSTHÈNE	ABYDOS
VIe DYN. 6 rois Memphites.		
1. Ὀθόης, » 30	218. Μοῦσθις, » 33	35. Tota',
2. Φίος, » 53	19. Παμμῦς, » 35	36. Rā-meri (Meri-Rā).
3. Μεθουσοῦφις, » 7		37. Rā-mer-n (Mer-n-rā).
4. Φίωψ, » 100	20. Ἀπάππους, » 100	38. Rā-nower-kā (Nower-kā-rā).
5. Μενθεσοῦφις, » 1	21. .... Ἐχεσκοσοκάρας, 1	39. Rā-mer-n-si? m-bes-n.
6. Νίτωκρις², » 12	22. Νίτωκρις¹, » 6	»
VIIe DYN, 5 r. Memphites.		
1.	»	»
2.	»	»
3.	»	»
4.	»	»
5.	»	»
VIIIe DYN. 27 a r. Memphites.		
1. Ἀχθόης,	»	»
2.	»	»
3.	»	»
4.	»	»
5. et peut-être d'autres.		
IXe et X^e DYN. (38 ou 23) rois Heracleopolites.	(Places incertaines).	(Places incertaines).
1.	»	40. Rā-nuter-kā³ (Nuter-kā-rā).
2.	23. Μυρταῖος, » 22	41. Rā-men-kā (Men-kā-rā).
3.	24. Θυοσιμάρης, » 12	42. Rā-nower-kā (Nower-kā-rā).
4.	25. Σεθίνιλος⁴, » 8	»
5.	26. Σεμφρουκράτης, » 18	»
6.	27. Χούθιρ, » 7	»
7.	28. Μευρῆς, » 12	»
8.	»	»

1. Haut de colonne, formule écrite en entier. — 2. Ce nom, Νίτωκρις, est indiqué dans les deux listes grecques comme ayant été porté par une femme; ce fait nous oblige à placer ici, comme MM. de Rougé et Brugsch l'ont fait avant nous, le fragment 43 du papyrus de Turin, qui commence par le nom de Net-aqer, accompagné d'un déterminatif féminin ; mais cela ne nous force pas à allonger la VIe dy-

SAQQARAH	PAPYRUS	KARNAK
33. Tota'.	59, 1. .... 6 m. 21 j. '.	11. (VII) ...ta'.
34. Pepi.	59, 2. ... 20.	10. (VIII) Pepi.
35. Râ-mer-n.	59, 3. ... 14.	9. (IX) Râ-mer-n.
36. Râ-nower-kà.	59, 4. ... 90 (+?).	»
»	59, 5. ... 1, 1.	»
»	43, 1. Net-aqer-t.	»
	(Pas de division.)	
»	43, 2. Nower-kà.	»
»	61, 1. 2, 1, 1.	»
»	43, 3. 61, 2. Nower-s.—4,1,1.	»
»	43, 4. 61. 3. ...a'b.—2, 1, 1 (?)	»
»	61, 4. ... 1, 8.	»
»	61, 5.	»
	61, 5-7. Résumé.	
»	48, 1. ... '.	»
»	?48, 2. Râ-nower-kà.	»
»	?48, 3. ...ndta...	»
»	?48, 4. ...î.	»
»	48, 5.	»
	46. Rubrique, résumé.	
»	46, 1.	»
»	46, 2.	»
»	47, 1. Râ-nower-'-à.	»
»	47, 2. X'eredi...	»
»	47, 3. Ser'ered...	»
»	47, 4.	»
»	47, 5. Mer-n-...	»
»	47, 6. Meh'.....	»

nastie, car on a vu que jusqu'ici les divisions des dynasties manéthoniennes, à l'exception de la fin de la V°, ne se retrouvent pas dans la liste du papyrus. — 3. Var. 5, 9 et 19. — 4. La formule était écrite en entier. — 5. Les lettres *italiques* indiquent tout ce qui est conservé dans les deux Tables d'Abydos. — 6. Var. Θίνιλλος? (Ideler, *Hermapion*).

MANÉTHON	ÉRATOSTHÈNE	ABYDOS
9.	29. Σ...... z. » 11	»
10.	»	43. Râ-nower-kà-nebu.
11.	»	44. Râ-ded-kâ-maû.
12.	»	45. Râ-nower-kâ-tentu.
13.	»	46. H'or-mer-n.
14.	30. Σ........ » (»)	47. S-nower-kâ.
15.	»	48. Râ-n-kâ.
16.	»	49. Râ-nower-kâ-t-rer.
17.	»	50. H'or-nower-kâ.
18.	31. Πεμφώς. » 16	51. Râ nower-kâ popi-seah.
19.	»	52. Râ-nower-kâ-sinu.
20.	»	53. Râ-a'n(t)-kâu.
21.	»	54. Râ-nower-kâu.
22.	»	55. Hor-nower-kâu.
23. (et peut-être d'autres).	»	56. Râ-nower-a'r-kâ [5].
XIᵉ DYN. 16 rois Théndins.		
1.	»	»
2.	»	»
3.	»	»
4.	»	»
5.	»	»
6.	»	»
7.	»	»
8.	»	57. Râ-neb-x'er [9].
9.	»	»
10.	»	58. Râ-s-a'nx'-kâ.
11.	»	»
12.	»	»
13.	»	»
14.	»	»
15.	»	»
16.	»	»

1. Bas de col. — 2. Haut de col. — 3. Var. Σουχοσόχορος (Ideler. *Hermapion*.)
— 4. Cf. *Saqqarah*, 27. — 5. Ou l'héritier, *rpâ*, A'ntuw. Sans cartouche ni titre
royal. — 6. Men(tu-ho-tep)? dans un cartouche, mais sans titre royal, comme les
deux noms suivants (14 et 15). Ne figurent pas au Papyrus. — 7. Le roi A'ntuw-âà,
frère aîné de son successeur, A'ntuw? (1ᵉʳ cercueil du Louvre). — 8. Râ-sx'em-her-
mâ (A'ntuw-âà II)? (2ᵉ cercueil du Louvre). — 9. (Mentuhotep), stèle du Louvre, etc.
Cf. *Ramesseum*, n° 2; *Table Clot-Bey*, n° 1. — 10. (A'ntuw), *Pap. Abbott*. Les

SAQQARAH	PAPYRUS	KARNAK
"	47, 7. 11°...... '.	"
"	50, 1. .... '.	"
"	59, 2.	"
"	50, 3.	"
"	59, 4.	"
"	59, 5.	"
"	. . 6.	"
"	59, 7.	"
"		"
"	(1er Jus?).	"
"		"
"	61. Rubrique, résumé.	"
"	"	12. (N° Le p. N° Mauw'.
"	"	13. XI 1.°....P..Ra...
"	"	14. X° ....Ra...Vr...
"	"	15. XI° 1. Hor-s Mentuw.
"	"	16. XIV° (Le roi?). ....'.
"	61, 1.	17. XV.[le roi Mentuw.
"	61, 2.	. XVI° — .....'.
"	. . . .	2. N. — Râ-s-newer-kâ
"	. . 1.	11 — Râ-neb-x'er.
46. Râ-x'er-nev'.	61, Râ-neb-X'er.	"
45. Râ-s-ânx-kâ.	. . . Râ-s-n-er-kh.	"
"	"	2° XIX — Rr nub s'eper"
"	61, 3.	"
"		"
"	(Perdus).	"
		28. (XX) Râ-user-n ".

monuments nous font encore connaître plusieurs rois de cette dynastie, mais la
place est incertaine (voyez Brugsch, *Hist. d'Ég.*, t. I, p. VI, à livrer, dans
tous les cas, se placer avant le n° 28 de Karnak. — 11. User-n-Râ (A°.). Âre et
conséquemment prédécesseur immédiat d'Usertesen 1er, c'est-à-dire dernier roi de
la XI° dynastie, qui ne commençait probablement dans Manéthon et dans les
listes officielles qu'au n° 16 ou 17 de Karnak. Son prénom, A°n, se trouve sur la
statue de Bunsen et a été confondu à tort avec le roi User-n-Râ de la V° dynastie
(*Karnak*, n° 5; *Abydos*, n° 30).

Les deux premières dynasties sont en entier au commencement de notre tableau et nous les connaissons maintenant avec certitude, grâce à la publication de la liste de Saqqarah et de la Nouvelle Table d'Abydos. La place des fragments correspondants du Papyrus de Turin est irrévocablement déterminée, et ces deux dynasties thinites n'y forment qu'un seul groupe; c'est un fait important, que M. E. de Rougé a signalé le premier. Je pense qu'à ce groupe est joint, comme dernier roi, le premier nom de la troisième dynastie de Manéthon, et que le deuxième groupe du Papyrus, celui des premiers rois memphites, ne commence qu'avec son deuxième roi, Τόσορθρος, le Σίριος d'Ératosthène, le Ser ou Sera' des listes égyptiennes dont le titre royal est écrit en rouge dans le Papyrus. Ce deuxième groupe comprend également sans aucune division, la suite des rois memphites, ou quatrième dynastie manéthonienne, dont les cinq premiers rois sont certains. La Table de Saqqarah a malheureusement perdu les quatre cartouches qui complétaient cette dynastie.

Il est probable que dans la partie correspondant au commencement de la 5ᵉ dynastie de Manéthon, le Papyrus indiquait, par le titre royal en rouge, un troisième groupe, celui de rois éléphantites, qui se termine, comme cette dynastie, avec le règne d'Ounas. Ce nom est en effet suivi d'un résumé chronologique qui indique une division naturelle. Le quatrième groupe du Papyrus se compose de nouveaux rois memphites, ceux des VIᵉ et VIIᵉ dynasties : un nouveau résumé les sépare de la VIIIᵉ dynastie, également memphite, suivant Manéthon, et cette dernière est suivie d'une rubrique ou récapitulation. Un autre groupe répond aux IXᵉ et Xᵉ dynasties, ou rois Héracléopolites, et il se termine par un résumé comme les précédents. Un dernier groupe, enfin, renferme exclusivement les rois thébains de la XIᵉ dynastie. Toutes les listes s'accordent à placer ensuite la XIIᵉ dynastie, qui commence le deuxième livre de Manéthon. Cette dernière est disposée suivant l'ordre rétrograde dans la chambre de

Karnak et la Table de Saqqarah, où les deux rois choisis dans la XI⁰ dynastie sont également changés de place. Mais nous continuerons cette étude dans un autre article, et nous nous bornerons aujourd'hui aux dynasties de l'Ancien Empire.

Je crois avoir suffisamment démontré, par les concordances du tableau qui précède, plusieurs faits importants ; c'est, 1° que le Papyrus ne présente pas les divisions des dynasties manéthoniennes pour les rois de l'Ancien Empire, mais qu'il les classe en groupes ethniques parfaitement conformes à ce que nous apprend Manéthon, ou en d'autres termes, d'après le lieu d'où ils étaient originaires, sans séparer les familles ou dynasties ; 2° que toutes les dynasties du premier livre de Manéthon figuraient dans le Papyrus de Turin, et conséquemment, qu'il n'y a, en aucune manière, le moyen d'y chercher l'indication de dynasties collatérales ou illégitimes ; 3° enfin que tous ces faits prouvent l'exactitude générale des listes manéthoniennes.

J'ai fait observer que pour les trois premiers noms, au moins, la liste d'Ératosthène est plus exacte que celle de Manéthon, et que les deux premières dynasties nous sont maintenant bien connues. La troisième n'est pas dans le même cas, car après ses trois premiers rois, la place relative de tous les autres est douteuse. Les cinq premiers noms de la IV⁰ dynastie sont certains, mais le rang de l'un d'eux peut être interverti. Le fragment 32 du Papyrus semble indiquer plus de huit règnes, car ce qui reste du nom inscrit à la troisième ligne ne peut pas répondre à S'à-w-rà et doit désigner l'un de ses prédécesseurs. Les quatre premiers et les quatre derniers noms de la V⁰ dynastie sont parfaitement sûrs. La VI⁰ dynastie est incontestable. Les trois premiers noms de la VII⁰ dynastie faisant suite à la VI⁰, dans le Papyrus, ne me paraissent pas douteux. Les deux noms que j'attribue à la VIII⁰ ont pour eux toutes les probabilités d'un bon classement, mais les éléments nous manquent pour arriver à la certitude. Quant aux IX° et X° dynasties, elles sont également douteuses et je ne propose pour elles qu'une disposition provisoire. Enfin, ce que nous connaissons de la XI° dynastie [1] est généralement admis par tous les égyptologues, et je n'ai fait qu'y introduire, comme dernier roi, User-n-rā-A'n, le père d'Usertesen I[er 2], d'après la statue de Bunsen, et dont le prénom figure à la fin de la XI° dynastie, dans la chambre de Karnak.

Décembre 1864.

1. Je n'ai pas fait figurer dans le tableau de concordance des listes les rois de cette dynastie qui ne nous sont connus que par des monuments isolés, et dont la place relative est incertaine.
2. Premier roi de la XII° dynastie.

MANÉTHON ET SES DERNIERS ADVERSAIRES

A M. Barral, directeur de la Presse scientifique et
industrielle des deux Mondes [1].

Monsieur,

J'ai lu dans votre intéressant journal un article de M. Rodier, intitulé : *Manéthon et ses derniers adversaires*.

J'y ai vu, à mon grand étonnement, que j'étais considéré comme le plus opiniâtre de ces *derniers adversaires* du chronologiste de l'Égypte ; il n'y a pas à s'y tromper, quoique M. Rodier n'ait pas une seule fois écrit correctement mon nom.

A cette imputation, je répondrai seulement par la citation textuelle de deux passages de mon Mémoire [2].

Page 57 (28 du présent volume). « *Les listes grecques de Manéthon* et d'Ératosthène serviront de *point de départ* à notre travail de comparaison. »

---

[1]. Publié dans la *Revue Scientifique et Industrielle*, livraison de septembre 1865, p. 257-265. — G. M.

[2]. La nouvelle Table d'Abydos comparée aux autres listes royales de l'ancienne Égypte, rédigées sous les Ramessides ou antérieurement (*Revue archéologique*, janvier 1865 [t. XI, p. 50-65; cfr. p. 19-40 du présent volume]. Je crois devoir indiquer ici que la copie sur laquelle j'ai fait mon travail avait interverti l'ordre des deux cartouches 34 et 35. On lit sur le monument : au 34ᵉ cartouche, Tota, et au 35ᵉ Râ-ûser-Kâ.

Page 64 [39]. « Je crois avoir suffisamment démontré, par
» les concordances du tableau qui précède, plusieurs faits
» importants. C'est : 1° que le papyrus ne présente pas les
» divisions des dynasties manéthoniennes pour les rois de
» l'Ancien Empire, mais qu'il les classe en groupes ethni-
» ques *parfaitement conformes à ce que nous apprend Mané-*
» *thon*, ou, en d'autres termes, d'après le lieu d'où ils étaient
» originaires, sans séparer les familles ou dynasties ; 2° que
» *toutes les dynasties du premier livre de Manéthon figu-*
» *raient dans le papyrus de Turin*, et conséquemment
» qu'il n'y a en aucune manière le moyen d'y chercher
» l'indication de dynasties collatérales ou illégitimes ;
» 3° enfin, que *tous ces faits prouvent l'exactitude géné-*
» *rale des listes manéthoniennes.* »

Vous voyez, Monsieur, qu'il est difficile d'être plus expli-
cite, et qu'il faut que M. Rodier n'ait pas lu mon travail,
puisqu'il me reproche précisément le contraire de ce que j'ai
annoncé.

Ma première intention était de terminer ici les lignes que
j'ai l'honneur de vous adresser ; mais j'ai pensé que laisser
sans réponse quelques points, au moins, des *objections* de
M. Rodier, serait discréditer la science, et qu'il fallait nous
prononcer sur leur valeur *une fois pour toutes*.

Voici donc les principales observations que m'a suggérées
la lecture de son article :

RÉPONSE A LA PREMIÈRE OBJECTION

Si M. Rodier avait pris la peine de lire la note 13, au bas
de la page 63 de mon travail, il aurait compris que je n'ai
pas placé 16 rois dans la XI° dynastie, car j'y indique que
cette dynastie « ne commençait probablement *dans Manéthon et dans les listes officielles*, qu'au n° 16 ou 17 de
Karnak, » ce qui réduit le nombre des noms royaux à 11
ou 12 au plus, et à 6 ou 8 au moins. Les n°* 12, 13, 14, 15 et

peut-être 16 de la chambre de Karnak se rapportent à des princes qui n'ont pas régné, mais qui figurent dans ce monument comme ancêtres des rois de la dynastie. J'ai placé 16 numéros à la 1ʳᵉ colonne de mon tableau comparatif, tout simplement parce que Manéthon indique 16 rois pour la XIᵉ dynastie; je suis donc plus manéthonien que M. Rodier lui-même, qui n'hésite pas à convertir ces 16 rois en 16 synarques.

RÉPONSE A LA DEUXIÈME OBJECTION

Si M. Rodier possédait les notions les plus élémentaires des règles de l'écriture hiéroglyphique, il comprendrait que je ne supprime absolument rien du nom n° 45 de la nouvelle Table d'Abydos, ou 19 de l'ancienne. Il saurait que si la jambe droite vaut *b*, ce que personne ne conteste, la jambe fléchie vaut *ouâr*, quand elle se prononce, mais qu'*après* le groupe *xendu*, elle n'est que simple déterminatif, et conséquemment ne se prononce pas. Je dis *après* parce que, dans le bois qu'il a fait graver, M. Rodier a trouvé bon non seulement de remplacer la jambe fléchie par la jambe droite, mais encore de tourner cette jambe droite au milieu du groupe, au lieu de la laisser à la fin. Ces deux modifications étaient absolument nécessaires pour faire concorder les hiéroglyphes avec l'explication qu'il en donne. Après cette observation, je demande si c'est à M. Rodier de rectifier les déchiffrements des Égyptologues, et d'établir sur ces prétendues rectifications des concordances de sa façon.

RÉPONSE A LA TROISIÈME OBJECTION

Si M. Rodier m'accorde quelques-unes de mes identifications je n'ai pas encore pu deviner pourquoi toutes celles que je crois avoir reconnues affaibliraient la confiance en Manéthon, plus que celles qu'il a imaginées lui-même.

RÉPONSE A LA QUATRIÈME OBJECTION

Si la chambre de Karnak présentait un ordre strictement chronologique dans l'énumération des rois qui y figurent, nous serions obligés d'appliquer « toutes les licences » que j'ai prises, et « les exorbitantes transpositions » qui me sont reprochées, non plus à *un seul* monument de la piété de Thoutmès III envers un certain nombre de princes choisis parmi ses prédécesseurs au trône, mais bien à toutes les listes Égyptiennes connues jusqu'à ce jour, et même à celles de Manéthon, car aucune de ces listes ne peut s'accorder avec ce monument.

RÉPONSE A LA CINQUIÈME OBJECTION

Si M. Rodier se croit en droit de révoquer en doute la solidité des résultats obtenus par un savant aussi autorisé que l'est M. de Rougé, je considère comme complètement impossible de prouver le sens d'une inscription à toute personne qui, comme M. Rodier, ignore la langue dans laquelle le texte est conçu. Je me demande d'ailleurs où M. Rodier a pu prouver que le roi Âhmès était considéré comme le fils de Râsqenen? Ce n'est certainement pas dans le mémoire de M. de Rougé, car l'inscription qui en est le sujet (et qui n'a rien de commun avec Pensouven) ne dit rien de semblable. Elle nous apprend seulement que, sous le règne de Râsqenen, vivait le père de l'officier Âhmès, et que cet officier était contemporain du roi qui s'appelait comme lui Âhmès. Les règnes de Râsqenen et d'Âhmès sont donc nécessairement compris dans la durée de deux générations. Le père du roi Âhmès est d'ailleurs connu; c'est un personnage nommé Pa-ar [1].

1. *Pap. Abbott.* 3, 13 et Stèle du Musée de Turin.

Le fragment de papyrus, dont l'auteur de *Manéthon et ses derniers adversaires* invoque le témoignage, ne présente aucun caractère historique: on y voit d'abord la fin de certaines litanies sacrées, puis après une lacune, à la deuxième colonne, les noms de cinq rois morts, puis ceux de trois reines, et enfin ceux de quatre princes fils de rois, dont M. Rodier fait en tout six princesses. Le nom Sesortasen, qu'on lit aujourd'hui Ousertesen, n'y figure pas, c'est un nom différent; mais s'y trouverait-il en réalité, ce n'est pas un pareil document qui pourrait bouleverser la chronologie égyptienne. On comprend, en effet, que si nous trouvions sur quelque vieux parchemin de l'abbaye de Saint-Denis, après les restes d'un texte relatif à des offices religieux, une liste commençant ainsi:

Le défunt Henri II. — Le défunt roi François Ier. — Le défunt roi Louis XII. — Le défunt roi Charles VIII. — Le défunt roi saint Louis.

Et terminée par des noms de reines et de princes du sang, cela ne prouverait pas du tout que Louis IX était le père et le prédécesseur immédiat de Charles VIII.

M. Rodier, qui n'entend rien à la polyphonie hiéroglyphique, ni aux systèmes de transcription conventionnelle adoptés par les égyptologues, puisqu'il s'imagine qu'on cherche à rendre la *prononciation* d'une langue morte depuis des siècles, conserve, *par mesure d'ordre* (p. 264, l. ult.), les premières lectures que Champollion a essayées; c'est-à-dire qu'il défend à la science du déchiffrement de progresser[1], sous peine de produire des perturbations... (dans ses théories?)

[1]. Depuis que j'ai publié mon travail, j'ai acquis la certitude : 1° que les cartouches que je lisais *Za-za* ou *Za-ti* doivent se lire *Honsep-ti* et conséquemment qu'ils répondent bien à l'*Ousaphaidos* de Manéthon; 2° que le signe que je lisais *ser* doit se lire *tzoser*, ce qui peut changer quelque chose à l'arrangement que j'ai proposé pour les rois de la IIIe dynastie.

Il est cependant tenté d'admettre la véritable valeur du signe représentant un scarabée; mais cette concession n'a pas d'heureux résultats, car elle le confirme dans l'opinion que Thoutmès II est le même roi que le Chébron de Manéthon, ce que personne n'admet avec lui.

En résumé, pourquoi M. Rodier s'en prend-il à la science égyptologique qu'il ne cultive pas, et à laquelle il déclare n'attacher, au point de vue de ses études propres, qu'une importance secondaire?— Il nous dit que c'est pour défendre l'œuvre qu'il a publiée en 1862, sous le titre de : *Antiquité des races humaines*. Mais personne n'attaque ce livre ; M. Rodier le reconnaît lui-même, puisqu'il dit (p. 259) que le scepticisme *n'a encore pu opposer aucune objection* à ses conclusions, quoiqu'il n'ait rien négligé pour attirer, *sur des résultats si imprécus*, les regards de la critique. Or, la cause de ce silence est bien simple : c'est tout bonnement qu'au XIXe siècle, la critique *scientifique* n'a rien à dire d'un ouvrage dans lequel on trouve des chapitres portant les titres suivants :

Chapitre IX. — Histoire de l'Inde : Époque védique, de l'an 19337 à 13901 avant J.-C.

Chapitre X. — Histoire d'Égypte : de l'an 18790 à l'an 5853 avant J.-C.

Chapitre XI. — Histoire. Inde de l'an 13901 à l'an 3101.

Chapitre XII. — Histoire. Iran : De l'an 13901 à l'an 2274, etc.

De tels chapitres sortent en effet du domaine de la science pour entrer dans celui de l'imagination.

Il est très regrettable qu'un mauvais point de départ, un système préconçu, puissent parfois entraîner un esprit ingénieux, un homme érudit, un travailleur infatigable, dans de si grandes aberrations. — Que le même homme dépense la même somme d'intelligence, de savoir et d'efforts dans un cercle d'idées moins systématiques, en prenant l'observation pour seul guide, ses travaux seront bons ou au moins profitables. — Que M. Rodier laisse aux égyptologues le soin de rapprocher des monuments les listes de Manéthon, aujourd'hui qu'elles sont reconnues approximativement exactes; et qu'il se contente des résultats ainsi obtenus: il ne s'égarera pas dans des spéculations aussi fausses qu'inutiles, car le premier de tous les progrès de la science moderne est de savoir ignorer l'inconnu.

L'ÉCRITURE SECRÈTE

Dans les textes hiéroglyphiques des anciens Égyptiens

PREMIER ESSAI [1]

I

Dans les tableaux de signes hiéroglyphiques dressés par Champollion pour sa *Grammaire égyptienne*, on remarque sept caractères notés des lettres *E. S.*, et l'illustre savant nous apprend (p. 33) que ces « quelques signes n'ont été observés que dans certains textes appartenant au règne des rois des XIXe et XXe dynasties, conçus en une espèce d'*écriture secrète* ». Où et quand Champollion déchiffra-t-il quelques mots de cette écriture ? C'est ce que j'ignore. Mais il y a quelques raisons de penser que c'est pendant son voyage en Égypte, quand il copia les inscriptions des tombeaux des rois, où les textes de cette nature sont assez nombreux [2]. Les sept caractères dont la valeur est déterminée dans la *Grammaire égyptienne* sont les suivants : 1° 〈glyph〉, 2° 〈glyph〉 ou 〈glyph〉, 3° 〈glyph〉, 4° 〈glyph〉, tous employés pour 〈glyph〉. *a* (p. 36 et 38);

---

1. Ce mémoire est demeuré inédit. Devéria en avait communiqué les résultats à M. Lauth, et c'est d'après ses copies que celui-ci a publié en 1866 les fragments de la stèle C du Louvre, qui sont insérés dans son article sur l'*Änigmatische Schrift* (*Zeitschrift*, 1866, p. 24-26). — G. M.
2. La conjecture de Devéria sur ce sujet s'est vérifiée plus tard lorsque j'ai publié le texte des *Notices manuscrites* : on y trouve (t. I, p. 602) un tableau des signes d'écriture secrète que Champollion avait copiés dans les tombeaux des rois, et dont il avait reconnu la valeur. — G. M.

5° ⸺ pour ⸺, *á*, et pour ⸺, *u* (p. 38); 6° ⸺ pour ⸺, *r* (p. 41); 7° ⸺ pour *s* (p. 43).

Après Champollion, l'*écriture secrète*, qui avait attiré un instant son attention, fut complètement oubliée, jusqu'au jour où M. le vicomte de Rougé mentionna, en 1849, dans sa *Notice des monuments du musée du Louvre* (p. 59), « quatre » lignes d'un style tout particulier qui semblent appartenir » à une écriture secrète ou mystique », sur la stèle C 65 du musée égyptien. Le même savant écrivait en 1851, dans son *Rapport adressé à M. le Directeur général des musées nationaux*[1] : « Je terminerai cette énumération en rappelant » l'attention des savants sur une sorte d'*écriture secrète*, » conçue dans un système particulier, dont on trouve » quelques lignes sur deux stèles de la XVIII° dynastie. » L'une se trouve au Louvre (n° C 65), et l'autre au musée » des Pays-Bas (V 93 du catalogue). C'est un sujet tout nou- » veau d'études; il semble néanmoins que Champollion ait » saisi quelque chose d'analogue dans les tombeaux de » Biban el-Molouk. »

M. le D' Leemans, en décrivant la stèle V 93 du musée de Leyde, dans sa *Description raisonnée des monuments égyptiens des Pays-Bas*, en 1840 (p. 290), avait effectivement remarqué que l'inscription *différait* du texte ordinaire des stèles funéraires. Mais il crut y reconnaître des noms d'animaux qui n'existent pas en réalité.

Tout dernièrement, M. Samuel Birch de Londres publia dans la *Revue archéologique*[2] l'interprétation d'un papyrus magique du Musée Britannique, et il trouva dans ce manuscrit plusieurs passages rédigés en écriture secrète. Voici comment il s'exprime à cet égard (p. 431) : « Les lignes » d'hiéroglyphes de la huitième page sont d'une écriture » particulière qui apparait à l'époque de la XXI° dynastie.

1. Extrait du *Moniteur officiel* des 7 et 8 mars 1851, p. 20.
2. *Revue archéologique*, livraisons de février et novembre 1863.

» Ces lignes ne sont pas tout à fait intraduisibles, quoique
» leur explication complète présente une grande difficulté.
» Une autre ligne dans la neuvième page (ligne 5) est moins
» difficile, et je l'ai traduite. En effet, dans ces hiéroglyphes,
» les soi-disant anaglyphes de saint Clément d'Alexandrie,
» chaque signe phonétique ou idéographique exprime une
» idée, sans mélange usuel des phonétiques pour aider le
» lecteur. Le scribe a aussi glissé dans son texte des repré-
» sentations qui se trouvent dans le fond des tableaux sacrés,
» et qui sont plutôt des symboles des idées que des mots
» proprement dits. » M. Birch croit effectivement pouvoir
traduire (p.530) le passage suivant que j'ai copié à Londres,
sur le monument original : « Seigneur (?) des eaux, réjouissant,
» élevant et abaissant la porte du ciel, âmes des âmes, créa-
» tion des créations, une seule fois créé. » Et plus loin
(p. 439), il ajoute : « Ce papyrus appartient sans doute à
« l'époque de la XXIe dynastie ; c'est vers ce temps que
« commence l'usage des écritures secrètes, ou plutôt l'intro-
» duction de nouveaux hiéroglyphes en imitation du système
» polyphone d'Assyrie. »

Malgré mon profond respect pour les travaux de M. Birch, dont je me plais à reconnaître tout le mérite et tout le savoir, je suis obligé de croire que ces diverses assertions sont erronées, et j'ose émettre cette opinion, parce que les progrès de la science ne peuvent s'appuyer que sur la recherche du vrai par des constatations successives. Voici maintenant les résultats de mes observations :

1° On a vu déjà, par les observations de M. le vicomte de Rougé, que l'usage de l'écriture secrète remonte non seulement à la XXIe dynastie ou à la XIXe, comme l'affirmait Champollion, mais bien à la XVIIIe ; on en trouvera plus loin une preuve irrécusable dans une inscription du règne d'Aménophis III ;

2° M. Birch ne donnant aucune preuve à l'appui de la traduction que je viens de citer, il est permis, jusqu'à nouvel ordre, de conserver des doutes sur son exactitude, à l'exception cependant des mots « âme des âmes » et des signes suivants, qui appartiennent au système hiéroglyphique ordinaire[1];

3° Il n'est pas certain que les caractères de l'écriture secrète soient les anaglyphes dont parle Clément d'Alexandrie; cette opinion peut néanmoins être soutenue, et c'est une question que nous examinerons plus tard. Mais j'ai la presque certitude, dès à présent, qu'il exista dans l'ancienne Égypte, des écritures secrètes de plusieurs systèmes différents;

4° Je suis, dès à présent, en mesure d'affirmer et de prouver que, dans le plus ancien de ces systèmes, qui remonte au moins à l'époque de la XVIII° dynastie, chaque signe de l'écriture secrète n'exprime pas une idée à lui seul, mais au contraire, qu'on trouve dans cette écriture le mélange usuel des idéographes et des caractères phonétiques. On en verra, plus loin, de nombreux exemples;

5° Enfin, ce que j'ai pu déchiffrer jusqu'à présent de l'écriture secrète ne présente aucune analogie avec le système polyphone de l'écriture assyrienne, mais, tout au contraire, est presque identique au système hiéroglyphique ordinaire, comme on va le vérifier dans la suite de ce travail.

II

En visitant pour la première fois, à Thèbes, en 1859, le magnifique tombeau de S'a-m-hà, haut fonctionnaire et intendant des greniers de l'Égypte sous le règne d'Aménophis III (XVIII° dynastie), mes regards furent arrêtés par une

---

[1]. Bien que ces derniers signes paraissent appartenir au système hiéroglyphique régulier, leur interprétation présente une certaine difficulté, et je ne puis pas admettre pour ceux-là la traduction de M. Birch.

inscription hiéroglyphique inédite, qui présentait toutes les particularités de l'écriture secrète. J'acquis en peu d'instants la certitude que l'ensemble de ce texte était incompréhensible, à l'exception toutefois de la légende du défunt, écrite avec quelques variantes particulières, et cependant, d'une manière parfaitement reconnaissable. Cette trouvaille me fit espérer de parvenir à fixer la valeur de quelques-uns des signes de l'écriture mystérieuse, et j'y apportai toute mon attention. C'est dans la 2ᵉ et la 3ᵉ colonne du texte que se trouve cette légende qui, en réalité, diffère très peu de la rédaction habituelle. Je transcris ici, en sens inverse, les trois premières colonnes de l'inscription et je lui donne le n° 1 pour faciliter les citations.

N° 1

Il est facile de voir que la première colonne est indéchiffrable, mais je crois reconnaître au milieu de la seconde : 1° Le mot ||| (ou peut-être ⌇ ||| pour 𓅓 ?) *z*ed-u « paroles, discours ». Le signe *z*ed est bien connu comme équivalent du groupe *z*ed, « parole », ainsi que l'a établi M. de Rougé dans son *Mémoire sur l'inscription du tombeau d'Ahmès* ¹.

2° Le groupe *an*, équivalent également connu de *an* « de, par ». Le signe , représentant un homme qui court, est parfois employé pour exprimer la syllabe *an*, dans ce mot, à partir de l'époque de la XVIIIᵉ dynastie; ce n'est donc pas un signe particulier à l'écriture secrète, quoiqu'il ait pu en être tiré

---

1. P. 37. Je noterai cependant que M. Brugsch, qui lisait autrefois ce signe *mut*, veut le lire maintenant *z'er*, probablement par suite d'une confusion avec le signe | qui est entièrement différent.

dans l'origine. On verra plus loin, en effet, que presque tous les signes notés *B. E.* (basse époque) dans la grammaire de Champollion sont empruntés à l'écriture secrète des meilleurs temps.

3° Les groupes purement hiéroglyphiques 🝆 *suten-sx'â*, « basilicogrammate », et 🝆 *mur s'enti* « intendant des greniers », figurent tous deux dans les variantes de la légende complète du personnage, inscrite dans les hautes parties de son tombeau, comme par exemple[1] :

neh' h'et   n   *neb ta ti* (f)   *mer*

(Celui qui) possède le cœur du seigneur des deux mondes[2], l'intendant

s'enti   ......   *suten s'xâ*

des greniers[3] du Sud et du Nord, le basilicogrammate, etc.

4° Le titre suivant correspond à une qualité qui est rarement inscrite dans la légende du personnage ; je la trouve cependant sur une mauvaise empreinte prise dans son tombeau et où je crois pouvoir lire :

, *Le noble chef* (*gardien de l'arche d'Anubis?*)[4] ...., *intendant des greniers du Sud et du Nord S'â m-h'â, justifié*. Malheureusement cet exemple isolé étant incomplet et d'une lecture contestable, je ne puis rien tirer de sa comparaison avec la version de notre texte.

1. Prisse, *Monuments égyptiens*, pl. 42.
2. C'est-à-dire celui qui *possède le cœur du roi*.
3. C'est le titre qui fut donné à Joseph par le Pharaon.
4. Le caractère qui représente la peau de panthère placée ordinairement devant la figure d'Osiris, semble répondre ici au nom d'Anubis ; il est en rapport avec le mot *anom* ou *anum* « peau », qui a presque la

5° Le nom propre et la qualification funéraire [hiéro] sont facilement reconnaissables pour ceux qu'on vient de lire : *S'á-m-há maâ-x'eru*, « S'à-m-h'â, justifié », car un seul signe appartient à l'écriture secrète, c'est la tête d'hippopotame(?) [hiéro] employée pour la partie antérieure du lion [hiéro] = *h'á*[1], et ce caractère est en résumé le seul dont cette première inscription nous apprend la valeur, de manière à pouvoir l'ajouter avec certitude aux sept caractères déterminés par Champollion.

III

La constatation de la présence des titres et du nom propre de *S'á-m-h'á* dans l'inscription mystérieuse de son tombeau, m'engagea à examiner attentivement la stèle C 65, du Louvre (n° 2 de nos documents), pour tâcher de découvrir dans la partie de l'inscription rédigée en écriture secrète, la légende des personnages nommés dans les autres parties du texte hiéroglyphique. Je ne tardai pas à acquérir la certitude qu'elle y existait, en effet, au moins en partie.

Cette stèle (pl. I) porte dans le cintre, au-dessous des signes [hiéro], la représentation de deux couples assis l'un à droite, l'autre à gauche, devant lesquels est une table chargée d'offrandes. Au milieu, un personnage debout semble s'adresser au groupe de gauche, qui a pour légende : « L'*am-x'ent* (prêtre)..... (nom martelé) et son épouse, la

consonnance d'*anup* ou *anub*, nom égyptien de ce dieu. Ce signe semble être le type du caractère [hiéro] qui a quelquefois été confondu avec [hiéro], peut-être même dans l'antiquité. Ce dernier syllabique a souvent pour complément initial un ⲭ *u* et pour complément final un *m*; il faut le lire *uhm* ou *uàh'em*, car tous les mots dont il exprime la prononciation répondent exactement à la signification du copte ⲟⲩⲱϩⲙ *T.*, ⲟⲩⲱϩⲙ *M.*, et avec les suffixes, ⲟⲩⲁϩⲙ̄ *T. M. B.*, *addere, iterare*, dont il doit être la forme hiéroglyphique.

[1]. L'hippopotame entier répond ordinairement à la valeur phonétique *h'et*, dans le système normal.

dame Ânnâ. » On lit aussi en sens inverse : « Acte d'oblation double à vos personnes : Offrande de mets solides et liquides, bestiaux et volailles et toute chose bonne et pure, par le prêtre de Ptah..... (nom martelé); toutes productions devant Osiris, au commencement de toute saison qui se produit, dans ce monument, à la personne du basilicogrammate Pâ-neh'si et de son épouse la dame Taïl. » Au-dessous de ce double proscynème sont gravées douze lignes de texte en très beaux hiéroglyphes. Les cinq premières lignes sont parfaitement lisibles; les trois suivantes et la plus grande partie de la quatrième ne présentent aucun sens, quand on veut appliquer à leur déchiffrement la méthode de Champollion, et la fin du texte est cependant aussi compréhensible que le commencement.

Voici comment je réussis à entamer la partie illisible. J'avais observé qu'un des personnages, fils du défunt, était comme S'â-m-h'â (l. 5) ⟨hiero⟩ « intendant des greniers » et qu'il était surnommé ⟨hiero⟩ « Pâ-neh,'si (le nègre) ». Je remarquai, dans le texte secret (l. 9), les signes ⟨hiero⟩, c'est-à-dire l'idéogramme *grenier* et les caractères phonétiques *Pâ-neh*, qui devaient nécessairement faire partie de la légende de ce personnage. Ce point de repère une fois trouvé, j'arrivai de proche en proche à établir la correspondance de toute la légende des personnages dans les deux textes, c'est-à-dire, à lire la plus grande partie de la ligne 9, à l'aide des lignes 4 et 5, et à les mettre ensemble dans le rapport suivant :

N° 2

1. (l. 9, texte secret) : ⟨hieroglyphs⟩

2. (l. 4, texte normal) : ⟨hieroglyphs⟩

3. (transcription) :   mr a m ʃent [Amen-(bes?)-u] h'mt-w nb-t Ân-nâ

4. (traduction) :   Le (prêtre) [Amen-(bes?)-w, sa femme la dame Ân-nâ

L'ÉCRITURE SECRÈTE 57

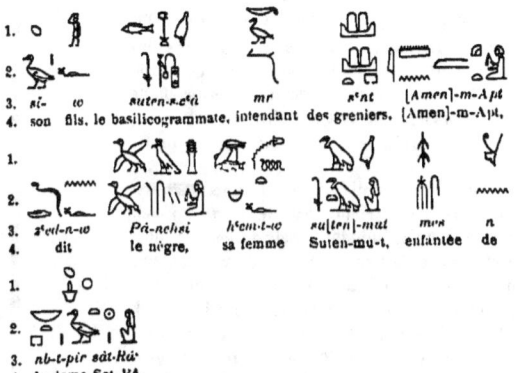

3. si- to   suten-s.c⁽ᵃ⁾   mr   s⁽ᵃ⁾nt   [Amen]-m-Apt
4. son fils, le basilicogrammate, intendant des greniers, [Amen]-m-Apt,

3. s⁽ᵉᵘ⁾-n-to   Pâ-nchsi   h⁽ᵉᵐ⁾-t-to   su[ten]-mut   mes   n
4.   dit   le nègre,   sa femme   Suten-mu-t, enfantée de

3. nb-t-pir sât-Râ
4. la dame Set-Râ.

Ce rapprochement des textes donne lieu aux observations suivantes :

1° Le premier signe de l'écriture secrète est le bassin ▭, bien connu comme variante de ⌒ *mer*, mais sa prononciation régulière devait être, au moins, à partir de la XIX⁰ dynastie, *ma, maï* ou *mu*[1]. L'équation ▭ = ⌒ = *mr*, suffit néanmoins pour expliquer que ce caractère peut répondre dans l'écriture secrète au signe ⌐ *mr, mer* ou *mur*.

2° Le caractère ⌒ qui représente un couteau ne doit pas

---

1. La transcription du nom de Ramsès *Maïamon* semble indiquer que ce caractère répondait déjà, à cette époque, à la forme du verbe copte ⲙⲁⲓ, ⲙⲉ, *aimer*, synonyme de ⲙⲉⲣⲉ. qui était rendu par le signe ⌒. De plus, le correspondant hiératique du bassin est souvent employé dans les textes avec l'une des valeurs que je viens d'indiquer ainsi, le mot que M. Birch a lu *abhaï* et transcrit ⌐, *nb-haï* (Birch, *le Papyrus Abbott*, p. 264), se compose en réalité des signes ▭ *muh⁽ᵃ⁾ï*, et répond au copte ⲙϩⲁⲧ, ⲙϩⲁⲟⲧ, etc., *sepulchrum, monumentum sepulchrale*.

être confondu avec le syllabique ⟿ *sem*. Il a ✠ *am*, pour équivalent dans le texte normal, et nous le retrouverons plus loin employé simplement pour *m*. On sait que la présence ou l'absence de l'*a* initial est sans importance dans beaucoup de mots : je lui attribuerai donc la valeur *m* simple.

3° ◡ pour ⧠ est une variante bien connue dans tous les textes.

4° Les correspondants des trois signes suivants ⟿ ⋘ ▱ ont été effacés par un martelage dans le texte normal. Or ces trois caractères représentent certainement un nom propre, et le martelage me fait supposer qu'il devait contenir le nom d'Ammon, puisque c'est ce nom seul qui a été effacé avec acharnement sur tous les monuments antérieurs aux usurpateurs de la XVIII° dynastie, comme il a été effacé à la ligne 5 de notre inscription dans le nom d'*Amen-em-ap-t*. Je tire de là la conclusion que le signe ⟿, représentant une aile d'oiseau, devait répondre dans l'écriture secrète au nom d'Ammon, puisque les deux autres signes ⋘ (*bès?*) *w* sont connus pour la finale de plusieurs noms d'hommes dont le premier élément désigne toujours une divinité. J'appellerai donc notre personnage *Amen-(bès?)-w*, ce qui est une forme abrégée d'*Amen-em-(bès?)-w*. J'en trouve la répétition avec variante au commencement du texte secret (l. 6) sous la forme ⟿ 𓀀 ▱. Cette variante donne les équations suivantes : 1° ⋘ (= 𓀀) = 𓀀 = *bès* ou *s'es* (la lecture n'est pas encore certaine); 2° ▱ = ⌇ = *w*. Il est à remarquer que, si je ne me suis pas trompé dans ma conjecture, les hommes qui furent chargés de marteler partout le nom d'Ammon, ne le reconnurent pas dans l'écriture secrète, et par conséquent, qu'ils ne la lisaient pas.

5° ⨀ conserve sa valeur normale dans les deux textes.

6° Le chat 𓃠 est fort embarrassant. Répond-il aux signes , à l'un de ces deux caractères, ou au mot ⌇ qui les suit? c'est ce que je ne saurais encore déterminer.

L'ÉCRITURE SECRÈTE   59

7° Le groupe 🯄 ○ répond au nom propre Ânâ.

8° Les formes ○ pour 🯄 et 🯄 pour 🯄 sont bien connues, mais il faut observer qu'elles appartiennent surtout aux basses époques et qu'elles sont extrêmement rares, la dernière surtout, si toutefois elle existe, dans les textes de la XVIII° dynastie.

9° Le groupe 🯄 répond à 🯄 *su[ten] s'râ*, « royal scribe, ou basilicogrammate. Il est naturel de penser que c'est la mitre du *pschent*, la coiffure royale 🯄, qui exprime l'idée de la royauté, et, par conséquent, le mot *su[ten]* « royal »; ce caractère possède en effet cette valeur dans plusieurs textes ordinaires, où l'on trouve le groupe 🯄 au lieu de 🯄 *su[ten]-neb* (?) « roi de la région supérieure, roi de la région inférieure », et dans les textes des basses époques, où on lit le titre d'Ammon 🯄 au lieu de 🯄 *su[ten]-neter-u* « roi des dieux ». On en a plus loin la preuve dans le nom 🯄 qui est l'équivalent de 🯄 *su[ten]-mu-t* dans le texte normal. Mais il importe de noter que l'expression de la royauté se trouve à la fin de ces deux groupes dans l'écriture secrète, tandis qu'elle est toujours en tête dans le style ordinaire. Cela prouve évidemment que c'est par respect pour la royauté qu'on écrivait toujours *suten-sx'à*, « royal scribe », *suten-mu-t*, « royale mère », mais qu'on lisait *sx'à suten* « scribe royal », *mut-suten* « mère royale », suivant la règle de la grammaire égyptienne qui veut que l'adjectif simple suive toujours le substantif qu'il qualifie. Ceci étant établi, revenons à notre groupe composé : le signe 🯄 ayant ordinairement la valeur *x'à*, il est nécessaire que le poisson 🯄 exprime la consonne *s*, et de cette manière on lit sans difficulté *sx'à-suten*, « scribe royal », ou « basilicogrammate ». Nous apprenons encore ici que, si la variante *suten-ân* ou mieux *ân-suten* a jamais existé, elle ne servait pas toujours de lecture au groupe [signe] et qu'on doit y voir plutôt un titre différent qui devait se lire ân-s.x⸱â-suten.

10º Le signe normal [signe] *mer*, que nous avions déjà trouvé représenté dans l'écriture secrète par le bassin [signe], y est maintenant remplacé par les signes [signe] *m* (voyez plus haut, p. 57) et [signe] qui prendrait nécessairement ici la valeur *r*, si je n'avais pas remarqué dans d'autres textes que l'*r* final est parfois remplacé par une voyelle. Il n'est pas impossible cependant que le premier signe représente parfois la lettre *n* et que le canard conserve sa valeur *sâ*, ce qui donnerait *nsâ*, lecture aussi fréquente que *mer* ou *mur* pour le signe [signe], mais cela est fort peu probable.

11º Le mot « grenier » est exprimé par le signe figuratif [signe]¹ seul, sans déterminatif, dans le texte secret.

12º Le nom Amen-m-ap-t, et l'expression *ed-n-w*, « dit à lui, surnommé », sont omis dans le texte secret.

13º Les signes [signes] répondent au surnom [signes] *Pa-neh'si*, « le nègre ». Le premier caractère est identique dans les deux textes. Le second [signe], bien connu pour l'expression ou la syllabe *neh'*, prouve que, dans ce mot, le signe [signe], son équivalent, se prononçait également *neh'*, ce qui ne l'empêchait pas d'avoir des valeurs très différentes dans d'autres cas. Reste le signe [signe], qui se prononce ordinairement *ded*, pour représenter la syllabe [signe] *si*. Le déterminatif est omis, comme dans les deux premiers noms que nous avons rencontrés.

14º Le groupe [signes] répond aux signes [signes] *h'm-t-w*, « sa femme, son épouse », que nous avons déjà vus repré-

---

1. Ce caractère représente deux meules de grains placées entre de petites séparations en terre élevées sur le sol, comme cela se pratique encore de nos jours dans les marchés de grains en Égypte.

sentés différemment. Le premier caractère ⌂ est l'expression ordinaire du verbe *h'àm*, « pêcher »; c'est donc ce que l'on pourrait appeler un calembour, ou si l'on veut, un *rébus*, pour le mot ⚬ *h'em* « femme ». ⌐ semble répondre à ⚬ *t*, note du féminin, ou même à *tew* pour *-t-w*, mais je lui connais aussi d'autres valeurs. Nous avons déjà trouvé ~~ = ~ = *r*.

15° Le nom propre *Su[ten]-mu-t*, ou mieux *Mu-t-su[ten]* a été expliqué plus haut, p. 59; il est comme les autres privé de son déterminatif dans le texte secret.

16° Le signe ↟, équivalent du mot ⦀ *mes* « enfanté », ou au féminin « enfantée », paraît n'être qu'une forme particulière du caractère ⦀ *mès*, qui, suivant quelques savants, représente la racine d'une plante.

17° La partie inférieure du *pschent* ∀ est une variante bien connue du signe ~~~ *n*, « de »; mais elle ne se rencontre ordinairement avec cette valeur que dans les textes postérieurs à la XVIII° dynastie.

18° Le mot *neb-t-per* « dame » est omis dans le texte secret.

19° Dans le nom propre *Set-Râ*, « fille du soleil », l'œuf ⚬ répond, comme nous l'avons déjà vu, au signe 🦢 *sà* qui, à partir d'une époque que je ne saurais déterminer, s'est prononcé *si* « fils » au masculin, et *se* « fille » au féminin. Le segment ⚬ *t*, marque du féminin, est remplacé par le signe ⚘, qui figure souvent pour *t* dans les textes des basses époques, et l'expression « soleil » ⊙ *râ*, est rendue par le disque seul ⊙, sans sa note *t*, dans l'écriture secrète. Le déterminatif des noms propres est omis comme dans les autres exemples.

Toutes ces constatations une fois établies, nous pouvons en tirer la déduction que l'écriture secrète du système que nous étudions, bien loin d'être exclusivement idéographique et d'exprimer chaque idée par un idéogramme isolé, est au contraire presque essentiellement phonétique, qu'elle procède par voie d'homophonie, ou en d'autres termes de *calembours* et de *rébus*, enfin, que le système idéographique y disparaît en grande partie, puisque les signes déterminatifs, ces clefs si précieuses des textes hiéroglyphiques, y sont généralement omis.

IV

En examinant les légendes secrètes inscrites dans les tombeaux des rois de Biban el-Molouk, j'ai acquis la certitude qu'elles étaient presque toujours la transcription plus ou moins littérale d'un texte du système normal écrit à côté. Cette nouvelle observation me fit penser qu'il pouvait en être de même dans les inscriptions de la stèle du Louvre, et je m'efforçai de déterminer quelles parties du texte lisible pouvaient correspondre au texte énigmatique. Je crois être parvenu, par ce moyen à poser quelques jalons qui pourront servir au déchiffrement, mais je n'ai pas une certitude absolue de l'exactitude de mes résultats, et je n'hésite pas à déclarer que je ne suis pas encore en état d'analyser le texte secret d'une manière suivie, même dans les parties que je crois le mieux lire. Je vais néanmoins donner la transcription et la traduction littérale du texte normal, en y joignant la copie des deux textes dont je propose le rapprochement comparatif, quoique je ne les suppose pas d'une rédaction tout à fait identique. Je place entre deux traits les mots de l'écriture secrète qui me paraissent exactement représentés dans le texte normal.

(L. 1) « Oblation à Osiris (qui est dans ?) les (régions) occidentales, à Hathor, dame de la région (Zed?), à Anubis (qui est dans) le pylône (divin), émissaire[1] de la voie du Sud et

1. L'identité de signification qui existe entre le groupe ⟨hieroglyphs⟩, abrégé ici en ⟨sign⟩, et la racine copte ⲥⲱⲣⲡ, ⲥⲟⲣⲡ, ⲥⲉⲣⲡ, *M.*, *mit-*

du Nord: offrande de mets solides et liquides en toute chose bonne et pure à toute fête (du lieu funèbre), au (l. 2) commencement de chaque saison des vivants ; à lui l'abondance des provisions chaque jour lui soit faite une demeure au ciel inférieur, soient élevées les dignités sur sa tête, à la personne du *mur-am-x'ent* (prêtre) hiérodule de Ouer-h'eka-u.

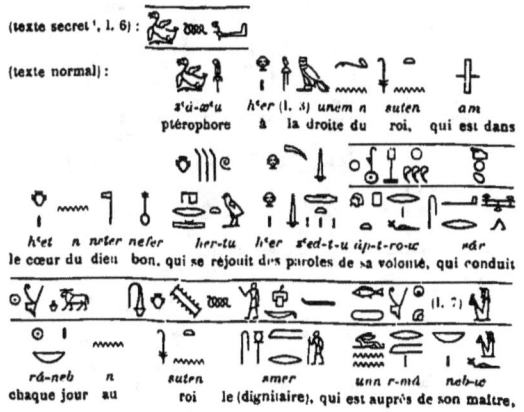

tere, m'engage à transcrire *arp* ce mot qu'on lit ordinairement *ap*. Il n'est pas impossible, à la vérité, que le copte ait ajouté un *r* medial, mais c'est peu probable.

1. Je crois pouvoir lire quelque chose des mots précédents du texte secret ; les voici : [hiéroglyphes] (*am*?)-*x'ent* Amen-*bes-u tet* (pour *s'en*?) « *su-x'au nt bâ* (pour *bu*?) *rex'* (*sx'au t*(*n*)? « L'am-*x'ent* (prêtre) Amen-*bes-w* dit : Ô (grammates?) qui ne connaissez pas cette écriture! » Le premier mot est douteux, le nom propre est certain, le mot *tet* pour *s'ed* est probable, l'exclamation est hiéroglyphique. Le mot *s'xau*, « grammates », si ma lecture est bonne, est représenté par le chiffre 6000, qui devait se prononcer *so-x'au*, et le reste est aussi douteux.

64 L'ÉCRITURE SECRÈTE

(C'est) le *mur am-x'ent* (prêtre) [Amen-bes-w]; (l. 5) sa femme la dame Ân-nà, son fils, le basilicogrammate de : greniers, Amen-em-ap-t, dit le Nègre, et sa femme Maut-suten, enfanté de la dame Se-t-Râ[2]. »

Le texte secret dont le lecteur a vu maintenant la plus grande partie, commence à la ligne 6 et continue jusque

1. Ces expressions semblent indiquer que notre personnage était ou avait été précepteur du roi; on verra la confirmation de cette hypothèse vers la fin du texte.
2. Cette dernière partie du texte normal répond à la presque totalité de la ligne 9, qui est conçue en écriture secrète et que j'ai transcrite plus haut, p. 56-57.

vers la fin de la ligne 9, où le texte normal reprend comme il suit : « Par le fils de sa fille qui vivifie son nom, le basilicogrammate aimé de la Vérité, l'élu de la faveur royale[1], qui fête le pied du seigneur des deux mondes, qui habite une résidence dans la demeure du roi, vie! santé! force! le secrétaire supérieur dans la bibliothèque, le (lecteur du rite) qui dispose les fêtes, qui s'approche de son maître chaque jour, qui fut enfant au lieu où est sa Majesté, vie! santé! force! qui connut[2] le monarque à cause de son mérite, et qui dispose la fête d'Hathor, dame d'Héliopolis, le basilicogrammate (nom martelé), fils du purificateur (le devant?) Ptah, Tuner, enfanté de Se-t-Râ. »

Quant à la ligne 8, qui fait partie du texte secret, à l'exception du premier signe, je n'ai pas assez de certitude sur les deux ou trois mots que je crois deviner pour en proposer l'interprétation. Je suis aussi peu avancé pour les trois lignes et un mot d'écriture secrète de la stèle V, 93 du musée de Leyde (n° 3 de nos documents), où je ne puis déchiffrer (l. 10 fin) que le nom propre Tent-ment-nowre, et encore avec beaucoup de doute. En voici le texte, dont M. de Rougé a bien voulu me communiquer une copie (pl. II).

Le sieur 〈hiero〉, qui est 〈hiero〉 est assis, et devant lui se tient le 〈hiero〉 martelé. Debout à droite, on aperçoit 〈hiero〉 et 〈hiero〉 assis. L'inscription est conçue selon la formule ordinaire, mais elle se développe ensuite : 〈hiero〉

〈hiero〉

---

1. J'emprunte à M. de Rougé la traduction de ces quelques mots.
2. Ou peut-être vaut-il mieux comprendre « que distingua ».

[hieroglyphic text]

Je note que cette stèle, presque semblable à celle de Paris pour la matière, la dimension, le style, la disposition générale et la place qu'occupe l'écriture secrète dans le texte normal, provient du même tombeau et a été érigée par le même personnage que celle du Louvre, puisqu'on lit sa légende à la dernière ligne : « Le basilicogrammate aimé de » la justice, qui dispose la fête d'Osiris (nom martelé), fils » du purificateur de (devant?) Ptah, Tuner, enfanté de » Râ-se-t[1]. »

Il faut bien le reconnaître, l'écriture secrète ne se distingue pas de l'écriture normale, seulement par des variantes plus ou moins nombreuses, comme on l'a affirmé ; c'est au contraire

1. Lisez Se-t-Râ; c'est un nouvel exemple des inversions de majesté dont j'ai déjà parlé et dont il ne faut pas tenir compte dans la lecture.

un système graphique tout particulier que nous sommes encore hors d'état de déchiffrer, quand nous n'avons pas pour faciliter notre lecture une transcription hiéroglyphique ordinaire. Aussi les textes isolés en écriture secrète sont-ils encore pour nous lettre morte.

V

L'examen des textes secrets des tombeaux des rois, et particulièrement de ceux du tombeau attribué à Ramsès V par Champollion, me donna heureusement, comme je l'ai déjà dit, la certitude que presque tous ces textes étaient accompagnés d'une transcription plus ou moins rigoureuse et plus ou moins complète en hiéroglyphes ordinaires. En voici quelques exemples :

1° Texte n° 4. Manuscrits de Champollion, *Tombeau de Ramsès V*, p. 24, verso :

1. Le texte secret emploie le mot que je lis *sâm-u* et qui a le même sens.

Les derniers mots secrets sont évidemment différents dans les deux textes, et des signes de l'écriture secrète y sont introduits dans le texte normal, ce qui se voit assez fréquemment dans d'autres légendes hiéroglyphiques des mêmes monuments.

2° Texte n° 5. Empreinte prise à Biban el-Molouk dans mon premier voyage.

| Per-t | an | ntr-pn | n-âa | m | kke-u |
| « Sortie | par | ce dieu | grand | des | ténèbres |

| smu | m | qrr | asar | au | Tâi-âa |
| » rassemblées | dans | la région | d'Osiris; | et | Tâi-âa |

| ar-u | âsââ | r | am | as-ar (?) |
| » les fait............................ "

3° Textes nos 6 et 7. Légendes du même bas-relief : nesât'et' = , nesatu ; sesît = sestî.

4° Texte n° 8. Manuscrits de Champollion, Biban el-Molouk, *Tombeau de Ramsès V*, p. 25.

| h'otep | Râ | m | du | unm-tî | r | ar-t | (n) |
« Se joint le dieu soleil à la montagne occidentale pour accomplir les

L'ÉCRITURE SECRÈTE

sex̱er-u amu tā pesed-w m du ab-tī
» destinées de la terre; il rayonne à la montagne orientale

r der pew unntī apep............
» pour détruire son (ennemi?) Apophis............»

On rencontre également des mots isolés ou de courtes légendes toujours avec leur transcription hiéroglyphique en style ordinaire, car je n'aborde pas encore les textes qui en sont privés. Je noterai donc : n° 9,  *anpu*, Anubis (*ibid.*, p. 26); — n° 10, *atem qemā*, Atoum créateur (*ibid.*); — n° 11, *nsī(t)*, la brûlante[1] (*ibid.*); — n° 12, *k'adīt*, gouffre (*ibid.*); — n° 13, *qāh'u-tī*(?) *Demdī*, bras de Demdī (*ibid.*); — n° 14, *Ann-h'er*, personnage mythologique, *ibid.*, p. 27; — n° 15, *h'en(t)pita*, déesse, *ibid.*; — n° 16, *sedew-h'er*, personnage mythologique, *ibid.*; — enfin, n° 17, *aāru-tī*, double uræus, ce dernier d'après les notes de mon voyage.

Ces exemples, auxquels je pourrais encore en ajouter

---

1. est pour (?).
2. C'est le nom d'une des vipères de l'enfer égyptien.

beaucoup d'autres, suffiront, je crois, pour donner une idée exacte de ce que sont les textes rédigés en écriture secrète dans les tombeaux des rois à Thèbes. Les observations auxquelles ils peuvent donner lieu sont les suivantes : 1° les déterminatifs sont presque toujours supprimés comme dans le texte de la stèle du Louvre; 2° à l'exception *peut-être* du signe ⊕, *neb*, « seigneur », aucun caractère évidemment idéographique n'appartient spécialement à l'écriture secrète, mais au contraire, tous ceux qui y sont employés paraissent appartenir au système hiéroglyphique ordinaire; 3° deux mots ont pour correspondant, dans le texte normal, non pas leur forme ordinaire et régulière, mais un synonyme, ce sont : ⟨hieroglyphs⟩ *snâu* (⟨hieroglyphs⟩) « rassemblés, réunies » = ⟨hieroglyphs⟩ *x'nem-u*, même sens, et ⟨hieroglyphs⟩ *x'en-u*, « ceux qui sont dans, les choses qui sont dans », = ⟨hieroglyphs⟩ *am-u* même sens.

VI

Voici maintenant la liste des signes de l'écriture secrète dont ces divers textes à transcriptions hiéroglyphiques nous permettent de fixer la valeur. Je laisse de côté tous les caractères que je n'ai trouvés employés qu'avec leur valeur ordinaire ou normale, et je note d'un point d'interrogation (?) ceux qui ne sont pas déterminés d'une manière certaine.

ÉCRITURE SECRÈTE	VALEURS	EXEMPLES ET CITATIONS
1. Aigle ⟨hieroglyph⟩	Conserve sa valeur á (?).	S'*etaï* ⟨hieroglyphs⟩ (?) = ⟨hieroglyphs⟩. Champollion, *Tombeau de Ramsès* V, f° 25, verso (mss).

L'ÉCRITURE SECRÈTE

		Équivaut à 🦅, *ú*.	*aáru-ti*, *nepui*, [hieroglyphs] *ibid.*, 8ᵉ tableau ; [hieroglyphs] (?), *ibid.*, 10ᵉ tableau ; cf. *Anpú*, texte nᵒ 9.
2. Aile	〰	*Amon?*	N pr. *Amon-bes-w* ou *Amen-s'es-w?* Texte nᵒ 2.
3. Bassin	▭	Conserve sa valeur *s'*.	*S'etai* (voir l'exemple du nᵒ 1) cf. signe nᵒ 6.
— idem (?)		Équivaut à ▯, *neter* (?). Cf. Champ., *Gr.*, p. 42, nᵒ 142.	*Neter* (Texte nᵒ 4).
4. Bras fléchi	⌒	—Ω, *á*.	*Áη* (Texte nᵒ 4).
5. Bras avec une fleur de lotus	✶	▯, *s'u*, chasse-mouche.	*X'u* (Texte nᵒ 2).
6. Cavité (?)	⌒	▯, *neter* (?).	*Neter* (Texte nᵒ 4) cf. signe nᵒ 3.
6 bis. Chat	🐈	Signe de valeur incertaine.	(Texte nᵒ 2).
7. Corne	⸽	*R* (?).	*H'er* (?) (Texte nᵒ 2).
8. Couronne (?)	◯	*N* (?).	*N* pour *nd* (?) *nes't* (Texte nᵒ 2).
9. Doigts	∭	*T* ⌒ ou *tu* (?).	*Tu* (Texte nᵒ 2).
9 bis. Échassier péchant	🦆	⌒, *h'im*.	*H'im* (Texte nᵒ 2).
10. Échiquier (?) et bandelette	⌇⌇	Valeur *s* (Champollion, *Gr.*, p. 43).	*Sedew-h'er*; *nesit*; *semáu*; (Textes nᵒˢ 16, 11 et 4).
		Équivaut à ▭ *ses'*.	[hieroglyphs] (Champollion, *ibid.*, p. 26).
		Équivaut à ▭ *s'es* (?).	[hieroglyphs] (Champollion, *ibid.*, p. 26).

72   L'ÉCRITURE SECRÈTE

                 ⟨signe⟩, valeur régulière.   H'ebs ⟨signes⟩ (Champollion, *ibid.*, p. 26).

11. Feuille ⟨signe⟩   ⟨signe⟩, *a* (Champollion, *Gr.*, p. 36).   ?

12. Feuilles ⟨signes⟩   So-s'aû, six mille, pour ses'aû, scribes, grammates (?).   Ses'aû ? (Texte n° 2).

13. Feuille ⟨signe⟩   s' (valeur régulière ?)   Res' ? (Texte n° 2).

14. Feuille ? ⟨signe⟩   h'.   H'en[t] pi ta (Texte n° 15). Cf. ⟨signes⟩ (Champollion, *ibid.*, p. 27).

15. Fleur ? ⟨signe⟩   h'et.   H'edi (Texte n° 12).

16. Fleur ⟨signe⟩ ou ⟨signe⟩   ⟨signe⟩, *a* (Champollion, *Gr.*, p. 36).   ?

17. Idem ? ⟨signe⟩   ⟨signe⟩, *a*.   Aten ⟨signes⟩ « disque », etc. (Voyez plus loin, texte n° 18).

18. Fleurs ⟨signe⟩   ⟨signe⟩, *a* (Champollion, *Gr.*, p. 38).   Ament, anpû, aten, abt, s'epera (Textes n°° 4, 8, 9, 10; cf. Champollion, *ibid.*, p. 7 et 25). Semble parfois aussi remplacer l'R final de certains mots, comme l'e copte dans ⲛⲟⲩⲧⲉ, ⲙⲱⲛⲉ, etc. : s'oper ou s'opa (Champollion, *ibid.*, p. 25, ⟨signes⟩).

Id. redoublé ⟨signe⟩   ⟨signe⟩, *i*.   H'edi, Demdi, Nesit, pui(?), nepui, depi, cf. s'etai Textes n°° 11, 12, 13 ; ⟨signe⟩ (?) pui, Champoll., *ibid.*, f° 25, verso; ⟨signe⟩, nepui, *ibid.*; ⟨signe⟩, depi (?), *ibid.*, p. 25, recto; cf. p. 25, verso

L'ÉCRITURE SECRÈTE 73

s'e-
tai, ibid., p. 25, verso).

19. Fleurs		a (Champollion, Gr., p. 38).	Adruti (Texte n° 17).
20. Glaive		m?	Smer, mur(?) (Texte n° 2)
		Équivaut à ⊥, am?	Am? (Texte n° 2).
21. Hippopotame		, bès ou s'es.	Amon-bes-ic ou Amon-s'es-ic (n. pr.) (Texte n° 2)
22. Homme		, a.	An (Texte n° 4).
23. Homme adorant		, Amon.	H'er Amon (Champol., ibid., p. 26).
		Aussi , unomti.	C'est peut-être le synonyme Ament ou Amenti.
24. Homme invoquant		a! (^)	A! (?) (Texte n° 2, l. 5).
25. Homme appelant		, ùnn.	Unnti (Texte 1)
26. Homme portant		, ic (B. E.).	Si-ic (Texte n° 2).
27. Homme tenant... dans un cercle		, neb.	Neb (Texte n° 4).
28. Instrument		iñ (valeur régulière)	Âpep (Texte n° 8).
		, ndá.	Náá, nàti (Texte n° 4, et , ndáti, Champoll., ibid., p. 25).
29. Insigne		x'au (?).	Sx'au? (Texte n° 2).
30. Lampe		bu (?) et b.	bu? neb? (Texte n° 2).
31. Main		á?	Âp-Râ (mes notes de Biban el-Molouk).

74　L'ÉCRITURE SECRÈTE

32. Montagnes 〰️ ▱, dû? — Dû (Texte n° 8). C'est peut-être un synonyme.

33. Navette ⚊ ▱, nt? — nt? (Texte n° 2). Cf Champoll., *Gr.*, p. 46, n° 256).

34. Nez 👃 ▱, *x'ent* (valeur régulière). — Am-*x'ent* (Texte n° 2, l. 6).

35. Œuf ⚬ ▱, *sâ* ou *si* (valeur régulière). — Sâ ou *si* (Texte n° 2 ; n. pr. *se-t-Râ*.

36. Oie 🦆 ▱, *â* (?). — S'etai, semaû ▱▱▱ (Champollion, *ibid.*, f° 25 verso et texte n° 4).

▱, *û* (?). — Samû ▱▱▱ (Texte n° 4). Dans ce mot, le signe n° 36 est employé avec ses trois valeurs *â*, *m* et *û*.

▱, ou ▱. — Ament, atem, m. semau (Texte n° 4 ; ▱, atum = ▱. Champollion, *ibid.*, p. 26 ; Textes n°ˢ 10, 13 ; Champoll., *ibid.*, f° 26 recto ; Texte n° 4, voir l'exemple précédent de la valeur *û*). Les textes hiéroglyphiques ordinaires emploient l'oie avec la valeur *m* dans le mot *h'etem*.

▱, *sâ* (?) (valeur régulière), ou r? — Nesâ? ou mur? sâh'û? (Texte n° 2).

37. Oiseau 🦅 ▱, *â* (Champollion, *Gr.*, p. 35). — ? Doit être le même signe que le précédent, n° 36.

▱, *â* (Champollion, *Gr.*, p. 38). — ?

39. Pain ⚬ — a? ou r? — Ari, r-ma (Texte n° 2. — Semble parfois être confondu avec le signe n° 60. ⚬).

L'ÉCRITURE SECRÈTE   75

39. Pieds ∧   ⟿ , d   *Pened* (Texte n° 8).
40. Pieds ∧   ⟿ ᚑᚑᚑ , *dnn*.   *Ánn-h'er* (Texte n° 14).
41. Pincel ▭   ⌒, *t* phonétique et diacritique ou grammatical.   *Amen-t, ab-ti, at·m, s'·tai, h'en[t]-pitú, ná-tí, unntí, nesí-t, ar-t* (Textes n°° 8, 4 ; Champoll., *ibid.*, p. 25, recto et verso ; textes n°° 15, 11 et 10).

⌒, *ti* (suivi d'un déterminatif redoublé).   *H'ent-pitú* (Champoll., *ibid.*, p. 27).

⌒, (suivi d'un déterminatif simple).   *Adru-ti* (Texte n° 17).

42. Plaie ⌐   ▤, *p* et *pú*.   *Ápap, pen, pú, nepúi, h'en[t]-pitú, pened, drpi, pe·e, pui* (Textes n°° 4 ; Champoll., *ibid.*, f° 15 recto et verso ; 27, 8).

▢ *pen (pú ?)*. Semble parfois déterminer les mots qui se rapportent à la divinité, à l'homme et aux membres ou parties du corps, ou bien il est explétif ? ou encore, il remplace le ⌒ *t* du féminin.   *pu* (= *pen*, ce) Texte n° 4.

Ati ? h'ime-t, grer...? (Textes n°° 2 et 4).

43. Poing ⌒   *s?*   *S'xi? sir?* (Texte n° 2).
44. Poisson ⇌   *e.*   *Sx'ú* (Texte n° 2); *x'eper s-ánx' x'ed-t-u* 🪲 ; *x'epera s-ánx' x'ed-t atum s-ánx' x'ed-t-ú-t* ; *ánx' x'ed-(t)-s-t* (Champollion, *Tombeau de Ramsès V*. p. 25).

76 L'ÉCRITURE SECRÈTE

45. Poteau	⳼, qemā.	Qemā (Texte n° 10).
46. Pousses (?)	i (?).	S'etai (Texte n° 4).
47. Pschent	⁓⁓⁓, (B. E.)	Pen (pù), nepui, h'en[t]-pitd, nesi-t (Champollion, ibid., p. 25, verso; textes n°° 15 et 11).
48. Pschent	⳼, su[-ten].	Suten (Texte n° 2).
49. Pupille	⌒, ar (B. E.)	Ar (Texte n° 8).
50. Queue	⌒, k.	Kɐku (Texte n° 13).
51. Racine	⳼, mes.	Mes (Texte n° 2).
52. Sauterelle	⌒, r (Champollion, Gr., p. 41).	Aàrù-ti, qerer...(?) der (Textes n°° 17, 4 et 8).
53. Scarabée	x'eper (ϣⲱⲡⲉ) perd peut-être sa finale r qui semble parfois être remplacé par t̄. a. Cf. nuta (ⲛⲟⲧⲧⲉ) pour nuter.	X'oper ou x'opa (Champollion, ibid., p. 25).
54. Selle	⳼\\\, si.	Pa-neh'si (Texte n° 2).
55. Segment	⌒ Signe d'abréviation?	Aàpep (Texte n° 8).
56. Serpent	⌒, w (et ⌒ E. S., id.).	Sedew-h'er, p-u, amen-bes-w (Textes n°° 16, 8 et 2).
	⌒, d (confusion avec n° 57).	H'edi, sedew-h'er, demdi, dri, der (Textes n°° 12, 16, 13, 8).
	⌒ et ⳼, t ?	Z'ā (Texte n° 2).
	⌇⌇⌇⌇, àpap (déterminatif).	Aàpap (Texte n° 8).
57. Serpent	⌒ et ⳼, d, s'.	Z'ed ... (il) dit (Texte n° 2, cf. 1).
	⌒, à (?).	Nàti { ⁓⁓⁓ = ... Champoll., ibid., p. 25).
	⳼ (déterminatif).	Aàrù-ti ... (Texte n° 17).

L'ÉCRITURE SECRÈTE 77

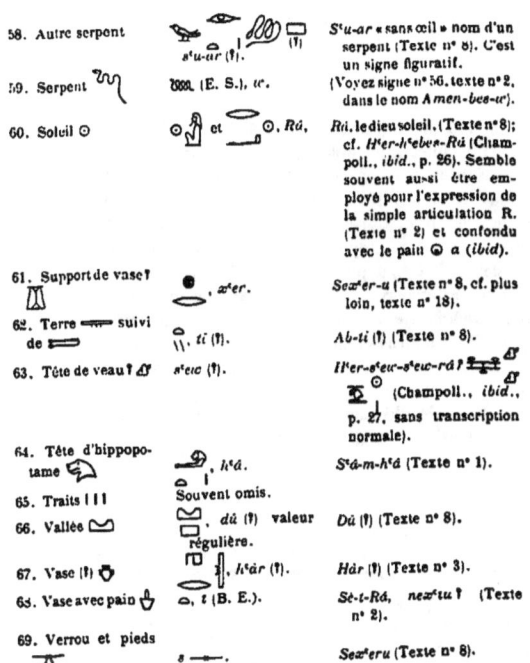

Cet alphabet est encore loin d'être complet, puisqu'il n'est tiré que des textes que nous avons pu déchiffrer avec plus ou moins de certitude. Tel qu'il est, il donne la valeur d'au moins trente-cinq caractères particuliers à l'écriture secrète, appuyée sur des variantes ou des transcriptions hiéroglyphiques incontestables; nous pouvons dès à présent l'appliquer au déchiffrement d'un texte privé de ces mêmes transcriptions.

VII

J'ai copié, dans les tombeaux des rois, à Thèbes, le texte explicatif d'un tableau mythologique, entièrement conçu en écriture secrète, mais avec cette heureuse particularité que presque tous les signes déterminatifs y sont conservés sous leur forme régulière, après l'expression phonétique des mots, qui est rendue au moyen des caractères secrets. L'observation de ce fait m'a permis de diviser facilement les groupes et de reconnaître, en les déchiffrant, les mots égyptiens qu'ils représentent. J'ai d'ailleurs été aidé dans ce travail par l'étude d'autres textes purement hiéroglyphiques, mais dont le contenu est analogue à celui qu'on va lire.

Texte n° 18, sans transcription normale, provenant du tombeau n° 6 de Wilkinson. Au-dessus de quatre déesses debout sur autant de serpents[1], on lit vingt-quatre colonnes d'hiéroglyphes :

1. Ces quatre déesses sont appelées *Art'et*, *T'emmī-t*, *Ānī-t* et *Demāt*; les quatre serpents sont *Āu-hʿebs*, *Dudu-hʿer*, *Hʿebs-hʿer* et *Ani-tā*.

L'ÉCRITURE SECRÈTE 79

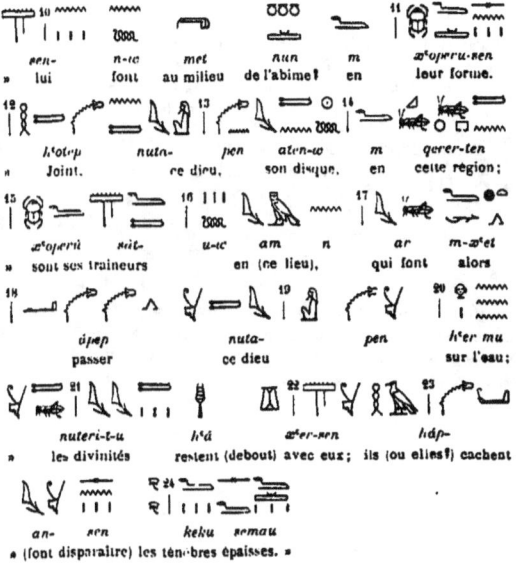

» (font disparaître) les ténèbres épaisses. »

Les premiers mots (l. 1-3) *unn-sen m sex'er-u-pen* répondent à la formule initiale de tous les textes explicatifs des tableaux mythologiques des tombeaux des rois, des sarcophages saïtes et des papyrus funéraires. Ils sont ordinairement écrits ainsi : .... « Ils ou elles sont dans cette composition, ceux ou celles qui sont dans cette composition ». On remarquera seulement dans ces premiers mots deux équations parfaitement régulières :
.... = ... *unn*, et .... = ... *x'er*.

L. 4. Le mot *h'at-t*..................................

[Le mémoire s'arrête là. Il devait renfermer un certain nombre d'inscriptions du même genre que Devéria avait notées dans les musées d'Europe : une seule avait été disposée pour la reproduction, celle qu'on voit sur une statue de la collection de Saint-Ferréol, à Uriage. [hieroglyphs]. Une dédicace, offrant au commencement une variante secrète du [hieroglyphs] se trouve en deux empreintes, dont voici la transcription : [hieroglyphs]. Les autres sont indiquées par quelques notes hâtives et devaient être copiées à l'occasion. On en trouvera les estampages ou les photographies dans les cahiers de Devéria qui sont conservés au Musée du Louvre. — G. M.]

LES CADENAS ÉGYPTIENS[1]

M. Brusgsch a publié l'année dernière, dans son journal égyptologique[2], un intéressant article sur les cadenas dont les anciens Égyptiens faisaient usage. C'est en Perse qu'il a trouvé ce genre de fermeture encore employé de nos jours, et, chose étrange, sous forme d'*animaux* faits de métal comme dans l'antiquité pharaonique. Dès lors, il a pu facilement se rendre compte du mécanisme, et reconnaître pour des cadenas plusieurs pièces de bronze conservées au Musée de Berlin. Mais ces objets sont rares, et comme le Musée du Louvre en possède un[3], nous croyons devoir le faire connaître.

Pour nous assurer que nous ne nous trompions pas dans notre attribution, nous avons refait en laiton, pour qu'il pût fonctionner, les pièces accessoires qui manquaient à notre cadenas comme elles manquent à ceux de Berlin (pl. III-IV).

La pièce principale, la seule antique, est un poisson de bronze creux, ayant une ouverture transversale dans la tête et une autre latérale près de la queue; il est de plus muni d'une forte bélière sous l'abdomen, et d'une pièce destinée, quand elle était entière, à boucher l'ouverture latérale au moyen de deux goupilles : l'une fixe, sur laquelle

---

1. Inédit; écrit en 1864 et conservé au Louvre dans les papiers de Devéria. — G. M.
2. *Altägyptische Vorlegeschlösser und deren Bezeichnung*, dans la *Zeitschrift*, 1863, p. 41-44.
3. Entrée n° 3444, vente Palin, n° 165.

elle pivote, l'autre mobile. Cette dernière nous est indiquée par les trois trous dans lesquels on la faisait passer, pour maintenir la pièce en place, lorsqu'elle était fermée; elle devait être attachée par une chaînette à un petit trou, dont on voit la trace dans la nageoire supérieure. Un autre trou, pratiqué à l'extrémité inférieure de la queue, devait servir à retenir, par le même moyen, le bout de la pièce de fermeture qu'on faisait passer dans la bélière. L'autre bout de cette pièce entrait dans la tête du poisson, et il était muni de deux ressorts, qui venaient butter contre deux arrêts intérieurs quand on l'enfonçait pour fermer le cadenas. On comprendra facilement maintenant que, pour l'ouvrir, il fallait nécessairement rapprocher ces deux ressorts. On obtenait ce résultat au moyen d'une clef fourchue, dont les deux branches recourbées, introduites par l'ouverture latérale du poisson, embrassaient et resserraient les ressorts sur lesquels elles glissaient d'arrière en avant. Lorsque ces ressorts étaient ainsi rapprochés, la pièce de fermeture pouvait sortir en glissant, d'un côté, dans la fourchette de la clef qu'on laissait en place, de l'autre, dans la bélière fixe dont nous avons parlé[1].

1. Un certain nombre de cadenas de ce genre ont été fabriqués par un industriel parisien, d'après les croquis de Devéria, et mis en vente vers 1868. M. Guieysse en possède un, qu'il acheta, il y a vingt-cinq ans, dans une des rues de Paris. — G. M.

LES JEUX DE DAMES EN ÉGYPTE[1]

Devéria avait ramassé, au cours de ses voyages, beaucoup de documents relatifs aux jeux égyptiens, mais il n'avait pas encore songé à les utiliser, lorsque Birch publia, dans la *Revue archéologique*, son article sur le *Roi Rhampsinite et le Jeu de Dames*[2]. Il n'en approuva pas la plupart des idées, et il conçut aussitôt le plan d'une sorte de réfutation, qu'il comptait insérer dans la même *Revue*. Le voici tel que je l'ai retrouvé, en deux variantes, sur un morceau de papier oblong :

Écrire à Birch :

1° La caricature du Musée Britannique est ancienne;

2° Elle ne représente pas la partie de dames de Thot avec la Lune;

3° Elle représente Ramsès III et ses femmes;

4° La fable de Rhampsinite n'a aucun rapport avec la partie de dames de Médinet-Abou;

5° Les bas-reliefs de Médinet-Abou sont bien des scènes de mœurs entre le roi et ses femmes, celles-là même auxquelles font allusion les caricatures du Musée Britannique.

1° Les bas-reliefs de Médinet-Abou n'ont aucun rapport avec la partie de dames de Rhampsinite aux Enfers; ils représentent Ramsès III dans son harem, car.....

2° La caricature du British Museum est ancienne, car.....

---

1. Inédit. Ce mémoire, conçu en 1860 ou 1861, paraît avoir été ébauché sous sa forme actuelle vers 1865 ou 1866.
2. *Revue archéologique*, 2ᵉ série, 1865, t. XI, p. 56-68.

3° La caricature du British Museum n'a aucun rapport avec la partie de dames de Thot avec la Lune, car.....

4° Cette caricature fait allusion à la sensualité de Ramsès III, car......

5° Enfin les femmes qui jouent aux dames ne portent pas sur la tête les fleurs symboliques des deux régions ».

Il voulait passer ensuite à l'examen des représentations étudiées par Birch, en critiquer la traduction, puis étudier les principaux damiers égyptiens conservés dans les musées, et c'est à cette portion de son travail qu'appartient le seul fragment qu'il en eût rédigé de façon définitive.

Les légendes hiéroglyphiques traduites, p. 60 de l'article de M. Birch, me suggèrent également quelques observations. Les voici :

1° Le mot ⟨hieroglyphs⟩, — *màà*, d'après la transcription de Champollion, — doit, suivant moi, se lire *armàà* ou *irimàà*, car je crois que, dans ce groupe, l'*œil* est à la fois phonétique et idéographique. S'il n'était que déterminatif, il se placerait à la fin du groupe, ce qui n'a jamais lieu quand les voyelles sont exprimées. Les formes ⟨hi⟩ et ⟨hi⟩ ne prouvent pas plus l'ordre des caractères que la forme ⟨hi⟩ *ar-as* pour le nom d'*as-ar* ou Osiris. Enfin, en admettant la transcription que je propose, on trouve dans ce mot le type du copte ιωρм M. сюрм, сюрм T. *intueri, oculos convertere*, etc. Nous ignorons encore le correspondant copte de bien des mots hiéroglyphiques comme celui-ci, tout simplement parce que nous ne savons pas les lire.

La seconde légende ⟨hieroglyphs⟩ me semble devoir se lire : *ar-n-ù m sen-t*, « ils firent en jeu (de dames) », ou plutôt « ils font en jeu (de dames) », c'est-à-dire « ils jouent (aux dames) », car l'aoriste se prend souvent pour le présent et la forme du pronom *ù* pour *sen* doit appartenir au langage vulgaire des époques les plus anciennes comme à celui des bas temps. Par la même raison, j'interprète la troisième légende : « Ils enlèvent deux (pions) du jeu, » ce qui répond parfaitement à l'action des joueurs.

Le mot 〈hiero〉, p. 61, ne me paraît pas devoir être confondu avec 〈hiero〉 ou 〈hiero〉 *hàn* « vase, mesure' », parce que les signes 〈hiero〉 et 〈hiero〉 représentent des aspirations aussi différentes que le ح et le ه des Arabes. Le groupe 〈hiero〉 *a'àseb* doit être expliqué par la racine 〈hiero〉 plutôt que par le radical 〈hiero〉, car l'*a'* simple 〈hiero〉 s'ajoute régulièrement devant un grand nombre de mots, tandis que la voyelle 〈hiero〉 *à* ne s'introduit pas arbitrairement dans les groupes où elle figure.

Mais toutes ces observations ne portent que sur des appréciations de détails qui ne changent en rien les savantes conclusions de l'intéressant mémoire de M. Birch.

Il me reste à parler du jeu lui-même, du damier égyptien, et d'un document hiéroglyphique qui y est relatif.

Le lecteur pourra se faire une idée exacte des deux dispositions des cases et des différentes formes des pions, en examinant les dessins du damier de la collection Abbott qui ont déjà été publiés dans la *Revue*[2]. La place du tiroir dans lequel on mettait les pions au bout occupé par le carré de douze cases, et le sens dans lequel il s'ouvre, indiquent que le dessus du damier est le côté qui ne porte que vingt cases, tandis que l'autre, qui en porte trente, est le dessous.

Les deux damiers du Musée du Louvre offrent les mêmes dispositions, mais la cavité qui correspond au tiroir du damier Abbott est à l'autre extrémité, du côté où l'on voit

---

1. Leemans, *Légendes royales*, pl. 31 et 32, nᵒˢ 314 et 318.
2. Première série, livraison du 15 mars 1846. M. Prisse en a également donné une reproduction en couleurs dans ses *Monuments de l'Égypte et de la Nubie*. La collection Abbott est maintenant à New-York et le catalogue de cette collection contient, p. 41, n° 573, la reproduction des gravures de la *Revue* et l'indication que ce damier a été trouvé à Thèbes.

une seule ligne de huit cases. Celui de la reine Hatasou[1] est en terre émaillée. Il porte, dans les cases, certaines marques dont les figures ci-jointes donnent la place[2]:

Dessus.

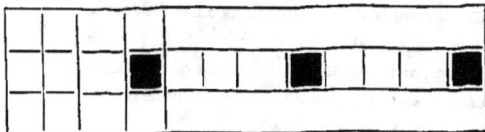

Dessous.

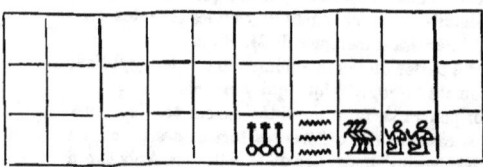

Les deux côtés sont ornés chacun de deux lignes d'hiéroglyphes. On lit à gauche un proscynème aux dieux du temple des pyramides et de la ville d'Héliopolis :

Sù[ten] dùà h'otep Har-[m]-ax'ù nouter dà Tum
Royal don offert à Harmachis, dieu grand, à Toum et à la

pàù-t nouterù dà-f dùà- sem ánx' ùx'à senb nos'em
grande société divine; qu'ils donnent vie, santé, force, douceur

-h'et m h'à n ánx' ro ùx'à ï(?) r
du cœur dans la durée de la vie, bonne issue, progression jusqu'à

1. Coll. Clot-Bey, C 17, n° 39. Inv. n° 660.
2. Les légendes ⚎ et ⚏ sont écrites de droite à gauche dans l'original, mais nous n'avons pu les reproduire dans le sens même où elles sont tracées, faute des caractères nécessaires. — G. M.

  a‘s-s ûnû-t nowre-t an nes‘nî am-s n
leur demeure et l'heure parfaite¹, sans calamité en elle, à la

  kû n [?] denû n per-x‘en si n sepi Amen-mès mâà-x‘erû
personne du denou du harem, du harpiste. Amen-mès, véridique;

  h‘ems nowre r s-uz‘i-h‘er² m per-k n h‘os-t-û
bonne installation pour jouir dans ta³ demeure des régals⁴

  âpî-û qomā‘-û remî-û sex‘en-û ar-sen a‘s-sen
de miels⁵ et de gommes et des boutons de fleurs qui ont leur place

  a‘m-k ar h‘arû nowre.
en toi faisant un jour heureux⁶.

  A droite, le proscynème s'adresse aux dieux de Thèbes et de Memphis :

  Sû[ten] dûà h‘otep Amon-Rà Ptah nowre-h‘er
Royal don offert à Ammon-Soleil et à Ptah, beau visage,

  neb māà-t dûà- sen ânx‘ u:‘à senb no:‘em
seigneur de justice, qu'ils donnent vie, santé, force, douceur

  -h‘et res‘û-t-û rà neb seb (?) ter-û x‘er
du cœur, joies, chaque jour, succession des années avec

  kà-u z‘eu-û pah‘û a‘mex m h‘otep
subsistances et approvisionnement, atteinte de l'initiation⁷ en paix,

---

 1. Euphémisme pour désigner le moment de la mort.

 2. Lisez h‘rt, c'est une faute.

 3. Le texte passe de la troisième à la seconde personne; c'est une élégance du style égyptien.

 4. Les significations primitives de ce mot sont *chanter, louer, adorer, estimer, honorer, récompenser*; ici la nuance de l'expression est difficile à traduire.

 5. *Âpî-u* déterminé par un vase = le copte ⲉⲃⲓⲱ « mel? ». Cette expression et la suivante doivent désigner des friandises comme des confitures ou des bonbons; elles font parallélisme avec les fleurs dont on respire le parfum.

 6. Jour de fête; cf. le Pap. d'Orbiney et la stèle de la Bibliothèque Impériale, traduite par M. de Rougé.

 7. L'initiation de la mort, euphémisme?

  n *kù* *n* *h'osï* *n nuter nouere* *denù r. per-x'en*
à la personne du chanteur du dieu bon [?], denou du harem,
A'men-mès s'od-w *nok* *metï* *màà* *h'osï*
Amen-mès qui dit : « Je suis l'énonciateur de la vérité, l'adorateur
n nuter-w *h'otep h'et a'* *h'er màà-t* *a'seu-t-ù*
de son dieu; mon[1] cœur se repose sur la justice, les iniquités
  h'à-a'   *qeba'* *h'osï* *n nuter-w* *x'ù*
sont derrière moi, (qui suis)... adorateur de son dieu, le dignitaire
  n *nù-w.*
de son pays. »

  Sur l'épaisseur, du côté opposé à la cavité, est peinte une figure du dieu Patèque, mais elle est presque effacée; je crois y voir aussi les plantes symboliques des régions supérieure et inférieure. Les grands côtés sont décorés chacun d'un des deux cartouches de la reine et de quelques autres signes hiéroglyphiques :

| Côté du carré et du Patèque | [hieroglyphs] | Côté de la ligne et du tiroir[2] |
| Côté de la ligne et du tiroir | [hieroglyphs] | Côté du carré et du Patèque[3] |

  De chaque côté de la cavité destinée à serrer les pions, deux trous profonds sont pratiqués l'un au-dessus de l'autre dans l'épaisseur de la paroi; cela me fait supposer qu'elle était simplement fermée au moyen d'une plaque armée de quatre chevilles, qui entraient à frottement dans ces trous.

  L'autre damier du Louvre est, comme celui de la collection Abbott, taillé dans un seul morceau de bois. Il est orné de légendes hiéroglyphiques gravées en creux et remplies d'une pâte jaune, qui nous donnent le nom et les titres du

---

  1. Le personnage qui vient de parler de lui-même à la troisième personne revient à la première.
  2. Cartouche prénom de la reine.
  3. Cartouche nom de la reine.

personnage auquel il a appartenu. Ces légendes sont reproduites dans les planches qui accompagnent ce mémoire[1]; en voici la transcription et la traduction :

Dessus. — Cases du haut :

Sànkep[2]   *Amen-mès.*
« Le harpiste (?) Amen-mès. »

Cases de la ligne médiale :

Hosi   n nouter nowre denû   n per-x'en Amen-mès.
« Le chanteur du dieu bon[3], le musicien du harem, Amen-mès. »

1. Ces planches manquent à l'exception de celle qui représente les dés du Louvre, et qu'on rencontrera plus loin. — G. M.
2. M. Brugsch lit le signe final *sep*, mais je préfère la valeur *kep* que lui attribue M. de Rougé et qui semble donner le copte ϭⲁⲙⲥⲉⲛ, S. *fidicen* (V. Parthey, *Vocabulaire*, p. 151).
3. Cette expression désigne le roi. Le mot *H'osi* pourrait également signifier « loué, estimé », mais le sens que j'attribue au mot *sànkep* me fait préférer le sens de « chanteur » ou « musicien ». On trouve en effet cette expression appliquée à des harpistes, et c'est ainsi qu'on lit, dans les légendes de la stèle C 17 du Musée du Louvre, au-dessus d'une femme qui joue de la harpe : [hieroglyphs] *h*osi-t m ben-t*, « joueuse de harpe ». Il est à noter aussi que la *harpe* égyptienne, conservée au Musée du Louvre sous le n° 1440, provient, comme notre damier, de la collection Clot-Bey, qu'elle porte comme lui des légendes hiéroglyphiques gravées en creux et remplies d'une pâte jaune, que ces légendes, enfin, sont celles d'un personnage nommé aussi *Amen-mès*, dont les titres sont si analogues à ceux qui nous occupent, que je suis fort tenté d'y reconnaître le même individu. Ces légendes se lisent de la manière suivante :
1° De droite à gauche, col. 1 : « Royal don offert à Ammon-Soleil, seigneur des trônes des mondes, seigneur de la vie ; qu'il accorde (son) amour et son souffle agréable sortant de ses narines (?), étant sur terre, pendant la durée (?) de chaque jour, à la personne du citharist (?), ordonnateur (?) du chant d'Ammon, porteur de la table (ou de l'autel?) de la grande pallacide, Amen-mès. »
2° De gauche à droite, col. 1 : « L'artiste de la grande pallacide, purificateur des mains, Amen-mès, de l'(intérieur?) du palais, chanteur d'Ammon en tout lieu où il est, enfanté de la dame Bekou, justifiée.

Cette légende divisée en trois groupes occupe précisément les trois cases qui sont marquées d'un carré intérieur dans le damier de la reine Hatasou.

Légende latérale, à gauche :

Perr-t neb-t   m-met Ptah   *neb*   *màà   m   tà*
« Toute offrande devant Ptah, seigneur de justice, en aliments

h'eq-ù   h'otep-t-ù   s'ewà-ù   z'et-ù neb-t nowre
et boissons, mets, approvisionnements et toutes choses bonnes

àb-t   n   :à   n   denù n per-z'en Amen-mès.
et pures, à la personne du denou du harem Amen-mès. »

Légende latérale, à droite :

Perr-t neb   h'er ùteh'   n   neb   nuter-ù   m   s'eb
« Toute offrande de l'autel du seigneur des dieux en viande

àb   per   m   dnù   n   kà   n   h'osi dà
et libation provenant¹ d'Héliopolis à la personne du grand chanteur

n nùter nowre   si n-kep(?)   Amen-mès.
du dieu bon,   du harpiste(?), Amen-mès. »

Le dessous du damier présente la même disposition et les mêmes marques que celui de la reine Hatasou. La seule différence que j'y observe porte sur le signe 𓅽 qui ici a la forme 𓅽. Cela ne change rien à sa valeur, *bà-u*, « les âmes », ou « les esprits ».

Après avoir décrit les damiers anciens, Devéria se proposait d'étudier les jeux analogues de l'Égypte moderne, afin d'en tirer des renseignements sur les mouvements des pièces et sur la marche des parties. Il arrivait à la conviction que les jeux des contemporains représentaient assez bien l'esprit des jeux d'autrefois et

---

Il a dit sur sa harpe les (richesses?) d'Ammon, *tek- n bi pà neb tek bi*. »
3º De droite à gauche, col. 2 : « *X-en n s'od* s'arrêtant de parler quand il dit : « La douceur du souffle que tu donnes, Ammon, est la douceur du souffle (par excellence?). »
1. Ou offerts dans la ville d'Héliopolis?

pour le prouver, il se proposait de citer le passage suivant du *Voyage en Arabie* de Niebuhr (t. I, p. 139) :

Les Arabes nomment درس الثلاث *dris et-talāte*, le jeu connu dans la Basse-Saxe sous le nom de *trip, trap, trul*, et représenté par la figure K[1]. Ce jeu se joue ordinairement avec des têts de deux différentes couleurs. Le jeu L ou M porte le nom de *dris et-tissa*. Celui qu'on appelle *lâb el-kâb*, se joue avec des osselets des jointures des jambes de mouton ou de chèvre, en suivant certaines règles qui déterminent la valeur de chacun des quatre côtés, qui se trouvent être en haut. Ce jeu a probablement conduit à l'invention des dés.

Le jeu طاب ودك *tâb u duk*, dont le savant Th. Hyde parle fort au long, est encore en vogue parmi les Orientaux. Il se joue avec des têts de diverses couleurs, en Syrie avec 21 ; en Égypte on ne le joue ordinairement qu'avec 19 ou 17, mais toujours avec un nombre de pions impair, que chacun place tous au commencement du jeu dans la rangée extérieure.

Les Maronites, chez qui j'ai vu ce jeu à Kahira, avaient une planche à quatre rangées, et dans chacune il y avait 21 carrés, comme le montre la figure N. A quoi, il faut ajouter 4 petits bâtons plats, noirs d'un côté et blancs de l'autre. Lorsqu'on joue en plein air, on jette ces bâtons contre un couteau fiché en terre, ou contre une aiguille à emballer enfoncée dans un sofa. Lorsque les marchands jouent dans leurs maisons, l'un commence son jeu à droite, et l'autre à la gauche, afin que les pions se rencontrent. Quand le premier a amené *tâb*, c'est-à-dire trois blancs et un noir[2], il avance l'un des pions de la première rangée dans la case voisine de la seconde : sans cela, c'est le tour

1. Cette lettre et les suivantes renvoient aux planches de Niebuhr, qu'il m'a paru inutile de reproduire ici. — G. M.
2. Th. Hyde dit trois noirs et un blanc. Un de nous deux a donc été mal informé, ou bien ce jeu se joue de différentes manières en différentes villes.

de l'autre, ce qui dure jusqu'à ce que l'un d'eux ait amené *tâb*. Chaque pion de la rangée extérieure ne peut être avancé la première fois qu'après que l'on a amené *tâb*. Voici les autres coups. Deux, *duk etnéin*, ou deux blancs et deux noirs ; après ce coup, on avance de deux cases un pion, à qui le coup *tâb* a déjà fait faire le premier pas. Trois, *duk ettalâte*, ou trois noirs et un blanc ; après ce coup, on peut avancer un pion de trois cases. Quatre, *arba*, ou quatre noirs avancent un pion de quatre cases. Six, *sette*, ou quatre blancs avancent un pion de six cases. Et tant que l'un amène *tâb*, ou *arba*, ou *sette*, il peut toujours continuer et avancer ses pions. Celui qui a poussé les siens jusqu'au bout de la seconde rangée les fait rétrograder dans la troisième ; et quand il les a pareillement portés jusqu'au bout, sans qu'on les lui ait pris, il passe à la quatrième, tant qu'il s'y trouve un pion de l'autre. Sans quoi, il retourne de la troisième à la seconde rangée ; et cela dure, en montant d'un côté et en descendant de l'autre, jusqu'à ce que l'un ait perdu tous ses pions.

Devéria voulait ensuite insérer les diagrammes de plusieurs de ces jeux modernes, et il en avait dressé deux sur un feuillet d'album. Je les reproduis ici :

Jeu arabe. — Quatre lignes de cases en travers et autant qu'on veut dans l'autre sens, cinq, sept, neuf :

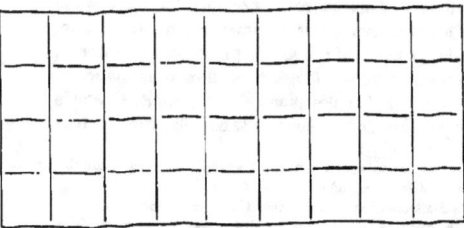

On range des pions de deux couleurs devant chaque

joueur sur toute la ligne inférieure. — Ce jeu s'appelle *tabl* en arabe.

Jeu appelé *sig*. — Chaque joueur a douze pions. L'un en place deux où il veut, l'autre en fait autant. Le nombre des cases qui composent le carré doit toujours être impair.

Devéria recherchait ensuite, dans les musées, les accessoires qui ne devaient pas manquer aux jeux anciens, dans le cas où ils seraient analogues aux jeux modernes, et il les découvrait en assez grand nombre. C'est ainsi qu'il signalait, sur une fiche isolée, le

Damier égyptien du 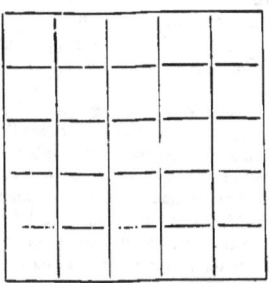 Leemans, 2ᵉ partie, pl. 244, nᵒ 273. — Disposé comme ceux du Louvre, on n'y distingue plus que les marques suivantes :

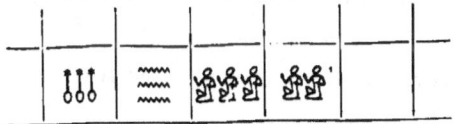

1. Les groupes ... et ... sont tournés vers la droite sur le monument original. — G. M.

Les baguettes d'ivoire n° 274-277 sont celles dont se servent encore les Fellahs de nos jours. Seulement, ils les fabriquent maintenant avec les stipes qui supportent les feuilles du dattier en les fendant en deux.

Devéria avait dessiné avec soin trois de ces baguettes d'ivoire ou de ces dés, qui se trouvent au Musée du Louvre, et dont l'emploi lui avait été révélé par le passage de Niebuhr cité plus haut (cf. la planche ci-jointe). Il passait ensuite à ce qui devait être la partie la plus neuve de son mémoire, la traduction et le commentaire d'un papyrus hiératique du Musée de Turin dans lequel il pensait avoir reconnu une sorte de traité du jeu de dames, ou, tout au moins, la description d'une ou plusieurs parties jouées sur le damier. Il ne reste de ce travail que la traduction courante, sans transcription ni commentaire, des trois pages ou restes de pages dont le manuscrit se compose actuellement.

Traité hiéroglyphique du jeu de dames égyptien
conservé au Musée de Turin.

Restes de la première page.
Fin des quatre lignes qui la composaient.

.... justification des Trente [1]
.... on entre à la redoute des Trente [2]
.... pose à l'endroit que son cœur
.... (déesse) dont les bras sont sur l'autel [3].

Seconde page.

1. On ouvre [4] la case du Théorbe [5] où est la déesse

---

1. Les juges au nombre de trente, case 4.
2. C'est la case 4.
3. Case 28?
4. Cf. ⲟⲩⲱⲛ ⲥⲁϫⲓ M. ni, *ænigma, problema, propositio*. C'est peut-être *consulter, interroger* ou quelque chose d'analogue.
5. Case 25?

Ma[1] .... à la case des Trente Dieux[1], on s'arrête au Tat et nœud[2], on regarde la déesse Ouozi-t[1] dans ses formes ....

2. à l'endroit de la case de la déesse Maut[1]; son cœur[1] recommence[1] .... à lui; son cœur ouvre la face (consulte?)[1] le jugement[1] de son jeu pour soi............

3. les dieux .... son cœur pour .... il ne lui répondra pas; fais vivre .... Orion[1]; on vit.....

4. éternellement .... le souffle avec .... les aliments(?) .... attend(?) dans la case du filet à pêcher[1] ....

Troisième page.

1. On répond dans celle du serpent Mehen[1]. On le ⌒◡
∧ 𓏏𓏭𓀀 dans la case de perfection[1]. On emporte ses pions, on trouve sa deuxième case .... dans(?) la barque........ on .... dans la case des eaux ....

2. On emporte son pion à l'endroit que l'on a préféré. On .... en traversant le nœud de (tes(?).....?[1]) .... dans toute deuxième case .... sa deuxième; [on] laisse..........

3. Ils .... ses ignorances de l'écrit.......... on a témoigné[1] des fins(?) de Mehen(?), il place .... des aliments dans la case des pains[1], des boissons dans la case de la flamme[1] .... justifié..........

4. On .... dans deux bonnes cases et on possède (on emplit) .... on .... sept dans.......... le souffle avant .... comme réjouit..........

1. La justice ou la vérité. C'est une des cases perdues dans le papyrus.
2. Case 4. — 3. Case 2. — 4. Case 3? — 5. Case 11. — 6. Celui du joueur, le joueur lui-même. — 7. Ou *retourne, revient?* — 8. Litt. : *sur elle*. — 9. Ou *la convenance?* — 10. Case 12? — 11. L'une des cases perdues. — 12. Case perdue. — 13. Case 26? — 14. Case 9? — 15. Ou *jugé.* — 16. Case 20. — 17. Case 30.

Quelques lignes tracées rapidement au crayon sur une petite fiche indiquent une partie des conclusions :

Il y avait au moins deux jeux différents, car chaque damier porte comme nos échiquiers modernes deux casiers distincts.

L'un de ces jeux était joué par deux personnes comme le montrent les représentations de [Champollion, *Monuments*, pl. 200, n° 4, de Rosellini, *M. C.*, pl. 122, f. 3, de Burton, *Exc. hierogl.*, pl. XI et XII, de Wilkinson, *Manners and Customs*, vol. II, p. 420, de Lepsius, *Denkm.*, III, 208 *a*] [1]. C'est celui qui occupe le dessus du damier et ne se compose que de vingt cases divisées en un carré de douze et une ligne de huit, car le tiroir ou la cavité qui servait à enfermer les pions se trouve tantôt du côté du carré, tantôt du côté de la ligne, c'est-à-dire tantôt du côté d'un joueur, tantôt du côté de l'autre.

Un autre jeu n'était joué que par une personne seule, comme le montrent les représentations [qui accompagnent le chapitre XVII du *Todtenbuch*]. Il se jouait sur le casier qui occupait le dessous du damier, car la disposition des cases en largeur l'indique naturellement.

Le premier était un jeu d'amusement usité dans la société et dans les harems. L'autre avait primitivement plus d'importance et en quelque sorte une signification religieuse. Mais.....

---

1. J'ai comblé les lacunes, ici et plus bas, au moyen des renvois portés sur les fiches qui accompagnent les feuillets du manuscrit de Devéria. — G. M.

LE PAPYRUS JUDICIAIRE DE TURIN

ET

LES PAPYRUS LEE ET ROLLIN [1]

I

ÉTAT ACTUEL DU MANUSCRIT ET DISPOSITION DU TEXTE

Parmi les manuscrits égyptiens que possède le musée de Turin, il en est un qui se fait remarquer par une très belle écriture hiératique dont les signes atteignent une dimension peu commune; ils sont hauts de 2 à 3 centimètres en moyenne, et les traits lâchés au-dessus ou au-dessous des lignes occupent en quelques endroits un espace d'environ 5 centimètres.

Dans son état actuel, la première page est malheureusement détruite, à l'exception d'un fragment qui contient seulement un ou deux mots de la fin de chacune des neuf lignes qui la composaient.

Cinq colonnes de texte formées d'un plus ou moins grand nombre de lignes inégales en longueur constituent, avec ce premier fragment, l'ensemble du manuscrit. Le papyrus dont a été formé le volume est de la plus belle qualité; il

---

1. Publié dans le *Journal Asiatique* de 1865 à 1868. Le tirage à part porte la date de 1868; comme il renferme quelques modifications, je l'ai reproduit de préférence au texte primitif qu'on lit dans le *Journal*. — G. M.

pouvait avoir 50 centimètres de hauteur avant que les marges eussent été coupées, ce qui le réduit maintenant à 42 centimètres environ, et une longueur de plus de 5 mètres, que l'absence du commencement ne permet pas de déterminer exactement.

M. Alphonse Mallet, en reconnaissant, il y a quelques années, la nature judiciaire de ce manuscrit, comprit tout l'intérêt qui s'y rattache pour la connaissance de la langue, des usages et de la législation de l'ancienne Égypte ; il en fit alors une copie très complète qu'il a bien voulu me communiquer depuis, et dont j'ai vérifié moi-même la parfaite exactitude sur l'original, à Turin.

M. Lieblein, de Christiania, a aussi obligeamment mis à ma disposition, depuis que mon travail est terminé, un calque *fac-simile* du même papyrus, qui a l'avantage de conserver ligne par ligne, la disposition du texte. C'est donc cette dernière reproduction que je choisirai pour la publication, en la réduisant de moitié par la photographie et en la vérifiant sur la copie déjà collationnée dont je suis redevable à M. Mallet.

Ce beau manuscrit qui peut passer pour un modèle de calligraphie hiératique, est un document officiel, une pièce originale des archives pharaoniques et non pas un simple récit, comme on pourrait le croire ; il date du règne de Ramsès III, premier roi de la vingtième dynastie, c'est-à-dire environ d'un demi-siècle après l'Exode, ainsi que je le démontrerai plus loin. Il nous fait voir, à cette époque séparée de notre temps par trois mille ans au moins, tout le procès d'une conspiration contre la personne ou l'autorité du roi, et un tribunal régulièrement constitué dans une cour de justice, saisi par décision royale de cette affaire, qui motiva de nombreuses condamnations et plusieurs exécutions de la peine capitale ; il nous donne un exemple de la toute-puissance d'un Pharaon qui rend la justice contre les magistrats eux-mêmes ; il nous fait connaître aussi les formules judiciaires et la rigueur des lois égyptiennes, tout en nous fournissant d'intéressantes notions philologiques sur la langue parlée de cette époque.

L'étude de ce papyrus est donc intéressante à plusieurs points de vue : c'est ce qui m'a décidé à y consacrer un long travail.

La destruction presque complète de la première colonne du texte est des plus regrettables, car l'exposé de l'affaire amenée devant le tribunal devait y être contenu, et ce n'est, maintenant, qu'en rassemblant et en comparant entre elles les diverses accusations des condamnés, qu'on peut deviner quel fut le motif ou le but de leurs délits, ainsi que le lien qui pouvait exister entre eux.

La seule chose qui ressort d'une manière évidente, à un premier examen du texte, encombré par la répétition continuelle des formules, c'est que le crime principal des coupables se borne à des *paroles prononcées* par eux, ou seulement *tenues secrètes* après avoir été entendues, et ayant pour but de *nuire* ou d'exciter des malfaiteurs à *nuire à leur seigneur*.

On constate ensuite : 1° Que ces paroles furent prononcées particulièrement dans un lieu habité par des femmes, où étaient aussi des fonctionnaires, parmi lesquels on distingue deux intendants du harem royal ; on peut en conclure que ce lieu était le gynécée ou *harem* du palais de Ramsès III ;

2° Que des femmes de ce lieu, probablement esclaves ou concubines du Pharaon, sont accusées elles-mêmes d'avoir prononcé des paroles semblables ;

3° Que, parmi les accusés, il y a plusieurs grands personnages et fonctionnaires du palais, dont le seigneur ne pouvait être que le roi lui-même, et, conséquemment, que leur crime ou *les paroles* prononcées ou entendues et ayant pour but de nuire à leur maître ne pouvaient être qu'une conspiration contre la personne ou l'autorité royale ;

4° Que cette dernière déduction est confirmée par la sévérité des jugements et par la rigueur plus grande encore des arrêts rendus en dernier lieu par le roi lui-même, contre quelques-uns des membres du tribunal et d'autres officiers de justice qui furent trouvés trop indulgents pour les coupables, ou qui allèrent jusqu'à s'unir à leur cause.

L'ensemble de ces observations empêche de supposer, comme j'avais d'abord été tenté de le faire, que le véritable délit des coupables consistait en des relations d'adultère entre les accusés et les femmes du gynécée, aucun fait de ce genre n'étant d'ailleurs formulé, et le fond de l'accusation portant toujours sur les *paroles prononcées* ou *entendues* que le roi donne dans la première partie du manuscrit comme seul motif de la sévérité recommandée aux magistrats.

Quelques-unes des constatations que je viens d'indiquer sont heureusement corroborées par trois fragments d'un autre papyrus, également conservés jusqu'à nous, qui paraissent faire partie d'un autre procès concernant la même affaire, mais avec complication d'opérations magiques dont certains personnages ont été accusés d'avoir fait usage pour s'approcher du harem, essayer d'y pénétrer et y faire passer ou en rapporter les paroles criminelles, c'est-à-dire les premiers germes de la conspiration. Il est à noter que le manuscrit de Turin semble contenir les jugements de toute la partie du complot qui se produisit dans l'intérieur du gynécée, mais qu'il n'y est pas question de moyens surnaturels; tandis que l'autre papyrus relatait probablement tout ce qui s'était passé en dehors de ce lieu et les moyens, supposés surnaturels, qu'on avait employés pour y établir une communication.

Une première interprétation de ces trois fragments connus sous les noms de *papyrus Lee et Rollin* est due à M. Chabas[1]; ils avaient été signalés à ce savant par

---

1. *Le Papyrus magique Harris*, p. 170.

M. Goodwin, qui avait remarqué la liaison des deux premiers[1] que possède M. Lee, en Angleterre, avec le troisième qui est conservé à la Bibliothèque impériale de Paris. J'eus occasion de communiquer à M. Chabas quelques observations qui m'étaient suggérées par ma première étude du papyrus de Turin; il en tint compte et modifia plus tard sa traduction[2]. On y retrouve les noms de deux des accusés que nous rencontrerons dans le manuscrit de Turin, avec des détails intéressants sur les délits dont ils furent coupables.

Voici maintenant la disposition matérielle du texte du papyrus judiciaire de Turin. Le tableau suivant en reproduit l'arrangement d'une manière exacte, mais en procédant dans le sens de notre écriture, c'est-à-dire de gauche à droite, tandis que l'original procède de droite à gauche.

1. Sharpe, *Egyptian Inscriptions*, 2ᵉ série, pl. 87 et 88.
2. *Mélanges égyptologiques*, t. I, p. 9.

TABLEAU SYNOPTIQUE
DU
PAPYRUS JUDICIAIRE DE TURIN

PREMIÈRE PARTIE
DISCOURS PRÉLIMINAIRES POUR LA MISE EN FONCTION DU TRIBUNAL
(TRÈS GROSSE ÉCRITURE)

COLONNE I. (FRAGMENT)	COLONNE II. (AVEC LACUNES)	COLONNE III. (ENTIÈRE)
Ligne 1 (Date ?) Protocole royal. 2 3 4 Discour. adressé 5 par le roi aux 6 magistrats. 7 8 9	Ligne 1 Suite du discours du roi : les membres de la commission judiciaire, nommément désignés, sont saisis de l'affaire, et la plus grande sévérité leur est ordonnée. 2 3 4 5 6 7 8 9	Ligne 1 Corollaire du discours royal : imprécation contre les coupables ; hommage rendu à la double justice divine. 2 3 4 5

Ce tableau synoptique suffit pour qu'on puisse se rendre un compte exact de la disposition du texte original dont je vais maintenant donner la transcription alphabétique et la traduction littérale.

DEUXIÈME PARTIE
JUGEMENTS RENDUS CONTRE LES COUPABLES
(ÉCRITURE MOINS GROSSE QUE CELLE DES TROIS PREMIÈRES COLONNES)

COLONNE IV. (ENTIÈRE)	COLONNE V. (ENTIÈRE)	COLONNE VI. (ENTIÈRE)
Ligne 1 (1re rubrique.) Coupables de grands crimes, condamnés par la 1re section de la commission judiciaire.	Ligne 1 Six femmes et deux accusés subissent également leur peine. 2 3 4 (2e rubrique.) Coupables de crimes et de complicité, condamnés (mais non exécutés) par quatre membres de la 2e section de la commission judiciaire. 5 Six personnes jugées. 6 (3e rubrique.) Coupables de crimes, jugés par les mêmes magistrats, et un membre supplémentaire de la commission judiciaire. 7 Quatre coupables, condamnés et exécutés. 8 9 10	Ligne 1 (4e rubrique.) Gens (de justice) qui ne tinrent pas compte des témoignages à la charge des coupables, condamnés par le roi avec les femmes et un accusé déjà nommé (v, 5). 2 Quatre personnes, dont deux membres de la commission judiciaire et deux officiers de justice. 3 4 5 6 (5e rubrique.) Gens complices des coupables, ou énonçant de mauvaises paroles, sont condamnés sans exception. 7 Un seul nom suit la rubrique et termine le manuscrit; c'est celui d'un officier, peut-être chargé des exécutions.
2 3 4 5 6 Quatorze accusés 7 sont successive- 8 ment amenés, ju- 9 gés, condamnés, 10 et subissent leur 11 peine. 12 13 14 15		

Ma première intention, en commençant cette traduction, était de donner une transcription hiéroglyphique interlinéaire de tout le texte hiératique, pour en faciliter l'étude; mais j'ai dû y renoncer devant les difficultés typographiques que présente encore l'emploi des types égyptiens, et surtout à cause du temps énorme que m'auraient demandé la notation par chiffres de tous les signes et la correction des épreuves. Les nombreuses répétitions que contient le manuscrit rendent d'ailleurs ce genre de transcription moins utile pour ce texte que pour tout autre. Je me suis donc borné à une transcription alphabétique suffisante pour aider à suivre notre traduction sur les *fac-simile* qui seront réunis à la fin du mémoire.

Le système de transcription que j'ai adopté est emprunté à ceux de MM. Brugsch[1] et de Rougé[2]; il a pour but : 1° la précision et la clarté, en rendant chaqu' voyelle et chaque articulation de l'écriture[3] égyptienne par *une seule* lettre de notre alphabet ; 2° la facilité de la composition typographique et la commodité pour tous les usages auxquels il peut s'appliquer par l'emploi exclusif des *signes usuels* de la typographie française, évitant ainsi tous les signes particuliers qui nécessiteraient des types spéciaux, et rejetant enfin toute notation pouvant augmenter l'écartement des

---

1. *Geogr. Ins.*, t. I, p. 15 ; *Recueil de Monuments*, t. I, p. 1, etc.
2. *Revue archéologique*, novembre 1861, p. 352 ; Cours au Collège de France, etc.
3. Je ne dis pas « de la *langue*, » car je n'aurai jamais la prétention d'exprimer les sons ou la prononciation d'une langue morte depuis des siècles ; je cherche seulement un *équivalent conventionnel* des signes qui servaient à l'écrire.

Depuis que j'ai terminé le présent travail, M. Lepsius a publié dans le *Standard Alphabet* de la Société biblique de Londres un système de transcription générale qui est presque entièrement adopté pour les textes égyptiens, par MM. de Rougé, Brugsch et Birch. Son application à mon mémoire aurait nécessité trop de corrections pour un travail terminé ; je le laisse donc tel que je l'ai écrit. Ce nouveau système, que je n'ai d'ailleurs pas suffisamment étudié, me paraît cependant présenter encore quelques imperfections et quelques inconvénients, parmi lesquels je signalerai seulement l'introduction du χ grec dans notre alphabet, et la nécessité d'employer des signes *spéciaux* pour la notation de certaines lettres.

lignes, comme par exemple le point sous une lettre, auquel l'œil ne s'habitue d'ailleurs que difficilement.

Les seuls signes distinctifs que j'admette sont, pour les voyelles, les accents ordinairement usités, et, pour les consonnes, la virgule retournée ('), placée *après* la lettre qu'elle sert à noter.

Voici maintenant les règles que j'ai suivies :

1° Toute voyelle accentuée, accompagnée du tréma (*ï*), ou notée de la virgule renversée (*a'*), représente une voyelle *écrite* dans le texte égyptien.

2° Toute voyelle *non accentuée* représente une voyelle *non écrite* dans le texte, mais nécessaire à la prononciation du mot, ou donnée, soit par des transcriptions antiques, soit par l'orthographe copte, ou bien encore cachée dans le syllabisme des écritures égyptiennes, car, dans ce dernier cas, il est souvent difficile de la déterminer exactement. Les voyelles non accentuées dans nos transcriptions devront donc être considérées comme moins certaines que les voyelles accentuées.

3° Toute consonne qui n'est pas suivie de la marque que j'ai adoptée[1] est supposée avoir été prononcée d'une manière très analogue, sinon identique, à l'articulation qu'elle représente ordinairement dans notre écriture.

4° Toute consonne suivie d'une virgule retournée (') prend une valeur différente de sa prononciation habituelle.

Voici maintenant mon alphabet de transcription, avec les correspondants coptes et sémitiques.

---

1. J'ai préféré pour cette marque la virgule retournée (') à l'apostrophe (') qui a déjà été employée pour la notation de certaines consonnes, parce que ce dernier signe doit être réservé pour indiquer, au moyen de sa fonction habituelle, des cas d'élision que j'ai souvent entrevus et qui pourront être un jour bien constatés.

ALPHABET	HIÉROGLYPHES	COPTE	HÉBREU
$a^{\epsilon\,1}$		ⲁ, ⲉ, ⲏ, ⲟ, ⲱ	א
$\acute{a}$		ⲁ, ⲉ, ⲏ, ⲟ, ⲱ	א (ה?)
$\hat{a}$		ⲁ, ⲉ, ⲏ, ⲟ, ⲱ, ⲟⲩ	ע
b^{2}		ⲃ	ב
d		ⲧ	ד
g		ⲕ	ג
h		ⲉ	ה, ه arabe.
h^{ϵ}		ⲉ	ח, ح arabe.
i	\\ et	ⲓ	י
k		ⲕ	כ
$l, (r^{\epsilon})$		ⲗ	ל, ר
m		ⲙ	מ
n^{3}		ⲛ	נ
p		ⲡ	פ
q		ϭ	ק

1. J'aurais préféré l'$\acute{a}$ (accent aigu) à l'a^{ϵ} (noté); mais j'ai adopté ce dernier, parce que l'$\acute{a}$ (accent aigu) ne se trouve pas dans tous les caractères de la typographie ordinaire.

2. Je transcris b^{ϵ}, au lieu de bp, le b doublé d'un p dans certains mots, pour lui donner plus de force, comme dans la syllabe
$bp\hat{a} = b^{\epsilon}\hat{a}$.

3. Je transcris n^{ϵ} l'n aspiré qui prend dans les variantes un x^{ϵ} initial comme dans la syllabe $n^{\epsilon}em = x^{\epsilon}nem$.

ALPHABET	HIÉROGLYPHES	COPTE	HÉBREU
r		ρ	ר
м		c	מ
σ᾿		ϣ	שׁ
t		τ·	ת
ṭ᾿		τ	ט
ú ᾿		ογ, ϥ, ω, ο	ו
ıc		q	ו
x᾿		ϭ	ח. ح arabe.
ɀ᾿		ⲍ	ז

II

TRANSCRIPTION ALPHABÉTIQUE ET TRADUCTION LITTÉRALE

PREMIÈRE PARTIE

COLONNE 1, SEUL FRAGMENT CONSERVÉ

1, 1. .... *H'yq-An*...
[An... mois... jour... du règne de Râ-ouser-mââ-mer-Amon,
du fils du soleil Ramessès III ª)], Souverain d'Ôn.....

1. Je transcris *ᴎ* (sans accent) le signe du pluriel, ɪ ɪ ɪ, toutes les fois que j'ai des raisons de penser qu'il pouvait influer sur la prononciation du mot qu'il suit.

ª Cf. *Pap. Lee I*, l. 3. Les mots placés entre des crochets répondent à des lacunes du texte.

110   LE PAPYRUS JUDICIAIRE DE TURIN

I, 2. .... à tà ᵃ n ...
      .... pays de...
I, 3. .... pà tà ᵇ r ...
      .... le pays pour...
I, 4. .... ù menmen-u...
      .... troupeaux ᶜ ...
I, 5. .... [ret']-u   r   aʿn-tù-u ᵈ ...
      .... hommes pour les amener...
I, 6. .... neb m- met- ùᵉ ...
      .... tous par-devant eux...
I, 7. .... n(?)ù aʿù nà ...
      .... sont les...
I, 8. .... retᶜ-u   r   zʾod...
      .... hommes pour dire...
I, 9. .... u aʿù m ntù ᶠ
      .... étant en eux

COLONNE II

II, 1. uà   botù (1)   n   pà   tà   aʿù·Aᶜ   dùà-t   m-hʿer (2)
       les exécrations de la terre,   je les soumets

ᵃ Cf. col. II, l. 1; *Pap. Lee I*, l. 2, et *Pap. Rollin*, l. 5.
ᵇ *Id. ibid.*
ᶜ Le *Papyrus Lee I* fait mention d'un « intendant des troupeaux », nommé *Pen-houï-ban*. (Cf. col. 5, l. 2 de notre papyrus.)
ᵈ Cf. IV, 1, etc. et chap. VI, *Formules judiciaires*.
ᵉ Cf. IV, 2, etc. et chap. VI, *Formules judiciaires*.
ᶠ Ou nᶜù mentù « étant eux » (ces crimes), car on peut voir ici une forme plurielle du pronom *mentue* « lui ».

(1) Les chiffres renvoient aux notes philologiques réunies à la fin du mémoire (Voyez chap. IX). Les lettres placées au-dessus des lignes dans la traduction sont seules en rapport avec les notes placées au bas des pages. Tout ce qui est relatif aux noms propres et aux personnages sera expliqué dans un chapitre spécial (VIII), auquel je renvoie une fois pour toutes.

n mur-ḫʿeẓʿ (3) *Mentū-m-tà-ti*   *mur-ḫʿeẓʿ Pàiureti*
au trésorier Mentou-m-ta-ti, (au) trésorier Païwretou,

     zʿaī-xʿu (4)   *Kar*   *ūbū* (5)   *Paī-bʿàst*
II, 2. (au) porte-chasse-mouche Kar, (à l'officier?) Païbast,

   ūbū (?)   *Qedenden* (?)   *ūbū* (?)   *Bàr-màhar*
(à l'officier?) Qedenden (?), (à l'officier?) Bâr-mâhar,

II, 3. *ūbū* (?)   *Pà-aʿrà-sūnū*   *ūbū* (?)   *Zʿod-tī-rexʿ-nocre*
(à l'officier?) Pa-arou-sounou, (à l'officier?) Thoti-rex°-nowre,

    sūten úehmū (6)   *Pen-Renū*   *sxʿà Màī*. II, 4.
(au) rapporteur royal Pen-Renou, (au) scribe Mâï

sxʿà Pà-rà-m-ḫʿeb n tà aʿn-t nà sʿdū (7)   *zʿaī-*
(au) scribe Pa-râ-m-ḫʿeb, de la bibliothèque, et (au) porte-

xerī Ḥʿora' n tà   *nùàī-t* (8) II, 5. *r zʿod*
ombrelle Har, du corps des âouâï[a],   en disant:

.ʿr nà zʿod-tū aʿ-zʿodū nà   *retʿ-u*   *bū rexʿ-Aʿ-se-t-u*
« Les paroles que dirent ces hommes, n'en ai-je pas con-

   (9) *ḫʿenī-ten* (10) *s-metī-s-t-u* (11) II, 6. *aʿū-u sʿemī*
naissance? — Allez!   Jugez-les.   Qu'ils avancent,

aʿū-u s-metī-ū   *aʿū-u dūà-t mut-tū*   *nà dūàū*
qu'ils les jugent; qu'ils donnent la mort, ceux qui donnent

mutū m de-t-ū   *r*   *ḫʿà-t-ū* II, 7. *aʿū bū rexʿ*
la mort de leur main, à leurs membres[b]. — N'en ai-je pas

[-Aʿ-se-t-u]   ... *aʿrʿ-t*   *sebàī-t* (12) ......
connaissance? — [Faites] exécuter le châtiment de [mort et

... *ketexʿū*   *aʿū bū*   *rexʿ-.ʿ-se-t-u*   *m r-à* (?)
les] autres. — N'en ai-je pas connaissance, actuellement?

II, 8.   *xʿer aʿū ḫʿen...*   .... *r*   *zʿod*
— Or, ils avancent! — [Jugez-les] suivant ce que

ḫʿet r-ro-ten   *sūàū-tū-ten*   *r dūà-t aʿr-tū*
vous dicte votre cœur; soyez vigilant à faire exécuter

---

[a] Corps militaire chargé de la police, et probablement aussi des exécutions judiciaires. (Voir notes philologiques, n° 8.)
[b] C'est-à-dire: « aux coupables ».

sebâï-t II, 9. *r* .... *gâûâs'à* (13)
[le] châtiment pour [celui qui a mérité la] torture.

a'ù b[en] sù h'er   h'er-w   x'er-A'   ùn
Cela (le crime) n'est-il pas constant à mon égard? Eux,

m-dùnî (?)
qu'ils périssent!ᵃ

On voit dans ce discours, prononcé par le roi lui-même pour instituer la commission judiciaire et pour la saisir de l'affaire, que la mise en accusation des coupables ne repose que sur la connaissance de certaines paroles prononcées par eux.

Suit une imprécation contre les criminels, et un hommage que le roi rend aux dieux de la justice.

COLONNE III

III, 1. *A'r pàù-a'rù-t   neb   n   ntù   a'-a'r-t-sù*
Étant toutes leurs actions pour ceux qui les ont faites [b],

III, 2. *a'mma x'operù   pàù   a'-a'rù neb*
puisse devenir (retomber) tout ce qu'ils ont fait,

r x'às'à-ù III, 3. *a'ù-A' x'ù·kù-A'   màk-*
sur leur tête! Je dirige moi-même (et je) gouverne

kù-A'   r s'àù   h'eh'   a'ù-A' III, 4. *x'er-tù nà*
moi-même jusqu'à perpétuité, (car) je suis   avec les

Sùtenï-u màd-tï-u   ntï   m met III, 5. *A'mon-Râ Sùten*
Rois des deux Justices qui sont devant Ammon-Râ, Roi

Nuter-u   m met   Res (14) *h'yq   x'e-t-tà*
des Dieux, et devant le Vigilant, souverain éternel.

ᵃ Ces derniers mots sont, pour moi, d'une signification douteuse. On peut traduire littéralement : « Cela n'est-il pas sur sa face vers moi? — (Qu')ils périssent! » La transcription du dernier groupe, *m-doùn*, semble donner le type du copte ⲘⲞⲨⲞⲨⲦ, *mori*.

ᵇ C'est-à-dire : « Chacun étant responsable de ses œuvres. »

Après ce discours, qui sert en quelque sorte de corollaire au précédent, commence la deuxième partie du manuscrit; elle débute par une rubrique relative aux quatorze premiers accusés; c'est le commencement du procès-verbal des jugements. L'écriture, à partir de cet endroit, est moins grosse que celle des trois premières colonnes.

DEUXIÈME PARTIE

COLONNE IV DU PAPYRUS, 1ʳᵉ RUBRIQUE

IV, 1. *Rer-ṭ aʿnī-t hʿer nà botàuī dàīù   aʿ-aʿrù*
Gens amenés pour les grandes abominations qu'ils ont faites.

dùàī-n-aʿ ᵃ r tà aʿs-t   s-met   m   met   nà ùerù
— Je les ai mis au lieu du jugement en présence des grands

dàīù   n   tà aʿs-t s-met   r   s-met -ù   aʿn
magistrats du lieu du jugement pour les faire juger par

mur-hʿezʿ   Mentù-m-tà-tì   mur-hʿezʿ   Pàīwretù,
(le) trésorier Mentou-m-ta-ti, (le) trésorier Païwretou,

zʿàī   —   zʿù   Kʿàr   ùbù (?) Pàïbʿas-t   sz'à
(le) porte-chasse-mouche Kar, (l'officier?) Pàïbast, (le) scribe

Màī   n   tà aʿs-t nà sʿdù   zʿaī - serï   Hʿoraʿ   aʿù-u
Mâï, de la bibliothèque, (et le) porte-ombrelle Har. Ils les

s-met-ù   aʿù-ù   qem-ù   m   àsʿàï   aʿù-u   dùà-t
jugèrent, ils les trouvèrent en culpabilité, ils leur firent

domaʿù-ùn tàī-ù   sebàï-t   aʿñ   nàī-ñ botàuī
appliquer leur châtiment, et leurs abominations leur furent

aʿzʿà-ù
enlevées. (Ce sont) :

ᵃ La forme de la ligature hiératique du pronom est irrégulière, et, bien que le signe de majesté n'y figure pas, il semble que c'est encore le roi qui parle (Voyez *Notes philologiques*,).

IV, 2.   X‘erù   âò   Pàï-bàkaͨ-kàmen   ùnù   m àà n à-t
        Le grand criminel PaI—baka-kamen, étant majordome[a].

A‘ℕ-ᴛᴜ-ᴡ h‘er pà h‘u-tù-ᴡ (15) a‘-a‘rù-ᴡ h‘er Taïï h‘enà nà
Aᴍᴇɴᴇ́   pour son délit,   qu'il fit à cause de Taïï, avec les

him-t-ù per-x‘en-t-u (16)   a‘ù-ᴡ a‘r-tùà a‘ᵉrmà-ù a‘ù-ᴡ
femmes   du harem.   Il fit un avec elles[b].   Il lui

x‘operù   a‘ː‘à   nàïù   ᴢed-t-u r bùner (17)   n nàïù
arriva d'emporter leurs   paroles au dehors   à leurs

mut-u   nàïù   ᴠenù-t nïï a‘m   r ː‘od   nù (18)
mères (et à) leurs sœurs qui étaient là[c] pour dire d'exciter

    retͨ-u   tehàmù (19)   x‘erùï (20) r a‘r-t ᴢebaͨù h‘er
les hommes, d'engager les malfaiteurs à faire tort à leur

Neb-ù   a‘ù-tù dùa-tù-ᴡ m met nà ùerù dàïù
Seigneur[d]. — Il a été mis en présence des grands magistrats

tà-aͨs-t   s-met   a‘ù-u s-met nàï-ᴡ botàùï
du lieu du jugement.   Ils jugèrent ses abominations,

a‘ù-u gem   r ː‘od   a‘rí-ᴡ-s-t-u   a‘ù nàïᴡ
ils trouvèrent à dire qu'il les fit (en réalité) et que ses

botàùï   meh‘   a‘m-ᴡ a‘ù nà ùerù a‘-
abominations étaient complètes en lui. Les magistrats qui le

s-met sù dùa-t domaͨù-n-ᴡ tàï-ᴡ ᴢbàï-t.
jugèrent lui firent appliquer son châtiment.

IV, 3.   X‘erù   dà   Mesdï-sù-rà   ùnù m ùbù (?)   Aɴ-ᴛᴜ-ᴡ
        Le grand criminel Mesdi-sou-râ, étant (officier?)[e]. — Aᴍᴇɴᴇ́

---

[a] Litt. : « Grand de maison. »

[b] C'est-à-dire : « Il s'unit à leur cause. »

[c] Au dehors du harem.

[d] M. Chabas a traduit ce passage d'une manière plus énergique et peut-être plus exacte : « Travailler les gens, convoquer des meurtriers pour commettre des attentats contre leur Seigneur » (*Mélanges égyptologiques*, vol. II, p. 206).

[e] On a déjà trouvé cette qualification appliquée à plusieurs des membres de la commission judiciaire, et on verra plus loin qu'elle est donnée à plusieurs accusés (Cf. *Notes philologiques*, n° 5).

h'er pà h'u-tù-w a'-a'rù-w (h'er?) Pài-bàka'-kàmen
pour son délit,   qu'il fit (à cause de) Paï-baka-àamen,

ùnù m dà-n-d-t a'rmàù nà h'im-t-u   r   nù
étant majordome, avec les femmes, pour exciter les

x'erùï r a'r-t seba'ù h'er Neb-ù a'ù-tù dùà-tù-w
malfaiteurs à faire tort à leur Seigneur. — Il a été mis

m   met   nà   ùerù dàïù   n tà a's-t   s-met-u
en présence des grands magistrats du lieu des jugements.

a'ù-u s-met   nàï-w botàùï   a'ù-u qem-tù-w m   à'zàï
Ils jugèrent ses abominations; ils l'ont trouvé en culpabilité;

aù-u dùà-t doma'ù-n-w tàïw   sebàï-t.
ils lui firent appliquer   son châtiment.

IV, 4. *X'erù   àà   Pà-a'na'ùk ùnù m mur   sùten-*
Le grand criminel Pa-anaouk, étant intendant du gynécée

a'p-t-u (?) n per-x'en-t-u h'er s'emsu A'n-rc-w h'er pà a'r-t
royal   au harem,   en service. — AMENÉ pour le fait

a'-a'rù-w ùà a'rmàù Pài-bàka'-kàmen   Mesdï-
d'avoir fait un avec Paï-baka-kamen (IV, 2) et Mesdï-

rù-rà   r a'r-t seba'ù h'er Neb-ù a'ù-tù dùà-tù-w
sou-rà (IV, 3), pour faire tort à leur Seigneur. — Il a été mis

m   met   nà   ùerù dàïù   tà a's-t   s-met
en présence des grands magistrats du lieu du jugement.

a'ù-u s-met   nàï-w botàùï   a'ù-u qem-tù-w m
Ils jugèrent ses abominations; ils l'ont trouvé en

àz'àï a'ù-u dùà-t doma'ù-n-w taï-w sebàï-t.
culpabilité; ils lui firent appliquer son châtiment.

IV, 5. *X'erù   àà   Pen-dùàùù   ùnù m sx'a   sùten-*
Le grand criminel Pen-douaouou, étant scribe du gynécée

a'p-t n per-x'en-t-u h'er s'ems-u A'n-rc-w h'er pà a'r-t
royal au harem, en service. — AMENÉ pour le fait

a'-a'rù-w ùà a'rmà Pài-bàka'-kàmen   Mesdï-
d'avoir fait un avec Paï-baka-kamen (IV, 2) Mesdï-

sù-rà   pàï-kï   x'erù   ùnù m mur   sùten-
sou-râ (IV, 3) et l'autre criminel [a] étant intendant du gynécée

a'p-t-u nà h'ime-t-u per x'en-t-u   r   a'r-t
royal des femmes du harem (cf. IV, 4), pour devenir

            àà   dùta'-u (21) a'rmàù-u   r   a'r-t
le plus grand des réprouvés avec eux, dans le but de faire

sebàù h'er Neb-ù   a'ù-tù dùà-tù-ic m   met   nà
tort à leur Seigneur. — Il a été mis en présence des

ùerù n tà a's-t   s-met-u a'ù-u s-mel   nàï-w
magistrats du lieu des jugements. Ils jugèrent ses abo-

bolàùï   a'ù-u   qem tù u m   àz'aï   a'ù-u dùà-t
minations, ils l'ont trouvé en culpabilité; ils lui firent

doma'ù-n-w làï-w   sebàï-t.
appliquer son châtiment.

IV, 6. *X'erù   àà   Pà-niwù-m-dùù-A'mon   ùnù m redù*
Le grand criminel Pa-niwou-m-doua-Amon[b] étant employé

n per-x'en-t-u h'er s'ems-u.   A'x-rù-w h'er pà sotem
du harem,   en   service. — Amené pour l'audition

a'-a'rù-w nà z'od-t-u   a'-a'rù nà ret'-u   nàùà-ù (22)
qu'il fit des discours que firent les hommes conversant

a'rmàù nà h'ime-t-u per-x'en-t-u   a'ù-w tem per h'er
avec les femmes du harem, et qu'il ne produisit pas

r-ro-ù   a'ù-tù dùà-tù-w m met   nà ùerù   àùù
contre eux. — Il a été mis en présence des grands magistrats

n tà a's-t s-met   a'ù-u s-mei   nàï-w botàùï   a'ù-u
du lieu du jugement. Ils jugèrent ses abominations; ils

qem-tù-w   m   àz'ùï   a'ù-u dùà-t   doma'ù-n-w
l'ont trouvé en culpabilité; ils lui firent   appliquer

tàï-w sebàï-t.
son châtiment.

[a] Pa-anaouk (IV, 4).
[b] Ou Pa-niwu-mà-Amon?

IV, 7. X'erủ àà Kàrpùs ùnù m redù n per-x'en-t-u
Le grand criminel Karpous, étant (employé?) du harem,

h'er s'ems-u A'x-rĕ-w h'er nà z'od-t-u a'-solem-w
en service. — AMENÉ pour les discours qu'il entendit

a'ù-w h'àpù-ù (23) a'ù-t-ù dùà-tù-w m met nà ùerù
(et) qu'il cacha. — Il a été mis en présence des magistrats

n tà a's-t s met a'ù-u qem-tù-w m àz'àï
du lieu du jugement. Ils l'ont trouvé en culpabilité;

a'ù-u dùà-t doma'ù-n-w tàï-w sebàï-t.
ils lui firent appliquer son châtiment.

IV, 8. X'erù àà S'à-m-A'p-t ùnù m redùù n per-x'en-t-u
Le grand criminel S'à-m-Ap-t, étant (employé) du

h'er s'ems-u A'x-rĕ-w h'er nà z'od-t-u a'-solem-w
en service. — AMENÉ pour les discours qu'il entendit (et)

a'ù-w h'àpù-ù a'ù-tù dùà-tù-w m met nà ùerù
qu'il cacha. — Il a été mis en présence des magistrats

n tà a's-t s-met a'ù-u qem-tù-w m àz'àï
du lieu du jugement. Ils l'ont trouvé en culpabilité;

a'ù-u dùà-t doma'ù-n-w tàï-w sebàï-t.
ils lui firent appliquer son châtiment.

IV, 9. X'erù àà S'à-m-màà-ner (?) ùnù m redùù n
Le grand criminel S'à-m-maa-ner, étant (employé) du

per-x'en-t-u h'er s'ems-u A'x-rĕ-w h'er nà z'od-t-u
harem, en service. — AMENÉ pour les discours

a'-solem-w a'ù-w h'àpù-ù a'ù-tù dùà-tù-w m met
qu'il entendit (et) qu'il cacha. — Il a été mis en présence

nà ùerù n tà a's-t s-met a'ù-u qem-tù-w m
des magistrats du lieu du jugement. Ils l'ont trouvé en

àz'àï a'ù-u dùà-t doma'ù-n-w tàï-w sebàï-t.
culpabilité; ils lui firent appliquer son châtiment.

IV, 10. X'eru àà Setï-m-per-Z'od-tï ùnù m redùù n
Le grand criminel Séti-m-per-Thot-ti, étant (employé) du

per-xʿen-t-u   m   sʿems-u   Aʿn-τυ-w   hʿer   nà   sʿod-t-u
harem,   en   service. — AMENÉ pour les discours

aʿ-sotem-w   aʿù-w hʿàpù-ù aʿù-tù dùà-tù-w m   met
qu'il entendit (et) qu'il cacha. — Il a été mis en présence

nà   ùerù   n tà aʿs-t   s-met   aʿù-u   qem-tù-w   m
des magistrats du lieu du jugement. Ils l'ont trouvé en

àsʿàï   aʿù-u dùà-t domaʿù-n-w tàï-w sebàï-t.
culpabilité; ils lui firent appliquer son châtiment.

IV, 11. Xʿerù   àà   Setï-m-per-[Aʿ]mon ùnù m redùù n
Le grand criminel Sétì-m-per-[A]mon, étant (employé) du

per-xʿen-t-u hʿer sʿems-u   Aʿn-τυ-w hʿer   nà sʿod-t-u
harem,   en   service. — AMENÉ pour les discours

aʿ-sotem-w   aʿù-w hʿàp[ù]-ù aʿù-tù dùà-tù-w m   met
qu'il entendit (et) qu'il cacha. — Il a été mis en présence

nà   ùerù   n tà aʿs-t   s-met   aʿù-u   qem-tù-w   m
des magistrats du lieu du jugement. Ils l'ont trouvé en

àsʿàï   aʿù-u dùà-t domaʿù-n-w tàï-w sebàï-t.
culpabilité; ils lui firent appliquer son châtiment.

IV, 12. Xʿeru   àà   Uàr... (?) ùnù m ùbù (?) Aʿn-τυ-w hʿer
Le grand criminel Ouar (?), étant (officier?). — AMENÉ pour

pà-sotem aʿ-aʿrù-w nà sʿod-t-u m dùà (24) pàï àà-n-à-t
l'audition qu'il fit des   discours   du majordome[a];

ùnù-w   reqàù (25)-n-w   aʿù-w hʿàpù-ù   aʿù-w tem
il s'est détourné de lui, (mais) il les cacha (et) il n'en

sʿod   semaʿ-ù (26) aʿù-tù dùà-tù-w m   met   nà
fit pas déclaration. — Il a été mis en présence des

ùerù   n tà aʿs-t   s-met   aʿù-u   qem-tù-w   m
magistrats du lieu du jugement. Ils l'ont trouvé en

àsʿàï   aʿù-u dùà-t domaʿù-n-w tàï-w sebàï-t.
culpabilité; ils lui firent appliquer son châtiment.

[a] Paï-baka-kamen (IV, 2).

LE PAPARUS JUDICIAIRE DE TURIN 119

IV, 13. *X'eru   àà   As'-h'ebs-t   ùnù   m z'er-qáh'ù (27)   n*
Le grand criminel Âs'-hebs-t, étant   valet[a]   de

Pàï-bàka-kàmen   A'ṡ-тʊ-w h'er pà sotem a'-a'rù-w
Païi-baka-kamen[b]. — AMENÉ pour l'audition qu'il fit

nà z'od-t-u m Pàï-bàkaʿ-kàmen ùnù-w ùàùù (28)- n-w
des discours de Paï-baka-kamen ; il s'entretint avec lui

a'ù-w tem z'od   semaʿù   a'ù-tù dùà-tù-w   m   met
(et) il n'en fit pas déclaration. — Il a été mis en présence

nà   ùerù   n tà a'ṡ-t   ṡ-met   a'ù-ù qem-tù-w m
des magistrats du lieu du jugement. Ils l'ont trouvé en

àz'àï   a'ù-u dùà-t domaʿù-n-w tàï-w sebàï-t.
culpabilité ; ils lui firent appliquer   son châtiment.

IV, 14. *X'erù   àà   Pàlkà   ùnù m ùbù (?) sz'à*
Le grand criminel Palka (étranger), étant (officier ?) et scribe

n   per-ànz' (29) A'ṡ-тʊ-w h'er pà h'u-tù-w a'-a'rù-w
de la demeure de vie[c]. — AMENÉ pour son délit qu'il fit

h'er   Pàï-bàkaʿ-kàmen a'ù-w sotem nà z'od-t-u m dùà-w
à cause de Paï-baka-kamen ; il entendit ses discours (et)

a'ù-w tem z'od semaʿù   a'ù-tù dùà-tù-w m   met   nà
il n'en fit pas révélation. — Il a été mis en présence des

ùerù   n tà a'ṡ-t   ṡ-met   a'ù-u qem-tù-w m
magistrats du lieu du jugement. Ils l'ont trouvé en

àz'àï   a'ù-u dùà-t domaʿù-n-w tàï-w sebàï-t.
culpabilité ; ils lui firent appliquer   son châtiment.

IV, 15. *X'erù   àà   Libù-ïnïnï   ùnù   m ùbù (?)*
Le grand criminel Libou-Inini (étranger), étant (officier?).

A'ṡ-тʊ-w h'er pà h'u-tù-w a'-a'rù-w h'er Pàï-bàkaʿ-
— AMENÉ pour son délit, qu'il fit à cause de Paï-baka-

---

[a] Ou serviteur.
[b] Cf. IV, 2.
[c] *La demeure de vie* était le nom du collège des scribes.

kámen *a'ù-w sotem nà s'od-t-u m dùà-w a'ù-w tem s'od*
kamen; il entendit ses discours (et) il n'en fit pas
sema'-ù a'ù-tù dùà-tù-w m met nà ùerù n
révélation. — Il a été mis en présence des magistrats du
tà as-t s-met a'ù-u qem-tù-w m às'àï
lieu du jugement. Ils l'ont trouvé en culpabilité;
a'ù u dùà-t doma'ù-n w tàï w sebàï t.
ils lui firent appliquer son châtiment.

COLONNE V

V, 1. *H'ime-t-u ret'-u pà sebà n per-x'en-t-u ùnù doma'ù*
Les femmes des gens de la porte du harem, étant réunies
n nà ret'-u a'r ùàùà nà s'od-t-u dùàï-n-a' (?) (30)
aux hommes [a], firent entretien de paroles. — Je (les) ai mises
m met nà ùerù n tà a's-t s-met a'ù-u
en présence des magistrats du lieu du jugement. Ils les ont
qem-tù-u m às'àï a'ù-u dùà-t doma'ù-ùn tàï-ù
trouvées en culpabilité; ils leur firent appliquer leur
sebàï-t. ne-t 6.
châtiment. — 6 femmes.

V, 2. *X'erù àà Pàï-a'rï si Lamà ùnù*
Le grand criminel Paï-ari, fils de Lama (étranger), étant
mur per-h'as' A'x-tw-w h'er pà h'u-tù-w a'a'rù-w
chargé du trésor. — AMENÉ pour son délit qu'il fit
h'er x'erù àà (31) Pen-h'uï-b'an a'ù-u a'r-t ùd
à cause du grand criminel Pen-houï-ban [b]; il fit un
a'rmàù-w r tehàmù x'erùï-u r a'r-t sebà'ù h'er
avec lui pour pousser les malfaiteurs à faire tort à leur
neb-u. a'ù-tù dùà-tù-w m met nà ùerù n tà
Seigneur. — Il a été mis en présence des magistrats du

[a] Aux accusés.
[b] Voyez les *Papyrus Lee et Rollin*, et notre chapitre v.

a'n·t   s-met   a'ù-u qem-tù-w   ás'áï   a'ù·u
lieu du jugement. Ils l'ont trouvé en culpabilité; ils lui

dùà·t doma'·ù·n·w tàï·w   sebàï t.
firent appliquer son châtiment.

V, 3.   X'erù   àà   Ba'n-m·Sù   ùnù m h'er-pet (32)
Le grand criminel Ban-em-Sou[a], étant officier

n Kus'ï   A'n·rt·w   h'er   pà hàb·t (33)   a'·a'rù-w
d'Éthiopie. — Amené à cause du message que lui expédia

tàï-w soni   ntï   m per-x'en·tï h'er s'ems·u   r
sa sœur, qui était dans le harem, en service, pour (lui)

z'od   nù (18)   ret'·u   a'r   x'erùï·u   mtùk (34)
dire : « Excite les hommes à faire des méfaits, (et) toi,

ï   r   a'r·t seba'ù h'er   neb-k   a'ù·tù dùà-tù·w
viens pour faire tort à ton Seigneur. » — Il a été mis

m   met   Qedenden (?)   Bàr-Màhàr
en présence de Qedenden (étranger), Bâr-Mâhàr (étranger),

Pà-a'rù-sùnù   Z'od-tï·rex'·nowre   a'ù·u   s-met·w
Pa-arou-sounou (et) Thotti-rex'-nowre. Ils le jugèrent;

a'ù·u qem-tù·w m   às'áï   a'ù·u dùà·t doma'·ù·n·w
ils l'ont trouvé en culpabilité; ils lui firent appliquer

tàï·w sebàï-t
son châtiment.

2ᵉ RUBRIQUE

V, 4.   Rkt-u   a'nï·t h'er   botàùï   h'er pà h'u-ù
Gens amenés pour leurs abominations et pour leur délit,

a'·a'r·ù   h'er   Pàï-bàka'-kàmen Pàï-a's   Pen-
qu'ils firent à cause de Paï-baka-kamen, Paï-as (et) Pen-

tà·ùr   a'ù-tù   dùà-tù·u m   met   nà
ta-our (cf. V, 7). — Ils ont été mis en présence des

---

[a] D'après la lecture de M. Chabas, obe (nàbù) pour le nom de Thèbes, ce serait Ban-em-Ouabou (Voyez chap. VIII, Noms propres).

ûerû   n tû a'ŝ·t   s·met   r   s·met·û   a'û·u
magistrats du lieu du jugement pour les juger. — Ils les

qem·tû·u   m   ûz'ûï·u   a'û·u ûûh'·û h'er   qûh'û·û
ont trouvés en culpabilité ; ils les placèrent sous leurs mains [a]

m   tû a'ŝ·t   s·met   a'û·u   mut·ûn   z'es·û
dans le lieu du jugement. — Ils seraient morts eux-mêmes

a'û   bû   a'rï·t   z'ûï   r·ro·û.
s'il n'avait été fait exception pour eux. (Ce sont :)

V, 5. X'erû   ûû   l'ûï-a's   ûnû   m mur·mûŝ'û·u (35)
Le grand criminel l'aï-as, étant capitaine d'archers. —

X'erû   ûû   Mes-sû-ïû   ûû   m sx'û   per·
Le grand criminel Mes-sou-ï, étant scribe de la de-

ûnx'.   X'erû   ûû   l'û-rû-kàmen·w   ûnû
meure de vie. — Le grand criminel Pa-râ-kamen-w, étant

m h'er-t-ûp.   X'erû   ûû   A'ï-rï   ûnû   m mur·ûbu
supérieur chef [b]. — Le grand criminel Aï-ri, étant chargé de

l'ax't.   X'erû   ûû   Neb-z'ewûû
la libation de Pacht. — Le grand criminel Neb-z'ewaou,

ûnû   m ûbû(?)   X'erû   ûû   S'ûd·mez'er   ûnû
étant (officier?). — Le grand criminel S'âd·mesz'er, étant

m sx'û   per·   anx'.   Dûd (36) 6.
scribe de la double demeure de vie. — Total 6.

3ᵉ RUBRIQUE

V, 6. Rer·t'   a'nï·t   h'er   botûï·û   r tû a's·t s·met
Gens amenés, pour leurs abominations, au lieu du jugement,

m   mel   Qedenden (?)   Bûr-Mûhàr
par-devant Qedenden (?) (étranger), Bâr-mâhar (étranger),

---
[a] Litt. : *A leur bras*, ils les laissèrent à disposition.
[b] Titre de dignité(?), ou simplement *h'er-t* « gardien ».

Pà-a'ru-sûnû   Z'od-ti-rex'-nowre   (Mer-ti-ûs-A'mon)
Pa-arou-sounou, Thoûti-rex'-nowre (et Merti-ous-Amon [a]).

a'û-u s-met-û h'er nâi-û   botû-t (?)   a'û-u qem-tû-u
Ils les jugèrent sur leurs abominations; ils les ont trouvés

m   âz'âi-û   a'û-u   h'er nâh'-û   h'er   a's-t-
en culpabilité, (et) ils disposèrent d'eux à la place (où)

tû-u   a'û-u mut-ûn   z'es-û.
ils étaient. — Ils moururent eux-mêmes [b]. (Ce sont :)

V, 7. *Pen-tû-ûr   pâï ûn-tû z'od-n-tc pâï kî ran A's-rt-w*
Pentaour (V, 4), ayant été appelé d'un autre nom [c]. AMENÉ

h'er pû h'u-tû-w a'-a'rû-tc   [her [d]]   Taïï   tûi-tc mu-t
pour son délit   qu'il fit (à cause de) Taïï,   sa   mère,

m-z'er ûnû-n-t ûàûà (37) nû z'od-t-u a'rmûû nû h'ime-t-u
lorsqu'elle était entretenant des paroles avec les femmes

per-x'en-t-u h'er   a'r-t   seba'û h'er   neb-w.
du harem, dans le but de faire tort à son Seigneur [e].

a'û-tû dûà-tû-w m   met   nû   ûbû (?)   r   s-met-tc
— Il a été mis en présence des (officiers?) pour le juger.

a'û-u qem-tû-w   m   âz'âi   a'û-u   nâh'-w
— Ils l'ont trouvé en culpabilité; ils disposèrent de lui

h'er   a's-t-tû-w   a'û-tc mut-n-tc   z'es-w.
à la place (où) il était. — Il mourut lui-même.

V, 8. *X'erû   nâ   Hûn-ûten-A'mon   ûnû   m ûbû (?)*
Le grand criminel Han-outen-Amon, étant (officier?).

[a] Ce dernier nom, qui ne figure pas dans la commission judiciaire, est ajouté au-dessus de la ligne.
[b] Les coupables.
[c] Il est à noter que ce personnage n'est désigné que sous un pseudonyme, et que ce pseudonyme n'est pas précédé, comme le nom des autres accusés, de l'épithète flétrissante de *grand criminel*. Nous reviendrons sur ce fait et sur les raisons qui ont pu le motiver.
[d] Particule omise.
[e] Litt. : « Au seigneur de lui. »

A‘n-ru-w h'er   nâ   botâûï-u n nâ h'ime-t-u per-x'en-t-u
— Amené à cause des abominations des femmes du harem;

ùnù-w m   x'enû-û   a‘-sotem-w   a‘ù-w tem z'od
étant dans leur intérieur, il (les) entendit (et) il n'en fit pas

sema‘-û   a‘ù-tû dûà-tû-w m   met   nâ   ûbû(?)
déclaration. — Il a été mis en présence des (officiers?)

r   semet-w   a‘ù-u   qem-tû-w m   dz‘àï   a‘ù-u
pour le juger. — Ils l'ont trouvé en culpabilité; ils dis-

ùâh'-w   h'er   a‘s-t-tû-w   a‘ù-w   mut-n-w
posèrent de lui à la place (où) il était. — Il   mourut

x‘es-w.
lui-même.

V, 9.   X‘erû   àâ   A‘men-s‘àû   ùnû   m denû   n
Le grand criminel Amen-s‘aou, étant (musicien?) du

per-x‘en-t-u h'er s‘ems-u A‘n-ru-w h'er nâ   botàû
harem,   en service. — Amené pour les abominations

n nâ h'ime-t-u per-x‘en-t-u   ùnû-w m   x‘enû-û
des   femmes du harem;   étant dans leur intérieur,

a‘-sotem-w   a‘ù-w tem z‘od   sema‘-û   a‘ù-tû
il (les) entendit (et) il n'en fit pas déclaration. — Il a été

dûà-tû-w m   met   nâ   ûbû(?)   r s-met-w   a‘ù-u
mis   en présence des (officiers?) pour le juger. — Ils l'ont

qem-tû-w m   dz‘àï   a‘ù-u   ùah'-w   h'er a‘s-t
trouvé   en culpabilité. — Ils disposèrent de lui à la place

tû-w   a‘ù-w mut-w z‘es-w.
(où) il était. — Il mourut lui-même.

V, 10.   X‘erû   àâ   Paï-a‘rîû   ùnû m sx‘à   sùten a‘p-t(?)
Le grand criminel l'aï-ariou, étant scribe du gynécée royal

per-x‘en-tû(?)   h'er s‘ems-u   A‘n-ru-w h'er nâ   botàûî
au harem,   en service. — Amené pour les abominations

n nâ h'ime-t-u per x‘ent-t-u   ùnû-w m   x‘enû-û
des   femmes du harem;   étant dans leur intérieur,

a‘-sotem-ω   a‘ù-ω tem z‘od sema‘-ù   a‘ù-tù
il (les) entendit (et) il n'en fit pas déclaration. — Il a été

dùù-tù-ω   m   met   nù   ùbù (?)   r   s-met-ω
mis en présence des (officiers?) pour le juger. —

a‘ù-u qem-tù- m ùz‘aï   a‘ù-u nàh‘-ω
Ils l'ont trouvé en culpabilité; ils disposèrent de lui

h‘er   a‘s-t-tù-ω   a‘ù-ω mut-n-ω z‘es-ω.
à la place (où) il était. — Il mourut lui-même.

COLONNE VI, 4ᵉ RUBRIQUE

VI, 1. Rer-ù   a‘-rï   tù-ùn seba‘ï-t   m   sààù
Gens à qui l'on fit leur châtiment par le supplice [a] de

wend-ù   masz‘er-ù   h‘er pà   z‘àà (38)
leur nez (et) de leurs oreilles, à cause de l'abandon [b]

à‘-a‘rù-u   nù   meter-tï-u nowrù (39)   z‘odï-n-A‘-ùn
qu'ils firent des bons témoignages. Je [c] leur ai dit:

a‘u nù h‘ime-t-u   s‘em a‘ù-u peh‘-ù (40)   m   pà
les femmes (étant) parties, qu'ils les joignent dans le (lieu)

ntï s-t-u a‘m   a‘ù-u   a‘r   à-t (41)   h‘eqer-u
où elles sont, (et) qu'ils y fassent une habitation [d] de tour-

a‘m (42) a‘rmàù-u   a‘rmàù Paï-a‘s   a‘ù paï-ù
ments [e] avec elles (et) avec Paï-as (V, 4-5), et que leurs

botaï   a‘z‘à-ù.
abominations leur seraient enlevées. (Ce sont :)

VI, 2. X‘erù   ùà   Paï-b‘às-t   ùnù   m ùbù (?)   a‘rù-n-ω
Le grand criminel Paï-bast [f] étant (officier?). Lui fut fait

---

[a] La mutilation.
[b] L'oubli, la négligence, le manque de prendre en considération.
[c] C'est le roi qui parle.
[d] Un séjour, litt. : « une maison ».
[e] Ou de jeûnes?
[f] Membre de la commission judiciaire.

tàï sebàï-t   a'ù-tù nàh'-ir   a'ù-w
le châtiment (et de plus) on a disposé de lui. — Il

mut-n-w   z'en-w.
mourut lui-même.

VI, 3. *X'erù   nà   Maï   ùnù m xe'n n tu   a's-t na s'ùù*
Le grand criminel Mâï [a], étant scribe de la bibliothèque.

VI, 4. *X'erù   nà   Taï-nex'tù-ta' ùnù m nàù n tù ùùùù.*
Le grand criminel Taï-nex'tou-ta, étant officier des áouáï [b].

VI, 5. *X'erù   nà   Nanaïu   ùnù m h'er-t*
Le grand criminel Nanaïou (étranger), étant supérieur

s-ris'-t-u (43).
des . . . . . . [c].

5° RUBRIQUE

Ret-ù   ùnù m ùà a'rmùù-u   a'ù-tù
Gens (ou tout homme), étant uni avec eux [d], ayant

          x'erùù (44) m dùù-w   m z'od t-u ba'nù z'era'ù (45)
été opposition de sa part en paroles fort mauvaises;

a'ù-t-ù   nàh'-w   bà   a'rï-t   z'àï
il est disposé de lui, (et) il n'est pas fait d'exception

r-w.
pour lui. (C'est :)

VI, 7. *X'erù   nà   H'ora' ùnù m z'àï-serï   n tà*
Le grand criminel Har [e], étant porte-ombrelle du corps

ùùùï-t.
des áouáï [f].

---

[a] Membre de la commission judiciaire.
[b] Exécuteurs?
[c] Agent des prisons, ou chargé d'administrer la bastonnade.
[d] Avec les coupables.
[e] Membre de la commission judiciaire.
[f] Exécuteurs?

III

DATE DU PROCÈS

Avant de récapituler les faits pour examiner en quoi pouvait consister, au fond, le délit des accusés, il importe de fixer autant que possible la date et le lieu où ces faits se passèrent.

Le manuscrit de Turin portait certainement, en tête de la première colonne, la date du règne et le protocole royal du pharaon qui prend lui-même la parole dans le texte [1], pour nommer la commission judiciaire, exhorter les magistrats à la sévérité, et enfin prononcer, de sa propre bouche, certains arrêts. Mais il ne nous reste de cette formule initiale que les signes hiératiques que je transcris en hiéroglyphes : h'yq-àn, « souverain d'On », ou « d'Héliopolis (?). » Ils se trouvent, comme on le sait, dans les cartouches de plusieurs rois. Ce titre se rencontre pour la première fois, d'une manière constante et officielle, dans le nom de Ramessès III, Râ-mes-sâ-h'yq-àn, « Ramessès, souverain d'On. »

Le *Papyrus Lee, n° 1*, à l'occasion du coupable Pen-houîban, qui est aussi mentionné dans le manuscrit de Turin (v, 2), nous apprend que ce personnage se procura « un des » écrits de formules (magiques) de *Râ-àser-màà-mer-A'mon*, » vie! santé! force! le dieu grand, son seigneur, vie! santé! » force! » Or, c'est précisément le prénom de Ramessès III, , et quand bien même l'exclamation « vie! santé! force! » deux fois répétée n'indiquerait pas suffisamment que c'est du souverain régnant qu'il est ques-

---

1. Ainsi que l'indique, en plusieurs endroits, l'emploi du pronom de majesté de la première personne.

tion, les mots [hieroglyphs] *pà nuter àà pài-w neb*, « le dieu grand, son seigneur, » ne pourraient laisser subsister aucun doute à cet égard. De plus, les noms propres Séti-m-per-Amon et Séti-m-per-Thot-ti, qui rappellent ceux des rois Séti de la XIX⁰ dynastie, n'ont pu être donnés qu'à des hommes nés sous le règne d'un de ces pharaons, et conséquemment notre papyrus date de cette génération. Enfin, le style paléographique de ces manuscrits, et la plupart des autres noms propres que contient en particulier celui de Turin, s'accordent parfaitement avec l'époque du commencement de la XX⁰ dynastie. Il est donc bien évident que c'est sous le règne de Ramessès III que notre papyrus a été écrit.

Nous n'avons malheureusement aucune indication de l'année du règne, à moins qu'on admette la possibilité de reconnaître le Ramessès III des monuments dans le Séthos ou Ramessès de Flavius Josèphe, et de rattacher notre procès aux faits que cet historien, d'après Manéthon[1], attribue à son règne; il deviendrait évident, alors, qu'il aurait eu lieu immédiatement après son retour des campagnes d'Asie. C'est une question qui sera examinée plus loin. Le seul point acquis avec certitude, relativement à la date de notre document, est qu'elle se place dans le règne de Ramessès III, premier pharaon de la XX⁰ dynastie.

IV

LE HAREM DE RAMESSÈS III

Passons maintenant à l'examen de l'endroit où le texte de notre manuscrit indique que les délits furent principalement commis. Ce lieu que j'appelle *harem*, répond au mot com-

---

1. Josèphe, *Contre Apion*, chap. xv.

posé qui se présente dans le texte hiératique sous les formes suivantes :

1re forme (iv, 2).........

2e forme (iv, 3, 5, 6).....

3e forme (v, 3)..........

La première partie de ce groupe se transcrit sans difficulté en hiéroglyphes, de la manière suivante : ⌑◡▱ ou ⌑◡▱. On y reconnaît : 1° l'idéogramme ⌑ *per*, « demeure, » 2° le nez ◡, qui a plus habituellement la forme ◡, souvent confondue avec la tête de veau ◡, et 3° une seconde fois le signe ▱ « demeure, » qui est ici l'un des déterminatifs du groupe entier. La fin du mot se compose d'autres déterminatifs, que j'ai d'abord été tenté de transcrire par les caractères ▭ , ainsi que l'a fait M. Chabas, pour la seconde forme, dans son interprétation du *Papyrus Lee*, n° 1[1]. Mais j'ai acquis la certitude, par la comparaison de plusieurs autres mots qui devraient être déterminés par les mêmes signes, et, par exemple ▭ (iv, 1, 2, 4, etc.), qu'il fallait chercher un autre déchiffrement, car ces mots sont accompagnés de formes hiératiques toujours différentes. En examinant d'autres groupes, j'ai reconnu : 1° que la ligature de la deuxième forme de notre mot était employée plusieurs fois, et, par erreur sans doute, à la place des signes hiéroglyphiques ▭ , dans le mot bien connu ▭ *ret'-u* « hommes » (iv, 2 ; v, 3), où il ne diffère de la forme régulière que par l'adjonction d'un point qui sert ordinairement

---

1. Ligne 4. *Le Papyrus magique Harris*, p. 170, note 5. — M. Chabas, qui n'avait pas à sa disposition les mêmes documents que nous, a traduit une variante du groupe entier par le mot « officine » ; mais on va voir que cette interprétation doit être abandonnée.

à distinguer la forme hiératique du signe de la femme [hiero] de celui de l'homme [hiero]; et ce point est constant dans toutes les formes de notre groupe; 2° que la troisième forme, plus irrégulièrement abrégée, est employée dans le groupe *senû* (iv, 2), où il faut reconnaître le même mot qu'à la colonne v, ligne 3, c'est-à-dire [hiero] *snû-t*, au lieu de [hiero] *seni* « sœur, » forme plus usitée, bien qu'elle ne soit pas régulière. Il résulte de là que la dernière forme de notre ligature doit être transcrite par les signes [hiero], et que les autres paraissent répondre à ceux-ci [hiero], ce qui nous donne, pour l'expression complète, les groupes [hiero] et [hiero] ou, pour nous conformer aux règles de la carrure hiéroglyphique : [hiero] et [hiero].

M. E. de Rougé, qui a connu avant moi le texte du papyrus judiciaire de Turin, a bien voulu me communiquer quelques-unes de ses observations sur ce précieux manuscrit; il avait remarqué que ce lieu était habité par des femmes, ainsi que le prouve la mention fréquente de ses habitantes : [hiero], (iv, 2, 3, 5, 6; v, 7, 8, 9, 10; vi, 1), et il supposait que c'était l'habitation particulière d'un ordre ou d'une classe de femmes dont la supérieure était désignée par le groupe [hiero] (Louvre, E. 3465), ou mieux [hiero] (Champollion, *Monuments de l'Égypte et de la Nubie*, t. 1, p. 523, etc.). Nous verrons tout à l'heure que cette conjecture s'est confirmée. Mais il est nécessaire d'établir une distinction importante, c'est que cette expression [hiero], ordinairement suivie du nom d'Ammon ou de celui d'un autre dieu, dans les inscriptions, s'applique à un ordre religieux, tandis que rien d'analogue ne semble ressortir du texte de notre papyrus. On verra, tout au contraire, que ce lieu devait faire partie du palais pharaonique, et que les femmes qui l'habitaient devaient appartenir à la maison royale. Néanmoins, le mot est le même, et M. de Rougé avait été amené à le supposer par la permutation fréquente du nez ☉ et du signe ⇐ ou ↑, abusivement employé aux basses époques pour la consonne *m*.

Le titre sacerdotal que je viens de citer a pour variante ⸺ ● ○ ⁂ ⁑ (Musée de Lyon, Stèle 88, 2ᵉ reg. 1. 4), qui nous donne la lecture du groupe entier *her x'en-t-u* ¹. Or, la valeur *x'en* ou *x'ena*, bien connue pour le signe ⇐ ou ↑, est également admise aujourd'hui pour le nez ☉, et elle s'accorde parfaitement avec une autre variante ⇐ = ● ↑ ☉, citée par M. de Rougé dans son Cours au Collège de France. Ces diverses formes, et particulièrement la dernière, peuvent être comparées aux mots *x'en* « intérieur, » *x'enû* « sanctuaire, boîte, coffre » (Chabas, *Le Papyrus magique Harris*, Glossaire, nᵒˢ 748 et 749) et *x'ena'* « prison ? » (*Papyrus Abbott*, v, 17; vi, 10). Le sens primitif de l'expression semble donc être celui de la réclusion ; les recluses ou les cloîtrées. Et il est à noter que le signe du *nez* s'applique souvent comme déterminatif à l'idée de l'emprisonnement.

On sait que l'hiéroglyphe du nez ⌇ et ⌐ (archaïque), ☉ (bonnes époques), ⸺ (bas temps), détermine ordinairement le mot ⸺ *wend* (Chabas, *Papyrus magique Harris*, Glossaire, nᵒ 272), ou ⸺ *wentî* (*Todtenbuch*, ch. 42, l. 8), qui signifie certainement « *narines, nez* » ; ce mot n'a pas laissé de trace en copte, mais on peut le rapprocher de l'hébreu פנה *facies, vultus*. Comme des variantes bien constatées prouvent que le signe ☉ isolé pouvait être pris pour l'expression idéographique de ce mot *wend* ou *wentî* « nez », on en avait conclu que ce caractère, employé comme signe phonétique, devait avoir la même valeur,

---

1. Cf. Devéria, *Mémoires et fragments*, t. I, p. 82-90. — G. M.

c'est-à-dire celle de *wend* ou *wentī*, et sa fréquente permutation avec ▨ ou ▨ faisait nécessairement attribuer cette même valeur à ce dernier caractère. Mais si le signe ϴ « *nez* » a été employé pour l'expression idéographique du mot *wend* ou *wentī* « nez », rien ne prouve qu'employé comme caractère purement phonétique, il ait eu la valeur de ce mot, et, conséquemment, que cette valeur puisse être attribuée au signe ▨. Au contraire, la constance de l'expression phonétique *wend*, *wendī* ou *wentī* dans le nom du troisième parèdre, auquel le *nez* ϴ, sert de déterminatif (*Todtenbuch*, ch. 125, l. 16), semble établir que sa valeur phonétique était différente, car, sans cela, on trouverait ce nom écrit quelquefois par le signe *nez* ϴ, sans autre expression phonétique, et même par le signe ▨ son homophone évident. Or, cette dernière variante ne s'est rencontrée qu'une seule fois dans les exemples recueillis par M. E. de Rougé, et il est permis d'y supposer une faute ou une confusion du scribe égyptien. D'un autre côté, les transcriptions démotiques donnent constamment *x'en*, *x'ent* et *x'entī*, pour les signes ϴ et ▨; de plus, les listes grecques des décans, publiées par MM. Lepsius et Brugsch, s'accordent à les transcrire χωντ, toutes les fois qu'ils se présentent dans les noms hiéroglyphiques. Ajoutons enfin que la valeur *x'en*, *x'ent*, ou *x'entī*, s'accorde parfaitement avec le copte ϣⲁⲛⲧ *nasus*, *naris*, ϣⲁⲛⲧⲉ *nares*, et l'on reconnaîtra qu'il faut adopter cette valeur, en principe *x'en*, plus tard *x'en-t* ou *x'en-tī*, pour les deux signes ϴ et ▨. Ceci explique l'équation des trois signes ↑, ϴ et ▨, et cette équation une fois bien établie, nous reconnaîtrons facilement des variantes du groupe que nous étudions dans les titres d'un personnage nommé Amenmès sur le damier du Louvre[1]. On y lit en effet

---

1. Voir ce damier dans Devéria, *Mémoires et fragments*, t. II, p. 88-90. — G. M.

qu'il était ⟨hiero⟩ ou ⟨hiero⟩ *denu* (*n*) *per-x'en-t*, « (musicien?) du harem¹ ». Le même radical figure aussi dans ceux de quelques autres fonctionnaires, tels que ⟨hiero⟩ (?) *s.x'a n x'en-t* (Sharpe, *Egyptian Inscriptions*, t. I, 108, 13; Louvre, vase Anastasi, n° 949), ⟨hiero⟩ *s.x'a x'en t* « grammate du harem, la prison? » (Sharpe, *Egyptian Inscriptions*, t. I, 108, 13.) ⟨hiero⟩ *mur-x'en-t* « intendant du harem ou de la prison? » (Statuette accroupie de *Kertà*, musée de Turin). Toutes les formes certaines de l'expression étudiée : (hiérat.) ⟨hiero⟩ (pap. de Turin), (hiérogl.) ⟨hiero⟩ (Louvre, stèle S, 1466), ⟨hiero⟩ et ⟨hiero⟩ (Louvre, échiquier d'Amen-mès), doivent donc se lire *per-x'en-t-u*, ou simplement *per-x'en*, et si, dans ces exemples, l'hiératique seul ajoute au déterminatif « des lieux » celui de la femme et la marque collective, on trouve ces mêmes signes dans un texte hiéroglyphique de l'époque ptolémaïque (Prisse, *Monuments*, pl. XXVI, l. 12), où les deux déterminatifs sont employés simultanément : ⟨hiero⟩ *aû ûn-n-a' x'enû-t nower nower*, « était à moi un excellent *harem* (quand j'accomplis l'âge » de quarante-trois ans, mais aucun enfant mâle ne » [m']était né). » M. Birch a traduit un peu différemment ce passage². La lecture du mot étant bien constatée maintenant, on reconnaîtra facilement qu'il exprime la « demeure (*per*) des recluses (*x'en-t-u*), » et l'ensemble du texte indique suffisamment que le lieu d'habitation des pallacides ou concubines royales était ainsi appelé, quoique ces pallacides soient désignées par une autre expression sur la stèle historique du roi Piankhi, découverte, au mont Barkal, par M. Mariette, et analysée par

---

1. Cf. *Papyrus judiciaire de Turin*, V, 9 [plus haut, p. 124].
2. *On two Egyptian Tablets of the Ptolemaic Period*, p. 6 et 17.

M. le vicomte E. de Rougé, dans la *Revue archéologique*[1].

Les prêtresses de l'ordre sacerdotal, dont nous avons parlé plus haut, s'intitulaient aussi *pallacides* de tel ou tel dieu, ordinairement d'Ammon. Ce titre exprimait leur entière dévotion, et l'on pourrait également le rendre par *esclave* de telle ou telle divinité : il n'avait rien que de très honorable, tandis que la rareté de la mention des pallacides royales ou de celles des simples particuliers semble indiquer qu'il n'en était pas de même pour ces dernières.

Un très ancien bas-relief[2] nous montre cependant que le terme *x'en-t*[3] s'appliquait aussi aux esclaves des simples particuliers, comme dans le passage que je viens de citer de la stèle traduite par M. Birch; on y voit quatre jeunes femmes vêtues d'une courte *chenti* et le corps ceint de bandelettes, dansant devant deux chanteuses (*h'es-t*) qui battent la mesure : auprès de chacune d'elles est inscrite cette légende hiéroglyphique : ▒▒▒ *x'en-t n a'm-t* « pallacide de la tente, ou du cantonnement, » ou bien « du harem », si l'on doit rapprocher ce mot *a'm-t* de l'expression 𓅃𓅃𓏲 *a'ām* « favorite »[4]. Ces femmes appartenaient au personnage principal représenté dans le bas-relief, au même titre probablement que les esclaves du harem musulman, et, comme ces dernières, elles pouvaient avoir la musique et la danse pour divertissements et pour talents particuliers.

Cette polygamie peut être illégale: mais, consacrée par

---

1. Livraison de juin 1863. Je reviendrai plus loin sur la forme hiéroglyphique de cette dernière expression.
2. Lepsius, *Denkmäler*, II, 101, B.
3. Le même radical était également employé dans le *Rituel funéraire*, chap. CXLVIII (Louvre, pap. 3074), dans le groupe 𓃒𓏥 qui désigne les « sept femelles du taureau sacré ».
4. E. de Rougé, *Cours au Collège de France*, 1863.

l'usage dans l'organisation sociale de l'ancienne Égypte[1], elle est prouvée, pour les pharaons, par le passage déjà cité de Manéthon[2], et par les listes des nombreux enfants royaux, qui, pour Ramessès II en particulier, s'élevaient à 111 fils et 59 filles ; elle est expliquée pour les simples particuliers par Diodore de Sicile, qui s'exprime en ces termes : « Chez les Égyptiens, les prêtres n'épousent qu'une seule » femme, mais les autres citoyens peuvent en choisir autant » qu'ils veulent. Les parents sont obligés de nourrir tous » leurs enfants, afin d'augmenter la population, qui est » regardée comme contribuant le plus à la prospérité de » l'État. Aucun enfant n'est réputé illégitime, lors même » qu'il est né d'une mère esclave ; car, selon la croyance » commune, le père est l'auteur unique de la naissance de » l'enfant, auquel la mère n'a fourni que la nourriture et » la demeure[3]. » C'est encore ce qui a lieu de nos jours en Égypte et chez la plupart des peuples musulmans.

On a vu par ce qui précède, d'une part, que ces esclaves dont parle Diodore, de même que les *pallacides* royales, étaient désignées par le terme *x'en-t*, et, d'autre part, que le lieu qu'elles habitaient, c'est-à-dire le gynécée ou harem, s'appelait *per-x'en-t-u* « demeure des *x'en-t-u* ou *pallacides* », ainsi que l'indique dans notre manuscrit, et comme nous l'avons déjà fait observer, la mention fréquente de ses habitantes : « les femmes du harem » (IV, 2, 3, 5, 6 ; V, 7, 8, 9, 10 ; VI, 1).

Ces femmes y étaient probablement enfermées, mais

[1]. On en trouve un curieux exemple sous la XII° dynastie : un grand personnage nommé X'eti (ou X'ereti) était le « chef, décoré de l'abeille (?), » favori unique, surveillant des hommes et des femmes (l'entremetteur?) » du lit nuptial (ou du harem?). » Ce dernier titre est exprimé par deux caractères figuratifs dont je ne connais pas d'autres exemples. Dans une autre légende, peut-être funéraire, mais relative au même individu, il est question de « millions de femmes » (Lepsius, *Denkmäler*, II, 143).

[2]. Josèphe, *Contre Apion*, chap. XV.

[3]. Diodore de Sicile, I, LXXX ; traduction de M. Ferd. Hœfer.

elles recevaient la visite de leurs mères et de leurs sœurs, qui habitaient au dehors (IV, 1).

Les papyrus Lee et Rollin nous montrent que les abords de ce lieu n'étaient pas plus faciles que ceux du sérail d'un souverain musulman, puisque quelques accusés, parmi lesquels on remarque un grand personnage, « un intendant des troupeaux[1], » crurent avoir besoin d'opérations magiques pour tenter d'y pénétrer et pour y établir une correspondance.

Dans ce lieu, cependant, un certain nombre de fonctionnaires avaient des offices à remplir, et nous y voyons, en première ligne, un intendant du gynécée royal au harem (IV, 4), et deux scribes du gynécée royal au harem (IV, 5; V, 10), tous trois en fonctions. Mais je dois dire ici que la lecture du groupe hiératique qui est déterminé par les mêmes signes que le mot *per-x'en-t-u* « harem » (IV, 4, 5) et que je traduis « gynécée, » me laisse quelques doutes. Je crois cependant reconnaître une variante du premier de ces titres (IV, 4) sur une stèle du Sérapéum (musée du Louvre, 421, 11, S. 1466), où je lis : *mur a'p sût[en]-u n per-'xen-t m Men-nowre*, « l'in» tendant des pallacides royales (ou du gynécée royal) du » harem à Memphis. » Ce même titre est souvent abrégé sous les formes et comme par exemple dans les inscriptions de la stèle E. 3337, au musée du Louvre[2]. Je n'hésite pas à reconnaître dans ces titres le

---

1. Voyez, sur l'importance hiérarchique de ce titre, Chabas, *Mélanges égyptologiques*, t. I, p. 3 sqq., Arrestation d'esclaves.
2. On trouve également trois fois, dans la grande inscription de la VIe dynastie, conservée à Boulaq, le groupe qui peut avoir un sens analogue. Mais le signe *a'p*, si toutefois il a cette valeur, est d'une forme plus analogue à celle du signe ⊿ et arrondie par le haut (voir E. de Rougé, *Recherches sur les monuments qu'on peut attribuer aux six premières dynasties de Manéthon*, pl. VII et VIII).

groupe ⸻ sû[ten] a'p-t-u, qui désigne les pallacides du roi Pianklıi, dans l'énumération des femmes de son palais : ⸻. M. E. de Rougé a très exactement rendu ce passage par ces mots : « les reines, « les *favorites*, les filles et les sœurs du roi¹. » Mais il est possible que les caractères ⸻ et ⸻ aient eu deux valeurs différentes; s'il en était ainsi, le premier seulement répondrait au groupe hiératique de notre papyrus et la lecture a'p n'appartiendrait qu'au second. Quoi qu'il en soit, il est certain que les trois personnages nommés dans le manuscrit de Turin étaient des fonctionnaires *royaux* attachés au harem. Ce harem était donc bien celui du roi, et le roi régnant était Ramessès III, ainsi que nous l'avons démontré plus haut. C'est là ce qu'il importe de constater.

Nous trouvons encore en fonctions dans ce lieu plusieurs officiers et employés dont les attributions sont difficiles à déterminer : c'est premièrement un ⸻ denû ou adnû (v, 9).

Le personnage nommé Amen-mès, qui est représenté sur le damier du Louvre jouant seul à un jeu analogue aux dames ou aux échecs, portait ce même titre. Son costume indique un personnage important : il est coiffé d'une longue perruque, vêtu d'une ample tunique plissée, et des colliers ornent son cou; un homme, ayant la tête rasée, se tient debout devant lui et lui présente à boire. Sa légende se lit : ⸻ ou ⸻ « le *denû* du harem Amen-mès, de Memphis. »

---

1. *Inscription historique du roi Pianklhi*, Extrait de la *Revue archéologique*, p. 6.
Trompé par une mauvaise copie, j'ai tiré une conclusion inexacte du passage qui nous occupe, dans mon travail sur *Quelques personnages d'une famille pharaonique de la XXIIe dynastie*, extrait de la *Revue archéologique*, p. 9 [cf. Devéria, *Mémoires et fragments*, t. I, p. 378].

Dans une autre légende, il est qualifié : 〈hiero〉 « grand chanteur du dieu bon, » c'est-à-dire « du roi. » Était-ce le « musicien, l'odiste du harem ? » — Nous savons qu'il y avait des *denû* des soldats, qui pouvaient être les musiciens de l'armée, car les troupes égyptiennes marchaient au son de la musique.

Des employés inférieurs sont appelés 〈hiero〉 *redûû* ou *rûdû*. Le manuscrit en mentionne six, tous en service dans le harem (IV, 6-21 ; cf. *Papyrus Lee, n° 1*). Ces personnages avaient un rang inférieur aux scribes, ainsi que semblent le démontrer certains textes où ils sont nommés après eux et après d'autres fonctionnaires plus importants[1]. C'étaient peut-être même de simples serviteurs.

Nous voyons encore dans l'habitation des femmes plusieurs 〈hiero〉 *ûbû*[2] « officiers (?) », qui les approchent d'assez près pour entendre leurs paroles (v, 8) et même pour s'entretenir avec elles (IV, 3). Cela pourrait laisser supposer que ce sont des eunuques, ou plutôt ce que la Bible appelle les *saris* du pharaon, mais rien n'en donne la certitude : d'autres passages du manuscrit (IV, 3, 12, 14, 15) montrent seulement qu'ils étaient en rapport avec le grand de maison ou majordome. Quoi qu'il en soit, ils figurent dans notre procès parmi les juges et parmi les accusés ; dans d'autres textes, ils sont appelés les *ûbû* (?) royaux, ou les *ûbû* du pharaon ; ils paraissent parfois chargés des missions importantes[3].

---

1. Lepsius, *Denkmäler*, III, 219 c, l. 16 ; *Grand Papyrus historique Harris*, Musée Britannique, pl. K.

2. Cette lecture est très douteuse, mais je l'adopte provisoirement, faute de mieux ; elle n'est donnée que par une seule variante qui m'a été signalée par M. J. de Horrack : 〈hiero〉 (hiérat.) *Papyrus Sallier III*, pl. VIII, l. 9 = 〈hiero〉 (Brugsch, *Recueil de monuments égyptiens*, t. I, pl. XXXI, col. 34). Cf. *Tex*ᶜ*u*? *Revue archéologique*, nov. 1866, p. 298.

3. Voyez *Notes philologiques*, n° 5.

Il y avait aussi des *agentes*, auxquelles certaines surveillances étaient confiées (*Papyrus Lee*, n° 1, l. 5), et des femmes qui occupaient d'autres fonctions, parmi lesquelles était au moins une Éthiopienne (v, 3).

Enfin, la porte de ce lieu était gardée par des hommes[1], qui semblent y avoir été logés avec leur famille, car leurs femmes sont mentionnées (v, 1).

Une dernière remarque à faire, c'est que rien n'indique que le grand de maison ou majordome ait été attaché au harem; ce personnage, fonctionnaire du palais (iv, 2), n'y fut peut-être introduit que par les manœuvres de l'intendant des troupeaux Pen-houî-ban, qui n'y entra pas lui-même.

L'importance du personnel attaché à ce lieu, et la difficulté qui paraît avoir existé pour y pénétrer, montrent, comme je viens de le dire, que c'était bien le harem du palais de Ramessès III.

Or, le palais qu'habitait ordinairement Ramessès III était celui qui subsiste aujourd'hui à Médinet-Abou, presque entièrement construit et décoré par ce pharaon : l'avant-corps de cet admirable monument contenait des appartements où nous voyons encore le lieu qu'habitaient ses femmes. Les bas-reliefs nous y montrent ce roi dans l'intimité du harem : tantôt il est assis, jouant aux échecs, avec une jeune fille nue, qui se tient debout et lui fait sentir le parfum d'une fleur[1]; tantôt, dans la même occupation, il passe affectueusement son bras gauche autour du cou d'une autre esclave, ou bien il caresse son menton et échange des fruits avec elle. D'autres encore lui présentent des fleurs et des mets[1]. Cinq jeunes filles debout, portant des chasse-mouches et d'autres objets, décorent aussi, au-dessous d'un

---

1. La stèle du Louvre C 6 nous montre un 𓉗 𓂋 « portier du harem », ou peut-être « de la prison ».

2. Lepsius, *Denkmäler*, III, 208; Rosellini, *Monumenti reali*, pl. 228; Lepsius, *Auswahl*, Taf. 23, d. etc.

3. Lepsius, *loc. cit.*

vautour aux ailes éployées, l'intérieur d'une sorte d'enfoncement semblable à une alcôve et réservée dans l'une des parois de l'appartement. Dans toutes ces sculptures, les femmes sont nues, et l'on ne distingue, de l'ajustement du roi, que sa coiffure, ses sandales[1] et ses bracelets.

Là était indubitablement le harem, la demeure des femmes, des *pallacides* royales, ainsi que les appelait Manéthon, dans le passage conservé par Flavius Josèphe, et que Champollion attribuait avec raison, je crois, au règne de Ramessès III[2]; c'était, en d'autres termes l'habitation des *x'en-t-u* « recluses » et des *a'p-t-u* « favorites (?) », comme les appelle la stèle du roi Piankhi. Là, en un mot, le Pharaon avait son harem, et il semble qu'il en poussa le luxe plus loin qu'aucun autre souverain. Ses mœurs voluptueuses prêtaient si bien à la critique de ses contemporains, que, malgré le respect dont l'autorité royale était entourée, des artistes satiriques de l'antiquité n'hésitèrent pas à en charger spirituellement les traits caractéristiques. Dans ces caricatures, ils figurèrent le roi par un lion, ses femmes par un troupeau de gazelles, ses enfants par un troupeau d'oies, car l'oie 𓅭 veut dire *fils* et *fille* dans les hiéroglyphes; ses eunuques et le précepteur de ses enfants par des chiens et des chats conducteurs de ces troupeaux. On y remarque particulièrement la partie d'échecs, que nous venons de mentionner, et le lion s'approchant d'un lit sur lequel est couchée une gazelle, scène qui ne demande pas plus ample explication[3].

Là probablement, enfin, eurent lieu les faits rapportés dans le papyrus de Turin.

1. Sandales dont la pointe relevée vient de se rattacher sur le cou-de-pied. Cette chaussure était de mode sous la XIX° et la XX° dynastie.
2. Voyez Champollion-Figeac, l'*Égypte ancienne*, p. 345.
3. Lepsius, *Auswahl*, Taf. XXIII, C-D, cf. d., et le travail [publié plus haut, *Mémoires et fragments*, t. II, p. 15-17, et extrait du livre] de M. Champfleury sur la *Caricature dans l'antiquité*.

V

MATIÈRE DU PROCÈS

§ 1. DÉLIT PRINCIPAL

Cherchons maintenant à nous éclairer sur le fonds de l'affaire, sur la nature des délits qui motivèrent la mise en accusation et le jugement des coupables, sur le but et les résultats de leurs crimes.

Comme je l'ai déjà dit, il est difficile de se former au premier abord une idée claire à cet égard, par suite de la perte de la première colonne du manuscrit, et aussi à cause de la répétition continuelle des formules qui viennent sans cesse embrouiller et noyer les faits. Je vais donc m'efforcer de les dégager l'un après l'autre, et, pour procéder méthodiquement, je les prendrai au fur et à mesure qu'ils se présentent dans le texte, sans en intervertir l'ordre.

Nous voyons par les restes de la dernière ligne de la colonne 1, et par la première de la colonne 2, que dans les crimes en question étaient *les exécrations de la terre;* cela rappelle la formule des papyrus Lee et Rollin dans laquelle il est dit, à propos de ce qui constitue la culpabilité des accusés, que c'est ce *qu'abominent tout dieu et toute déesse*[1].

Plus loin (col. II, lig. 5), le roi adresse l'allocution suivante aux membres de la commission judiciaire qu'il vient de

---

1. Voyez *Pièces justificatives*. — Ce rapprochement semble établir une différence de gravité entre les crimes produits par des moyens naturels, exécrés de l'humanité entière, et les crimes produits par des moyens surnaturels, comme ceux que mentionnent les pap. Lee et Rollin, qui, bien plus grands, émeuvent les dieux eux-mêmes. (Cf. Diodore de Sicile, I, 77 : « Le parjure était puni de mort comme étant la réunion des deux plus grands crimes qu'on puisse commettre, *l'un contre les dieux, l'autre contre les hommes.* »)

nommer pour la saisir de l'affaire : « *Les paroles que
dirent ces hommes, — n'en ai-je pas connaissance ?* —
Allez! — Jugez-les. — Qu'ils avancent, qu'ils les jugent, et
que ceux qui donnent la mort de leur main donnent la mort
à leurs membres. — *N'en ai-je pas connaissance ?* — Faites
exécuter le châtiment [de mort?] et les autres (aussi). —
N'en ai-je pas connaissance actuellement ? — Or, ils
avancent! [Jugez-les suivant ce que vous] dicte votre cœur;
soyez vigilants à faire exécuter le châtiment, etc. »

De ce passage il résulte que la mise en accusation des
coupables est motivée sur certaines *paroles* connues du roi ;
mais ces paroles sont-elles des dénonciations, ou constituent-
elles à elles seules les délits des accusés ? — C'est ce qu'ex-
pliquera la suite de notre travail. Nous pouvons cependant
observer dès à présent qu'aucun crime n'étant mentionné
dans ces lignes, il est supposable que ces paroles ont pu
être prononcées par les accusés eux-mêmes et constituer
au moins une partie de leur culpabilité.

§ 2. PAPYRUS LEE ET ROLLIN

Avant d'aller plus loin, il importe d'examiner ce que nous
apprennent les papyrus Lee et Rollin[1], puisqu'on y trouve
les noms et titres de deux des principaux accusés du papyrus
de Turin. Ces précieux manuscrits nous présentent en effet
les restes d'un autre procès relatif à des personnages qui ne
sont pas jugés dans le papyrus de Turin, mais qui furent
compromis dans la même affaire.

Nous trouvons d'abord dans le papyrus Lee n° 1, contenant
le jugement d'un individu dont le nom a disparu, qu'un
grand personnage appelé Pen-houi-ban[2], qui était proba-

---

1. Voyez *Appendice* et *Pièces justificatives*.
2. Il était « intendant des troupeaux », titre très important dans la
hiérarchie administrative de l'ancienne Égypte, comme je l'ai déjà fait
remarquer.

blement nommé à la 1ʳᵉ colonne du manuscrit de Turin (l. 4-5), comme à la colonne v, (l. 2), avec l'épithète de *grand criminel*, ce qui n'a lieu pour aucun des autres noms cités dans le texte courant, est accusé : 1° d'avoir demandé et obtenu des écrits magiques[1] appartenant au roi Ramessès III, son maître : 2° d'avoir fait usage de la puissance suprême qu'ils communiquaient à leur possesseur pour atteindre, en fascinant les gens de service, un lieu grand et profond (un souterrain), à la proximité du harem (royal) ; 3° d'avoir fait[2] des figures (magiques) de cire et des écrits de souhaits (ou talismans) qu'il fit emporter à l'intérieur (du harem) par l'employé Atirmâ, pour éloigner les autres ; 4° d'avoir porté *certaines paroles* à l'intérieur (du harem) et d'en avoir retourné d'autres (au dehors).

Ce personnage parvint donc par des moyens particuliers, supposés surnaturels, à s'approcher du harem royal et au moins à y faire passer *certaines paroles*, si ce n'est à y pénétrer lui-même. Voici bien *les paroles* prononcées par les coupables et auxquelles le roi fait allusion dans la première partie du papyrus de Turin. On verra plus loin que ce même Pen-houï-ban est en effet l'un des principaux instigateurs des coupables, et le premier de tous, si notre interprétation des papyrus Lee et Rollin est exacte.

Nous avons à regretter que le papyrus Lee n° 2[3] ne nous présente plus que des lambeaux de l'acte d'accusation d'un autre personnage ; après quelques signes séparés par des lacunes, on ne lit avec certitude que ces mots : « sa main paralysée, » qui indiquent probablement l'action des talismans donnés par Pen-houï-ban à l'employé Atirmâ, pour

---

1. La destruction du commencement du papyrus ne permet pas de savoir à qui il s'adressa pour les obtenir ; mais il est supposable que c'est au personnage qui était préposé à leur garde dans la bibliothèque du roi, et que c'est à ce même individu que se rapporte le jugement.
2. Sans doute au moyen de ces mêmes écrits magiques.
3. Voyez *Appendice* et *Pièces justificatives*.

s'en servir dans le harem. Le jugement qui suit peut donc être celui de cet Atirmâ.

Ce que nous possédons du papyrus Rollin est parfaitement conservé, mais le commencement manque entièrement. Le reste constitue la partie la plus importante de l'acte d'accusation d'un troisième personnage dont le nom a aussi disparu, et dans lequel je n'hésite pas à reconnaître Pen-houi-ban lui-même, le premier instigateur des coupables. On remarque en effet que ce personnage a recours à des opérations magiques, et c'est à Pen-houi-ban seulement qu'a été donné (*Papyrus Lee*, n° *1*) le livre de magie au moyen duquel elles pouvaient être faites. Le texte s'exprime ainsi : « Il lui arriva de faire des écrits magiques pour repousser et pour forcer; de faire *certains dieux* de cire et *certaines figures* pour donner la paralysie au bras des hommes, et de les placer dans la main de Paï-baka-kamen[1]; mais le dieu Soleil ne l'a pas fait agir (ce) majordome[2] (ni) les autres grands criminels en disant : « Qu'ils pénètrent, » et en les faisant pénétrer[3]. »

Si notre attribution n'est pas fausse, nous aurons donc à ajouter à la charge de Pen-houi-ban, qu'il fut l'instigateur de Paï-baka-kamen, comme celui d'Atirmâ, et qu'à l'aide des prétendus talismans dont le livre de la bibliothèque de Ramessès III lui avait révélé le secret, il avait essayé de faire entrer dans le gynécée plusieurs malfaiteurs, sans toutefois y parvenir, ni se hasarder à y pénétrer lui-même.

Après les sortilèges, sur lesquels pouvaient aussi porter en partie les jugements qui nous sont conservés par ces trois papyrus, on peut donc, en résumé, constater les faits sui-

1. Voyez chap. viii, *Noms propres et personnages*.
2. Litt. : *grand de maison* (Voyez *Papyrus judiciaire de Turin*, col. iv et v).
3. C'est-à-dire : « Mais le dieu Soleil n'a fait agir ni (ce) majordome, ni les autres grands criminels; il n'a pas dit : « Qu'ils pénètrent, » et il ne les a pas fait pénétrer. »

vants : 1° Pen-houï-ban parvient à s'approcher du harem ;
2° il y établit une correspondance ; 3° il y fait passer *certaines paroles* et en rapporte d'autres au dehors, avec l'aide de Paï-baka-kamen (iv, 2) ; 4° il a donné des talismans à Atirmâ et à Paï-baka-kamen, ses complices, pour agir dans l'intérieur du harem ; ce dernier, d'après le papyrus de Turin, ourdit un complot avec les habitantes et les fonctionnaires du même lieu.

Ces faits une fois établis, nous comprendrons mieux les actes d'accusation du papyrus de Turin, auxquels j'arrive sans autre préambule.

§ 3. SUITE DES DÉLITS

On lit colonne iv, ligne 1, du manuscrit judiciaire, une première rubrique relative à ce même Paï-baka-kamen et à tous ses complices, tous fonctionnaires du harem, à l'exception cependant des deux derniers ; elle nous apprend seulement qu'ils sont amenés devant le tribunal pour « les grandes abominations qu'ils ont faites ».

En effet, le majordome Paï-baka-kamen comparaît (iv, 2) pour le délit dont il se rendit coupable à cause de Taïï, avec les femmes du harem, pour avoir *fait un* avec elles, c'est-à-dire pour s'être uni à leur cause ; puis il lui arriva de porter leurs paroles au dehors à leurs mères et à leurs sœurs, afin d'exciter certaines gens et de pousser les malfaiteurs à faire tort à leur seigneur.

Voici encore les paroles dont le roi a eu connaissance ; elles avaient donc pour but de lui faire tort et d'exciter d'autres individus à lui nuire.

Nous retrouvons ici Paï-baka-kamen, fonctionnaire du palais et agent de Pen-houï-ban, conspirant avec les femmes du roi, ou tout au moins avec les femmes de sa maison, dans leur intérieur ; nous observons de plus que ce personnage devient complice de la femme Taïï, déjà gagnée peut-être par Pen-houï-ban, et que les premiers germes de la conspiration apportés du dehors, à l'instigation de Pen-houï-ban, sont maintenant reportés par Paï-baka-kamen aux parentes des femmes, à l'extérieur. C'est peut-être par cette voie aussi, et au moyen d'une dénonciation, que les paroles en question arrivèrent aux oreilles du roi.

L'(officier?) Mesdi–sou-râ (IV, 3), l'intendant du gynécée royal Pa-anaouk (IV, 4), et le grammate du gynécée royal Pen-douaou, ces deux derniers étant en service dans la demeure des femmes au harem, s'unissent ensuite à leur cause, toujours dans le but de nuire, ou d'exciter les malfaiteurs à nuire à leur seigneur.

Les dix accusés suivants (IV, 6-15), occupant divers emplois dans le harem, ou simplement (officiers?), comparaissent successivement devant le tribunal, pour avoir entendu, sans les dénoncer, les paroles échangées entre les précédents personnages et les femmes du gynécée.

Après eux, viennent six femmes des gens de la porte du harem (V. 1), qui sont coupables de s'être entretenues aussi avec les quatre premiers accusés.

Puis, un intendant du Trésor (v, 2), complice de Pen-houï-ban (*Papyrus Lee, n° 1*), qui s'unit à ce personnage également pour faire tort à leur seigneur.

Enfin, un (capitaine?) d'Éthiopie (v, 3), personnage assez important, auquel sa propre sœur, qui avait des fonctions dans le harem, envoya un message pour lui dire : « Excite les hommes à commettre des méfaits, et toi-même, viens pour faire tort à ton Seigneur. » D'après la signification de son nom (Mal dans Thèbes), ce personnage devait être Éthiopien[1] ; c'est en Éthiopie qu'il exerçait ses fonctions et tout porte à croire que c'est aussi en Éthiopie que le message lui fut envoyé. Le complot, comme on le voit, pouvait étendre ses ramifications au delà des frontières de

---

1. Voyez *Noms propres*.

l'Égypte : c'est dire assez l'importance qu'il devait avoir.

La 2ᵉ rubrique (v, 4) se rapporte à d'autres complices de Paï-baka-kamen que nous avons reconnu pour l'agent principal de Pen-houï-ban, et à ceux de deux autres des principaux conjurés, nommés Paï-as et Pen-ta-our (cf. v, 7). Ils sont au nombre de six, en tête desquels apparaît Paï-as lui-même, capitaine d'archers, qui pouvait disposer de forces militaires, ce qui est aussi à noter (v, 5). Tous sont étrangers au harem, et ils paraissent avoir été graciés après condamnation ; on voit cependant plus loin (v, 7 et vi, 1) que Pen-ta-our et Paï-as eurent chacun une peine à subir. Le texte ne donne pas le détail de la culpabilité de ces six personnages.

La 3ᵉ rubrique (v, 6) est relative à quatre complices des femmes du harem, qui n'eurent d'autres rapports avec les premiers instigateurs que de s'unir à leur cause. A leur tête se trouve Pen-ta-our (v, 7) qui nous est déjà connu comme l'un des chefs de la conspiration, associé à Paï-baka-kamen et à Paï-as (v, 4), et conséquemment personnage important qui doit attirer notre attention. Il est amené pour le délit qu'il commit (à cause) de Taïi, *sa mère*, lorsqu'elle s'entretint avec les femmes du harem dans le but de faire tort à son seigneur (littéralement au seigneur de lui).

Le texte s'exprime ainsi à son égard :

paï   ûn - tû   s'od-n-u'   paï   ki   ran.

littéralement : « l'ayant été dit à lui l'autre nom, » celui qui fut appelé de l'autre nom, connu sous l'autre nom, et cet autre nom n'est pas écrit : il y avait donc probablement quelque raison pour qu'on dût le cacher (v, 7).

Ce personnage n'est qualifié d'aucun titre, tandis que les dignités et professions de *tous les autres accusés* sont soigneusement désignées ; cependant sa condition, pas plus que son nom, ne pouvait être inconnue des magistrats, puisqu'il était fils de la femme appelée Taïi qu'on a vue dans le harem en rapport avec Paï-baka-kamen (iv, 2). Si le texte se tait à cet égard, c'est donc sans doute aussi pour la raison ignorée de nous qui le fit mentionner seulement sous un pseudonyme, et non sous son nom véritable. Il est, de plus, *le seul* des accusés dont l'indication personnelle, dans l'acte d'accusation, ne soit pas précédée de l'épithète flétrissante de *x'eru àà* « grand criminel ». Or, rien n'autorisant à supposer trois omissions successives dans l'un des manuscrits les plus beaux et les plus soignés qui soient parvenus jusqu'à nous, ce dernier fait doit être expliqué comme les deux autres, c'est-à-dire par quelque raison qui s'opposait à la flétrissure de la personne, aussi bien que du véritable nom et du titre de cet individu. Il pouvait donc être puni judiciairement en vertu des lois, mais non déshonoré par une dégradation officielle, et ce n'est qu'une question de rang ou de naissance qui lui valut ce privilège. Sa mère s'appelait Taïi (v, 7); nous l'avons déjà vue conspirant avec Paï-baka-kamen et les femmes du harem royal (iv, 2; v, 7); elle semble être comprise dans l'expression collective qui désigne ces femmes (iv, 3; v, 8-10). Elle devait donc appartenir elle-même au harem pharaonique, c'est-à-dire que, si elle n'était pas esclave ou pallacide du roi, elle devait être une *calidé* de la famille royale. Ces considérations nous amènent naturellement à penser que si Pentaour n'était pas un fils de Ramessès III, il pouvait appartenir de près ou de loin à sa famille, et cette conclusion très probable de nos observations explique tous les faits que nous venons de constater, c'est-à-dire pour quel motif ce personnage est désigné d'une manière mystérieuse et tout à fait exceptionnelle.

M. E. de Rougé a effectivement signalé un fait analogue en expliquant les textes relatifs à la grande expédition de l'an V de Ramessès II ; quand ce pharaon adressa des reproches à ses généraux pour leur manque de vigilance et leur lâcheté, les fils du roi, qui étaient au nombre des officiers supérieurs, disparaissent de la scène et ne sont pas même mentionnés, afin d'éviter toute flétrissure officielle à des princes du sang.

Les trois autres accusés (v, 8-10), dont deux au moins étaient des fonctionnaires du gynécée, ne sont coupables que de n'avoir pas dénoncé les paroles des femmes du harem qu'ils avaient entendues. Il est à noter que tous les quatre sont condamnés à mort et exécutés.

Jusqu'ici, comme on le voit, les faits s'enchaînent avec une régularité parfaite : après les premiers instigateurs et leurs complices, en rapport avec les femmes du gynécée, à l'intérieur du *harem*, les meneurs secondaires de la conspiration, puis les complices de ces derniers, et enfin ceux des femmes, dont l'un, personnage important devenu chef à son tour, sont successivement amenés devant le tribunal, et jugés.

Mais nous arrivons au passage le plus curieux et peut-être le plus difficile à interpréter à cause du double sens qu'on peut attribuer à quelques mots. Heureusement cette partie du texte est accessoire, car nous venons de passer en revue tous les faits qui se rapportent directement au fond de l'affaire, c'est-à-dire à la conspiration.

C'est la 4ᵉ rubrique (vi, 1); la formule judiciaire y disparaît ou se modifie considérablement, et l'emploi du pronom de majesté de la 1ʳᵉ colonne qu'on y rencontre prouve qu'ici, comme dans les premières colonnes du manuscrit, le roi parle lui-même.

Après une étude attentive de ce passage, voici comment je l'interprète : « Gens à qui l'on fit leur châtiment par la mutilation de leur nez et de leurs oreilles, pour avoir abandonné les bons témoignages (c'est-à-dire le résultat des interrogatoires constatant la culpabilité). Je[1] leur ai dit, les

---

1. C'est le roi qui reprend la parole.

femmes étant parties, de les rejoindre dans le lieu où elles sont, d'y faire un séjour de tourments[1] avec elles et avec Paï-as, et que leurs abominations seront enlevées. »

Cela veut dire, je crois, que les magistrats ou officiers de justice qui acquittèrent les coupables, ne les condamnèrent qu'à des peines secondaires, ou refusèrent leur exécution, au lieu de leur infliger la peine de mort, à cause de trop d'indulgence, par oubli des faits constatés dans les interrogatoires ou plutôt par la crainte que pouvait leur inspirer le parti des conspirateurs qu'ils étaient chargés de juger, sont condamnés à leur tour, et par le roi lui-même, d'abord, à avoir le nez et les oreilles coupés, puis, avec les femmes coupables et Paï-as, l'un des chefs de la conspiration, à une déportation (?) accompagnée de tourments ou de privations, après quoi ils seront libérés.

Les noms qui suivent sont en effet ceux de deux membres de la commission judiciaire[2] et de deux autres officiers de justice (VI, 4-5). Mais il semble que cet arrêt ne fut pas jugé suffisant pour le premier de ces personnages, car il est dit qu'on exécuta son châtiment, qu'on disposa (ensuite?) de lui, et qu'il mourut lui-même, c'est-à-dire, qu'il subit la peine de mort (VI, 2).

Une dernière rubrique s'applique à tout individu ayant pu s'unir à ces hommes (aux coupables précédemment nommés) pour s'opposer par de mauvaises paroles à l'application la plus rigoureuse des lois. — « On dispose de lui, dit le texte, et il n'est fait aucune exception en sa faveur. » Un seul nom suit cette rubrique, c'est celui d'un officier des àouâï, corps militaire qui était probablement chargé des exécutions judiciaires[3].

Ainsi se termine la liste des accusés et celle des jugements,

1. Ou *jeûne, faim* : c'était sans doute quelque lieu de déportation comme Rhinocolure. Voyez plus loin chap. VI, § 3.
2. (VI, 2 et 3). Voyez le chapitre intitulé *Le Tribunal*.
3. Voyez *Notes philologiques*, n° 8.

la légende de ce personnage occupant la dernière ligne du manuscrit.

Pour résumer en quelques mots les faits que nous venons d'examiner, nous les récapitulerons dans l'ordre suivant :

1° La mise en accusation des principaux coupables est motivée sur des paroles criminelles prononcées par eux, et connues du roi.

2° Ces paroles criminelles ont été introduites dans le harem royal par Pen-houi-ban, ou plutôt par son agent, le majordome Pai-baka-kamen, qui obtint la complicité de plusieurs personnes attachées au harem.

3° Elles avaient pour but de faire tort et d'exciter certaines gens à faire tort à la personne ou à l'autorité du roi.

4° La femme appelée Taïi a des intelligences avec Pai-baka-kamen et ses complices; elle est elle-même instigatrice à l'intérieur du harem.

5° Ces mêmes paroles sont portées par Pai-baka-kamen aux mères et aux sœurs de ces femmes, au dehors du harem, et c'est probablement par cette voie que le roi en eut connaissance.

6° Toutes les personnes qui avaient entendu ces paroles sont condamnées pour le seul fait de ne les avoir pas dénoncées ; c'est donc bien d'un complot ou d'une conspiration qu'il s'agit.

7° Les gens de service, et jusqu'aux femmes des gardiens de la porte du harem se mêlent de la conspiration.

8° Le fils de la femme appelée Taïi, appartenant probablement à la famille royale, et à cause de cela sans doute désigné sous le pseudonyme de Pen-ta-our, sans titre ou qualité, ni épithète flétrissante, est coupable comme sa mère, et, devenu l'un des chefs de la conspiration, il est du nombre de ceux qui furent condamnés à mort et exécutés.

9° On remarque, parmi les complices de ce dernier et de deux autres meneurs, un capitaine d'archers, c'est-à-dire un personnage qui pouvait avoir à sa disposition des forces militaires.

10° Quelques-uns des magistrats et officiers de justice chargés de rendre ou d'exécuter les sentences contre les coupables sont à leur tour accusés d'indulgence et condamnés par le roi lui-même.

11° Tout individu s'unissant à la cause des coupables et s'opposant à l'application la plus rigoureuse des lois est également poursuivi et condamné.

Ces faits nous permettent de conclure : 1° que tous les jugements que nous trouvons enregistrés dans le manuscrit judiciaire de Turin et dans les papyrus Lee et Rollin, sont relatifs à une véritable conspiration contre la personne ou l'autorité souveraine de Ramessès III; 2° que cette conspiration, dans laquelle plusieurs des femmes et probablement même un proche parent du roi furent compromis, eut son siège principal dans le harem de ce pharaon, bien que ses premiers germes soient venus en dehors; 3° que cette conspiration eut assez d'importance pour motiver de nombreuses condamnations à mort, ainsi que le châtiment de certains magistrats et officiers de justice, supposés coupables d'indulgence.

Voilà tout ce que nous pouvons déduire, au point de vue historique, de ce curieux document. Quel était le but précis des conjurés ? — Était-ce d'enlever la couronne à Ramessès III, pour la donner au personnage désigné, par les raisons que nous avons indiquées, sous le simple pseudonyme de Penta-our, et qui semble avoir appartenu à la famille royale ? — Ce serait, je l'avoue, une conjecture bien hardie, et nous ne pouvons constater qu'un seul fait, c'est que ce personnage mystérieux subit la peine de mort comme plusieurs autres coupables.

Quoi qu'il en soit donc du but véritable des conjurés, on doit reconnaître seulement que le papyrus judiciaire de Turin nous met sous les yeux le plus ancien exemple connu de ces conspirations de *harem*, auxquelles se mêlent si souvent des eunuques et des grands personnages, dans l'histoire de tout l'Orient, et qui ne manquaient jamais d'entraîner après elles de nombreuses condamnations à la peine capitale.

§ 4. COMPARAISON HISTORIQUE

Ce que nous savons par les monuments de l'histoire de Ramessès III ne nous apprend rien que nous puissions rattacher aux faits que je viens d'indiquer; mais il est impossible de ne pas en rapprocher, au moins à titre de comparaison, un passage de Manéthon, conservé par Flavius Josèphe[1] et dans lequel nous lisons : le roi Séthosis ou Ramessès « assembla de grandes armées de terre et de mer, laissa Armaïs, son frère, son lieutenant général en Égypte avec un pouvoir absolu, et lui défendit seulement de prendre la qualité de roi, de rien faire au préjudice de sa femme et de ses enfants, et d'abuser de ses concubines. Il marcha ensuite contre l'île de Chypre, la Phénicie, les Assyriens et les Mèdes, vainquit les uns et assujettit les autres par la seule terreur de ses armes. Tant d'heureux succès lui enflant le cœur, il voulait pousser ses conquêtes encore plus loin dans l'Orient. Mais Armaïs, à qui il avait donné une si grande autorité, fit tout le contraire de ce qu'il lui avait ordonné. Il chassa la reine, abusa des concubines du roi son frère, et, se laissant persuader par ses flatteurs, mit la couronne sur sa tête. Le grand prêtre d'Égypte en donna avis à Séthosis. Il revint aussitôt, prit son chemin par Péluse, et se maintint dans son royaume. On tient que c'est ce prince qui a donné le nom à l'Égypte, parce qu'il s'appelait *Égyptus*, aussi bien que Séthosis, et Armaïs s'appelait autrement *Danaüs*[2]. »

J'ai été fort tenté de considérer le procès que nous fait

---

1. *Contre Apion*, chap. v (ou xv, suivant l'édition).
2. Traduction du *Panthéon littéraire*, p. 831.

connaître le papyrus judiciaire de Turin comme celui du frère du roi et de ses complices. Le passage de Josèphe que je viens de citer doit en effet se rapporter à Ramessès III, comme le pensait Champollion, et non à Séti Ier, comme on le croit généralement aujourd'hui ; je dirai tout à l'heure pourquoi. Mais je dois reconnaître que plusieurs difficultés s'opposent à ce rapprochement historique : la première et la plus importante, c'est que, dans le récit de Manéthon, les femmes du roi ne paraissent pas volontairement coupables comme dans le procès du papyrus de Turin. On pourrait cependant répondre à cette objection que dans ce dernier document la reine n'apparaît pas et que les six femmes condamnées ne devaient former qu'une très faible partie du harem royal. La seconde difficulté est qu'il faudrait identifier le personnage désigné sous le pseudonyme de Pen-ta-our, dans le manuscrit, avec l'Armaïs ou Danaüs de l'historien. Cela ne serait pas à la rigueur encore impossible, puisque c'est sous un *pseudonyme* que le papyrus désigne ce personnage, et que celui dont parle Josèphe ne peut avoir rien de commun avec Armaïs ou Danaüs, dernier roi de la XVIIIe dynastie, lequel répond exactement à l'Har-em-heb des monuments. Je démontrerai en effet qu'on ne peut trouver là qu'une confusion de nom. Mais il faudrait aussi que ce personnage, caché sous le nom de Pen-ta-our, fût un frère de Ramessès III, et conséquemment que Taïl, sa mère, fût une femme ou concubine du père de ce roi, restée dans son harem comme *validé*. J'ai déjà dit que cette dernière supposition n'était pas plus inadmissible que les autres ; mais de toutes ces possibilités nous n'avons aucune preuve, et nous devons nous abstenir de toute conclusion.

§ 5. EXAMEN CHRONOLOGIQUE DU PASSAGE DE MANÉTHON

J'ai dit que le récit de Manéthon que je viens de citer devait se rapporter au règne de Ramessès III et non à celui de Séti Ier; voici les motifs sur lesquels j'appuie cette assertion : Flavius Josèphe, dans son Éloge des antiquités contre Apion, cite un premier passage de Manéthon relatif à l'occupation de l'Égypte par les Pasteurs. Plus loin, il ajoute, comme relatif aux temps qui suivirent cette période, un autre passage du même auteur, dans lequel tous les rois de la XVIIIe dynastie sont d'abord énumérés avec la durée du règne de chacun d'eux. Cette liste s'accorde assez bien avec les monuments et avec l'extrait qu'on a conservé aussi l'Africain. On observe seulement quelques différences dans la durée des règnes, l'Africain comptant généralement pour un an les mois qui sont ajoutés aux années dans Josèphe. Peut-être aussi doit-on admettre deux erreurs.

L'avant-dernier roi de la XVIIIe dynastie de Manéthon est Ramessès Ier, dont le règne, fort court d'après les monuments, est indiqué d'un an seulement par l'Africain et d'un an et quatre mois par Josèphe. Après ce roi, la liste de Josèphe omet les deux noms suivants, dont le second commence la XIXe dynastie dans l'Africain et du Syncelle; ce sont ceux d'Aménôphath ou Aménôphis et de Séthôs[1]; puis elle mentionne Armessès-Miammou dont le règne de 66 ans et 2 mois ne peut répondre qu'au Rampsès ou Rapsakès des autres listes et au Ramessès II, Méiamoun, des

1. Ces deux noms doivent être réunis; ils répondent au Ménéptah-Séti ou Séti Ier des monuments, et se placent conséquemment l'un et l'autre dans la XIXe dynastie, puisqu'ils appartiennent à un seul et même roi. Ce dédoublement fautif, qui a produit l'intercalation arbitraire d'un règne dans les listes, explique le désaccord qui existe dans la durée que les différentes versions lui attribuent; l'Africain ne donne que 19 ans à ce roi supplémentaire (Aménôphath), tandis qu'Eusèbe, qui l'appelle Aménôphis, lui accorde 40 ans. Cette durée de règne de 19 ou de 40 ans est donc à retrancher entièrement des calculs chronologiques. C'est peut-être ce fait que Flavius Josèphe se rappelait quand il disait (Contre Apion, chap. IX) que Manéthon parle d'un roi Aménôphis, qui est un roi imaginaire, dont pour cette raison, il n'a osé coter les années de règne.

monuments : le successeur de ce dernier est indiqué sous le nom d'Aménôphis, l'Aménephthès de l'Africain, avec 19 ans et 6 mois de règne, dans lequel on reconnaît le Ménéptah-hotep-her-maa des monuments. L'Africain donne ensuite le nom d'un Ramessès, avec 7 ans de règne, à la place du Ménéptah-Séti II des textes hiéroglyphiques, qui n'est mentionné dans aucune des autres listes. Toutes les listes, à l'exception de celle de Josèphe, s'accordent après cela à donner Amménémès 5 ans ou 26 ans, et Thouoris, 7 ans, pour les deux règnes de la XIX° dynastie ; on reconnaît dans le premier l'Amenmésou des inscriptions, et dans le second la reine Ta-ouser, épouse de Ménéptah-si-ptah. Les monuments semblent indiquer encore un ou deux règnes collatéraux ou illégitimes qui ne devaient pas figurer dans les listes officielles ; mais nous n'avons pas à nous en occuper.

En résumé, le passage de Manéthon rapporté par Flavius Josèphe ne mentionne ni Séti Ier, ni Séti II, ni Amménémès, ni Thouoris ; mais il donne pour successeur à Aménophis (Ménéptah-hotep-her-maa) le roi qu'il appelle Séthosis ou Ramessès surnommé *Ægyptus*. Or, ce dernier, nommé parmi les *successeurs*[1] de Ramessès II, Méïamoun, ne peut pas répondre, comme on l'admet généralement, à Ménéptah-Séti Ier, le *prédécesseur* immédiat de ce roi, omis, il est vrai, dans ce passage, mais cité par Josèphe autre part sous le nom de Séthon et appelé Aménophath ou Aménophis-Séthon, jamais Ramessès, dans les autres documents. Josèphe fait effectivement plus loin[2] deux personnages de

---

1. On lit dans les annotations marginales d'un manuscrit la variante μεθ᾽ ὄν, *après lui*, au lieu de τοῦ δὲ (*son fils*). Bunsen, *Egypt's Place*, t. I, p. 649.

2. *Contre Apion*, chap. IX, ou XXVI, suivant l'édition. L'auteur dit relativement à Manéthon : « Il parle ensuite du roi Aménôphis, qui est un nom imaginaire et dont pour cette raison il n'a osé coter les années de règne, quoiqu'il les ait marquées particulièrement lorsqu'il a parlé

son Séthosis ou Ramessès, qu'il appelle alors Séthon et Rampsès, et il est évident, par la durée de leur règne, qu'il entend désigner ainsi les rois Séti Ier et Ramessès II des monuments. Mais le récit que nous avons enregistré ne peut se rapporter qu'à un seul roi, et Ramessès II étant déjà désigné dans la liste que nous venons d'étudier, sous le nom d'Armessès Miammou, reconnaissable à ses 66 ans de royauté, il est certain que Josèphe n'a fait que des confusions de noms, ce qui n'apporte aucune nouvelle difficulté à l'assimilation que j'ai proposée et dont je cherche les preuves.

Quant au Ménéptah-Séti II des monuments, qui ne figure dans aucune des listes manéthoniennes, si ce n'est dans celle de l'Africain, sous le nom de Ramessès, Josèphe le nomme bien Séthon ou Ramessès [1], mais les circonstances de son règne ne paraissent pas concorder avec celles que l'historien rapporte à Séthosis-Ramessès qui fit de grandes conquêtes en Asie. Les deux autres rois de la XIXe dynastie sont, d'après les monuments, Ménéptah-si-phah et Set-nekht dont les noms n'ont plus de rapport avec ceux qui nous occupent. Or, le successeur de ces trois derniers fut Ramessès III, le

des autres rois. Il ajoute à ces fables d'autres fables sans se souvenir qu'il avait dit auparavant qu'il y avait 518 ans que les Pasteurs étaient sortis d'Égypte pour aller vers Jérusalem. Car ce fut pendant la 4e année de Thetmosis (Amosis) qu'ils en sortirent, et ses successeurs régnèrent 393 ans, jusqu'aux deux frères Séthon et Hermeus, dont il dit que le premier était surnommé Ægyptus, et l'autre Danaüs, que Séthon chassa et régna 59 ans : que Rampsès, fils aîné de Séthon, lui succéda et régna 66 ans. Ainsi, après avoir reconnu qu'il y avait si longtemps que nos ancêtres étaient sortis d'Égypte, il met au nombre de ces autres rois ce fabuleux Aménophis, etc. » (Traduction du *Panthéon littéraire*).

1. « Le roi Aménôphis, se souvenant de ce que le prêtre Aménôphis avait prédit, fut saisi d'une telle crainte, qu'après avoir tenu conseil avec les principaux de son État, il envoya devant les animaux qui passent pour sacrés en Égypte, commanda aux prêtres de cacher leurs simulacres, mit entre les mains d'un de ses amis Séthon, son fils, âgé seulement de cinq ans, autrement nommé Ramessès, du nom de son aïeul » (Traduction du *Panthéon littéraire*, p. 839).

premier roi de la XX° dynastie, que les inscriptions appellent aussi *Sésou*[1] comme Ramessès II, et au règne duquel Champollion attribuait les faits rapportés par Manéthon au double nom de Séthosis ou Ramessès. Le nom de Sésou peut très bien être en effet altéré en grec sous la forme Σεθὼς ou Σέθωσις. Le *Séthosis* ou *Ramessès* de Josèphe, l'un des successeurs de Ramessès II, peut donc répondre au *Sésou* ou *Ramessou III* des monuments.

J'ai dit que rien n'indiquait, dans les extraits de Manéthon rapportés par Josèphe, qu'Armaïs frère de Séthos ou Ramessès, dont le règne illégitime dut être fort court, si tant est qu'il ait véritablement régné, et qui conséquemment ne dut pas figurer dans les listes officielles, soit le même que l'Armaïs successeur du dernier Akhenkérès mentionné plus haut avec un règne de 4 ans et 1 mois. On remarquera en effet que ce dernier est présenté comme un roi légitime de la XVIII° dynastie, tandis que l'autre ne fut tout au plus qu'un usurpateur bientôt dépossédé du pouvoir. L'Africain appelle celui de la XVIII° dynastie Armessès et non pas Armaïs, mais Eusèbe le confond avec Armaïs ou Danaüs, et le Syncelle qui fait, il est vrai, la même confusion, donne cependant une confirmation à notre manière de voir, en appelant seulement Ramessès et non pas Séthos le frère d'Armaïs.

J'arrive à conclure de ces observations, qui ne forcent en rien le texte : 1° que Flavius Josèphe, dans sa première liste extraite des listes de Manéthon, a omis Séti Ier et les trois derniers rois de la XIX° dynastie; 2° que son Séthosis ou Ramessès, mentionné parmi les successeurs de Ramessès II, ne peut être que le Sésou ou Ramessès III des monuments, premier roi de la XX° dynastie; 3° que l'Armaïs (ou Danaüs), dernier roi de la XVIII° dynastie, l'Har-em-heb des inscriptions, ne peut avoir rien de commun avec l'Armaïs ou Danaüs, frère de Séthosis ou Ramessès, puisque l'un est un

---

1. Lepsius, *Denkmäler*, III, 208, c.

roi légitime tandis que l'autre est un usurpateur, et que ces deux personnages doivent être séparés par toute la durée de la XIX° dynastie.

Ces déductions sont, comme on le voit, simples et naturelles : l'identité de Ramessès III avec Séthosis ou Ramessès est encore confirmée d'une manière qui me paraît tout à fait probante par une circonstance du récit emprunté par Josèphe à Manéthon, c'est que Séthosis ou Ramessès, l'un des grands conquérants égyptiens de l'Asie, comme les monuments nous montrent Ramessès III, possédait, outre son armée de terre, des *forces maritimes* assez considérables pour que l'historien ait cru devoir en faire une mention spéciale[1]. Or la plus ancienne représentation d'un combat naval qu'on trouve dans les bas-reliefs égyptiens remonte précisément au règne de Ramessès III[2], et ce pharaon, fier de sa flotte, la première qui ait été armée en Égypte, y attachait assez d'importance pour la décrire lui-même dans les inscriptions officielles du 2° pylône de son palais de Médinet-abou : « Elle paraissait sur la mer, dit-il, comme un mur puissant; elle se composait de trois sortes de vaisseaux (les *Hâu*, les *Mens‘*, et les *Baïr*), qui étaient garnis, de la proue à la poupe, de braves guerriers, munis de leurs armes[3]. » D'autres inscriptions y font souvent aussi allusion[4].

1. Ἱππικὴν καὶ ναυτικὴν ἔχων δύναμιν; cf. S. Theophilus, *in libro ad Autolycum tertio*, cap. xix : ὅν φασιν ἐσχηκέναι πολλὴν δύναμιν ἱππικῆς καὶ παράταξιν ναυτικῆς.
2. C'est dans les monuments du règne de Ramessès III qu'on rencontre, *pour la première fois*, la circonstance remarquable d'une bataille navale (E. de Rougé, *Notice sommaire des monuments égyptiens du Musée du Louvre*, 2° édit., p. 18). C'est le seul roi qui fit en même temps, ainsi que les monuments le montrent, la guerre par terre et *par mer* (Brugsch, *Histoire d'Égypte*, t. I, p. 184; cf. Champollion-Figeac, *L'Égypte ancienne*, p. 345).
3. Greene, *Fouilles*, pl. II, col. 20; E. de Rougé, *Notice de quelques textes hiéroglyphiques*, p. 8; Brugsch, *Histoire d'Égypte*, t. I, p. 187.
4. Brugsch, *Histoire d'Égypte*, t. I, p. 186, 188, etc.

En appliquant les mêmes observations à un passage de Diodore de Sicile, on peut penser que le roi qu'il appelle *Sésoosis* est aussi le *Sésou* ou Ramessès III des monuments, car il lui attribue aussi (I, LV) la possession d'une flotte maritime, en indiquant qu'*il fut le premier Égyptien qui construisit des vaisseaux longs*. Cette circonstance pourrait nous faire reconnaître, dans le même auteur, la suite et le complément, peut-être altérés, du récit de Josèphe relatif à la trahison d'Armaïs, mais avec une variante qui transporterait auprès du roi la reine, chassée par Armaïs ou Danaüs. Diodore s'exprime ainsi :

« A son retour en Égypte, après sa grande expédition, Sésoosis s'arrêta à Péluse, où il faillit périr, lui, sa femme et ses enfants, dans un repas donné par son frère[1]. Pendant qu'ils étaient assoupis par la boisson, le frère de Sésoosis profita de la nuit pour mettre le feu à des roseaux secs accumulés d'avance autour de sa tente. Sésoosis se réveilla soudain à la clarté du feu; mais ses gardiens, enivrés, tardèrent à venir à son secours. Levant alors les mains, il implora les dieux pour le salut de ses enfants et de sa femme, et traversa les flammes. Après s'être ainsi sauvé comme par un miracle, il éleva, comme nous l'avons dit, des monuments à tous les dieux, mais particulièrement à Vulcain, auquel il devait surtout son salut[2]. »

Quoi qu'il en soit des rapports qui peuvent exister entre ces deux récits, les observations précédentes nous amènent à établir, d'une manière que je crois certaine, que les faits rapportés par Flavius Josèphe, d'après Manéthon, se rapportent au règne de Ramessès III, comme la conspiration jugée dans le texte du papyrus judiciaire de Turin.

1. M. Champollion-Figeac remarque que « selon quelques critiques, ce frère de Sésoosis serait le *Danaus* qui conduisit des colonies égyptiennes dans la Grèce au XV° siècle avant notre ère » (*L'Égypte ancienne*, p. 339).

2. Diodore de Sicile, I, LVII; traduction de M. F. Hœfer, vol. I, p. 67.

On sait, il est vrai, que des rois d'une époque antérieure avaient déjà porté leurs armes dans les Îles de la Méditerranée; mais il ressort clairement des textes qui mentionnent leurs conquêtes, que ces souverains ne firent qu'y transporter des troupes de terre ou de débarquement, ce qui ne constitue pas des *forces maritimes* proprement dites, comme celles de Ramessès III. Quant aux listes monumentales des victoires de ce Pharaon, elles correspondent au récit de Josèphe, aussi bien et peut-être mieux que celles de Ménéptah-Séti Ier.

Aux faits que je viens de constater j'ajoute encore une indication; c'est que nous savons, par les monuments, que les principales campagnes de Ramessès III, en Asie, datent de l'an VIII et de l'an IX de son règne, et conséquemment que le récit rapporté par Josèphe doit être relatif à cette époque.

Voici, pour terminer cette digression, la concordance des listes manéthoniennes avec les monuments, telle que je la comprends pour les rois dont je viens de parler :

EUSÈBE		AFRICAIN	
ΑΡΜΑΙΣ ὁ καὶ Δαναός	5	ΑΡΜΕΣΣΗΣ	5
ΡΑΜΕΣΣΗΣ ὁ καὶ Αἴγυπτος	68	ΡΑΜΕΣΣΗΣ	1
ΑΜΕΝΩΦΙC	[40]	ΑΜΕΝΩΦΑΘ	[19]
Ἐννέα καὶ δεκάτη δυναστεία.		Ἐννέα καὶ δεκάτη δυναστεία.	
ΣΕΘΩΣ	55	ΣΕΘΩΣ	51
ΡΑΜΨΗΣ	66	ΡΑΨΑΚΗΣ	61
ΑΜΜΕΝΕΦΘΙΣ	40	ΑΜΕΝΕΦΘΗΣ	20
....		ΡΑΜΕΣΣΗΣ	60
ΑΜΜΕΝΕΜΗΣ	26	ΑΜΜΕΝΕΜΗΣ	5
ΘΟΥΩΡΙΣ	7	ΘΟΥΩΡΙΣ	7
		Εἰκοστὴ δυναστεία.	
....		....	

JOSÈPHE (*. Ap., cap. xv ou v*	MONUMENTS
ΑΡΜΑΙΣ 4, 1	Har-m-heb Mei-n-Amoun (Râ z'osor-x'eper-u sotep-n-Râ).
	XIXe dynastie.
ΡΑΜΕΣΣΗΣ 1, 4	Râ-mes-sou Ier (Râ-men-pah'u-ti).
.... (Cap. xxvi ou ix. **ΣΕΘΩ** ou **ΣΕΘΩΣ**, 59)	Mei-n-ptah = Séti Ier (Râ-men-maa).
ΑΡΜΕΣΣΗΣ ΜΙΑΜΜΟΥ 66, 2 (Cap. xxvi ou ix. **ΡΑΜΨΗΣ** — 66)	Ramessou (II), Mei-Amoun, (Râ-user-maa-sotep-n-Râ).
ΑΜΕΝΩΦΙΣ 19, 6 (Cap. xxvi ou ix **ΑΜΕΝΩΦΙΣ** :*)	Mei-n-ptah hotep her mâa, (Ba-n-Râ-mei-Amoun).
.... (Cap. xxvi ou ix. **ΣΕΘΩΣ** ὁ καὶ **ΡΑΜΕΣΣΗΣ**.)	Mei-n-ptah = Séti II, (Râ-user-x'eper-u-mei-Amoun).
....	Amen-mes-sou h'yq-sou (?) (Men-maa-râ-sotep-n-Râ).
....	Mei-n-ptah = Si-Ptah (X'ou-n-Râ-sotep-n-Râ). et la reine Ta-Ouser.
	XXe dynastie.
ΣΕΘΩΣΙΣ ὁ καὶ **ΡΑΜΕΣΣΗΣ**. ἐκαλ. Αἴγυπτος. Confondu par Josèphe avec Séti Ier et Ramessès II. (*Contre Apion*, cap. xxvi ou ix.)	Sésou ou Râ-mes-sou-h'yq-Ân, (Râ-ouser-maa-Mei-amon).

VI

PARTIE JUDICIAIRE

§ 1. LE TRIBUNAL

La commission judiciaire que le roi institua (II, 1) dans le but de statuer sur la culpabilité des accusés, avec recommandation de la plus grande sévérité pour les coupables, se compose de douze membres. Parmi ces personnages, on distingue en première ligne trois grands fonctionnaires, c'est-à-dire deux 🯄 *mer-h'ez'* « intendants du trésor¹ », et un 🯄 *z'ài-x'à* « ptérophore, ou porte-chasse-mouche² ». Après eux sont nommés cinq 🯄 (officiers?), fonctionnaires dont les attributions ne sont pas encore bien connues³, puis un 🯄 *sàten-ûhemû* « interprète, répétiteur, ou rapporteur royal », dont les fonctions pouvaient être analogues à celles du procureur du roi dans les tribunaux modernes⁴, deux 🯄 *sx'à n tà a's-t nà s'àû* « grammates du lieu des livres », c'est-à-dire de la bibliothèque ou des archives, et enfin, un 🯄 *z'ài-ser'l* « flabel-

---

1. M. Chabas, dans ses *Mélanges égyptologiques*, t. I, p. 12, remarque que les fonctionnaires investis de cette charge sont, parmi d'autres officiers de titres divers, ceux qui remplissaient le plus souvent les fonctions de juges.
2. Ce titre était supérieur à celui des *flabellifères* ou *porte-ombrelles*, dans l'armée égyptienne. M. E. de Rougé, dans son *Cours au Collège de France*, a comparé les *porte-chasse-mouches* aux maréchaux, et les *porte-ombrelles* aux généraux.
3. Voyez *Notes philologiques*, n° 5.
4. Voyez *Notes philologiques*, n° 6.

lifère », ou porte-ombrelle, officier supérieur[1] du corps [hiero] *n tà àûàï-t*, des *àouàï*, peut-être des exécuteurs[2].

Cette commission de douze membres se divisa en deux sections qui se partagèrent les travaux judiciaires. La première section fut composée des quatre premiers membres, du dixième et du douzième (IV, 1), c'est-à-dire de six membres, ou des deux intendants du trésor, du porte-chassemouche ou ptérophore, d'un (officier), d'un grammate ou greffier, et de l'officier supérieur du corps des *àouàï* : elle est toujours désignée par les mots [hiero] *nà ûrû àaïà* « les grands magistrats » (IV, 1), ou simplement [hiero] *nà ûrû* « les magistrats[3] » [hiero] *n tà a's-t s-met-u* « du lieu des jugements », c'est-à-dire du tribunal. Cette section jugea la première partie de l'affaire, qui paraît avoir été la plus importante ; ses travaux sont rapportés dans la quatrième et le commencement de la cinquième colonne du manuscrit.

La seconde section n'est composée que de quatre membres, c'est-à-dire des cinquième, sixième, septième et huitième membres de la commission, nommément désignés (v, 3), et portant tous le titre (d'*officier ?*) par lequel ils sont désignés collectivement [hiero], dans les formules (v, 7), ainsi qu'un nouveau membre qui leur fut adjoint (v, 6), et qui avait sans doute le même titre, puisqu'il paraît être compris dans la même désignation (v, 7-10).

Les neuvième et onzième membres de la commission, un scribe et l'interprète royal, n'apparaissent en fonction dans aucune partie du manuscrit ; mais aucun greffier n'étant désigné pour la deuxième section, il est supposable que ce

1. Voyez ci-dessus p. 164, note 2.
2. Voyez *Notes philologiques*, n° 8.
3. Voir Chabas, *Mélanges égyptologiques*, t. I, p. 13.

grammate y fut joint, peut-être sans avoir voix délibérative. Cela expliquerait comment il n'est pas nommé parmi les juges. Quant à l'interprète royal, il pouvait, en vertu de ses fonctions, être nécessairement membre des deux sections de la commission judiciaire, et ce fait seul indiquerait pourquoi il n'est nommé ni dans l'une ni dans l'autre des deux sections.

Le premier scribe étant désigné parmi les magistrats de la première section, il se pourrait aussi qu'il y ait été introduit comme juge, et, par suite, qu'il n'ait pas rempli la fonction de greffier. Cette fonction aurait alors été confiée au second grammate dans les deux sections, car elles pouvaient ne pas fonctionner en même temps. Cela expliquerait aussi le silence du texte sur ce dernier personnage, et l'identité de l'écriture dans toutes les parties du manuscrit, si l'on admettait qu'il fût en réalité le plumitif original.

Le fait le plus curieux que contienne le Papyrus judiciaire de Turin est certainement la condamnation par le roi, sans acte d'accusation ni instruction préalable, de trois des membres de la première section du tribunal, c'est-à-dire du quatrième (officier ?) (VI, 2), du dixième, un grammate de la bibliothèque ou des archives (VI, 3), et du douzième, l'officier supérieur du corps des *âouâî* (VI, 7), ainsi que celle de deux autres officiers de justice qui n'étaient pas membres de la commission judiciaire: un capitaine du corps des *âouâî* (VI, 4) et un fonctionnaire des prisons, qui semble avoir été chargé de l'application de la bastonnade (VI, 5).

J'ai fait remarquer que le discours dans lequel les douze membres de la commission judiciaire sont nommés en premier lieu était certainement prononcé par le roi lui-même. La suppression des formules judiciaires ainsi que l'emploi du pronom de majesté de la première personne indiquent suffisamment dans les arrêts rendus contre les magistrats dont je viens de parler, que c'est encore le roi qui agit en personne et prononce contre eux un jugement sans appel.

Ce fait seul peut expliquer la condamnation des juges eux-mêmes.

On voit, d'après ce qui précède, que les titres hiérarchiques aussi bien que le nombre des membres d'un tribunal en fonction pouvaient varier, puisque la première section de la commission judiciaire se composait de six grands magistrats portant divers titres, tandis que la seconde n'était composée, pour rendre ses sentences, que de quatre fonctionnaires d'abord, puis de cinq. Mais il se peut que cette commission, nommée spécialement par le roi pour juger un crime de lèse-majesté, n'ait pas été composée de personnages remplissant habituellement les fonctions de la magistrature, et qu'elle n'ait pas été soumise aux mêmes règlements qu'un tribunal ordinaire.

Nous lisons dans Diodore de Sicile : « Les Égyptiens ont porté une grande attention à l'institution de l'ordre judiciaire, persuadés que les actes des tribunaux exercent, sous un double rapport, beaucoup d'influence sur la vie sociale. Il est en effet évident que la punition des coupables et la protection des offensés sont le meilleur moyen de réprimer les crimes. Ils savaient que si la crainte qu'inspire la justice pouvait être effacée par l'argent et la corruption, la société serait près de sa ruine. Ils choisissaient donc les juges parmi les premiers habitants[1] des villes les plus célèbres, Héliopolis, Thèbes et Memphis ; chacune de ces villes en fournissait dix. Ces juges composaient le tribunal, qui pouvait être comparé à l'aréopage d'Athènes ou au sénat de Lacédémone. Ces trente juges se réunissaient pour nommer entre eux le président; la ville à laquelle ce dernier appartenait envoyait un autre juge pour le remplacer. Ces juges étaient entretenus aux frais du roi, et les

---

[1]. Ceci est d'accord avec tous les documents originaux que nous possédons, et dans lesquels on ne voit pas de magistrats proprement dits, mais seulement des grands personnages investis temporairement de fonctions judiciaires.

appointements du président étaient très considérables. Celui-ci portait autour du cou une chaîne d'or, à laquelle était suspendue une petite figure en pierres précieuses, représentant la Vérité[1]. Les plaidoyers commençaient au moment où le président se revêtait de cet emblème. Toutes les lois étaient rédigées en huit volumes, lesquels étaient placés devant les juges, le plaignant devait écrire en détail le sujet de sa plainte, raconter comment le fait s'était passé et indiquer le dédommagement qu'il réclamait pour l'offense qui lui avait été faite. Le défendeur, prenant connaissance de la demande de la partie adverse, répliquait également par écrit à chaque chef d'accusation ; il niait le fait, ou, en l'avouant, il ne le considérait pas comme un délit, ou si c'était un délit, il s'efforçait d'en diminuer la peine ; ensuite, selon l'usage, le plaignant répondait et le défendeur répliquait à son tour. Après avoir ainsi reçu deux fois l'accusation et la défense écrites, les trente juges devaient délibérer et rendre un arrêt qui était signifié par le président, en imposant l'image de la Vérité sur l'une des parties mises en présence[1]. »

Le tribunal que nous voyons fonctionner dans le procès du Papyrus de Turin procède différemment : chaque accusé subit un interrogatoire avant d'être jugé, si l'on excepte ceux que Ramessès III condamna lui-même. Les deux sections réunies de la commission judiciaire ne contiennent pas les *trente* juges dont parle Diodore ; elles ne s'assemblent pas pour rendre leurs sentences.

Dans une affaire de lèse-majesté, en effet, où le plaignant est le roi, la forme du jugement peut être très différente de celle d'un procès civil ou criminel.

Observons cependant que si notre manuscrit ne nous

1. Le musée du Louvre possède des figurines de la déesse *Mu*, la Vérité ou la Justice personnifiée, en lapis-lazuli sculpté avec une admirable finesse, et un cercueil de momie portant au cou cette même image.
2. Diodore de Sicile, I, LXXV ; traduction de M. Ferd. Hœfer.

montre pas les trente juges dont nous parle Diodore de Sicile, les monuments mentionnent souvent les 𓋹𓌡𓏏𓈖 *sûten* XXX « trente royaux », ou mieux, les 𓋹𓌡𓏏𓏪 ou 𓋹𓏼𓏏𓈖 « trois dizaines de royaux », que M. de Rougé pense, avec raison, pouvoir être ces mêmes magistrats *entretenus aux frais du roi*. Il est fort possible que ce soit parmi les membres de ce tribunal que Ramessès III a élu une commission judiciaire de douze personnes pour juger les coupables de cette conspiration dont nous sommes parvenus à découvrir les principaux éléments.

On peut ajouter que, si l'on sépare de la commission judiciaire les deux scribes ou greffiers, ou un de ces deux grammates et l'interprète royal, ou bien même ces trois personnages, en ajoutant à la commission le membre supplémentaire qui y est introduit, col. V, au-dessus de la ligne 6, on se trouve en face de dix membres, qui peuvent être les dix magistrats fournis au grand tribunal par la ville de Thèbes ; ce qui semblerait donner quelque valeur à cette dernière hypothèse, c'est que le Papyrus Abbott mentionne souvent *dix commissaires* qui formaient un conseil particulier. Mais ce ne sont là que des conjectures, et d'autres textes pourront quelque jour les confirmer ou les détruire.

§ 2. ÉTUDE DES FORMULES JUDICIAIRES

Nous venons d'examiner la composition du tribunal et son mode d'organisation, étudions maintenant les formules judiciaires auxquelles la fin de la colonne II nous a déjà presque initiés, et comparons-les en même temps aux formules analogues que nous fournissent d'autres documents.

Au commencement de la colonne IV, on lit une première rubrique ainsi conçue :

170   LE PAPYRUS JUDICIAIRE DE TURIN

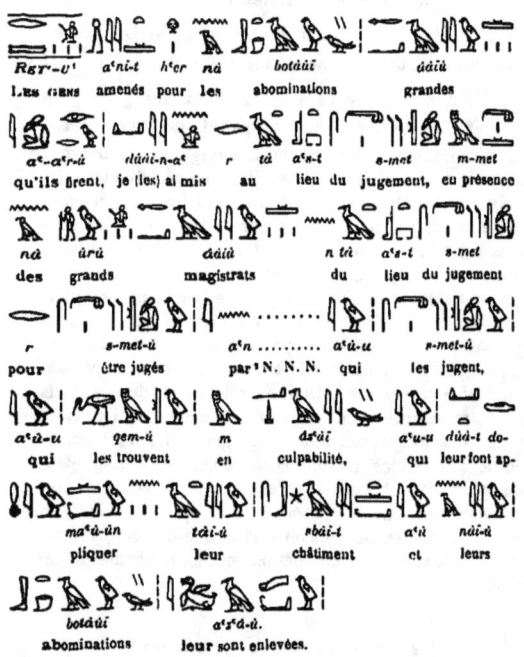

Je divise cette formule en plusieurs sections ou membres de phrase :

1° Le premier mot ret'-u « hommes, gens », écrit

---

1. Ce mot est en rouge dans l'original.
2. Suivent les noms des membres de la première section de la commission judiciaire.

en rouge, s'applique aux accusés; on en reconnaît les restes au commencement des lignes 5 et 8 du premier fragment; on le retrouve également en plusieurs autres endroits (II, 5; v, 1-3), et particulièrement en tête des autres rubriques (v, 4; v, 6; VI, 1; VI, 6), où il est toujours écrit en rouge. Dans le jugement de chaque accusé, à une seule exception près (v, 7), il est remplacé par l'expression *x'erâ ââ* « (le) grand criminel [1], ou (le) très coupable », au singulier, suivie du nom et des titres de l'individu. J'avais d'abord hésité entre cette signification et celle de « grand crime » qu'on trouve dans les Papyrus Lee et Rollin, en suppléant la particule de flexion si souvent omise dans les textes, ce qui donnerait, « grand crime » d'un tel, comme titre de chaque acte d'accusation suivi de jugement. Mais un passage de notre manuscrit (v, 2) emploie ces mêmes mots comme une épithète dans le texte courant; il n'y a pas à s'y tromper, puisque la même phrase se trouve répétée plusieurs fois sans épithète pour d'autres accusés (IV, 14-15 v, 4, etc.). Un autre passage est plus concluant encore : après les jugements des trois premiers accusés, Paï-baka-kamen, Mesdi-sou-râ et Pa-anaouk, intendant du gynécée royal du harem, vient celui d'un nouveau coupable, Pen-douaouou, dont la complicité est ainsi exprimée (IV, 5) :

Pâ	a'r-í	a'-a'rú-u	úd	a'r'mâu	Paï-bâka'-
Le	fait d'avoir fai		un	avec	Paï-baka-
kamen		Mesdi-sû-râ		pâi	ki
kamen,		Mesdi-sou-râ		(et) l'autre	

1. Cf. Chabas, *Mélanges égyptologiques*, t. I, p. 10.

172   LE PAPYRUS JUDICIAIRE DE TURIN

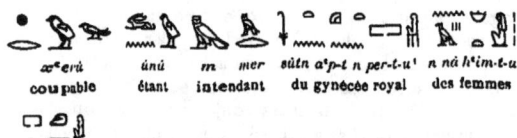

| *x*eru | ánu | m | mer | sùtn a'p-t n per-t-u' | n nâ h'im-t-u |
| coupable | étant | | intendant | du gynécée royal | des femmes |

per-*x*en-t-u.
du harem.

« Le fait de s'être uni à Paï-baka-kamen, Mesdi-sou-râ et l'autre *coupable*, l'intendant du gynécée royal des femmes du harem. » Or cet *autre coupable* est nécessairement le troisième accusé précédemment nommé, Pa-anaouk (IV, 4), qui, dans l'acte d'accusation à lui relatif, est qualifié du titre qu'on vient de lire. Il ne reste aucun doute sur le sens du mot ⬚ *x'erû* « coupable, criminel, » ce qui n'empêche en aucune manière le radical ⬚ *x'er* d'avoir pour première signification le sens de « tomber, faire une chute ou être tombé, abattu, renversé¹, avoir fait une chute »; car de là il n'y a pas loin aux sens de faillir, tomber en faute, se rendre coupable ou criminel. C'est aussi une des épithètes dont les Égyptiens qualifiaient le plus ordinairement leurs ennemis; on l'a souvent rendue par les mots *vil*, *méprisable*; mais l'idée de grandeur qui s'y joint dans l'expression étudiée me paraît tout à fait incompatible avec ce sens, même pour la formation d'un superlatif; on aurait certainement employé le mot ⬚ *ûr* « très, beaucoup », de préférence à ⬚ *àà* « grand »; car en aucune langue on ne peut dire : *grandement vil*, pour *très vil*.

2° L'expression ⬚ *a'nî-t her...* « amenés pour...,

1. Je ne suis pas certain de la transcription de ce groupe hiératique; les signes que je lis provisoirement a'p-t n per-t-u ne devraient, il me semble, former qu'un seul mot exprimant le « gynécée ».
2. Chabas, *Mélanges égyptologiques*, t. I, p. 35.

cités (en justice), mis en accusation à cause de (tel délit) », se retrouve sans variantes dans les rubriques v, 4 et v, 6, où elle est suivie d'indications relatives aux différents motifs de la mise en jugement[1]. M. Chabas interprète comme nous le premier mot : « amener, conduire devant un juge, traduire devant un tribunal[2]. » Les mots qui suivent confirment effectivement cette signification. On lit une autre forme du même radical 𓂝𓃀𓏏, à la ligne 5 du premier fragment, et, dans tous les jugements particuliers, ce même mot est écrit en rouge au singulier, avec le pronom de la troisième personne 𓂝𓃀𓏏 *A'n-ru-w* « il est amené », puis en noir : 𓉔𓂋 *h'er* « pour, à cause de[3] », et le détail du délit.

Dâdi-n-a'   r tâ   a'n-t   n-met

« Je (les) ai mis au lieu du jugement. »

Le premier mot *dâdi-n-a'* est la première personne du singulier du temps passé du verbe 𓂞 *dâà* « donner, placer, mettre », si connu, qu'il n'y a pas à y revenir[4]. La voyelle finale *i* indique le passé comme le participe passif. Ce verbe, comme on le sait, s'écrit aussi avec le signe 𓂝; ces deux caractères répondent l'un et l'autre à l'expression phonétique 𓂞 *dâà*, dans les variantes du nom du génie *Dâà-*

---

1. Voir chapitre v, *Matière du procès*.
2. Chabas, *Mélanges égyptologiques*, t. I, p. 8.
3. Dans un ou deux passages où la même formule est reproduite, cette préposition a été omise.
4. Ce verbe est à la première personne, comme si le roi, qui vient de parler dans les discours préliminaires, conservait encore la parole. Il n'est même pas impossible de reconnaître dans le groupe hiératique une nouvelle forme simple du pronom de majesté. On devrait lire alors *dâdi-A'*, au lieu de *dâdi-n-a'*. Toutes les autres formules régulières sont à la troisième personne.

mâ-t-w et dans celles du verbe *dââá* « adorer ». Cela prouve que sa prononciation, quant aux voyelles, devait être analogue à celle du copte ⲧⲟⲓ, *dare*, et quant à la consonne, à la forme ϯ, que les Coptes prononcent toujours *di*. Dans les transcriptions grecques, les voyelles sont ordinairement oblitérées, mais on en retrouve encore la trace dans le nom Pétoubastès; elles devaient en réalité se contracter dans la prononciation, surtout devant d'autres voyelles.

Dans la troisième rubrique (v, 6), ce verbe est supprimé et, par ce moyen, deux membres de phrase de la formule complète, le deuxième et le troisième, sont réunis en un seul : « *Gens* amenés à cause de, etc., au lieu du jugement. » Dans une autre, la forme passive est différemment exprimée : [hiéroglyphes] *a'â-tâ dûâ-tâ-u* « ont été mis », et les autres mots du membre de phrase que nous étudions sont supprimés, ce qui le réunit aussi au suivant. Dans les quatrième et cinquième rubriques, cette partie de la formule n'existe pas. Pour les jugements individuels, on a employé, comme dans la deuxième rubrique (v, 4), le participe passé, combiné avec les auxiliaires, mais au singulier : [hiéroglyphes] *a'â-tâ dûâ-tâ-w*[1] « il a été mis », et les mots suivants sont également omis.

Quant à ces derniers, qui ne figurent que dans les rubriques, ils contiennent, après les mots [hiéroglyphes] *r tâ a's-t* « vers le lieu, au lieu », une expression qui a été étudiée par M. Brugsch; c'est le mot [hiéroglyphes][2]. Le travail de

---

1. En comparant cette forme du singulier à celle du pluriel qu'on vient de voir, on s'aperçoit que cette dernière, *dûâ-tâ-u*, est une contraction employée pour *dûâ-tâ-û*, comme plus haut *a'n-tû-u* pour *a'n-tû-û*, et *a'â-u* pour *a'â-û*; la forme pleine du pronom étant [hiéro.] *û*, la voyelle s'élide après un autre *û*, et il ne reste que le signe pluriel.

2. Pour le déchiffrement du groupe hiératique correspondant, voir *Notes philologiques*, nº 11.

M. Brugsch[1] étant très étendu et très complet sur ce mot et sur ses homophones, je n'entrerai pas ici dans de nouveaux détails. La lecture *met* ayant été parfaitement établie par ce savant pour le groupe 〈⋯〉, il me suffira de dire que cette expression est identique à celles qu'il a analysées dans le sixième paragraphe de son premier article[2], et qui s'expliquent par le copte ⲙⲟⲩⲧⲉ T. ⲙⲟⲩϯ M. B., *clamare, vocare, appellare, accersere*, etc. La forme 〈⋯〉 *s-met* est intensive et a le sens des mots « citer, appeler (en justice), accuser, interpeller (judiciairement), procéder à un jugement, juger », et enfin, comme substantif, « jugement »[3]. C'est ce dernier qui est applicable à la phrase qui nous occupe : « (Ils) sont mis au lieu du jugement, » c'està-dire « ils sont appelés à comparaître au tribunal ».

Une variante graphique, tirée du Papyrus Abbott (VI, 7), donne la forme 〈⋯〉, dans laquelle les deux déterminatifs de l'audition et de la parole répondent très bien à la double action de la demande et de la réponse dans un *interrogatoire*. Cette interprétation nous paraît donc certaine, et nous traduirons sans difficulté les mots étudiés, de la manière suivante : « (Ces gens) sont mis au lieu du jugement, » c'est-à-dire au tribunal...

4°   *m met [ná ùrù ddiû tá aᵉ-t*
   « par-devant [les grands magistrats du lieu

   s-mot] r s-met- ù aᶜn   (suivent les noms des juges).
   du jugement, pour être jugés par   .....

---

1. *Zeitschrift für Aegyptische Sprache und Alterthumskunde*, numéros de septembre 1863 et suivant.
2. *Ibidem*, p. 26.
3. Chabas, *Mélanges égyptologiques*, t. II, p. 314.

Après l'expression *m met* « par-devant » ou « en présence de », qui relie ce membre de phrase au précédent, on trouve dans les différentes parties du manuscrit toutes les expressions qui désignent les magistrats, et que nous avons étudiées en examinant la composition du tribunal ou des commissions judiciaires. C'est la formule de la comparution des accusés devant les juges. Les mots suivants, *r s-met-û a'n*... « pour être jugés par...¹ », après lesquels les magistrats sont nommément désignés, disparaissent généralement dans les autres répétitions de la formule.

5° *a'û-u*   *s-met-u.*
    ils   les jugent.

Littéralement : « Ils (les magistrats qui viennent d'être nommés) jugent eux (les coupables), ils procèdent à leur jugement. » On trouve naturellement dans les jugements individuels le pronom régime au singulier  *a'û-u s-met-tc* « ils le jugent, ils jugent lui (le coupable) », et dans d'autres passages, au lieu de ce pronom, la préposition *h'er* « sur, pour, à cause de », et la mention du délit ou chef d'accusation. On trouve une fois le délit indiqué par le mot *botáû* « abominations, crimes », sans la préposition, mais je suppose une faute en cet endroit.

En résumé, nous avons ici la mention de la délibération des magistrats qui, comme on va le voir, a pour résultat de constater la culpabilité des accusés.

6° *a'û-u*   *qem-û*   *m*   *as'dí-u*
    ils les   trouvent   en   culpabilité.

1. Ou plus littéralement : « pour les faire interroger par..... »

Le mot *qem* est le copte ϭⲙ T. ϫⲉⲙ M. *invenire*. Dans les jugements individuels, ce verbe est employé au passé, et le pronom régime est naturellement au singulier : a'û-u qem-tâ-u̇ m âs'âi « ils l'ont trouvé en culpabilité » (IV, 4; IV, 5, etc.). On remarque une fois (IV, 2) la variante suivante : a'û-u qem r-s'ed a'ri-u̇-s-t-u a'û nai-u̇ botâû meh' a'm-u̇ : « Ils trouvent à dire qu'il les fit (ses abominations), et que ses abominations sont complètes en lui. » C'est la constatation de la culpabilité, âs'â' (cf. ⲱⲣ T. *latro*), à l'aide de l'interrogatoire, ou, en d'autres termes, l'énoncé du jugement, qui se trouve motivé par les chefs d'accusation exposés dans la première partie de la formule (Cf. *Papyrus Abbott*, VII, 12-14).

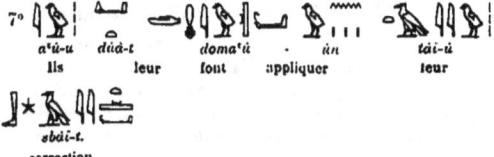

7° a'û-u   dûâ-t   doma'â · ûn   tâi-û
  Ils   leur   font   appliquer   leur

sbâi-t.
correction.

Le pronom pluriel de la troisième personne ûn[2],

1. Dans tous les autres exemples.
2. La disposition des signes est trop constante pour qu'on puisse lire n-û « à eux », en supposant un déplacement de l'n et de l'û; on s'en rendra facilement compte en examinant le *fac-simile* du texte. Il faut donc considérer cette forme comme une sorte de nunnation du pronom û. Les formes û et ûn devaient exister ensemble, de même que s*e* et s*en*.

pour ⟨hieroglyph⟩ *sen*, et au datif ⟨hieroglyph⟩ *n-sen* ou ⟨hieroglyph⟩ *n-û* « à eux », doit appartenir au langage vulgaire. On peut le rapprocher des formes qu'affecte le même pronom dans les langues sémitiques. Il est naturellement remplacé par le singulier ⟨hieroglyph⟩ *n-w* « à lui », dans les jugements individuels. L'auxiliaire ⟨hieroglyph⟩ *a'û-u* y est supprimé, et le verbe est changé dans un certain passage, où l'on lui fait la correction : ⟨hieroglyph⟩ *a'rû-n-w tâî sbâi-t* « lui est faite », ou « on lui fait la correction ». Mais dans un autre, au contraire, la formule est plus développée (IV, 2) : elle se présente ainsi : ⟨hieroglyph⟩ *a'û nû ûrû a'-s-met-sû dûû-t doma'û-n-w tâi-w sbâi-t*. « Les magistrats qui le jugèrent lui font appliquer sa correction ». C'est le dispositif de l'arrêt, ou l'énoncé de la condamnation du coupable.

Le mot ⟨hieroglyph⟩ *dom'aû* veut dire « réunir, rapprocher, unir, approcher », comme le copte ⲧⲱⲙ, ⲧⲱⲙⲓ, ⲧⲟⲙⲓ, *conjungere* (Cf. *Select Papyri*, XII, 6; LXXVII, 5). Cette expression est employée dans le Rituel funéraire pour exprimer le *rapprochement* de l'âme et du corps. Construite avec *dûû* « donner, faire », elle signifie « faire approcher, faire joindre, faire appliquer ».

Le substantif féminin ⟨hieroglyph⟩ *sbâi-t* se retrouve en copte sous la forme ⲥⲃⲱ, †, *disciplina, castigatio* (*Exode*, I, 10). C'est donc « la correction, le châtiment, la peine judiciaire », comme dans le Papyrus Abbott (VI, 13; cf. VI, 24). Lorsque le mot veut dire « instruction, enseignement moral », il n'est pas régulièrement déterminé par le signe de la force ⟨hieroglyph⟩.

La signification « châtiment, correction », étant admise, on peut se demander de quelle nature était la peine infligée au condamné ? Le texte est muet sur ce sujet ; mais Diodore de Sicile semble nous l'apprendre, au moins pour les jugements enregistrés col. IV, l. 6 à 15, qui condamnent de simples témoins pour le seul fait de n'avoir pas dénoncé les coupables. Cet auteur dit, en effet, en parlant des lois criminelles (I, LXXVII) : « Celui qui voyait sur son chemin un homme aux prises avec un assassin, ou subissant quelque violence, et ne le secourait pas lorsqu'il le pouvait, était condamné à mort. S'il était réellement dans l'impossibilité de porter secours, il devait dénoncer les brigands et les traduire devant les tribunaux ; s'il ne le faisait pas, il était condamné à recevoir un nombre déterminé de coups de verges et à la privation de toute nourriture pendant trois jours [1]. »

Comme on le voit, la condamnation portait sur le seul fait de ne pas avoir dénoncé, et quoique le crime ou délit qui aurait dû occasionner les dénonciations soit d'une nature différente dans le Papyrus de Turin, il est fort possible que la peine ait été la même que celle dont parle Diodore de Sicile.

8°
a'ú   ndi-ú   botáaï   a'sú-ú
leurs   abominations sont enlevées d'eux.

Ou, en d'autres termes, « leurs crimes sont rachetés » par le châtiment qui vient d'être mentionné. C'est, comme on le voit, la formule de libération après l'exécution de la peine.

Le mot *botáaï* est des plus connus, c'est le copte ⲃⲟⲧⲉ *T.* τ, ⲃⲟⲧ *M.* ⲃⲁⲧ *B.* βδέλυγμα, *abominatio*.

Le verbe *a'ẓ'á* veut dire « prendre, saisir, enlever », comme le copte ⲱⲥ ; mais il a ici le sens passif, et il est suivi du pronom affixe *ú*, pour *sen* ou *n-sen* « d'eux ».

1. Voir dans notre manuscrit judiciaire, VI, 5, la mention de l'agent chargé d'appliquer la *bastonnade*, et VI, 1, celle de la *maison de jeûne*(?).

Ces dernières formules de la première rubrique, la septième et la huitième, sont différentes quand il s'agit de la peine de mort, car alors il n'y a pas de libération. C'est ce que nous voyons à la cinquième colonne du manuscrit, où les mots qui les remplacent se divisent en trois phrases que j'indiquerai par les lettres A, B et C.

A. d^ea-u $\dot{u}\dot{a}h^e$-$\dot{a}$ h^eer $(q\dot{a}h^eu\,?)$-$\dot{u}$ m $t\dot{a}$ a^es-t s-met.
Ils disposent d'eux (à *leur bras*?) dans(?) le   lieu   du jugement.

au lieu de « ils leur font appliquer leur correction ».

Dans cette phrase, le mot $\dot{u}\dot{a}h^e$[1] doit être rapproché du copte ⲟⲩⲉϩ T. M. B. *ponere*, ⲟⲩⲏϩ T. M. *constitui, disponi, positus esse*.

L'expression h^eer $(q\dot{a}h^eu\,?)$-$\dot{u}$, qui peut avoir la valeur d'un adverbe de temps ou de lieu, est remplacée, dans diverses répétitions de cette partie de la formule, par les mots h^eer a^es-t $t\dot{u}$-u « à leur place, à la place où ils sont », qui se rapportent au lieu dans lequel étaient les condamnés. On trouve également dans les jugements individuels a^ea-u $\dot{u}\dot{a}h^e$-to h^eer a^es-t-$t\dot{u}$-to « ils disposent de lui à sa place », ou « à la place où il est », et même simplement : $a^e\dot{a}$-$t\dot{u}$ $\dot{u}\dot{a}h^e$-to « il est disposé de lui », sans indication de lieu.

Malgré l'obscurité qui s'attache à cette partie de la formule, on doit reconnaître qu'elle contient l'énoncé d'un

---

1. La lecture est douteuse; voir Le Page Renouf, *A prayer*, p. 13.
2. Je n'ignore pas que ce verbe a été traduit « pendre »; mais je ne connais pas d'exemples certains de cette signification. Si ce sens était prouvé, la phrase semblerait pouvoir se traduire : « Ils les pendent de leurs mains dans le lieu du jugement. » Or cela n'est pas possible, parce que $\dot{u}\dot{a}h^e$ h^eer $q\dot{a}h^e$-u-$\dot{a}$ (?) indique toujours, dans notre manuscrit, un ajournement ou une commutation de la peine.

arrêt, et la phrase suivante montre que c'est d'un arrêt de mort qu'il est question.

B.
a'û-u   mû-t-ûn   s'es-û.
Ils sont morts   eux-mêmes.

Le mot *mû-t* « mort, mourir », déterminé comme d'ordinaire par le signe du mal, n'est jamais pris dans le sens actif de « faire mourir » ou « tuer », ainsi qu'on l'a parfois traduit.

Le pronom *ûn*, que nous avons déjà rencontré, semble être employé pour *n-û*, qui, dans le langage vulgaire, remplace souvent *n-sen*. On trouve, en effet, *a'û-to mu-t-n-tc s'es-tc*, au singulier, dans les jugements individuels, où l'on doit nécessairement lire : « Il est mort lui-même. » Les mots « lui-même » ne servent qu'à donner de la force à l'expression qui constate la mort du coupable, en indiquant bien l'identité du condamné.

Nous avons donc ici l'énoncé du résultat de la condamnation, ou plutôt de l'exécution ; mais nous rencontrons ensuite, dans un autre passage du manuscrit (v, 4), une clause rédhibitoire (C) qui prouve qu'en cet endroit il faut traduire au conditionnel : « Ils seraient morts eux-mêmes. »

C.
a'û   bû   a'ri-t   s'âi   r ro-û.
s'il   n'était   fait   exception   pour eux.

Cette même clause, au lieu d'être conditionnelle, est négative dans la dernière rubrique (vi, 6), où on lit :

bû   a'ri-t   s'âi   r-tc.
Il n'est pas fait   exception   pour lui.

Il est à remarquer, en effet, que la négation *bŭ*, précédée de *a'ŭ*, est presque toujours conditionnelle ou dubitative[1], tandis que quand elle est isolée au commencement d'une phrase, elle est plus ordinairement privative ou prohibitive.

La quatrième rubrique (VI, 1) n'est plus, à proprement parler, une formule judiciaire ; c'est un arrêt rendu en dehors des formes habituelles, par le roi lui-même, contre certains officiers de justice qui n'avaient pas bien rempli leurs devoirs. On comprend qu'alors les formules employées dans les jugements rendus par les simples magistrats se modifient ou disparaissent même entièrement. La dernière rubrique est dans le même cas, bien qu'elle ressemble plus aux autres. Je ne m'arrêterai donc pas ici à ces deux passages du manuscrit, qui nous éloigneraient de notre étude spéciale. Nous y reviendrons plus tard.

Pour terminer ce chapitre, j'ajoute ici une interprétation nouvelle et comparative des formules judiciaires des *Papyrus Lee et Rollin*, qui ont été traduits deux fois déjà par M. Chabas[2].

Dans le Papyrus Rollin, la culpabilité de l'accusé est résumée en ces termes :

« Or, il s'est [appliqué?] à faire les abominations qu'il fit ; mais le dieu Soleil n'a pas fait devenir sa réussite en elles. »

Après ce préambule de la condamnation, on lit la formule judiciaire proprement dite, répétée avec quelques variantes dans les trois manuscrits ; je la divise comme il suit :

---

1. On en a un exemple dans la deuxième colonne du manuscrit : « Les paroles que prononcent ces gens, *n'en ai-je pas connaissance?* »
2. *Le Papyrus magique Harris*, p. 169, et *Mélanges égyptologiques*, t. I. p. 9-10.

1° « Or¹, il a été jugé² sur ces chefs³ (d'accusation). »
Cela répond à la cinquième partie des formules du Papyrus de Turin.

2° « Est trouvée la vérité pour toute abomination et tout mal qu'inventa son cœur de faire. »
C'est l'énoncé de la délibération des magistrats.

3° « La vérité en elles (en ces choses) est qu'il les fit en totalité, avec les autres grands crimes qu'abomine tout dieu et toute déesse⁴. »
C'est la constatation de la culpabilité.

4° « Conformément à cela, ce sont des abominations dignes de mort⁵, et les plus grandes horreurs de la terre, les grandes abominations qu'il fit⁴. »
Ce corollaire, qui démontre l'énormité du crime, répond, avec les deux sections précédentes, à la sixième division des formules du Papyrus de Turin.

5° « Conformément à cela, on lui fit les grandes corrections

---

1. Le *Papyrus Rollin*, dans lequel la phrase précédente commence par *χ'er a'r*, supprime ici ces deux mots, et se sert des auxiliaires *a'ù tù*, au lieu de *tù tù*.
2. *S-meti*, et non *s-meter*, comme a transcrit M. Chabas, dans sa copie hiéroglyphique.
3. *H'er h'er-ù*, litt. : « sur eux, sur ces choses; » ces mots existent dans les deux *Papyrus Lee*, mais ils sont omis dans le *Papyrus Rollin*.
4. Ces derniers mots, omis dans le *Papyrus Rollin*, se trouvent dans les deux *Papyrus Lee*.
5. Cf. *Papyrus Abbott* (V, 17) : « Le chef du district parle aux gens du lieu devant le rapporteur royal, en disant : « La commission qui » (s'occupe de?) vous en ce jour, (composée de?) dix commissaires, an- » nonce votre (culpabilité, ou condamnation?); ce que vous avez fait, » dit-il, ils (le) disent. » (Alors) il fit un *rirat* (serment) devant le rap- » porteur du pharaon, v. s. f., en disant : « Le scribe Horas'eraou, fils » d'Amen-Nex'tou, du lieu, dans la prison, et le scribe Pai-b'asa, du » lieu, m'ont dit cinq réponses de paroles très dignes de mort pour vous. » Or j'ai envoyé sur ces (choses) un rapport au pharaon, etc. » M. Birch n'a pas traduit cette partie du texte.
6. On « celles qu'il fit ». *Papyrus Rollin*.

de mort que disent les divines paroles' devoir lui être faites »
(*Lee*, *1*). Ou « il est mort par lui-même ; car les magistrats
qui, sur son chef, examinèrent, dirent : lui, qu'il meure lui-
même [par ordre du dieu?] Soleil, conformément à ce que les
écrits des divines paroles disent devoir lui être fait » (*Lee*, 2).
Ou bien « Or étant, lui, examiné dans les abominations dignes
de mort qu'il fit, il est mort lui-même » (*Papyrus Rollin*).

Ce dernier paragraphe nous présente à la fois un arrêt
motivé et la mention de l'exécution ; il répond aux septième et huitième sections des formules du Papyrus de Turin, et nous montre un fait des plus intéressants, c'est que
les Égyptiens rendaient la justice au moyen de lois écrites
qu'ils prétendaient être divines.

Clément d'Alexandrie mentionne, en effet, des recueils de
lois parmi les dix livres hermétiques, dits *sacerdotaux*,
qu'apprenaient les prophètes ou interprètes sacrés. Diodore
de Sicile, comme on l'a déjà vu, nous apprend, d'autre
part, que « toutes les lois étaient rédigées en huit volumes,
lesquels étaient placés (au tribunal) devant les juges », et il
entre (liv. I, chap. LXXVII) dans d'intéressants détails, relativement au contenu de ces anciens Codes. Enfin, cet auteur
parle en ces termes des législateurs égyptiens :

« Après la constitution ancienne qui fut faite, selon la
tradition, sous le règne des dieux et des héros, le premier
qui engagea les hommes à se servir de lois écrites fut
Mnévès', homme remarquable par sa grandeur d'âme, et
digne d'être comparé à ses prédécesseurs'. Il fit répandre
que ces lois, qui devaient produire tant de bien, lui avaient
été données par Mercure '. C'est ainsi que, chez les Grecs,

1. Le Code des lois sacrées.
2. Ménès ?
3. Les héros et les demi-dieux ?
4. Thôth. l'Hermès égyptien, inventeur de l'écriture, appelé dans les
textes égyptiens *le Seigneur des divines paroles*; c'est à ces lois écrites
que font allusion les *Papyrus Lee 1 et 2*.

Minos en Crète et Lycurgue à Lacédémone prétendirent que les lois qu'ils promulguaient leur avaient été dictées par Jupiter et par Apollon. Ce genre de persuasion a été employé auprès de beaucoup d'autres peuples et a présenté de grands avantages. En effet, on raconte que, chez les Arimaspes, Zathrauste avait fait croire qu'il tenait ses lois d'un bon génie ; que Zamolxis vantait aux Gètes, qui croyaient à l'immortalité de l'âme, ses communications avec Vesta, et que, chez les Juifs, Moïse disait avoir reçu les lois du dieu appelé *Jao*[1] ; soit que ces législateurs regardassent leur intelligence, mise au service de l'humanité, comme quelque chose de miraculeux et de divin, soit qu'ils supposassent que les noms des dieux qu'ils empruntaient seraient d'une grande autorité dans l'esprit des peuples. Le second législateur de l'Égypte a été Sasychès[2], homme d'un esprit distingué. Aux lois déjà établies il en ajouta d'autres, et s'appliqua particulièrement à régler le culte des dieux, etc... Le troisième a été Sesoosis, qui non seulement s'est rendu célèbre par ses grands exploits, mais qui a introduit dans la classe guerrière une législation militaire, et a réglé tout ce qui concerne la guerre et les armées [3]. »

Diodore mentionne encore, comme quatrième, cinquième et sixième législateurs des Égyptiens, les rois Bocchoris, Amasis et Darius ; ces souverains étant postérieurs à l'époque de notre Papyrus, je ne crois pas devoir ajouter plus de détails. D'autres lois égyptiennes ont également été mentionnées par quelques historiens ; mais leur étude dépasserait les limites de ce chapitre, et je me contenterai de renvoyer le lecteur à l'exposé qu'en a donné M. Champollion-Figeac dans l'Égypte ancienne de l'Univers pittoresque.

Pour en revenir aux formules des Papyrus Lee et Rollin,

---

1. Jéhovah, cf. Strabon, *Géogr.*, liv. XVI, p. 1104, édit. de 1707.
2. C'est l'Asychis d'Hérodote et l'Ases-ka-w des monuments.
3. Diodore de Sicile, I, xciv-xcv ; traduction de M. Ferd. Hœfer, p. 115.

on y remarque de véritables jugements motivés, avec considérants, tandis que le Papyrus de Turin ne nous donne, en quelque sorte, que des procès-verbaux ou comptes rendus du dispositif des jugements, sans entrer dans si tant de détails.

Nous avons encore à étudier un document qui nous fournit d'intéressants renseignements sur l'application officielle de la justice chez les Égyptiens ; c'est le Papyrus Abbott, qui est conservé maintenant au Musée Britannique.

On sait que le Papyrus Abbott[1] contient le rapport d'une commission d'enquête nommée par un roi de la XXe dynastie, relativement à des violations qui avaient été commises dans les sépultures royales de Thèbes. Après examen des lieux et constatation des dégâts[2], le texte s'exprime ainsi : « Prononcent, le chef des supérieurs des mâz'âi, Pâ-urââ[4], du lieu grand et saint[5], et les supérieurs des mâz'âi (les mâz'âi, les employés du lieu, le scribe du fonctionnaire et le scribe du trésorier étant avec eux), L'accusation contre eux (contre les malfaiteurs), auprès du toparque, fonctionnaire (?), S'â-m-sou (?), de l'officier royal Nes-sou-Amen, scribe du Pharaon, et..... de la demeure de la divine

---

1. Musée Britannique, *Select Papyri*, IIe partie, 1re livraison.
2. Cette constatation est établie au moyen d'une formule très analogue à celles qu'on a étudiées plus haut ; mais elle est relative au lieu examiné, tandis que celles du Papyrus de Turin se rapportent à l'accusé interrogé.
3. Page, 4, ligne 5, ma traduction diffère un peu de celle que M. Birch a donnée en français dans la *Revue archéologique*, et en anglais en tête de la livraison des *Select Papyri* qui contient le *fac-simile* du Papyrus ; mais, comme la discussion philologique de ce texte nous entraînerait beaucoup trop loin, je me contenterai de renvoyer les égyptologues à l'excellente reproduction du manuscrit original, qui a été publiée par les soins de M. Birch lui-même.
4. Ou Pâ-ser-ââ, chef des officiers des mâz'âi, préposés à la garde de la nécropole.
5. La nécropole.

adoratrice d'Ammon-Râ, roi des dieux, de l'officier royal Ra-newer-ka-m-per-Amen, du rapporteur du Pharaon, v. s. f., et des grands magistrats. DÉPOSE, le chef de la région occidentale (de Thèbes) et des supérieurs des mâz'âi, Pâ-ur-àà, de l'endroit, *les noms des voleurs, par écrit, PAR-DEVANT* le fonctionnaire, les magistrats et les officiers, les chargeant d'agir, de les juger et de déclarer ce qui les concerne. »

Ce texte nous donne, comme on le voit, l'exposé officiel de la mise en accusation pour le jugement des coupables. L'accusation est exprimée par le mot [hiero] *sema'ï*[1], c'est le copte ⲥⲙⲉ *M.* ⲥⲙⲙⲉ *T. accusare;* cette expression, sous la forme *sema*ᶜ, est employée avec le même sens dans l'énoncé de la culpabilité de plusieurs accusés du Papyrus de Turin, où l'on voit que tout leur crime consiste à n'avoir pas dénoncé certaines paroles qu'ils avaient entendues, à n'en avoir pas porté *accusation* devant les magistrats (IV, 12-15).

On trouve, à la page 6 du Papyrus Abbott, la mention du rapport présenté au Pharaon sur l'état des sépultures royales, c'est-à-dire la constatation de la violation d'une de ces sépultures et du parfait état des autres. On y voit (lignes 10-12) que certaines dépositions sont enregistrées par les scribes ou greffiers, et que le nombre de ces dépositions ou des réponses des personnes interrogées est indiqué avec les qualifications de *petites* et de *très grandes* paroles ou réponses (lignes 8-12 et 17). Les preuves de la culpabilité de certains accusés sont tirées de ces dépositions, et leur jugement est exprimé en ces termes (lignes 12-13) :

a'â-u m botàâà àâu n x'ebù n dùâ-t h'er mena'tù[2] *n a'rï*

---

1. On le retrouve dans le même sens, p. 6, l. 1, 16, 18 et 19.
2. Ou [hiero], *menaᶜâh*ᶜ. Cf. *menh*ᵗ (*Todtenb.*, 17, 57).

sbâï neb-t k'er k'er-r-û. « Ils sont en fautes dignes de supplice et dont le bourreau est chargé de faire tout châtiment sur eux. »

Ce passage nous donne la mention d'une exécution, d'un supplice infligé par la main du bourreau, tandis que les formules que nous avons étudiées jusqu'ici ne nous présentent que de vagues condamnations. Il est probable que c'est de la peine de mort qu'il s'agit, car les dernières lignes du manuscrit présentent une formule d'acquittement pour d'autres accusés, qui est exprimée par ces mots : « Les grands magistrats accordent les souffles (c'est-à-dire *la vie*) aux ouvriers, etc. »

Ceci nous amène naturellement à jeter un coup d'œil d'ensemble sur ce que tous ces documents nous apprennent relativement à l'application des anciennes lois pénales de l'Égypte.

§ 3. PÉNALITÉ

Nous avons vu, dans la première partie du Papyrus de Turin (II, 2), le roi recommander aux magistrats « que ceux qui donnent la mort de leur main (les bourreaux), donnent la mort à leurs membres », c'est-à-dire « aux coupables », et une autre peine est exprimée plus loin (II, 9) par le terme *gàùàs'à* « supplice, torture ».

J'ai montré que le mot *sbâï* exprime le châtiment judiciaire dans un sens indéterminé; c'est l'expression qui sert à mentionner la punition des quinze premiers accusés du Papyrus de Turin, punition qui dut être grave, à en juger par l'importance de leurs méfaits. Je crois que si la peine n'est pas spécialement désignée dans les jugements qui les concernent, c'est tout simplement parce que nous n'avons qu'un extrait du plumitif du procès. Le scribe ou greffier de la première section de la commission judiciaire qui rédigea cette espèce de procès-verbal ne trouva probablement pas nécessaire d'y indiquer à quel genre de peine ils furent condamnés, tandis que celui de la seconde section crut devoir le mentionner dans ses arrêts.

L'exécution de la peine de mort y est exprimée, en effet, par le verbe *âàh'* « disposer de », suivi d'un pronom personnel remplaçant le nom de l'accusé ; cette expression est ordinairement accompagnée par l'indication de la conséquence de l'exécution : « et il est mort lui-même », ou au pluriel « et ils sont morts eux-mêmes », si la formule se rapporte à plusieurs condamnés.

Dans la deuxième rubrique (v, 4), il est dit que les magistrats « disposent » des accusés 𓀀―𓃀 « à leur bras, à leur main (?) », c'est-à-dire « à leur gré, à leur volonté », ou peut-être quelque chose d'analogue, si ce n'est pas un simple adverbe. Cela exprime certainement, d'après le contexte, que l'exécution est ajournée ; car on voit plus loin que la peine est commuée en un châtiment moins rigoureux, après lequel ils sont libérés. Ce sens est d'ailleurs indiqué après les mots, « et ils sont (ou seraient) morts eux-mêmes », par la clause rédhibitoire « s'il n'avait pas été fait exception pour eux ».

La troisième rubrique nous apprend qu'on « disposait » aussi des condamnés, c'est-à-dire qu'on les exécutait dans le lieu même où ils avaient été interrogés et jugés, ou plutôt dans la prison ou dans quelque autre dépendance du tribunal, car il n'est pas supposable que ce soit dans la salle où délibéraient les magistrats (cf. v, 7-10).

Il est à noter que la peine de mort est infligée (v, 7-10) à de simples témoins des paroles coupables des femmes du gynécée, qui ne les dénoncèrent pas, et à quelques autres personnages dont la culpabilité ne paraît pas beaucoup plus grave ; mais cette peine fut commuée pour plusieurs condamnés.

J'ai déjà expliqué que la quatrième rubrique (vi, 1) n'était autre chose qu'un arrêt prononcé par le roi lui-même contre des officiers de justice qui furent trouvés coupables de négligence, d'indulgence, ou peut-être de complicité[1]. Il ressort de cette partie du texte que le ⟨hiéroglyphes⟩ *sbaït m saäu xent-u mesźer-ū-u* « châtiment de mutilation de leur nez et de leurs oreilles » était au nombre des peines judiciaires du temps de Ramessès III. C'est un fait important et curieux à constater, qui nous montre que les sages Égyptiens n'étaient pas toujours exempts de cruauté.

Nous lisons dans Diodore de Sicile (t. 78), qu'une peine analogue était aussi le châtiment légal de l'adultère. « L'homme, dit cet auteur, était condamné à recevoir mille coups de verges, et la femme à avoir le nez coupé. » Cet usage barbare, et d'autres semblables, tels que la mutilation des lèvres, se sont même conservés en Orient, et particulièrement en Égypte, jusqu'à une époque qui n'est pas éloignée de nous. A Alexandrie, ces mêmes supplices furent aussi appliqués au martyre des premiers chrétiens (Eusèbe, *Histoire de l'Église*, liv. VIII, chap. XII).

On trouve dans l'antiquité d'autres traces du supplice de la mutilation du nez et des oreilles. Hérodote (II, 162) nous apprend que le roi Apriès ayant donné ordre à Patarbémis, homme considérable parmi les Égyptiens qui lui étaient restés fidèles, de lui amener Amasis vivant, quand ce personnage revint sans avoir réussi dans sa mission et se présenta seul devant lui, le roi, transporté de colère, et sans prendre le temps de la réflexion, *lui fit couper le nez et les oreilles*[2].

Un autre passage d'Hérodote nous montre que les mêmes peines étaient usitées en Perse[3]. Lorsque Zopyre, s'étant

---

1. « Les juges qui feraient mourir un innocent seraient aussi coupables que s'ils avaient acquitté un meurtrier » (Diodore de Sicile, I, 77; traduction de Ferd. Hœfer).
2. Περιταμεῖν προστάξαι αὐτοῦ τά τε ὦτα καὶ τὴν ῥῖνα.
3. Hérodote, I, 155.

coupé lui-même le nez et les oreilles, se présenta en cet état devant Darius, « le roi fut accablé en voyant mutilé un des hommes les plus considérables de l'armée ; il s'élança de son trône, jeta un cri et lui demanda qui l'avait traité de la sorte, et pour quel motif ». C., il répondit : « Nul homme, » *hormis toi*, n'existe à qui soit donné assez de puissance » pour me mutiler. Ce n'est pas un étranger, ô roi ! qui l'a » pu faire, mais je l'ai fait moi-même, etc. »

Il semble ressortir de ces témoignages, ainsi que d'un passage de Diodore de Sicile (I, 60) que je rapporterai plus loin, qu'à part le cas d'adultère mentionné par cet auteur, les châtiments de ce genre ne pouvaient être prescrits que par le roi lui-même ; mais, dans tous les cas, s'il n'en était pas ainsi, il est à noter que dans les seuls exemples que nous en connaissions, c'est toujours le roi qui ordonne ce châtiment. Nous pouvons donc affirmer que, dans le Papyrus judiciaire de Turin, c'est bien le roi qui inflige cette peine aux magistrats qu'il juge coupables.

Un passage du Papyrus Abbott (v, 5-7), faisant partie de l'enquête relative à la spoliation de certaines sépultures royales, fait allusion à cette peine. M. Birch n'en a pas parfaitement saisi le sens, quand il l'a traduit par ces mots : « Il connaissait tous les lieux, excepté les deux endroits ; y portant les mains, il prononça un : « Comme mon Seigneur existe! » en se touchant le nez et l'oreille, et plaçant les mains sur sa tête, etc. » Je lis ce passage comme il suit : « Il connaissait là tous les lieux, excepté les deux endroits vers lesquels il porta les mains : a'riu-u ánx'-uz'u-senb r qenqen-u x'ent-u messer-li-u..... « Il fit serment [1] par

---

1. Littéralement : « une vie-santé-force ! » c'est-à-dire « un *rient*, un *ánx'-uz'u-senb* », et c'est probablement de cette expression, abrégée en *ánx'*, que vient le copte ⲁⲛⲁϣ « serment ». Une forme de serment qui n'est pas rare dans la Bible, est « *vivit Jehovah quod...* » Le roi Piankhi-

son tourment de son nez et de ses oreilles, » c'est-à-dire « il jura par le supplice du nez et des oreilles, etc. »

Ces textes nous permettent de reconnaître le supplice de l'ablation du nez et des oreilles parmi les peines judiciaires de l'ancienne Égypte, et je dirai même parmi les plus graves et les plus redoutées, puisque nous la trouvons mentionnée dans un serment, comme si de nos jours on jurait par la peine capitale.

La quatrième rubrique du Papyrus de Turin nous montre encore un autre châtiment exprimé par les mots : ◌◌◌ | *a'r â-t h'eq-t-u* « faire une maison (lieu couvert, abri) de boissons ». J'avais cru voir[1] dans cette expression le type du copte ⲱⲛⲥ *M. excruciare* ou une forme de ⲣⲟⲕⲉⲣ *M. famelicus esse*[2]. Nous avons déjà dit, en effet, que certains délits, comme par exemple celui qui consistait à s'abstenir de dénoncer un crime dont on avait connaissance, étaient punis par la bastonnade et la privation de nourriture pendant plusieurs jours. Mais je n'hésite plus à reconnaître que les mots *a'r â-t h'eq-t-u* expriment la construction ou l'entretien d'un réservoir couvert ou dépôt de liquides, et qu'ils

---

Mériamoun, dans l'inscription de la stèle du mont Barkal, jure par sa vie et par son amour d'Ammon (E. de Rougé, *Inscription historique du roi Piankhi-Mériamoun*, p. 5).

1. [La première version de ce mémoire se trouve en note, telle qu'elle a été publiée au *Journal Asiatique*. La version publiée ici est celle du tirage à part, p. 119-120. — G. M.]

2. [La première version de ce passage était ainsi conçue : « La qua-
» trième rubrique du Papyrus de Turin nous montre encore un autre
» châtiment exprimé par les mots : ◌◌◌ | *a'r â-t*
» *h'eqer-u* « faire maison (habitation ou emprisonnement) de tourments
» (ou jeûne?) ». Le mot *h'eqer*, dont le déterminatif hiératique n'est
» pas certain, peut présenter la forme antique du copte ⲱⲛⲥ *M.*
» *excruciare*; mais je suis plus porté à croire qu'il exprime le mot
» *h'oqer* « faim, jeûne, privation de nourriture », copte ⲣⲟⲕⲉⲣ *M.*
» *famelicus esse.* » — G. M.]

désignent un des principaux travaux des condamnés à la déportation dans le désert. Ma première interprétation devra donc être rectifiée dans les pages précédentes.

Ce châtiment, quel qu'il soit d'ailleurs, étant infligé après la mutilation du nez et des oreilles, rappelle, de la manière la plus frappante, la peine qui, au rapport de Diodore de Sicile, fut, sous le règne d'Actisanès, dans la ville de Rhinocolure, la punition de tous les malfaiteurs auxquels on avait coupé le nez[1]. L'auteur s'exprime ainsi à cet égard (I, 60) : « Lorsque Actisanès, roi des Éthiopiens, fit la guerre à Amasis, les mécontents saisirent cette occasion pour se révolter. Amasis fut donc facilement défait, et l'Égypte tomba sous la domination des Éthiopiens. Actisanès se conduisit humainement dans la prospérité, et traita ses sujets avec bonté. Il se comporta d'une manière singulière à l'égard des brigands ; il ne condamna pas les coupables à mort, mais il ne les lâcha pas non plus entièrement impunis. Réunissant tous les accusés du royaume, il prit une exacte connaissance de leurs crimes ; il fit couper le nez aux coupables, les envoya à l'extrémité du désert, et les établit dans une ville qui, en souvenir de cette mutilation, a pris le nom de *Rhinocolure*[2], située sur les frontières de l'Égypte et de la Syrie, non loin des bords de la mer ; elle est presque entièrement dépourvue des choses nécessaires aux besoins de la vie. Le pays en-

---

1. [Ce passage était ainsi conçu dans la première rédaction telle qu'on la trouve imprimée au *Journal Asiatique* : « Je dois cependant reconnaître que les mots *a'r d-t h'eqer-u* peuvent avoir une signification différente, et désigner simplement des travaux de construction auxquels les condamnés auraient été employés.

» Je reste dans l'incertitude sur la nature de ce châtiment ; mais, quel » qu'il soit, étant infligé après la mutilation du nez et des oreilles, il » rappelle, de la manière la plus frappante, la peine qui, au rapport de » Diodore de Sicile, fut, sous le règne d'Actisanès, dans la ville de » Rhinocolure, la punition de tous les malfaiteurs auxquels on avait » coupé le nez. » — G. M.]

2. Ῥίν « nez », κόλουρος « coupé ».

vironnant est couvert de sel ; les puits qui se trouvent en dedans de l'enceinte de la ville contiennent peu d'eau, et encore est-elle corrompue et d'un goût salé. C'est dans ce pays que le roi fit transporter les condamnés, afin que s'ils reprenaient leurs habitudes anciennes, ils ne pussent inquiéter les habitants paisibles et qu'ils ne restassent pas inconnus en se mêlant aux autres citoyens. Puis, transportés dans une contrée déserte et presque dépourvue des choses les plus nécessaires, ils devaient songer à satisfaire aux besoins de la vie en forçant la nature, par l'art et l'industrie, à suppléer à ce qui leur manquait, etc.[1] »

A Rhinocolure, comme on le voit, les déportés avaient pour première nécessité, et très probablement pour tâche forcée, de construire et d'entretenir des réservoirs d'eau.

Le manuscrit de Turin fait-il donc allusion à Rhinocolure ? — Le lieu qu'il mentionne indirectement était également éloigné de Thèbes, puisque c'est après le départ des femmes pour cette destination que le roi envoie les hommes pour les y rejoindre[2]. Mais toutes ces données sont trop vagues pour en tirer une conclusion.

Les monuments nous montrent encore l'application assez fréquente de la bastonnade, qui semble avoir été administrée dans l'antiquité, comme de nos jours, pour punir les délits de moindre importance.

Pour résumer ce que nous avons pu découvrir de l'application du Code pénal pharaonique, nous rappellerons que nous avons trouvé d'abord la mention de peines indéter-

1. Traduction de M. F. Hœfer.
2. [Ce passage était ainsi conçu dans la première rédaction de Devéria, telle qu'on la trouve imprimée au *Journal Asiatique* : « L'habitation à
» Rhinocolure pourrait être, comme on le voit, désignée par l'expression
» *habitation de tourments* ou *habitation de jeûne*, *de privation de nour-*
» *riture* Le manuscrit de Turin désigne-t-il ainsi un lieu analogue de
» déportation ? Ce lieu était aussi éloigné de Thèbes, puisque c'est après
» le départ des femmes pour cette destination que le roi envoie les
» hommes pour les y rejoindre. » — G. M.]

minées, celle du châtiment judiciaire quel qu'il soit; après cela, la peine de mort, qui, d'après les *Papyrus Lee et Rollin*, était prescrite par les livres sacrés ou hermétiques; enfin, sur un arrêt du roi, la mutilation du nez et des oreilles, suivie de la déportation et peut-être des travaux forcés[1].

Ces faits nous montrent que si les Égyptiens eurent des lois dès la plus haute antiquité, la rigueur en était extrême. Ce n'est effectivement qu'après une bien longue expérience que les civilisations les plus avancées arrivent à une sage modération dans l'application de la justice.

VII

APPENDICE ET PIÈCES JUSTIFICATIVES

LES PAPYRUS LEE ET ROLLIN

Le lecteur a pu voir dans les chapitres précédents que les Papyrus Lee et Rollin étaient étroitement liés avec le manuscrit judiciaire de Turin, tant par la nature de leur texte que par leurs formules, les noms qu'on y lit et les renseignements qu'ils contiennent sur une partie importante du procès[2]. Mais une nouvelle étude du texte hiératique ayant modifié mes vues sur quelques points, je crois devoir en donner ici une traduction suivie.

J'ai déjà dit que mon savant ami, M. Chabas, avait proposé deux interprétations successives de ces précieux

---

1. [Ce passage était ainsi conçu dans la rédaction primitive : « enfin, » la mutilation du nez et des oreilles, dont le roi prononçait lui-même » l'arrêt, et quelques autres châtiments dont nous ne pouvons pas recon- » naître la nature avec certitude. » — G. M.]

2. Voyez p. 127 et 141.

fragments[1]. Lorsque cet égyptologue rédigea la première, il n'avait pas connaissance de l'intéressant texte que je m'efforce d'élucider, et quand il publia la seconde, c'est un sentiment de délicatesse dont je le remercie aujourd'hui, qui l'empêcha d'en faire usage.

Le texte hiératique et les notes qui accompagnent la traduction nouvelle qu'on va lire permettront d'en vérifier l'exactitude.

PAPYRUS LEE[2] N° 1

Le commencement manque ; mais la première ligne de la partie qui nous reste, quoique très mutilée, contient quelques signes lisibles dont M. Chabas n'a pas tenu compte dans sa traduction, et qui pourtant présentent un renseignement de nature à nous intéresser. Je veux parler de la mention d'*approvisionnements*[3] dont le coupable semble avoir été chargé pour *son seigneur*, c'est-à-dire pour la maison royale, et qui paraissent avoir motivé son entrée dans le palais de Ramessès III[4]. Voici la traduction :

---

1. *Le Papyrus magique Harris*, p. 169; *Mélanges égyptologiques*, t. I, p. 9-10.
2. Les deux Papyrus ainsi désignés sont conservés dans la collection du docteur Lee, à Hartwell. Le fac-similé du texte hiératique a été publié par M. Sharpe, dans ses *Egyptian Inscriptions*, 2ᵉ série, pl. LXXXVII. C'est ce fac-similé qui est reproduit dans les planches ci-jointes. Mais j'y ai ajouté quelques restitutions indiquées au trait.
3. [hieroglyphs] *se-s'enràu*. J'indique en note mes lectures toutes les fois qu'elles ne sont pas entièrement conformes à la transcription hiéroglyphique de M. Chabas.
4. Cette observation me fait penser maintenant que la mention des « bestiaux » *menmen-u*, qui se trouve dans la première colonne du *Papyrus judiciaire de Turin*, l. 4, peut y avoir été introduite également pour expliquer la présence de certains accusés dans le palais, et sans être motivée seulement, comme je le croyais d'abord, par le titre de l'intendant des troupeaux Pen-h'ui-ban.

(L. 0) « . . . . [son]
(l. 1) « Seigneur, Vie! Santé! Force! pour les approvision-
nements. . . . . [à]
(l. 2) tous [les hommes] du lieu où je suis (et) à tous les
hommes de la terre. — Or, Pen-h'uï-ban[1], étant[2] intendant
des troupeaux, lui dit: « Que soit à moi un écrit qui me
» donne une puissance suprême! (l. 3) Et il lui donna un
» écrit des livres[3] (du roi) *Râ-ûser-mââ-t-mer-Amon*
» (Ramessès III), Vie! Santé! Force! (qui est) le dieu
» grand, son seigneur, Vie! Santé! Force! — Il advint,
» par (son) atteinte divine, des fascinations aux gens, et il
» atteignit la proximité[4] (l. 4) du harem[5] et l'autre lieu
» vaste et profond. Il lui arriva, en faisant des figures
» de cire et des écrits de souhait, qu'il fit emporter à l'in-
» térieur (du harem) par la main de l'employé[6] A'dîrmâ[7]
» (étranger) (l. 5) pour éloigner l'une des servantes[8] et

1. Voir le *Papyrus judiciaire de Turin*, V, 2.
2. ūnū.
3. La transcription du groupe hiératique qui désigne ces « livres » est pour moi fort incertaine; mais il est incontestable que les signes ne s'y trouvent qu'une seule fois, comme déterminatifs.
4. *la'āï* = patm *ricinio*.
5. *par-x'en-t-u* « harem ». Voyez au chapitre IV, p. 129.
6. *rudū*.
7. A'dīrmâ et non A't'īrma, comme j'ai écrit ce nom d'après la transcription hiéroglyphique de M. Chabas. Le signe t' serait marqué d'un point dans le texte hiératique, comme dans le mot *ret'-u* « hommes » (même ligne).
8. *tā ūā-t qed-t-u* ou *a's-t-u*. Ces mots sont au féminin, quoique le point qui distingue le signe de la femme soit omis dans le fac-simile du texte hiératique. M. Chabas a traduit au masculin « l'un des agents ». Le correspondant féminin de cette expression serait préférable s'il était français.

» pour ensorceler les autres ¹, d'emporter certaines paroles ²
» à l'intérieur et d'en rapporter ³ d'autres au dehors ⁴. —
» Or, ayant été jugé ⁵ (l. 6) sur ces chefs (d'accusation),
» on a trouvé la vérité en toute abomination et tout mal
» que son cœur inventa de faire; la vérité en ces (choses)
» est qu'il les fit en totalité avec les (l. 7) autres grands
» criminels ⁶ qu'abomine ⁷ tout dieu et toute déesse, de
» même que lui ⁸. On lui a fait les grands châtiments ⁹

1. [hieroglyphs] *h'er h'ekàà n nà ketex'ù*, litt. : « pour ensorceler aux autres ».

2. [hieroglyphs] *a'x'à nchàùi n x'od-t-î* « emporter certaines paroles ». L'expression *nchàù* « peu de, quelques, certains », implique presque toujours l'idée du mépris, et pourtant il n'est pas impossible d'y voir, en supposant l'oblitération de l'initiale *n*, l'origine de l'article indéfini de la langue copte, ⲟⲩⲁⲛ M. ⲟⲩⲛ T.

3. [hieroglyphs] *a'n-t* « apporter, amener, rapporter ».

4. [hieroglyphs] (?) *r-bunrï* (?) « au dehors ». Lecture douteuse, mais plus acceptable que *àx'à-t*. (Voir ch. IX, n. 17.)

5. [hieroglyphs] *se-metîù* « jugé » et non *se-metèru* « témoigné ». Ces deux expressions peuvent pourtant se confondre dans certains textes.

6. [hieroglyphs] *a'rmàà nà ketex'ù x'erà àùi-u* « avec les autres grands criminels ». Le mot *x'eru* désigne les criminels et non les crimes, qui sont exprimés par le mot *botàùî*. Ce que j'ai dit précédemment sur ce passage pourra donc être modifié quant à la traduction.

7. *Bùt* et non *bett* (Voir chap. IX, note n° 1).

8. [hieroglyphs] ou [hieroglyphs] *ma'-ked-v* « de même que lui, comme lui ». Cette locution n'est jamais le commencement d'une proposition; elle suit toujours, au contraire, un antécédent auquel elle se rapporte. Ex. *Tombeau de Ramessès I*ᵉʳ, paroles d'Haroëris : « Je t'ai donné la naissance du soleil, pour que tu sois *comme lui*. »

9. [hieroglyphs] *nà sebàïù ôai-u* « les grands châtiments ».

» de mort que disent les divines paroles de lui faire[1]. »

Ce jugement ne s'applique pas à Pen-h'uï-ban, mais bien à l'individu dont le nom a disparu et qui lui procura un livre de magie de la bibliothèque du Pharaon. Il est à observer aussi que les pratiques magiques dont Pen-h'uï-ban est supposé avoir fait usage ne constituent pas son délit principal; ce n'est que le moyen qu'il est censé avoir employé pour tenter de pénétrer dans le harem et réussir à y établir une correspondance, s'entendre avec ses habitantes, et échanger avec elles certaines paroles qu'il répandit aussi au dehors. Ces paroles sont évidemment celles dont il est souvent question dans le Papyrus de Turin, qui avaient pour but d'exciter les malfaiteurs à faire tort à leur seigneur, c'est-à-dire d'organiser un complot, et celles-là même sur lesquelles nous avons vu le roi motiver la sévérité qu'il recommande aux juges dans son discours préliminaire. Ces faits ne sont certainement rapportés, dans le texte qu'on vient de lire, que comme conséquences à la charge de l'accusé, qui eut l'imprudence de donner l'écrit magique à Pen-h'uï-ban. « Les autres grands criminels » mentionnés dans la formule judiciaire sont probablement ceux dont le Papyrus de Turin donne les jugements.

PAPYRUS LEE N° 2 [2]

Le commencement de toutes les lignes manque.

(L. 1) « .... de nouveau [3] ..... pour la paix du roi (?). Il marcha.............. sa main para-

---

1. [hieroglyphs] *a'-z'odū nā nuter-u z'od-u a'-a'r-s-t-u-r-u*, litt. : « que disent les divines paroles qu'on les lui fasse ».
2. Voyez le fac-simile ci-joint.
3. Je crois lire ici les signes [hieroglyphs] *uahem* (?) « de nouveau ». Il n'y a pas, dans tous les cas, *a'm-ū*.

lysée¹ ...... — Or, ayant [(l. 2) fait les méchancetés qu'il fit, il a été jugé¹ sur ces chefs (d'accusation)]; on a trouvé la vérité en toutes les abominations et [tout] le mal que son cœur inventa de faire. La vérité [(l. 3) en ces (choses) est qu'il les fit en totalité, avec les autres²] grands criminels qu'abomine tout dieu et toute déesse, de même que lui. Ce sont des abominations dignes de mort et les plus grandes exécrations⁴ de [(l. 4) la terre celles qu'il fit³. Or, il fut examiné dans les abomina]tions dignes de mort qu'il fit, et il est mort par lui-même. Car les magistrats qui, sur son chef, examinèrent, dirent : « Lui, qu'il meure lui-même [(l. 5) » avec les autres grands criminels qu'exècre le⁵] Soleil de » même que lui, puisque les écrits des divines paroles disent » que cela lui soit fait. »

Il ne nous reste malheureusement presque rien de l'acte d'accusation dans ce fragment; c'est d'autant plus regrettable que les mots [hiéroglyphes], *h'er pà h'otep sû[ten?]*, semblent pouvoir se rapporter au roi, et sont, à cause de cela, de nature à piquer vivement notre curiosité. Mais nous ne pouvons en tirer aucun renseignement précis, parce que le substantif *h'otep* peut recevoir des interprétations très diverses, et que le mot *sûten* n'est pas tout à fait certain. La mention d'une main paralysée, qu'on trouve ensuite, est l'effet des philtres mentionnés à la fin de la première ligne du *Papyrus Rollin*, et qui, d'après le *Papyrus*

---

1. Cette mention ne prouve pas que l'accusé ait fait lui-même des opérations magiques; car on pourrait croire, au contraire, que c'est sur lui qu'elles ont été faites.
2. Comparez les *Papyrus Lee* n° *1*, l. 5, et *Rollin*, l. 3.
3. Pour cette restitution, voyez les *Papyrus Lee* n° *1*, l. 6, et *Rollin*, l. 4.
4. *Bût-u* « exécrations, répulsions ». Il ne faut pas confondre ce mot avec *botà nî* « abominations, crimes », quoiqu'il appartienne à la même racine.
5. Voyez le *Papyrus Rollin*, 1 5
6. Voyez *Lee* n° *1*, l. 5-6; *Rollin*, l. 4 et l. 2.

Lee n° 1, paraissent avoir été composés par l'intendant des troupeaux, Pen-h'ul-ban. Cette mention semble indiquer que ce fragment contient le jugement de l'employé A'dirmâ, à qui Pen-h'ul-ban avait confié, comme à Pâl-bâka-kàmen, d'après les *Papyrus Rollin et Lee n° 1*, des talismans fabriqués à l'aide du livre de magie dans le but d'agir sur les gens de service au dedans et au dehors du harem.

PAPYRUS ROLLIN [1]

Le Papyrus Rollin, dans son état actuel, forme une page de belle écriture hiératique complète et bien emmargée par le haut ; mais il est évident, d'après le sens, qu'il faisait suite à une autre partie du texte qui a disparu. Il n'est pas admissible que la partie perdue se soit terminée par une formule judiciaire, comme les deux fragments Lee ; car les pronoms se rapportent à des personnages qui auraient été désignés de nouveau. On doit supposer que l'acte d'accusation et le jugement que contient ce manuscrit sont ceux de Pen-h'ul-ban ; car les opérations magiques qui y sont rapportées doivent avoir été faites avec le livre qui lui avait été donné (*Papyrus Lee n° 1*). En effet, ce personnage n'est que mentionné dans le Papyrus de Turin, parce que sa condamnation doit se trouver ici, tandis que Pâl-bâka-kàmen, dont il n'est qu'accidentellement question ici, est jugé dans le Papyrus de Turin.

TRADUCTION

« (Ligne 1). Il lui arriva de faire des écrits de magie [2] pour repousser et pour forcer, de faire certains dieux de cire et

---

1. Le texte hiératique que nous donnons en lithographie est le fac-similé du Papyrus de la Bibliothèque impériale.

2. ⸺ *sx'àù n h'rkàù* « des écrits de magie ». Cf. ⸺ dans ⲙⲉⲧⲣⲓⲁ « *magia, veneficium* ».

certains philtres¹ pour donner la paralysie¹ au bras des hommes, et de les placer dans la main de Pai-bàka-kámen; mais le dieu Soleil ne l'a pas fait agir, (ce) majordome, (ni) les autres grands criminels, en disant : « Qu'ils pénètrent! » (ni) en les faisant pénétrer. — Or, s'étant [appliqué à] faire les méchancetés qu'il a faites, mais dans lesquelles le dieu Soleil n'a pas fait être sa réussite³, on l'a interrogé, on a trouvé la vérité en toute abomination et toute méchanceté que son cœur inventa de faire, et la vérité en elles est qu'il les fit en totalité, avec les autres grands criminels comme lui. (Ce) sont des abominations dignes de mort, et les plus grandes exécrations de la terre, celles qu'il fit. Donc, ayant été examiné dans les abominations dignes de mort qu'il fit, il est mort lui-même. »

1. *rer-u*, litt. : « ingrédients, médicaments, pilules » et non *rei'-u* « hommes ». C'est l'expression qui désigne les principales préparations pharmaceutiques dans le Papyrus médical de Berlin.

2. Cf. *Papyrus Lee* n° 2, l. 1.

3. La signification de ces dernières phrases est parfaitement établie par deux passages du Papyrus Abbott, où l'on trouve une construction semblable avec la négation *bu* et l'auxiliaire ⬚, forme identique à ⬚ *pui*, dans ce manuscrit. C'est dans le rapport officiel sur l'état des sépultures royales, p. 2, l. 15 et 18 ; il est dit que les malfaiteurs firent des tentatives pour pénétrer dans le tombeau ; mais après examen ⬚ *au qemi uz'a, bu pui nu as'a-u res' peh'ur*, « il est trouvé sain (en bon état); les malfaiteurs ne surent pas l'atteindre (y pénétrer) ». Le sens de cette phrase est prouvé par le contexte. Nous avons donc sous les yeux un verbe suivi de son régime, et rendu négatif au moyen des groupes ⬚ qui le précèdent, ainsi que son sujet, et il est à noter que dans cette forme grammaticale le sujet se place entre l'auxiliaire ⬚ ou ⬚ et le verbe radical ⬚ *rex'*.

Dans ce dernier texte, nous voyons qu'à l'aide des mêmes écrits magiques et prétendus talismans, on' confia à Païbaka-kamen, qui portait le titre de *majordome*[1], l'entreprise pour laquelle il fallait pénétrer dans le gynécée ou dans quelque autre partie du palais. Il résulte de là : 1° que les actes du majordome Paï-bàka-kàmen, le chef principal des accusés, d'après le manuscrit de Turin, étaient dirigés par une autre personne, c'est-à-dire par Pen-h'ui-ban, qui semble avoir mené la conspiration à l'extérieur, tandis que Païbaka-kamen la propageait à l'intérieur du harem; 2° que le but du complot était une des plus grandes abominations de la terre, dont les dieux ne permirent pas l'accomplissement.

Ces faits, je le répète, rapprochés de ceux que nous apprend le Papyrus de Turin, paraissent ne pouvoir se rapporter qu'à une tentative de s'emparer de l'autorité royale, ou à quelque chose d'analogue. Bien que nous n'ayons, comme je l'ai déjà dit, aucune indication précise à cet égard, il me semble impossible d'arriver à une autre conclusion.

Nous devons regretter l'absence de plus amples détails qui nous feraient connaître un point intéressant de l'histoire de Ramessès III [3].

Reste à examiner la question de sorcellerie qui distingue le contenu des papyrus Lee et Rollin de celui du manuscrit judiciaire de Turin.

J'ai déjà fait observer que les délits jugés dans le Papyrus de Turin sont qualifiés simplement « les exécrations de la

---

1. Très probablement Pen-h'oui-ban.
2. *Papyrus de Turin*, IV, 2, etc.
3. On m'a assuré que M. Harris d'Alexandrie possédait un important document judiciaire datant de ce règne. Il est donc bien désirable que ce savant amateur fasse pour ce manuscrit ce qu'il a déjà fait pour son Papyrus magique, en le communiquant à M. Chabas, qui n'a pas tardé à en faire profiter la science.

terre, » tandis que dans les deux autres documents, les coupables ont été jusqu'à mériter « la haine de tout dieu et de toute déesse[1] ».

Les méfaits de ces derniers étaient donc plus graves ; ils ont pu, à cause des talismans supposés, porter atteinte à la religion.

Ce sont même ces prétendus sortilèges qui ont dû occasionner le renvoi, devant un tribunal spécial, de tous les accusés qu'on soupçonnait d'en avoir fait usage.

Or, le motif de ce renvoi fut très probablement l'incompétence de la première commission en matières religieuses. Aucun prêtre en effet ne figure parmi les membres de cette commission, dont les attributions judiciaires paraissent avoir été purement civiles ou royales.

Le tribunal spécial en question était donc évidemment religieux. Aussi des arrêts sont motivés sur « les écrits des divines paroles », c'est-à-dire sur les livres de Thôth, l'Hermès égyptien, et leur connaissance était exclusivement réservée à la caste sacerdotale.

On pourrait même supposer que ce tribunal était, en majeure partie, composé de *prophètes*[2], d'après ce passage bien connu, dans lequel Clément d'Alexandrie décrit la procession des prêtres qui gardent les livres de Thôth : « Après tous les autres, sort le *prophète*, qui porte à découvert un vase sur la poitrine ; il est suivi de ceux qui sont chargés des pains envoyés. Celui-ci, qui préside aux choses sacrées, apprend *dix livres* appelés *sacerdotaux*.

---

1. Voyez plus haut, ch. v, § 1.
2. Le mot *ûer-u* « grands magistrats » qui désigne les membres de ce tribunal dans le *Papyrus Lee n° 2* n'indique pas l'ordre auquel appartenaient ces juges. On se rappelle en effet que cette expression n'est employée dans le papyrus de Turin que quand la commission est composée de personnages de différents grades (voyez plus haut, chap. vi). Elle peut donc s'appliquer également à des membres de différents degrés de la classe sacerdotale.

Ils contiennent tout ce qui concerne les lois (sacrées), les dieux et toutes les sciences des prêtres; car le *prophète* chez les Égyptiens surveille même la distribution des impôts[1]. »

M. Chabas a très bien exposé, dans son travail sur le *Papyrus magique Harris*, que la magie était en grand honneur dans l'ancienne Égypte.

Les vivants et les morts avaient des talismans, les uns dans leur parure, les autres dans leur linceul. Le livre funéraire fait continuellement mention des *h'ekaû* « enchantements » et des *s'en-ti-u* « incantations » qui devaient procurer de grands avantages au défunt.

Je démontrerai même prochainement que, d'après les croyances les plus sacrées, les enchantements auraient eu une part importante dans la résurrection d'Osiris.

La magie était donc considérée comme une science divine ou un art sacré, inséparable de la religion, bien qu'elle se confondît entièrement avec ce que nous appelons la magie noire ou sorcellerie.

C'est parce qu'il ignorait ce fait que M. Ménard, le savant traducteur d'*Hermès Trismégiste*, n'a pas pu comprendre le passage suivant:

« Parmi toutes les merveilles que nous avons observées dans l'homme, celle qui commande surtout l'admiration, c'est que l'homme ait su trouver la nature divine et la mettre en œuvre. Nos ancêtres qui s'égaraient dans l'incrédulité sur ce qui touche aux dieux, ne tournant pas leur esprit vers le culte de la religion divine, *trouvèrent l'art de faire des dieux*[2], et, l'ayant trouvé, ils y mê-

---

1. *Stromates*, l. VI; *Ann. encyclopédique* de Millin, novembre 1818.
2. Par cette expression nous devons entendre des idoles ou des figures talismaniques, comme dans le *Papyrus Rollin*, l. 1, et dans le *Papyrus Lee* n° *1*, l. 4.

lèrent une vertu convenable tirée de la nature du monde. Comme ils ne pouvaient faire des âmes, ils évoquèrent celles des démons ou des anges et les fixèrent dans les saintes images et les divins mystères, seul moyen de *donner aux idoles la puissance de faire du bien ou du mal*[1]. »

L'auteur de ce curieux passage parle ensuite de la médecine et de son inventeur, ce qui prouve qu'il connaissait bien les anciens traités comme le papyrus médical de Berlin[2], ceux de Leyde[3] et ceux de Luqsor[4]. Dans ces manuscrits, en effet, la médecine et la magie semblent inséparables. Presque toutes les recettes pharmaceutiques y sont accompagnées d'incantations spéciales qui doivent en assurer le succès.

Il pouvait donc être défendu de s'adonner à la magie, comme sacrilège, de même qu'il était interdit au vulgaire de toucher aux choses saintes; mais non pas seulement parce que cela aurait supposé, comme chez la sorcellerie, certaines relations illicites avec le malin esprit.

En résumé, quel que fût le point de vue réel sous lequel les Égyptiens envisageaient la magie, il est certain qu'en faire un mauvais usage constituait au moins une sorte de profanation. Les coupables étaient alors jugés d'après les lois sacrées des livres de *Thôth* et très probablement par des membres de la caste sacerdotale. Nous constaterons donc l'existence d'une justice religieuse à côté de la justice civile ou royale, sous le règne de Ramessès III.

---

1. L. Ménard, *Hermès Trismégiste*, p. 167. Les emprunts à la philosophie des anciens Égyptiens sont beaucoup plus nombreux dans ces écrits que leur habile interprète ne semble le penser.
2. Étudié d'abord par M. Brugsch, puis par M. Chabas.
3. Interprétés par MM. Chabas et Pleyte.
4. Deux manuscrits du temps des Ramessides en la possession de M. Edwin Smith.

VIII

NOMS PROPRES ET PERSONNAGES MENTIONNÉS DANS LE PROCÈS

Les quarante-trois personnages nommés dans les manuscrits que nous venons d'étudier portent des titres divers dont j'ai déjà cherché l'interprétation ; leurs noms sont d'une composition très variée, et quelques-uns d'entre eux présentent des significations intéressantes à étudier. D'autres sont étrangers à l'Égypte, et comme tels, notés du signe ⸗, qui représente le casse-tête des nations barbares. Parmi ces derniers, on distingue un Libyen, ainsi que l'indique le mot *lebu*, placé devant son nom Inini ; puis des Sémites ; peut-être un Araméen Bâr-mâhâr ; Pâ-leká est un Lycien. Dans Kârpus, on peut reconnaître le mot hébreu כרפס, *carbasus, pannus linteus isque tenuis*. Je compare également Pâl'ri-sâlmâà aux noms שמר et שלמה ou שלמ, etc.

J'ai essayé, dans la liste alphabétique qui suit, de donner autant que possible l'interprétation des noms égyptiens, de rapprocher les autres des racines auxquelles ils peuvent appartenir, d'indiquer exactement les fonctions des personnages nommés, et finalement, de déterminer le rôle de chacun d'eux dans l'affaire judiciaire.

Il est bon de remarquer qu'à l'époque à laquelle appartiennent nos manuscrits, c'est-à-dire au temps de la XXe dynastie, les rapports de l'Égypte avec l'Asie étaient devenus fréquents. Il était alors de mode d'employer dans le style littéraire des mots et des expressions purement sémitiques ; cela peut expliquer pourquoi plusieurs personnages qui ne sont pas désignés comme étrangers peuvent porter des noms hébreux ou araméens.

A'dîrmâ (étranger), . Ce nom, lu *Atirama* par M. Chabas, est avec raison considéré par

M. E. de Rougé comme la transcription égyptienne du nom hébreu אֲדֹרָם *Adoram*. Si ce dernier n'est pas une contraction d'Adoniram, il doit être composé d'un nom propre masculin, comme אַדּוֹ *Addo*, et dans tous les cas, du mot עד ou עדה *altus, exaltatus fuit*, dont le sens est déterminé par le signe de l'élévation 𓀠. — Ce personnage était « employé » du harem, où il servit d'agent à Pen-h'ui-ban pour porter certaines paroles à l'intérieur et en rapporter d'autres au dehors (*Papyrus Lee n° 1*).

A'ï-rî, 𓇋𓇋𓂝 , 𓇋𓇋𓂋𓀀 . La première partie de ce nom, a'ï, que quelques égyptologues transcrivent *aiu* ou *iu*, répond au verbe copte ⲉⲓ, ⲓ, *ire, venire;* le sens de la seconde partie rî n'est pas connu. Je suis très porté à voir dans l'ensemble une forme du nom sémitique אֲרִי, plutôt qu'un nom égyptien. Ce personnage était 𓊸𓉐𓈖𓈖𓈖𓁐𓁐 chargé *des purifications de la déesse* Pax't (ou Sex't?). Ce titre sacerdotal peut appartenir à un Thébain aussi bien qu'à un Memphite, puisque le sanctuaire de Pax't est encore debout à Karnak. Troisième complice de Pâi-as¹; il est condamné à mort, sauf exemption, par la deuxième section de la commission judiciaire (v, 5).

A'men-x'âu, 𓇋𓏠𓈖𓐍𓂝𓀀 , ou X'âu-amon, « Apparition d'Ammon ». Il est probable qu'on doit observer ici une inversion de majesté; car le nom d'Ammon pourrait être placé le premier dans l'écriture, par respect pour le dieu qu'il désignait. Ce personnage était fonctionnaire

---

1. [Le passage est ainsi conçu dans la rédaction première de Devéria, telle qu'on la trouve au *Journal Asiatique :* « Ce personnage était
» 𓊸𓉐𓈖𓈖𓈖𓁐𓁐 chargé des purifications de la déesse Pax't
» (ou Sex't?), titre sacerdotal qui semble appartenir à un Memphite
» plutôt qu'à un Thébain, cette déesse faisant partie de la triade de
» Memphis. C'est le troisième complice de Pâi-as. » — G. M.]

○ 👁 ▭ (*denû* ou *adnû*[1]) du gynécée. Se trouvant dans l'appartement des femmes, il entendit leurs paroles coupables et ne les dénonça pas; il fut pour ce fait condamné à mort par la deuxième section de la commission judiciaire (v, 9).

Âs'-t-u? Voir *Qed-t-u?*

Âs'-h'ebs-t, ou *Âs'-h'-eb-sed*, ⛭ 𓀀 𓏏 𓉔 𓎛 𓎟 𓋴 , « celui qui multiplie la période panégyrique (?) » (Cf. Maspero, *Essai sur la grande Inscription d'Abydos*, p. 64).

Il était 𓎛 𓏏 𓐍𓂋𓇋𓂝 *x'eri-qah'â* « serviteur (?) » de Pal-baka-kamen; douzième accusé; il entendit certaines paroles de son maître et ne les révéla pas; il fut jugé et condamné par la première section de la commission judiciaire (IV, 13).

A't'irmâ (transcription fautive). Voir *A'dirmâ*.

Ba'n-m-ûas-t', 𓈖𓂝𓇋𓇋 𓅓 𓈊 𓏏 𓊖 , littéralement : « Le mal dans la Thébaïde. » Ce nom est porté par un 𓈖𓎛𓋴𓀀 𓎟 𓏥 « archer d'Éthiopie »; il est probable qu'il lui fut donné dans un temps de guerre avec l'Égypte. Accusé d'avoir reçu un message de sa sœur, qui était en service dans le gynécée, pour l'engager à pousser les hommes à commettre des méfaits, et à venir lui-même pour faire tort à son maître, il est jugé et condamné par la deuxième section de la commission judiciaire (v, 3).

Bâr-mâhâr, 𓃀 𓂋 𓅓 𓉔 𓂋 𓀀 (étranger). בעל־מהר, « Baal-promptus »; le déterminatif du nom de Baal disparaît dans les noms composés comme celui des autres

---

1. La valeur *den* ou *adn* est très curieuse à observer pour l'*oreille* 𓐎, car elle se rattache à la racine sémitique אזן (hébreu), أذن (arabe). Cf. Brugsch, *Dictionnaire hiéroglyphique*, p. 142, Birch, *Dict.*, p. 359.

2. La lecture *ûâs*, pour le nom de Thèbes ou de la Thébaïde, a été fournie à M. Brugsch par un texte démotique, le roman de Setnau, qu'il a étudié au Musée de Boulaq (*Revue archéologique*, septembre 1867), *Dictionnaire*, p. 348. J'avais lu jusqu'ici Ban-m-ûâbû sur l'autorité de M. Chabas.

appellations divines. On peut observer pourtant que la syllabe ⌐┘ *bâr*, ainsi écrite, entre dans la composition de plusieurs autres noms propres étrangers, tels que ceux qu'on lit dans les *Select Papyri*, pl. LXXIX v°, l. 1, 3 et 7, dont le dernier, *s'emâbâr-u*, répond exactement à l'hébreu שְׁמָבָר (n. pr. regis in urbe Zeboim). Le chaldéen ⌐ᴐ, *filius*, pouvait aussi avoir la même transcription.

Le mot *mâhâr*, certainement sémitique, était employé dans la langue égyptienne au temps des Ramessides pour désigner un héros, un preux chevalier. C'est l'expression que M. Chabas transcrit *mohar* dans son *Voyage d'un Égyptien*. On remarquera que le scribe égyptien a eu l'attention de diviser les deux mots par une sorte de virgule qui est souvent employée dans les manuscrits funéraires pour séparer le nom du défunt de ceux de son père et de sa mère.

Ce personnage était (officier?); sixième membre de la commission judiciaire (ii, 2) et deuxième membre de la deuxième section de la même commission (v, 3-6).

Hân-ât-n-a'mon, 𓂀𓃒𓅓𓈖, « Celui qu'a touché Ammon », ou « qui approche d'Ammon ». (Officier?) Ce personnage, étant dans l'intérieur, entendit les paroles des femmes du gynécée et ne les divulgua pas; il est condamné à mort par la deuxième section de la commission judiciaire (v, 8).

H'a'r ou *H'ora'*, 𓅃𓀀 « Horus ». 𓅃𓀀𓈖 ⌐𓏏𓏏⌐ N. ⌐⌐𓈖 « Flabellifère N. du (corps) des *ââât-t-u* (exécuteurs?) », douzième membre de la commission judiciaire (ii, 4); sixième membre de la première section de cette même commission (iv, 1); exécuté sans merci pour s'être uni aux coupables et s'être opposé par de mauvaises paroles à l'application des jugements (vi, 7).

Ce nom, ainsi écrit, n'est pas rare à partir de la XIX° dynastie. Une belle stèle du musée d'Aix en Provence prouve qu'il n'est qu'une variante graphique de celui d'Horus ; on y lit, en effet, dans l'acte d'adoration que le défunt adresse à plusieurs divinités, la légende de ce dieu ainsi conçue : ⟨hiero⟩. *H'a'r-si-a's* « Horus, fils d'Isis », et au-dessus de l'image de cette même divinité ⟨hiero⟩ *H'ar si a's-a'r* « Horus, fils d'Osiris ¹ ». Ces deux légendes se rapportant au même dieu, il est évident que l'une est la variante de l'autre, et que l'*a'*, écrit dans la première, est la voyelle du nom hiéroglyphique d'Horus. Il ne faut donc pas prononcer ce nom *Hora*, mais bien *Har*, en plaçant la voyelle au milieu de la syllabe, de même qu'on lit *tâm* le groupe écrit ⟨hiero⟩, *temâ*.

H'im-t-u per x'en(-t-u) [nà] ⟨hiero⟩ « [les] Femmes du gynécée », complices de P'âi-bàka-kâmen (IV, 2), de Mesdi-sû-râ (IV, 3), de Pen-dùaù (IV, 5), dans le but de faire tort à leur seigneur (cf. IV, 6 ; V, 7-8 ; VI, 1).

H'im-t-u rot'-u ⟨hiero⟩ « Femmes des gens, etc. » Voir *rot'-u* ⟨hiero⟩ « gens » (V, 1).

H'iq-ân ou *H'yq-ôn*, ⟨hiero⟩, surnom de Ramessès III (I, 1). Voir chapitre III, *Date du procès*.

Inînî ou *Iânînî* (étranger). Voir *Ribu-înînî*.

Iâ-rî (?). Voir *A'ï-rî*.

Kàrpâs, ⟨hiero⟩ (étranger), employé du harem, sixième accusé, entendit les paroles échangées entre les premiers accusés et les femmes du gynécée (IV, 2-5) ; il est jugé et condamné par la première section de la commission judiciaire (IV, 7).

Si l'on transcrit ce nom en caractères sémitiques, on a כרפס, où l'on peut reconnaître le mot כרפס « *carbasus, pannus linteus isque tenuis* », et il ne serait pas impossible

1. [Voir la description complète de cette stèle dans Devéria, *Mémoires et fragments*, t. I, p. 232-234. — G. M.]

que cette appellation fût une sorte de sobriquet tiré du nom du vêtement particulier que pouvait porter ce personnage étranger. Je dois observer cependant que la finale *s* ou *sá* écrite par le signe ⌑ termine un grand nombre de noms propres du pays de Khetâ, tels que Kârbâtus, Pàis, T'àuàt'às, Sàmàrus, Tarkànànàs, Tarkàtat'às, etc. [1].

Ker (ou *Karaî*), ⌑, Ptérophore ou Athlophore [2], troisième membre de la commission judiciaire (II, 2); troisième membre de la première section de cette même commission (IV, 1).

Lamà (?), nom étranger. Voir *Pàī-a'rī-sàlemàà*.

Libû-īnīnī (étranger). Voir *Rību-īnīnī*.

Màhàr (étranger). Voir *Bàr-màhàr*.

Màī, ⌑ (signification inconnue, peut-être expression d'un souhait indéterminé, comme *soit!*). Nom assez fréquent : Bibliothèque impériale, stèle n° 357; Musée de Lyon, n° 89; Louvre, stèle A. M. 4167, et Figure funéraire A. M. 2994. Ce personnage était grammate de la bibliothèque, dixième membre de la commission judiciaire (II, 3), cinquième membre de la première section de cette même commission, peut-être avec les fonctions de greffier (IV, 1); il est condamné par le roi pour n'avoir pas rempli fidèlement ses devoirs (VI, 2).

Mentû-m-tà-ti, ⌑ « Mentu dans les deux mondes », trésorier, premier membre de la commission judiciaire (II, 1), premier membre de la première section de cette commission (IV, 1). Le titre ordinaire du dieu Mentu, le Mars égyptien, était ⌑ *neb tà-ti* « seigneur des deux mondes ».

Mer-tī-ūsī-A'mon, ⌑ « Très chéri

1. Brugsch, *Geographische Inschriften*, t. II, pl. XVIII, n°° 47, 69, 71, 73, 75 et 79.
2. Voir chap. VI, § 1, *Commission judiciaire*.

d'Ammon ». Cinquième membre ou membre supplémentaire de la deuxième section de la commission judiciaire. Son nom a été ajouté après coup au-dessus de la ligne (v, 6).

Mesdi-sû-râ ou mieux *Mesdi-sû* (?) 𓀀𓂝𓅓𓂧𓇳. Nom très étrange, dont la signification semble être : « Celui qui déteste le jour, ou le moment (natal?)[1]; » car ma première lecture ne pourrait donner qu'une signification en opposition directe avec la religion égyptienne, dans laquelle le soleil était considéré comme la plus importante des manifestations divines. Ce personnage était (officier); c'est le deuxième accusé, premier complice de Päi-bàka'-kàmen ; il conspire avec lui et les femmes du gynécée, dans le but d'exciter les malfaiteurs à faire tort à leur seigneur; il est jugé et condamné (iv, 3); il fut l'un des instigateurs de Pä-a'na'ûk (iv, 4) et de Pen-dûàû (iv, 5).

Messûi, 𓀀𓂝𓅓𓏭𓏭𓀀 diminutif du nom royal Râ-mes-sû (Ramessès), comme Sesou et Sesou-Râ? 𓀀𓏤𓏏𓀀 « grammate de la double demeure de vie », ou « du collège littéraire ». Premier complice de Päi-as, est condamné à mort, sauf exception, par la deuxième section de la commission judiciaire (v, 5).

Nânâiu, 𓄿𓄿𓏭𓏭𓀀 (étranger), 𓈖𓈖, Ninus (?), 𓉐𓁹𓂝𓏏𓀀𓏥 *h'er-t s-âs'-t-u* « chef des exécuteurs de bastonnade », condamné par le roi pour avoir mal rempli ses devoirs (vi, 5). On peut comparer le nom 𓄿𓂝𓏭𓏭𓀀, *nànâi?* (Sto-

---

1. J'avais également été tenté de croire que le signe hiératique qui répond au disque du soleil ☉ représentait un caractère hiéroglyphique pouvant exprimer quelque autre idée, comme par exemple celle de la mort; mais ce signe figurant exactement sous la même forme dans le nom bien connu de *Pâ-ra-m-h'eb*, il n'y a aucun doute à conserver à son égard. Je pense maintenant que le groupe 𓏭𓅓☉ représente un seul mot, comme 𓏭𓅓☉ « jour, moment, instant », dont il peut être une simple variante.

bart, *Eg. Ant.*, pl. IV), et je crois que l'origine de l'un et de l'autre est le nom de Ninus ou celui de Ninive.

Neb-s'euâu, [hiéroglyphes] « Seigneur des approvisionnements ». (C'est un des titres du dieu Seb). Ce personnage était (officier?); quatrième complice de Päi-a's; il est condamné à mort, sauf exception, par la deuxième section de la commission judiciaire (v, 5).

Une stèle de la collection Anastasi et un scarabée funéraire du Louvre donnent d'autres exemples de ce nom.

Ou. . . . . voir *Û*. . . . .

Pâ-a'na'âk ou *Pâ-a'na'kt*, [hiéroglyphes] ou [hiéroglyphes]. L'article masculin singulier *pâ* suivi d'un mot déterminé par l'image d'un reptile et le signe du mal, dans lequel on peut reconnaître l'hébreu רשא ou רשע, *reptilium genus impurum, genus lacertatum* (*Lévit.*, ii, 30). Les Égyptiens d'aujourd'hui portent encore en sobriquets des noms d'animaux nuisibles, tels que *timsah* « crocodile », *bargoût* « puce », etc. Mais ce mot ne doit pas être confondu avec [hiéroglyphes], qui désigne aussi un reptile dans le nom de la sixième heure de la nuit. Je le considère plutôt comme une forme de [hiéroglyphes]. *neka'û* « le reptile typhonien », qui fut vaincu par le Soleil, le Python des Grecs.

Ce personnage, intendant du divan royal du gynécée, est le troisième des accusés, complice de Päi-bàka'-kàmen et de Mesdī-sū-rā; il s'unit à eux dans le but de faire tort à leur seigneur; il est jugé et condamné (iv, 4). Il fut l'un des instigateurs de Pen-dûàû (iv, 5).

Pâ-a'r-à-sûnû? [hiéroglyphes] « celui qui fait..... » (un mot incertain) (officier?), septième membre de la commission judiciaire (ii, 3), troisième membre de la deuxième section de cette même commission (v, 3, 6). Le mot incertain, qui s'écrit avec la flèche sans pointe et la finale *nâ*, semble devoir se lire *sânâ*. Cf. *Select Papyri*, t. I, pl. XIV, l. 5.

Pàï-a'rï-sàlemàà, (étranger), trésorier, complice de Pen-h'ùï-ba'n, dans le but de pousser les malfaiteurs à faire tort à leur seigneur; condamné par la première section de la commission judiciaire (v, 2). Le premier des deux noms veut dire, en égyptien, « le gardien »; mais le signe ⸺ qu'on y a ajouté pour en neutraliser le sens me fait penser qu'on l'a employé seulement comme transcription homophonique du nom sémitique שׁם, et comme tel, en effet, il est suivi d'un premier déterminatif. Le signe *sà*, n'étant pas accompagné du trait diacritique ۱, n'a pas la valeur de *sï* « fils », que je lui ai donnée; mais il sert à exprimer la syllabe *sà*, qui est sa transcription régulière. Le second nom de ce personnage étranger est donc *Sàlemàà*. Il me paraît impossible de n'y pas reconnaître le nom hébreu שָׁלֵם, ou שְׁלֵם. Les déterminatifs qui séparent les deux noms ne permettent de voir qu'une coïncidence fortuite dans la consonnance de l'ensemble, *Pà-ïa'rï-sàlemàà*, avec le nom hébreu de Jérusalem.

Pàï-a'rï-ù, « Le gardien (?) »; grammate du divan royal du gynécée; étant dans l'intérieur, il entendit les abominations des femmes et ne les divulgua pas; il est condamné à mort par la deuxième section de la commission judiciaire (v, 10). Voir le nom précédent : *Pàï-a'rï-sàlemàà*.

Pàï-a's, « Le vénérable », « capitaine, officier d'archers », l'un des trois principaux meneurs (v, 4), est condamné à mort, sauf exception, avec ses cinq complices, par la deuxième section de la commission judiciaire (v, 5); il subit une peine et est acquitté (vi, 1).

Pàï-bàka'-kàmen ou *Pàï-bàka'-kàimin*, « L'esclave de *Kàmen*, ou *Kàimin* ».

Grand de maison (majordome), agent de Pen-h'uï-ba'n (*Papyrus Rollin*), premier accusé, instigateur ou complice de la femme Tâïi et des (autres) femmes du gynécée. Des parentes de ces femmes, ou des servantes qui leur étaient attachées, rapportèrent leurs paroles, qui avaient pour but d'exciter des hommes et de pousser des malfaiteurs à faire tort à leur seigneur. Il est jugé et condamné par la première section de la commission judiciaire (IV, 2). Instigateur de Mesdi-sû-râ (IV, 3), de Pâ-a'na'ûk (IV, 4) et de Pen-dûâû (IV, 5), il prononça certaines paroles, qui furent entendues et cachées par Ûàr ou Ûàr-nâ (IV. 12), Às'-h'ebs-h'eb (IV, 13) ; Pâlkâ (IV, 14) et Lebu-ïnïnï (IV, 15); il eut pour principaux complices Pâï-a's et Pen-tâ-ûr, dont le premier eut lui-même six affidés, avec lesquels ils sont jugés par la deuxième section de la commission judiciaire (v, 5-8).

Le nom de Pâï-bâka-kâmen est composé; la première partie, Pâï-bâka', se rencontre isolée, comme nom propre, dans plusieurs inscriptions; elle devait se prononcer à peu près comme le copte ⲡⲉⲃⲁⲕ, « le serviteur » ; la seconde partie, Kâmen ou Kâïmin, est un mot déterminé par l'œil ouvert, signe qui s'applique à toute idée se rapportant à la vue ou aux yeux. C'est à tort qu'on l'a rapproché de la racine syriaque ܟܡܢ, *abscondidit*, et qu'on l'a traduit « aveugle ». Il n'y a là qu'une consonnance fortuite, et c'est à l'égyptien *amen* « cacher » qu'il faut comparer le mot syriaque. L'expression *kâmen*, de très rare occurrence, est heureusement bien expliquée par Plutarque dans le passage suivant du *Traité d'Isis et d'Osiris*[1] : Τὸν μὲν οὖν Ὧρον εἰώθασι Καΐμιν[2] προσαγορεύειν, ὅπερ ἐστὶν ὁρώμενον· αἰσθητὸν γὰρ καὶ ὁρατὸν ὁ κόσμος). « Ils ont coutume d'appeler Horus CAÏMIN,

---

1. Chap. LVI.
2. Parthey s'est trompé en corrigeant : καὶ Μὶν, ce qui rend le texte incompréhensible; car le dieu Min me paraît être d'invention tout à fait moderne, et, dans tous les cas, son nom n'a jamais pu exprimer en égyptien « ce qui est vu ».

nom qui signifie *ce qui est vu*, parce que le monde (qui est Horus) est sensible et visible[1]. » On sait, en effet, qu'Horus (le soleil levant) est le type de toute manifestation divine, et que, comme tel, il personnifie toute la création, le monde matériel et la nature entière. Je n'ai pas encore rencontré dans les textes égyptiens le mot *kàmen* ou *kàimin* appliqué à Horus; mais je ne doute pas qu'on le trouve quelque jour. Ce mot veut donc dire : « qui est vu, visible, évident, manifeste, » et son sens le plus général est celui de l'évidence ou de la manifestation. Il peut, en effet, désigner l'un des principaux attributs de la divinité[2], et le nom propre *Pàï-bàka'-kàimin* doit vouloir dire « le serviteur du Manifeste », ou « l'esclave de l'Évident ». A ce nom, il faut en comparer un autre qu'on trouvera plus loin sous la forme *Pà-rà-kàmen-te*.

Pàï-bpàs-t ou *Pàï-b'às-t*[3], 𓊪𓄿𓇋𓃀𓊃𓏏, l'hébreu בסתי « Bubastius ». (Ollicier?), quatrième membre de la commission judiciaire (II, 2), quatrième membre de la première section de cette commission (IV, 1), accusé d'avoir oublié ou négligé ses devoirs de magistrat, est condamné par le roi à avoir le nez et les oreilles coupés, et à la déportation, puis un arrêt de mort est prononcé contre lui et exécuté (VI, 2). Ce nom, qui n'est que la transcription rigoureuse de la forme sémitique du nom égyptien de Bubastius, fut porté plus tard par un scribe mentionné dans le *Papyrus Abbott*, p. 5, l. 17.

Pàïoretà, 𓊪𓄿𓇋𓂋𓏏𓄿, l'hébreu פארתא (n. pr.

---

1. Traduction Ricard, éd. Didier, p. 375. Cf. *Hermès Trismégiste*, traduction Ménard, p. 123, 124.

2. Voyez dans *Hermès Trismégiste*, le *Discours à son fils Tat*. Le dieu invisible est très apparent.

3. Le *p* n'est ajouté au *b*, 𓃀, dans beaucoup de circonstances, que pour déterminer la prononciation B de ce dernier caractère; car il est évident qu'on prononçait celui-ci souvent, mais pas toujours, comme notre V.

filii Hamanis), trésorier, deuxième membre de la commission judiciaire (II, 1), deuxième membre de la première section de cette commission (IV, 1).

Pàlkà ou mieux *Pà-lekà*, [hieroglyphs] (étranger), « le Lycien » (cf. E. de Rougé, *Revue archéologique*, juillet 1867). (Officier?) et grammate de la demeure de vie (collège des scribes), treizième accusé, complice de *Pàï-bàka'-kàmen*, à qui il entendit prononcer certaines paroles qu'il ne révéla pas; il est jugé et condamné par la première section de la commission judiciaire (IV, 14).

Pà-niarà-m-duà-a'mon ou *Pà-nch'à-mà-a'mon*? [hieroglyphs] « Le souffle de la part d'Ammon, le souffle d'Ammon (?) ». Employé du harem, cinquième accusé, entendit les paroles des coupables nommés avant lui (IV, 2-5), qui s'entretenaient avec les femmes du gynécée, et ne les produisit pas contre eux; il est jugé et condamné (IV, 6). La forme hiératique [hieroglyphs] doit se lire *m-duà* plutôt que *mà*; car on aurait employé dans ce cas la forme [hieroglyphs] *mà* (Voir *Notes philologiques*, n° 24).

Pà-rà-kàmen-w. [hieroglyphs] « Le soleil est ce qui est vu de lui », ou « Le soleil est son évidence, sa manifestation (?) ». Voyez plus haut le nom de *Pàï-bàka'-kàmen*. Si ce dernier voulait dire « le serviteur aveugle », ou « l'esclave de l'aveugle », celui-ci, *Pà-rà-kàmen-w*, signifierait : « le soleil l'aveugle, » ou « le soleil est son aveuglement, » ce qui serait absurde. Le sens du mot *kàmen* ou *kàmin*, donné par Plutarque, est donc certain; s'il a laissé des traces dans le copte, il faut les chercher dans les formes ⲧⲁⲙⲉ, ⲧⲁⲙⲟ, etc., *Ostendere*.

Ce personnage était [hieroglyphs] « supérieur chef », ou « premier supérieur, maître », ou peut-être « gardien? » (titre d'une fonction inconnue). (Cf. Horapollon, I, 24; Chabas, *Glossaire*, 811; E. de Rougé, *Recherches sur les monu-*

ments, I, p. 223; Maspero, *Essai sur l'inscription d'Abydos*, p. 22.) Deuxième complice de Païas, est condamné à mort, sauf exception, par la deuxième section de la commission judiciaire (v, 5).

Pà-rà-m-h'eb, [hieroglyphs] « Le soleil en fête », c'est-à-dire « Le Soleil fêté », onzième membre de la commission judiciaire, grammate de la bibliothèque, peut-être avec les fonctions de greffier (II, 4). Ce nom n'est pas rare; il se trouve sous une forme graphique plus complète : [hieroglyphs], appliqué à un « ptérophore à la droite du roi, basilicogrammate et trésorier » (*Select Papyri*, t. I, pl. 97 verso). Il n'est pas impossible que ce soit le même personnage.

Pen-dûâââ, [hieroglyphs] « Le (voué) à l'adoration », grammate du divan royal du gynécée, quatrième accusé, complice de Paï-bàka'-kàmen, de Mesdi-sû-râ, de Pà-a'na'ûk et des femmes du gynécée, dans le but de faire tort à leur seigneur, est jugé et condamné par la première section de la commission judiciaire (IV, 5). Ce nom est assez fréquent; j'en pourrais citer plusieurs exemples.

Pen-h'àï-ba'n, [hieroglyphs] « Celui de la famine » (?). (Cf. ⲉϩⲕⲟ, *jamna*, E. de Rougé); nom commémoratif? Intendant des troupeaux, accusé de s'être approché du gynécée royal et d'y avoir établi une correspondance par des moyens surnaturels (*Papyrus Lee* n° 1; cf. *Papyrus judiciaire de Turin*, I, 4); instigateur du majordome Paï bàka'-kàmen (*Papyrus Rollin*) et de Païa'rï-sâlemââ, dans le but de faire tort à leur seigneur; il est le seul qui soit désigné dans le texte courant avec l'épithète « grand criminel » (v, 2). Ce personnage devait être nommé comme premier instigateur du complot, dans la première colonne du Papyrus (l. 4), où il est question de troupeaux qui devaient dépendre de son administration.

Pen-renû-t, ☐ ◯ 𓅱 𓃀 𓀀 « Le (voué) à Renou (ou Rannou, déesse des récoltes) », répétiteur, rapporteur ou interprète du roi, neuvième membre de la commission judiciaire (II, 3). Ses fonctions pouvaient être analogues à celles du procureur du roi dans les tribunaux modernes.

Pen-tâ-ûr ou mieux *Pen-tâ-ûer*, ☐ 𓃀 𓏏 𓂝 𓀀 « Le (voué) à la grande (déesse), à Touoris (sœur de Typhon) ». Pseudonyme de l'un des chefs de la conspiration, conséquemment personnage important (v, 4); il est fils d'une femme nommée *Taū* (v, 7; IV, 2) en rapport avec Paï-bâka'-kàmen dans le gynécée (IV, 2; v, 7), et semble avoir pu appartenir à la famille royale. C'est pour cela, peut-être, qu'au lieu d'être mentionné sous son véritable nom, il ne figure dans le procès que sous un pseudonyme et qu'il n'est pas qualifié grand criminel comme tous les autres accusés. Il est amené, dit le texte, pour le délit qu'il commit à cause de Taū, sa mère, lorsqu'elle s'entretint avec les femmes du gynécée dans le but de faire tort à son seigneur. Il est condamné à mort par la deuxième section de la commission judiciaire et exécuté (v, 7).

Le nom de Pen-tâ-ûr est assez fréquent sous la XIXe et sous la XXe dynastie. On se rappelle que le célèbre grammate auteur du poème du *Papyrus Sallier n° 3*, qui a été traduit, pour la première fois, par M. E. de Rougé, s'appelait ainsi.

Qednren[1], 𓏤 ◯ 𓈖 𓀀 (étranger). Nom déter-

---

1. On sait que l'*n*, complément final du signe 𓏤, *qed* ou *qedn*, ne semble pas avoir été prononcé au temps des Ramessides; l'orthographe habituelle du nom de la ville de *Qedeš* en est une preuve. On pourrait donc lire *Qedren*. Mais je reconnais que la leçon que je propose est loin d'être solidement établie, et qu'on pourrait lui substituer ou *Qedenden*, comme je l'ai fait dans la traduction, ou même *A'renren*. Voyez pourtant, sur l'addition et l'assimilation de la nasale à la dentale, Maspero, *Essai sur l'inscription d'Abydos*, p. 36, note 2.

miné par le signe des eaux (cf. קִדְרוֹן Cédron)? Ce personnage était (officier?), cinquième membre de la commission judiciaire (ii, 2) et premier membre de la deuxième section de cette commission (v, 3-6).

Qed-t-u, ou plutôt as't-u « servantes », « agentes » du gynécée (*Papyrus Lee* n° 1, l. 5).

[Râ-mes-sû]-ḥ'iq-ân, « [Ramessès], souverain d'On » (nom de Ramessès III) (i, 1). Voir chap. iii. La mention d'Amon-Râ, roi des dieux, immédiatement après celle des Rois de Justice (iii, 5), indique que le discours du pharaon fut prononcé à Thèbes.

Râ-ûser-mâà-meri A'mon (prénom de Ramessès III) (*Papyrus Lee* n° 1, l. 3). Voir chap. iii, *Date du procès*.

Remââ ou *Lemââ* (étranger?). Voir *Pâi-a'rī-sâlemââ*.

Ret'-u, « hommes, gens », les coupables (iv, 1 à 6; v, 1-4-6; vi, 1-6). *Ret'-u pâ sebâ n per x'en-t-u*, « gens de la porte du gynécée ». Les portiers du harem y demeuraient avec leurs femmes, au nombre de six, qui se joignirent aux malfaiteurs pour conspirer avec eux. Ces dernières sont condamnées par la première section de la commission judiciaire dans son quinzième arrêt (v, 1).

Ribâ-Inīnī ou *Libâ-Iunīnī*, (étranger) « Libyen-Inīnī ». Le mot Ribû (ou Libû), qui désigne la Libye, et par suite un Libyen (Brugsch, *Geog. Ins.*, t. II, p. 79-80, pl. XXII, n°s 241-242), peut n'indiquer que la nationalité du personnage; mais comme il est placé devant le nom Inīnī, ce qui n'est pas dans l'usage en pareil cas, on peut le considérer aussi comme un surnom. On remarquera que le nom Inīnī ne ressemble ni à un mot égyptien, ni à une racine sémitique, et comme encore de nos jours les

Berbères et les Touaregs, au dire d'Hanoteau, abusent de la nasale, c'est bien un Africain qu'il doit désigner. Ce personnage était (officier?); c'est le quatorzième accusé, complice de Paï-baka'-kâmen, à qui il entendit prononcer certaines paroles qu'il ne révéla pas; il est jugé et condamné par la première section de la commission judiciaire (IV, 15).

Salemââ ou *Silemââ* (étranger). Voir *Paï-a'rï-salemââ*.

Setï-m-per-[A']mon, ⟨hiéroglyphes⟩ « Séti dans la demeure d'Ammon (Thèbes) », employé (*râdâ*) du gynécée, dixième accusé, entendit les entretiens des femmes du gynécée avec les premiers accusés (IV, 2-5); il est jugé et condamné par la première section de la commission judiciaire (IV, 11).

Ce nom et le suivant *Setï-m per-Z'od-tï* sont composés de celui de Séti, qui fut porté par des rois de la XIX⁰ dynastie, et de celui du temple d'une divinité. C'est une preuve que notre Papyrus n'est pas postérieur aux premiers temps de la XX⁰ dynastie; car ces noms furent certainement donnés à des enfants nés sous le règne des rois qu'ils rappellent. On trouve ainsi dans le Papyrus Abbott[1], daté du règne de Ramessès Râ-newer-kâ-sotep-en-Râ, la mention d'un personnage nommé *Nower-kâ'm-per-A'mon* « (le roi) Nower-kâ dans la demeure d'Ammon ».

Setï-m-per-Z'od-tï, ⟨hiéroglyphes⟩ « Séti dans la demeure de Z'od-tï (Thôth, Hermès) », employé (*râdâ*) du harem, neuvième accusé, entendit les entretiens des femmes du gynécée avec les premiers accusés (IV, 2-5), et il les cacha; il est jugé et condamné par la première section de la commission judiciaire (IV, 10). On remarque dans ce nom la forme de celui du dieu Thôth, dont la lecture n'est pas encore certaine, et à la fin duquel est le signe ⟨⟩: ce caractère, suivi seulement du déterminatif des noms divins,

1. Page 1, ligne 6.

exprimait souvent dans l'écriture hiératique le nom de cette divinité. Voyez le nom précédent *Setī-m-per-A'mon*.

S'à..... 𓊨 ..... Pour les noms qui commencent par cette syllabe, voir *X'à*... ou *X'àà*...

S'àd-mes:'er, 𓂋𓄿𓂝𓏏𓄿, « Coupe-oreille », grammate de la double demeure de vie (collège des scribes), cinquième et dernier complice de Päi-a's, condamné à mort, sauf exception, par la deuxième section de la commission judiciaire. Ce nom bizarre, qui ressemble à un sobriquet, ne m'est connu par aucun autre monument.

Taīī (ou *Tīī?*) 𓏏𓄿𓏏𓏏, (nom d'origine nubienne? signification inconnue), complice ou instigatrice de Päi-bàka'-kàmen, dans le harem royal, mère et instigatrice de Pen-tà-ûr', l'un des chefs de la conspiration; elle s'entretint avec les femmes du gynécée du tort à faire au seigneur de Pen-tà-ûr (IV, 2; V, 7). Cette femme, qui paraît avoir joué un rôle important dans le complot, est la seule qui soit désignée par son nom ; elle a pu appartenir au harem royal, soit comme *pallacide*, soit comme *validé?*

Tài-nex'tà-ta', 𓇾𓄿𓈖𓐍𓏏𓏏𓄿, « Ma puissance » ou « Ma victoire ». On peut comparer ce nom au nom démotique *Tà-next*, transcrit en grec θανίχτους². Ce personnage était officier du (corps) des *àdāī-u* (exécuteurs); il fut condamné par le roi à avoir le nez et les oreilles coupés, pour avoir oublié certaines recommandations et négligé ses devoirs (IV, 4).

Üarnà ou plutôt *Uar*, 𓃹𓂋𓈖𓄿, (étranger). Peut-être l'hébreu יאר, יאור m. « fluvius (præc. *Nilus*) ». On peut également comparer ce nom à celui d'une femme qui se lit sur une belle momie du musée de Nantes : 𓃹𓂋
𓃹𓂋𓏺, *Uàra'à*, cf. אוֹרְיָה (*Lux Dei*), n. pr. m.?

---

1. Voir ce nom plus haut, p. 220.
2. Brugsch, *Sammlung demotisch-griechischen Eigennamen*, p. 15.

Ce personnage était (officier?), c'est le onzième accusé; il entendit certaines paroles prononcées par le majordome (Pài-bàka'-kâmen), il les cacha et ne les révéla pas; il fut jugé et condamné par la première section de la commission judiciaire (IV, 12).

X'á-m-A'p-t', [hiéroglyphes] « Né dans Thèbes (Karnak) », employé (rûdû) du harem, septième accusé, entendit et cacha les paroles échangées entre les premiers accusés (IV, 2-5) et les femmes du gynécée; il est jugé et condamné par la première section de la commission judiciaire (IV, 8).

X'á-m-màà-ner, ou X'á-m-a'rmàànr, [hiéroglyphes] « Né dans la forteresse », employé (rûdû) du gynécée, entendit et cacha les paroles échangées entre les premiers accusés et les femmes du gynécée (IV, 2-5); il est jugé et condamné par la première section de la commission judiciaire (IV, 9). Ce nom se retrouve sous la forme [hiéroglyphes] dans une inscription de l'an III de Ramessès IV (Lepsius, *Denkmäler*, III, 219 c, 15), où il est porté par un officier d'archers. Le mot *màà-ner* ou *mààl'*, d'après une règle de transcription parfaitement établie par M. E. de Rougé (*Chrestomathie*, t. I, p. 41), et déterminé par le signe des lieux, peut être la transcription de l'hébreu מבצר « *vallum, castellum* ». Mais si le groupe [hiéroglyphe] doit se lire *màà*, quand il se rattache au copte ⲙⲟϣⲉ « *admiratio* » ou ⲙⲉϭϣⲁⲧ « *videre* », ces mêmes signes dans le mot [hiéroglyphes] et leur variante [hiéroglyphe] semblent pouvoir être lus *a'rmàà* et répondre au copte ⲉⲥⲟⲣⲙ « *intueri* » (cf. Maspero, *Essai sur l'inscription d'Abydos*, p. 19). Cette nouvelle lecture donnerait pour le mot en question la transcription *a'rmàànr* ou *a'rmààl'*, dans laquelle on pourrait reconnaître également l'hébreu ארך *arx, palatium*. Le sens

---

1. J'adopte ici, sur l'autorité de M. Brugsch, la lecture *x'á*, pour la syllabe initiale de ce nom et des suivants, que j'ai lue jusqu'à présent *s'á*.

serait donc à peu près le même, et les déterminatifs de la première forme du nom conviennent à tout lieu d'observation.

X'âû- A'mon. Voir *A'men-x'âû*.

Z'od-tî-rex'-nouer, [hieroglyphs] « Thôth (Hermès) connaissant le bien », ou « Thôth savant accompli » (officier ?), huitième membre de la commission judiciaire (I, 3), quatrième membre de la deuxième section de cette commission (v, 3-6).

IX

NOTES PHILOLOGIQUES

Les numéros des notes philologiques qui suivent répondent aux renvois de la traduction littérale et de la transcription du Papyrus judiciaire de Turin. Les indications placées entre parenthèses donnent la colonne et la ligne du manuscrit où se trouvent les passages qui ont motivé ces mêmes notes.

1. (Col. II, l. 1.) [hieroglyphs] *Botû* ou *bâtu*, déterminé par le poisson, signe de l'abomination, et souvent par les deux jambes, signe du mouvement, ne doit pas être confondu, dans les textes corrects, avec le mot [hieroglyphs] *botâût* ou *butâût*. Le premier, qui a été transcrit [hieroglyphs] par suite d'une confusion entre les formes hiératiques des signes ⌒ et [hieroglyph], dans les *Papyrus Lee*, I, l. 7, II, l. 3, et *Rollin* (l. 5), exprime les verbes « exécrer, abominer, haïr, détester », et « l'exécration, l'horreur ou la répulsion, le sentiment de l'abomination », tandis que l'autre exprime « la chose exécrable ou exécrée, horrible et abominable, le crime, le délit, le péché ». Ces deux formes d'une même racine se retrouvent dans le copte ⲃⲟⲧⲉ T. ⲃⲟⲧ M. ⲃⲟⲧ B., etc. Le Livre des

Morts en donne deux variantes, *Todtenbuch*, CXXV, 4 : ⸺ *n a'r-a' bâdâ* « je ne fais pas d'abomination », c'est-à-dire « je n'ai pas commis de péché », et CXXV, 6 : ⸺ *n a'r-a' botâ nuter-u* « je ne fais pas ce qu'exècrent les dieux ». C'est une forme de cette dernière expression qui est employée dans les *Papyrus Lee* et *Rollin;* elle désigne ce qu'il y a de plus abominable, le crime dont s'émeuvent les dieux mêmes.

2. (II, 1) ⸺ *dââ-t m h'er n*, de même que ⸺ *râ m h'er n* et ⸺ *râ m h'er n*, littéralement « mettre en face de », veut dire « soumettre à, confier aux soins de, donner mission à..... » La stèle d'Hamamât de l'an III de Ramessès IV (?) en contient deux excellents exemples (Lepsius, *Denkmäler*, III, 219 e, l. 11 et 12) : ⸺ etc. ⸺ « Voici que Sa Majesté donna mission au scribe de la demeure de vie, etc., de chercher les envoyés de la demeure de vérité à la montagne de basalte », et ⸺, etc. ⸺ « Sa Majesté ordonna de confier aux soins du premier prophète d'Ammon, etc., de les amener en Égypte ». On voit par ces deux exemples que, quand le complément de la proposition est exprimé par un infinitif, il est précédé de la préposition ⸺ *r*. M. Chabas a expliqué cette locution dans son travail sur l'*Inscription d'Ibsamboul*, p. 715-716 (Cf. *Select Papyri*, t. I, pl. XCVII verso, l. 3).

3. (II, 1, etc.) ⸺ *mur per-h'ez'* « intendant ou chargé du *per-h'ez'* », est le titre des deux premiers membres de la commission judiciaire (II, 1; IV, 1) et de l'un des accusés (V, 2). Le mot ⸺ ou ⸺ *mur* « intendant, directeur, chef », me paraît être l'analogue du chaldéen ⸺ « domi-

nus ». Le groupe ▢▯▢ *per-h'ez'*, qui s'écrivait aussi ▯, ▯▯ et de plusieurs autres manières, ne doit pas être confondu avec le mot ▯ ▯ *h'ez'*, le *naos* d'un dieu. (Cf. E. de Rougé, *Stèle de la Bibliothèque impériale*, p. 165.) Plusieurs textes démontrent que le *per-h'ez'* était l'endroit où l'on conservait les richesses des temples et des palais, le trésor sacré ou royal (Champollion, *Notices*, t. I, p. 365 et 531; Lepsius, *Denkmäler*, III, 301, etc.). Les fonctionnaires qui y étaient préposés étaient donc des trésoriers. Cette charge était effectivement très importante dans les palais pharaoniques, et elle se joignait souvent à celle de « chargé ou intendant de la demeure de l'or ». Un monument de la collection de M. le comte de Saint-Ferréol, à Uriage, nous la montre même unie au titre de « décoré de l'abeille », qui n'était conféré qu'aux plus grands dignitaires, à ceux qui approchaient le roi, et si une fonction était attachée à ce titre, elle peut être comparée à celle des grands chambellans des temps modernes : [hieroglyphs] « Le noble prince, décoré de l'abeille, (favori?) unique, yeux du roi (de la région supérieure), oreilles du roi (de la région inférieure), intendant des demeures de l'or, intendant des trésors, intendant de tous les travaux du roi, Bener-mer, vivant pour la seconde fois (*i. e.* défunt) ». Dans les légendes de la coudée Drovetti, au Louvre, c'est un « ptérophore à la droite du roi et basilicogrammate » qui est intendant du trésor (Cf. Sharpe, *Egyptian inscriptions*, III, 2; *Select Papyri*, t. I, pl. XC verso, etc.). Dans les temples, au contraire, c'étaient des prêtres qui étaient trésoriers, et le trésor était désigné par le nom du temple auquel il appartenait. Il est fort curieux de trouver la dernière chambre d'une tombe royale appelée *per-h'ez'* « trésor » dans le plan antique que vient de publier M. Lepsius. Ce fait ne peut s'expliquer que parce que, chez les Égyptiens, le tombeau était la représentation exacte de la demeure dans laquelle on avait vécu sur la terre.

Le trésorier avait sous ses ordres un ou plusieurs scribes ou grammates du trésor (*Papyrus Abbott*). M. Chabas nous a appris que dans le *per-h'ez* ou « trésor » étaient déposés les poids étalons (*Revue archéologique*, janvier 1861). On voit donc que sous cette dénomination doit être comprise une partie notable de l'administration des palais pharaoniques.

4. (II, 2, etc.) [hieroglyphs] *Z·ài-x·û* « ptérophore ou *athlophore*(?), litt. porte-chasse-mouche(?) ». Le chasse-mouche [hieroglyph], composé d'une plume d'autruche richement emmanchée, était l'insigne caractéristique des princes, des chefs et premiers fonctionnaires publics. Comme hiéroglyphe, il avait la même signification que les signes [hieroglyph] et [hieroglyph], *x'û* « conduire, diriger » (Champollion, *Grammaire hiéroglyphique*, p. 358 ; *Dictionnaire*, p. 326). « Porte-chasse-mouche à la droite du roi » était l'un des titres officiels du fils aîné de Ramessès II et de beaucoup d'autres princes; cette dignité, qu'il ne faut pas confondre avec la charge de *flabellifère*, moins importante, se joignait quelquefois à celle de trésorier (voyez la note 3), et à celle de basilicogrammate. Ce sont les titres d'un personnage appelé *Pa-râ-m-h'eb* (*Select Papyri*, t. I, pl. XCVII verso).

5. (II, 2, etc.) [hieroglyphs] *âbû* « officier (?) ». J'ai donné dans le chap. vi[1], la seule variante que je connaisse de ce titre, et c'est sur cette seule autorité que j'ai adopté provisoirement la valeur *ab* ou *âbû* pour le premier signe. Quant à la signification du mot, elle est loin d'être certaine. La deuxième section de la commission judiciaire est exclusivement composée de personnages portant ce titre, qui, au

---

1. Cf. p. 138 du présent volume. — G. M.

pluriel, sert à les désigner collectivement, tandis que, quand la commission est au complet et qu'elle renferme des fonctionnaires de différents ordres, pour la plupart supérieurs, ce sont les mots *nà ûr-u àâtu* « les grands magistrats » qui sont employés. On trouve les *âbû* (?) de sa majesté (*Select Papyri*, t. I, pl. XCVII, l. 2-3, et pl. CXVIII, l. 4) ou du Pharaon (*Papyrus Abbott*, pl. I, l. 8), après les grands ou magistrats (*ûr-u*). Ces personnages appartenaient donc à une classe inférieure à ceux qu'on appelait « les grands ou magistrats ». Leur titre pouvait être joint à celui « de grammate de la double demeure de vie (collège des scribes) », ainsi qu'on le voit dans notre manuscrit (IV, 14), et à celui de « grand de maison ou majordome », comme le montre un autre Papyrus de Turin (cité pl. XI, n° 14 (A) de la deuxième lettre de Champollion) : 𓂀𓏭𓈖𓇋𓏏𓂻 . C'est probablement une variante du titre 𓎟, que j'ai relevé sur la figurine funéraire d'un personnage nommé *Pà-rà-m-h'eb*, comme l'un des deux greffiers de notre tribunal, et que je retrouve joint au titre de « basilicogrammate » sur une stèle de la collection Belmore (pl. XIII). Le personnage qui y est représenté avec ces titres est appelé *Ha'r* ou *Hora'*; vêtu d'une longue tunique, la tête rasée et portant les insignes des princes, il vient s'acquitter d'une mission auprès du roi, qui lui accorde de nombreuses récompenses; il est figuré une seconde fois sur le même monument, dans le même costume, mais la tête couverte d'une perruque. Les personnages qui portaient ce titre pouvaient donc avoir d'importantes missions à remplir; aussi voyons-nous, dans le *Conte des deux frères*, que c'est un 𓎟𓏭𓈖 𓂀𓏭𓈖 « premier officier (?) royal de sa majesté Vie! Santé! Force! » que le roi envoie tuer le taureau divin (16, l. 7), et nous les trouvons dans notre Papyrus chargés de juger une partie des accusés, quoique plusieurs des leurs figurent aussi parmi ces derniers. Mais deux faits importants sont à noter, c'est 1° que ceux d'entre eux qui sont accusés approchaient d'assez près les femmes du gynécée pour entendre leurs paroles, sans cependant qu'on ait cru devoir indiquer spécialement pour eux comme pour les *rudú* « employés? » qu'ils étaient en fonction dans le harem; 2° que sur onze personnages de ce titre qui sont mentionnés, six, au moins, sont étrangers. Ces considérations m'avaient fait penser que c'étaient les *eunuques* royaux, et que les fonctions diverses de ces personnages présentaient la plus grande analogie avec celles des *saris*, סריס « eunuques, officiers de cour », dans la Bible. Mais il est important de remarquer que cette dernière expression n'implique pas toujours la privation de la virilité.

Voici une note dont je dois la communication à M. Auguste Harlé.

« On lit au livre de la *Genèse*, xxxvii, 36, que les Madia-
» nites vendirent Joseph en Égypte à Putiphar, *saris* de
» Pharaon, chef des satellites. » Par le fait que Putiphar avait une femme (chap. xxxix, 1 et suiv.), on voit que le mot *saris* n'implique pas qu'il fût *eunuque* dans le sens que ce mot présente cependant ailleurs, par exemple : *Isaïe*, LVI, 3, 4. Deux autres officiers de la cour de Pharaon, « le chef des échansons et le chef des boulangers », sont appelés aussi ses *saris*, סריס », chap. xl, 2 (voir d'autres passages, *I Samuel*, viii, 15; *I Rois*, xxii, 9; *II Rois*, ix, 32; xx, 18; xxi, 12; xxv, 19, où le *saris* commande, comme Putiphar, des gens de guerre. *Jérémie*, xxxiv, 19, xli, 16). Le *syrien* emploie partout une expression qui se dit des eunuques, mais qui signifie proprement « dévoué, fidèle ».

M. Renan est également de l'avis que le mot סריס *saris* ne désigne pas toujours un eunuque.

Ces diverses observations ont attiré de nouveau mon attention sur le titre égyptien, qui me paraît maintenant être l'équivalent de l'hébreu *saris*; car la stèle du Louvre (C 45) nous le montre employé dans les expressions qui désignent, comme dans la Bible, un chef des échansons et un chef des boulangers.

Ce titre se présente sous les formes ⟨hiero⟩, ⟨hiero⟩ et ⟨hiero⟩ (Louvre, stèle E 3469).

Dans le texte de la stèle C 45, on trouve, après un ⟨hiero⟩ ⟨hiero⟩, un ⟨hiero⟩ « grammate de (l'intérieur?) », un ⟨hiero⟩ « inspecteur de la boucherie », et un ⟨hiero⟩ « gardien du lieu de surveillance », quatre personnages, intitulés ⟨hiero⟩ « le *saris* de la boucherie », ⟨hiero⟩ « le *saris* de la paneterie (ou le chef des boulangers », ⟨hiero⟩ « le *saris* du cellier, litt. de la demeure des boissons (le chef des échansons) ». Après eux viennent un ⟨hiero⟩ « intendant de la cave », un ⟨hiero⟩ « gardien des (harnais?) », et enfin un ⟨hiero⟩ « portier du temple de Ptah », où tous ces personnages exerçaient probablement leurs fonctions.

J'ai dit que la lecture *âbû* n'était donnée que par une seule variante. Cette variante se trouve malheureusement dans un passage fruste d'une inscription monumentale (Brugsch, *Recueil de monuments*, t. I, pl. XXXI, col. 34 = *Papyrus Sallier III*, 8/9), et il n'est pas impossible de supposer une faute dans l'un ou l'autre des deux textes. Rien n'est donc moins certain que cette leçon. La grande inscription historique que j'ai copiée à Abydos depuis que ceci est sous presse fournit une nouvelle expression qui se rapproche par ses déterminatifs de celle qui désigne les *officiers* (?) en question. C'est le mot ⟨hiero⟩ *mâdîâ* dans le discours qu'adresse Ramessès II à son père mort en consacrant le temple à sa mémoire : « Je t'attribue des *mâdîâ* pour apporter à ton essence et pour te répandre sur la terre (en offrande) des pains et des libations » (Maspero, *Essai sur la grande Inscription d'Abydos*, p. 52). Cela constitue la fondation d'offrandes funéraires, c'est incontestable; et pourtant, on pourrait traduire plus littéralement : « t'apporter du pain et te verser de la boisson. » Or, ces mots rappellent aussi bien les fonctions du grand panetier et du grand échanson du Pharaon que celles des agents préposés à la boulangerie et au cellier dans le temple de Ptah, d'après la stèle du Louvre.

Ce mot pourrait être rapproché du radical copte ⲙⲁϯ *M.* ⲙⲁⲧⲉ *T.* « *obtinere, tenere* », à peu près comme notre mot *tenancier*, mais dans une acception plus étendue, pour désigner toute espèce d'intendant.

D'autre part, le signe ☉, qui, d'après ce rapprochement, répondrait à l'expression phonétique *mâdiû*, figure fréquemment sous sa forme hiératique dans un groupe que M. Chabas transcrit ☉, lit ⲛⲁ et rapproche du copte ⲛⲁⲛⲟⲩ « *bonus* » (*Mélanges égyptologiques*, 2ᵉ série, p. 309 et 315; *Voyage d'un Égyptien*, p. 84 et 272). Mais ce groupe, dont la véritable transcription hiéroglyphique doit être ☉, peut également se lire *mâdiû* ou *mâdi* et se rapprocher du copte ⲙⲁϯ *M.* ⲙⲁⲧⲉ *T.* « *prosper successus* ».

J'arrive à conclure de ces dernières observations, sans pouvoir pourtant en donner la preuve absolue, que le mot que j'ai lu provisoirement *âbâ* et traduit « officier? » doit plutôt être lu *mâdiû*, comme l'a proposé M. Maspero, et qu'il doit désigner des « intendants » de différents grades dans les palais comme dans les temples.

6. (II, 3.) ⸻ *Sûten ûhmû* (?) « royal rapporteur, interprète ou répétiteur ». Cette fonction semble avoir eu pour attribution de rendre compte au roi de tout acte officiel, ou de le représenter, de transmettre ses ordres, de veiller à leurs exécutions, et peut-être même de défendre au besoin ses intérêts, comme dans les temps modernes le procureur du roi. Un personnage portant ce

titre figure également dans la commission d'enquête sur l'état des sépultures royales, dont le Papyrus Abbott nous a conservé les procès-verbaux. C'était aussi l'une des charges principales d'un grand personnage appelé *Antuw* (Louvre, stèle C 26).

La lecture *ûhmû* proposée par M. Brugsch, d'après des transcriptions démotiques, n'a pas été généralement adoptée, parce que des variantes assez rares, il est vrai, mais tout à fait incontestables, donnent l'équation suivante : 〖 = 〗 = *nem*, et que le complément final *m*, dont le signe 〖 est ordinairement affecté, semble se prêter toujours à cette valeur *nem*. C'est ainsi que M. Chabas a établi[1] que le mot 𓅓𓅓 𓃀𓅱𓏤𓈖 (*Todtenbuch*, CXXV, 6), ou 𓅓𓅓𓃀𓅱 (*Papyrus Sallier III*, 6/1), s'écrivait aussi 𓅓𓅓𓃀 (Greene, *Fouilles*, etc., pl. XI-1, *l. ult.*), et que M. Birch a trouvé le groupe ⌒𓅓𓅓 (*Todtenbuch*, CXXV, 20) écrit ⌒𓃀𓅓𓅓. J'ai également rencontré quelques variantes semblables, et M. E. de Rougé m'a assuré qu'il avait vu dans les inscriptions des rochers de la route d'Assouân à Philæ le nom du dieu *Noum*, forme primitive du nom de Chnouphis, écrit par le signe 〗 ; il m'a signalé aussi le nom d'une offrande exprimé par le groupe 〰𓃀 (Lepsius, *Denkmäler*, IV, 3), qui confirme encore la valeur *nem* ou *num* pour le signe 〗. Cette valeur est donc certaine; mais les exemples en sont, somme toute, si peu nombreux, que je crois qu'elle n'est qu'exceptionnelle et que la valeur ordinaire du signe 〗 est différente. Il faut observer, en effet, que les groupes dans lesquels le signe 〗 se présente *toujours* contiennent bien ordinairement la finale *m* comme complément de ce carac-

1. *Inscription hiéroglyphique d'Ibsamboul*, p. 732, dans la *Revue archéologique*, t. XV, 1859.

tère, mais *jamais* l'initiale *n*, et que ce signe ❘ y est *souvent* précédé, ou, pour mieux dire, surmonté d'une croix oblique ×, laquelle *n'apparaît pas* dans les mots où la lecture *nem* est certaine. Cette croix oblique est bien connue pour l'un des signes de la voyelle *â;* mais elle a aussi la valeur idéographique du croisement ou de la complication dans plusieurs mots où elle est employée comme déterminatif. Aussi la lecture ❘ = *nem* semblant être établie par suite de la constance du complément *m* pour tous les cas de l'emploi du signe ❘, on a dû chercher à expliquer cette croix oblique × *initiale*, en lui supposant une valeur idéographique, bien que *jamais*, à ma connaissance, un idéographe ou un déterminatif ne se présente en variante placé *avant* l'expression phonétique. S'il n'y a pas là une exception que rien ne nous autorise à supposer, la croix oblique, étant initiale, doit conserver sa valeur phonétique *â*, et voilà notre signe ❘ accompagné d'un *â* initial; sa lecture ne peut donc plus être *nem*, malgré la finale *m*.

Si l'on ouvre maintenant le dictionnaire de Peyron au radical ⲛⲙ, on n'y trouve rien qui puisse dériver des mots [hiéroglyphes] et [hiéroglyphes] dont le sens général est « réitérer, répéter, interpréter, renouveler, recommencer ». Ces mots n'auraient donc laissé *aucune* trace dans le copte? Bien peu de radicaux égyptiens sont dans ce cas. Or, ne perdons pas de vue que ce sont précisément ceux dans lesquels le signe ❘ figure *toujours*, sans *n* initial, mais où il est souvent précédé de la croix oblique × = *â*, et cherchons dans le copte à la voyelle *â* (ⲟⲩ) un mot qui finisse par ⲙ. Nous trouvons de suite le radical ⲟⲩⲱϩⲙ *T*. ⲟⲩⲱϩⲙ *M*. ⲟⲩⲁϩⲙ *T. M. B*. « *Iterare, interpretari, respondere, contradicere, adversari*, etc., » et quelques-unes des applications les plus ordinaires de cette racine sont identiques à celles du signe hiéroglyphique ❘. En voici deux exemples frappants : ⲟⲩⲁϩⲉⲙ-ⲙⲓⲥⲓ *M.* ni « *regeneratio* » = 𓐍𓇋𓅓𓈖𓅭 (*ââ-h'emmis-tu*) « *regeneratus* »; ⲟⲩⲁϩⲉⲙ-ⲱⲛϧ *M.* « *iterum vivere* » = 𓐍𓋹 (*ââh'em-ânx'*) « *iterum vivere*, etc. » On en trouvera d'autres dans l'*Essai sur l'inscription dédicatoire du temple d'Abydos*, par M. Maspero (p. 10, note 3).

Comment se ferait-il, enfin, que le radical hiéroglyphique supposé *nem* « itcrare, etc. », n'aurait laissé aucune trace dans le copte, et que le radical copte ⲟⲩⲁϩⲉⲙ n'aurait pas de correspondant hiéroglyphique connu?

J'arrive à conclure de ces observations : 1° qu'il doit y avoir là un cas de polyphonie, c'est-à-dire les valeurs *nem* et *ââh'em* pour le même caractère; 2° que la valeur *nem* est rare et en quelque sorte exceptionnelle, bien qu'elle soit la seule dont nous possédions des variantes absolues; 3° que la valeur *ââh'em* doit être également admise pour le même signe 𓐍, et de plus, qu'elle doit être sa lecture ordinaire; 4° que la croix oblique × = *â*, placée souvent comme initiale au-dessus de ce caractère, n'a d'autre fonction que d'aider le lecteur en lui indiquant la voyelle initiale *â*(*âh'êm*) et en lui faisant éviter toute confusion avec la valeur *nem*.

Cette lecture *ââh'em* suppose nécessairement une articulation médiale, *h'* ou *h*, qui n'est jamais exprimée par les variantes connues, puisqu'elles ne donnent que les compléments initiaux et finaux; mais ce fait n'est pas sans exemple. Ainsi, il a lieu pour le signe 𓎬, dont les compléments sont toujours *a* et *p*, 𓐍𓎬𓊌 (avec divers déterminatifs), d'où on a conclu la valeur *ap*, et qui ne peut répondre qu'au copte ⲟⲩⲱⲡⲛ *M. mittere*, etc. Ce radical copte n'a en effet pas d'autre correspondant hiéroglyphique, et il faut supposer, dans la valeur phonétique du signe 𓎬, un *r* médial que les variantes complémentaires ne montrent presque jamais[1].

---

1. J'en trouve un seul exemple dans le groupe 𓐍𓎬𓊌 sur une

Le caractère ⎍ doit donc se lire *a'rp*, avec ou sans complément, et la mutation de l'*a* hiéroglyphique en ⲟⲩⲱ copte, pour arriver à la forme ⲟⲩⲱⲡⲛ, n'a rien non plus d'insolite; on pourrait en citer d'autres exemples, tels que *a'm* « manger », qui est devenu ⲟⲩⲱⲙ *T. M. B., manducare*, etc.

D'autres signes sont d'ailleurs dans le même cas : ⳝ se lit *s'ems* et répond au copte ϣⲙϣⲉ, ϣⲉⲙϣⲉ et au chaldéen שמש « *ministrare, servire* », et l'on n'y voit jamais d'*m* écrit. La valeur ordinaire de l'oreille ⲟ est *sodem*, et pourtant le *d* n'apparaît que bien rarement. On pourrait réunir un certain nombre d'exemples analogues.

7. (II, 4.) 𓏏𓄿 𓉐𓏤 *tà a's-t nà s'àâ* « le lieu des livres, la bibliothèque », désigne probablement l'endroit où étaient déposées les archives et pièces officielles. Les deux scribes, Maï et Pà-rà-m-h'eb, y étaient attachés, ainsi qu'on le voit plus loin pour le premier.

8. (II, 4.) 𓏏𓄿 𓅱𓅱𓏏 *tà âââī-t* ou *tà âââī-t-u*[1], mot collectif, accompagné de l'article féminin singulier et des signes grammaticaux du pluriel. Il paraît désigner la compagnie ou le corps des exécuteurs ou des satellites, ainsi que peut le faire penser la comparaison avec le verbe 𓅱𓂝 *âà* « couper (le cou), décapiter » (*Todtenbuch*, LXXI, 11-12), le même, sans doute, que 𓅱 (et 𓅱𓅱?), *âàâ* « immoler » (Chabas, *Inscription d'Ibsamboul*, p. 733), et 𓅱𓅱 *âââà* « frapper du glaive, sabrer, immoler » (Chabas, *Glossaire du Papyrus magique Harris*, n° 138). Ce corps est plusieurs fois mentionné dans les *Select Papyri*, t. I,

---

statuette du Louvre (A 84, côté gauche); mais je reconnais que cet exemple n'est pas concluant, parce qu'on peut y voir la particule *a'r*. La phrase est : « Toute mission dans laquelle m'envoya S. M. je l'ai faite exactement. »

1. La valeur précise du signe initial de ce mot est fort difficile à déterminer (Voyez E. de Rougé, *Chrestomathie*, t. I, p. 56 et 57).

pl. VII, 4; pl. LXXVIII *verso* et pl. LXXIX *verso*, etc.);
il était organisé militairement, et il avait des officiers comme
un corps de troupes. Nous voyons en effet ici le *flabellifère*
de ce corps, Har, qui fait partie de la commission judiciaire;
plus loin (vi, 4), nous trouvons un *âââ* (capitaine?) du même
corps, et sur un ostracon du Musée de Florence, dont la
copie m'a été communiquée par M. Alphonse Mallet, on lit
la mention du supérieur ou du chef (*Pà-h'er*) des *âââi*. Dans
les *Select Papyri*, enfin, pl. LXXVIII *verso*, nous voyons
les noms des deux *mour* (officiers) du même corps. L'un de
ces titres pouvait répondre à celui de Putiphar, qui était
prince ou chef des satellites שר הטבחים, c'est-à-dire, littéralement: « prince des tueurs [1]. » (*Genèse*, xxxix, 1). Le seul
exemple que je connaisse de ce mot employé dans un texte
hiératique, autrement que dans le titre d'un fonctionnaire
ou d'un officier, se rencontre dans le *Papyrus Sallier* n° *1*,
pl. VII, l. 4; M. Goodwin, dans son excellent travail sur les
manuscrits hiératiques du Musée de Londres, n'a pas traduit
ce passage, parce qu'il semble avoir méconnu alors la signification exacte du mot *x'àà*, qui veut dire « poser, laisser,
quitter, abandonner, négliger, etc. » (voir note 38). C'est
une lettre dans laquelle le scribe Amenemân décrit à l'auteur
d'un poème célèbre les avantages de la profession d'homme
de lettres, comparativement à toutes les autres. Voici ce que
je lis relativement aux peines de l'état de *h'er-a'h'*, titre
que M. Goodwin traduit « intendant » (*steward*):

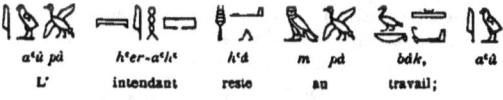

a'û pà	*h'er-a'h'*	*h'à*	*m pà*	*bàk,*	*a'â*
L'	intendant	reste	au	travail;	

1. Les satellites commandés par Putiphar, proprement des *tueurs*,
soit pour la cuisine (*Samuel*, ix, 23, 24), soit comme exécuteurs (*Genèse*,
xl, 3, 4; xli, 10, 12). — (Note de M. Aug. Harlé.)

238 LE PAPYRUS JUDICIAIRE DE TURIN

pài-w   *h'etra*   *äii*   *m pà*   (*àh't ?*),
son   cheval   quitte   le   champ.

a'ri   *a'ràï*   *bed (?)*   *n*   *tài-w*   *h'im-t-u*   *tài-w*
le grain   de   ses   femmes et de ses

s'era't-u   *m pà*   *denû*,   *a'u*   *pài-w*
enfants quitte   le   sillon;   si   ses

h'etra't-u   *xwà-ur*,   *sù* [*her*]   *rad*,   *sù*
chevaux   le quittent,   il est à   pied,   il

a'r'ài   *r tà*   *ûâài-t.*
est pris   par l'   *ûâài-t.*

Dans ce texte, on voit que l'*âââi-t* ne peut désigner qu'une sorte de *police;* car elle seule pouvait avoir à poursuivre un intendant qui négligeait la surveillance des travaux qui lui étaient confiés, ou qui laissait échapper les chevaux de son maître. Or, en Égypte et dans tout l'Orient, même de nos jours, l'agent de police est chargé des châtiments judiciaires, et souvent il n'y a pas d'autre bourreau que lui. Les *ââài* peuvent donc être à la fois les agents de police et les exécuteurs. Il y avait aussi un lieu appelé *tà ââi;* mais ce mot semble avoir une signification différente de celle de lieu d'exécution; on le trouve pourtant en parallélisme avec *arí*, qui veut dire, dans certains cas,

« prison ». Cependant ces acceptions ne paraissent pas toujours convenir (cf. *Select Papyri*, t. I, pl. LXXVII, 2-3). Je pense que ce mot (*Select Papyri*, t. I, pl. XIV, 9 ; pl. XIX, 2 ; pl. XCIII, 3, etc.) appartient à un autre radical qui n'a pas d'*â* médial. J'ai démontré depuis longtemps que la valeur *s'* ne pouvait pas convenir aux signes 🂓 et 🂡 ; j'avais proposé la lecture *ââ* pour l'un, et *wâ* pour l'autre, sans pouvoir expliquer leur permutation[1]. L'étude de nouvelles variantes est venue modifier mes vues sur le premier de ces deux caractères, et me fait préférer aujourd'hui la lecture *ââ*, ou la valeur *ââ* proposée par M. E. de Rougé, et dont la permutation avec le syllabique *wâ* s'explique par l'analogie de la voyelle *â* avec la semi-voyelle *w*.

9. (II, 5.) 𓂋𓏤 𓊃𓏏𓅱, *bû rex'-a' s-t-u* « n'en ai-je pas connaissance ? » litt. : « ne sais-je pas elles ? » Le sens interrogatif paraît être indiqué pour ce membre de phrase par la particule 𓄿𓂋, *a'r*, qui se trouve en tête de la proposition, et, dans tous les autres, il l'est par le groupe initial 𓄿𓂝, *a'â*. C'est faute d'avoir observé cette nuance grammaticale que deux savants distingués ont pu se tromper sur le sens général du *Papyrus Anastasi I*.

𓄿𓂝 𓃀𓈖, *a'â ben*, au commencement d'une phrase, a le même sens conditionnel ou interrogatif que *a'â bû ;* la première forme s'est conservée dans le copte ⲉⲛⲁ *T. M. B.* « *nisi* ».

On remarquera la forme exceptionnelle des deux pronoms ; l'un est celui de la première personne pour un dieu ou un roi ; il répond aux figures hiéroglyphiques 𓁀 et 𓁁. Ce caractère n'est ordinairement employé dans les textes hiératiques que comme déterminatif de majesté, en sorte qu'il peut se joindre à l'expression des pronoms, seulement pour indiquer qu'ils se rapportent à un dieu ou à un roi.

1. [Cf. Devéria, *Mémoires et fragments*, t. I, p. 47, note 2. — G. M].

Ainsi, l'affixe de la première personne est souvent exprimé dans ce cas par les signes hiératiques répondant à 𓀀, 𓀁, si c'est un dieu ou un roi qui parle. Le caractère employé isolément dans notre manuscrit, comme les hiéroglyphes 𓀁 et 𓀀 qu'il remplace toujours, ne peut pas avoir une autre valeur (cf. note 30).

L'autre pronom, celui de la troisième personne plurielle, est exprimé sous une forme qui n'est pas rare, surtout dans des textes hiératiques, à partir de la XIXᵉ dynastie, et qui paraît appartenir au langage vulgaire : 𓊃𓈖 au lieu de 𓊃𓈖𓏥. Je crois qu'on doit lire simplement *se*, comme le copte ⲥⲉ, au lieu de *sen* et sans tenir compte du signe ◯, qui ne sert peut-être qu'à carrer le groupe. Je ne transcris donc les derniers signes *-t-u* que pour me conformer au système général que j'ai adopté. M. E. de Rougé a été le premier à constater l'oblitération de l'*N* dans un grand nombre de mots égyptiens ; c'est un fait philologique des mieux établis.

10. (II, 5.) 𓉔𓈖𓏏𓂻, *h'enî* « bouger, mouvoir, changer de place », copte ⲱⲛ ; avec les pronoms réfléchis « *movere se*, se mouvoir, changer de place, aller ou venir d'un lieu à un autre », suivant les prépositions avec lesquelles le mot est construit. M. E. de Rougé a traduit cette expression par « départ » dans le *Conte des deux frères*, et il me semble qu'ici le sens ne peut être que « partez, allez, marchez, mettez-vous à l'œuvre ». Le même mot, précédé d'un *s* causatif, veut dire « faire mouvoir, mettre en œuvre, faire partir » ; *s-h'en hâb* « faire partir un message, envoyer un message ». Avec un autre déterminatif (le bras armé), il exprime l'idée « disposer » et se prend aussi dans le sens du copte ⲱⲛ *jubere, imperare*. Il ne faut pas confondre ce verbe avec le radical 𓂋𓄿𓈖𓂻, *hân*, qui correspond au copte ⲱⲛ, *accedere, appropinquare*.

11. (II, 5.) 𓋴𓌰𓏏𓀁, *s-meiï* « appeler (appeler en

justice, juger) », d'après les indications de M. Brugsch. Ce mot est étudié dans les formules judiciaires, chap. vi, § 2. Les signes ⬯ et ⬯, et conséquemment les composés ⬯ et ⬯, se tracent identiquement de la même manière dans l'écriture hiératique. Mais les groupes ⬯, ⬯ et ⬯ (*Todtenbuch*, LVIII, 3) se distinguent toujours du groupe ⬯ (*Todtenbuch*, CXXV, 32), parce que le premier n'a jamais le complément ⬯, que le second possède souvent, et qu'il est toujours accompagné du double déterminatif ⬯, que le second n'a jamais. (Voir *Todtenbuch*, LVIII, 3 = Louvre, Papyrus hiératique E 3232 ; cf. n⁰ˢ 5450 et 3091, et *Todtenbuch*, CXXV, 32 = Louvre, Papyrus hiératiques 3087, 3089, 3248, 3143, 3144 et 3151.) Ce mot ayant pour valeur primitive le sens d' « appeler », ce serait une erreur que de le traduire toujours par « appeler en justice ou juger ».

12. (II, 7.) ⬯, *sebâï-t* « châtiment ». Voyez l'*Étude des formules judiciaires*, chapitre vi, § 2.

13. (II, 9.) ⬯, *gàdâs'à* « supplice, torture (?) » *Select Papyri*, t. I, pl. XCII, 11. Cf. ⲕⲁϫⲓ, ⲕⲱϫⲓ M. *Frangere, frangi, disrumpi* ; ⲕⲱϫ, ⲕⲱⲱϫⲉ T., *fractio*, etc.

14. (III, 5.) ⬯, *Res* « vigilant », surnom d'Osiris, qui fait allitération graphique avec son nom ⬯. On en connaît quelques exemples (*Papyrus historique Harris*, et *Manuscrits du Musée du Louvre*). La mention d'Ammon-Râ indique que le document a été rédigé à Thèbes.

15. (IV, 2.) ⬯, *pà h'e-tû-to* « son délit ». Le mot *h'e* a plusieurs acceptions différentes; le sens primitif est « réprimer, repousser, pousser, agir avec force, avec puissance, avec violence » ; il doit répondre ici au copte ϧⲉ, *delinquere*, ϧⲉ(ⲛ) « *casus, lapsus* », et l'expression entière

doit se traduire littéralement : « son (action d')être délinquant, » c'est-à-dire « son délit ». Plus loin (v, 4) la finale *tû* disparaît devant le pronom pluriel *û*.

16. (IV, 2.) ▢𓂋𓉐, *per-x'en-t-u* « harem, gynécée ». Voir chap. iv. Cf. Maspero, *Essai sur la grande Inscription d'Abydos*, p. 31, note 1.

17. (IV, 2.) 𓃀𓏤𓈖𓂋, *bânr = bâl* « dehors ». M. Chabas a été le premier à rapprocher la forme *r-bânr* du copte ⲉⲃⲟⲗ T. « *a, ab, e, ex* ». L'identité de la forme hiéroglyphique avec la forme copte s'établit sur une règle de transcription indiquée par M. E. de Rougé dans sa *Chrestomathie* (t. I, p. 41). Il est à observer que les groupes 𓃀𓏤, 𓈖𓂋, qui semblent être syllabiques, de même que les suivants : 𓃀, 𓂸, 𓃀, 𓊹, 𓏏𓃀, etc., s'emploient avec des valeurs purement alphabétiques et de préférence à l'alphabet ordinaire, dans la transcription de tous les mots étrangers à la langue égyptienne. On ne saurait pourtant conclure de là, avec certitude, que le mot *bânr = bâl'* soit d'origine étrangère. Je crois, au contraire, que c'est un dérivé du radical antique 𓉐, *per*, dont l'emploi comme particule n'existe pas dans la langue sacrée. Ce dérivé, déformé par l'usage, en adoucissant *p* en *b* et *r* en *l*, a pu se conserver dans la langue vulgaire et y être repris, à une certaine époque, avec une orthographe particulière semblable à celle des mots étrangers, pour le distinguer comme eux de la langue des *divines paroles*. Un autre exemple de l'emploi de ces groupes particuliers se trouve un peu plus haut dans la phrase suivante : 𓂝𓄿𓏏𓅱 𓂝𓂋𓏏 𓂝𓂋𓌳𓄿𓅱, (IV, 2) *a'â-to a'r-t âá a'rmâ-û*, litt. : « il fit un avec elles, » c'est-à-dire « il s'unit à leur cause ». Le mot *a'rmâ* ou *a'rmâû* (IV, 4, etc.) « avec » a été également expliqué par M. Chabas (*Le Papyrus magique Harris*, p. 173, et *Glossaire*, n° 14); mais il ne peut pas répondre au copte ⲉⲙⲙⲁ

« ensemble », qui n'est qu'une contraction de l'expression ⲉ-ⲟⲧⲙⲁ, dérivée de la forme antique *r ảả mả* « en un lieu ». C'est un mot d'origine étrangère qu'on ne rencontre dans aucun ancien texte du Livre des Morts; je le crois d'origine sémitique et composé de deux mots conservés en arabe, اِلَى et مَع, qui possèdent le même sens : *una cum, cum*. Il fut particulièrement usité à l'époque des Ramessides.

18. (IV, 2; V, 3.) ⟨hiero⟩, *nủ* ou *nenủ* (?) « exciter, secouer, pousser, inciter » (Chabas, *Glossaire du Papyrus magique Harris*, n° 398). ⲛⲟⲉⲓⲛ *M. Commovere, agitare; commoveri, agitari*.

19. (IV, 2; V, 6.) ⟨hiero⟩, *tehảmủ* « inviter, exciter, pousser », = ⲧⲉϩⲉⲙ *T. B.* ⲑⲁϩⲉⲙ *M.* ⲧⲱϩⲙ *T.* ⲧⲁϩⲙⲉ *B.* ⲧⲁϩⲙⲉ *T. B., vocare, invitare;* ⲧⲱϩⲙ ⲉϧⲟⲩⲛ *T., invitare intus, adire aliquem, pulsare*.

20. (IV, 2; V, 3.) ⟨hiero⟩, *x'erủi-u* « malfaiteurs, méfaits ». Cf. ϣⲱⲗ *T. M., spoliare, diripere, auferre, evacuare, deprœdari;* = ⲣϥϣⲱⲗ; ⲡⲉϧϣⲱⲗ *T. M. Prædator, rapax.* = ⟨hiero⟩ *x'erủ* et ⟨hiero⟩ (pl.) « celui qui hait, ennemi » (Chabas, *Hymne à Osiris*, p. 13 et 71, et E. de Rougé, *Athénæum français*, 1855, n° 44); « criminel, hostile, ennemi, brigand » (Chabas, *Glossaire du Papyrus magique Harris*, n° 739). Cf. *Papyrus Sallier n° 1*, pl. VII, 5, et le mot *x'erủ* qui désigne tous les accusés dans notre manuscrit (Voyez chap. VI, § 2, et note 31).

21. (IV, 5.) ⟨hiero⟩, *dảta'-u* « réprouvés ». Cf. ϫⲟⲟⲩⲧ *T. Reprobus, spurius, impurus; impuritas, insinceritas;* ⲡϫⲟⲟⲩⲧ *M. Impurus, hæreticus fieri*. Cf. דד (syr.) *turbavit?*

22. (IV, 6; V, 7.) ⟨hiero⟩, *ảảdả* « converser, s'entretenir ». Même sens que la forme *dảd* (Chabas, *Études égyptiennes*, premier mémoire, p. 12, et *Glossaire du Pa-*

pyrus magique Harris, n° 137). Cf. ⲟⲩⲱ ⲓⲛ ⲣⲟⲧⲱ, ⲉⲣⲟⲧⲱ, *respondere, loqui*.

23. (IV, 7.) [hiero], *h'apû* = ϩⲱⲡ, *Abscondere, occultare, occultus esse, latere*. Cf. ⲭⲱⲡ et ϩⲏⲡ, *texit, operuit. Pi. occultavit (verba)*.

24. (IV, 12, etc.) [hiero], *m-dùà* « de la part de, par le fait de, du fait de » (Chabas, *Glossaire du Papyrus magique Harris*, n° 376). Cette expression composée ne doit pas être confondue avec le mot [hiero] *mà*, dont la valeur est, je crois, différente, bien qu'on trouve quelquefois la variante [hiero] pour [hiero]. Les deux groupes ne se prennent pas l'un pour l'autre dans les textes hiératiques (Cf. Brugsch, *Dictionnaire hiéroglyphique*, p. 156).

25. (IV, 12.) [hiero], *reqâa'à* = ⲡⲉⲕ, ⲡⲁⲕ, ⲡⲁⲕⲓ *M. Declinare, avertere, recusare, renuere*, etc. Le Papyrus n° 3148, col. 5, au Louvre, contient cette phrase relative au cœur : [hiero] « tu es dans mon sein, ne te *détourne* pas de moi! »

26. (IV, 12.) [hiero], *sema* = ⲥⲙⲏ *M. Apparuit accusaturus, apparuit (coram judice), apparuit accusans*; ⲥⲙⲙⲉ *T. Accusare*. Ce mot a aussi le sens général d'annoncer une nouvelle, et, comme substantif, celui de nouvelle, rapport.

27. (IV, 13.) [hiero], *x'erï-qâh'à* ? « serviteur, valet, domestique ». On trouve parfois cette expression employée pour désigner certains serviteurs, après tous les membres d'une famille. Cf. *Papyrus Sallier n° 1*, pl. LXXIII, l. 4, etc.

28. (IV, 13.) [hiero], *ûàûà*. Dans la traduction, j'ai considéré ce mot comme une variante de [hiero] (Brugsch, *S'aï an sinsin*, p. 19), ou [hiero] *ûâû* « converser, s'entretenir » (Chabas, *Glossaire du Papyrus magique Harris*, n° 137). Cf. note 22. Mais son déterminatif peut indiquer un autre sens, comme par exemple celui du type *ûàï*

« porter » (Brugsch, *Dictionnaire hiéroglyphique*, p. 320). Je n'en connais aucun autre exemple.

29. (IV, 14.) Le groupe 𓉐𓋹𓉐, *per-ânx'* « demeure de vie (collège des scribes) », ne paraît, dans notre manuscrit, se distinguer de 𓉐𓎛𓉐, *per-h'ez'* « trésor » que par l'absence d'un point supérieur qui caractérise ce dernier (Voyez note 3).

30. (V, 1.) ⸺, *dâât-n-a'* « j'ai placé, j'ai mis », la ligature finale est d'une forme irrégulière, qu'on a déjà rencontrée, col. IV, l. 1. D'après un autre passage (VI, 1) ⸺, *z'odî-n-a' ûn* « je leur ai dit », il est certain que cette ligature doit se transcrire par les signes ⸺, *n-a'* et que les deux premiers exemples doivent se traduire « je (les) ai placés, je (les) ai mis », comme si c'était encore le roi qui parlât, bien que le signe de majesté ne soit pas employé (cf. note 9).

31. (V, 2.) ⸺, *x'erû-âà* « grand criminel ». Voyez chapitre VI, § 2, *Études des formules judiciaires*, et la note 20.

32. (V, 3.) ⸺, *h'er-ped* « supérieur ou chef de l'arc, officier, capitaine » (E. de Rougé). Voir Champollion, *Grammaire*, p. 190. Ce titre indique toujours une fonction assez élevée. On trouve sur un monument du Musée Britannique (n° 51 *a*), exécuté par les ordres de la reine Hatasou et de son frère le roi Toutmès III, la légende suivante d'un grand personnage : ⸺ « L'unique sage qu'estime son Dieu et qu'aime son seigneur, à cause de sa bienfaisance, serviteur de son maître dans ses voyages aux pays du Sud et du Nord, prince royal, officier, chargé des armes du roi, Anebni, véridique. »

33. (V, 3.) ▭𓀀𓂝, *h'âb-t* « message ».

34. (V, 3.) 𓀀𓂝, *mtûk* « toi ». Forme bien connue du pronom isolé de la deuxième personne, singulier, masculin, dans les textes hiératiques.

35. (V, 5.) 𓀀𓂝, *mur-mâs'â-u* « capitaine d'archers, officier d'infanterie ». Cette expression était le titre et le nom royal d'un prince qui régna en Égypte sous la XIIIe ou la XIVe dynastie, d'après deux statues découvertes par M. Mariette à Sân (Tanis). Ce roi semble figurer sur le fragment n° 78 du canon hiératique de Turin, où il faut lire *mur-mâs'â-u* et non pas *ter-mâs'â-u*, comme l'a fait M. Brugsch (*Histoire d'Égypte*, t. I, pl. VII, n° 136). Cf. E. de Rougé, *Revue archéologique*, février 1864, p. 126.

36. (V, 5.) 𓀀. *dûd* (?) « total ». Ce signe a souvent un *d*, ⟨=⟩, pour complément (Birch, dans Bunsen, *Egypt's Place in universal History*, vol. I, p. 589, n° 46), et je supposais qu'il devait alors répondre au copte ⲧⲱⲧ *M.*, *adjungere*, *adjicere*, *congregare*; ⲧⲟⲧⲕⲧ *T.*, *congregari*, *congregatus*; ⲑⲟⲩⲉⲧ, ⲑⲟⲧⲟⲩⲧ *M.*, *congregare*, *colligere*. Mais on le trouve employé pour la syllabe *dem* (cf. ⲧⲱⲙ *M.*, *conjungere*) dans les variantes du nom de certaines divinités observées dans les tombeaux des rois à Biban el-Malouk, et dans les Papyrus relatifs à la course nocturne du soleil dans l'hémisphère inférieur du ciel. Enfin, les variantes *domd* et *domz* signalées dans ces derniers temps me font considérer aujourd'hui la lecture *dûd* comme des plus douteuses (Voyez E. de Rougé, *Chrestomathie*, I, p. 88).

37. (V, 7, etc.) *âââ* « converser, s'entretenir ». Voyez la note n° 22. Ce verbe peut être pris dans un sens actif et admettre pour régime direct le mot *x'od-t-u* « paroles », comme en français les verbes dire, prononcer, chuchoter, etc.

38. (VI, 1.) 𓀀𓂝, *x'ââ* « poser, déposer, laisser, abandonner, négliger, abandon, négligence ». (E. de Rougé, *Poème de Pentaour*, p. 13, et *Papyrus d'Orbiney* ou *Conte*

des deux frères; Birch, *Annals of Thotmes III*, p. 10, note *c;* Chabas, *Inscription d'Ibsamboul*, p. 734, et *Glossaire du Papyrus magique Harris*, n° 715) = ϫⲱ M., ⲕⲱ T. B., ⲕⲁ T., *ponere, derelinquere,* ϫⲱ ⲛⲥⲁ, *relinquere, derelinquere, negligere, spernere,* etc. (Voyez note 8).

39. (VI, 1.) [hiero], *meterá-t-u noterá* « bons témoignages ». Cf. ⲙⲉⲧⲣⲉ, ⲙⲉⲑⲣⲉ, ⲙⲛⲧⲣⲉ, *testis* (Brugsch, dans la *Zeitschrift*, octobre 1863, p. 32). Ce mot ne doit pas être confondu avec *s-met* ou *s-metï* (Voyez la note 11).

40. (VI, 1.) [hiero], *peh'* « atteindre, parvenir », se dit des choses qui joignent, avoisinent, limitent et approchent (Cf. *Papyrus Lee*, I, 1. 3, et Chabas, *Glossaire du Papyrus magique Harris*, n° 496). = ⲡⲉϩ, ⲡⲉϩ T., ⲫⲟϩ M., ⲁⲱϩ T. B., ⲛⲱϩ T., *pervenire, pertingere*. On trouve souvent en parallélisme avec ce radical le mot [hiero] *x'nom* ou *x'onm* « joindre, unir, s'unir, etc. » Ce dernier répond au copte ⲙⲟⲛⲕ, ⲙⲱⲛⲕ T., *conjungere, conjunctio* (Voir Le Page Renouf, *A prayer*, p. 18.) Mais l'articulation initiale, *x'*, n'a pas toujours existé dans ce verbe, dont la forme primitive est *nem*.

41. (VI, 1; IV, 2.) [hiero], *á-t* « maison, demeure, habitation », et « chambre, abri, réserve, magasin », = ⲏⲓ T. M. B., ⲛ, *domus*, ⲛⲉⲓ T., ⲟⲧ, *tectum*, etc.

42. (VI, 1.) *H'oqer-u* « tourments(?) ». Je renonce maintenant à ce déchiffrement, pour lire avec certitude *h'eq-t-u*, « boissons, liquides ». Voyez p. 192 et p. 231, un autre exemple de la même expression¹.

---

1. [La première version de ce passage, telle qu'elle se trouve au *Journal Asiatique*, était conçue : « [hiero]. *h'oqer-u* « tourments(?) » = » ⲉϩⲟⲕⲓ M., *excruciare*. La transcription du signe déterminatif est dou-
» teuse; voyez pourtant celle du mot *h'ápú* (IV, 7). Je crois maintenant
» qu'il vaut mieux lire [hiero], *hunger, starre* (Birch, *Dictionnaire*
» *hiéroglyphique*, p. 388). Voyez chapitre VI, § 3. » — G. M.]

43. (VI, 5.) [hieroglyphs], *h'er-t s-âs'-t-u* « chef exécuteur de bastonnade ». Ce titre pouvait être porté par certains fonctionnaires des prisons, ainsi que l'indiquent les variantes d'une légende que je trouve sur plusieurs figurines funéraires du cabinet de M. le comte de Saint-Ferréol, à Uriage : [hieroglyphs] et [hieroglyphs]. Le mot [hieroglyphs], avec toutes ses variantes, se lit *âri* et désigne effectivement un cachot ou une prison (Birch et Chabas, *Mémoire sur une patère égyptienne*, p. 39, 47). Les sept prisons du chapitre CXLIV du Livre des Morts s'appelaient également *ârî*. J'ai copié, au petit temple d'Abydos, un bas-relief représentant une procession, auprès de laquelle un homme armé d'un bâton paraît s'escrimer et se donner beaucoup de mouvement, comme de nos jours, les *caïcas*, qui, le *courbache* à la main, accompagnent les cortèges officiels pour frapper les trop curieux. Ce personnage a pour toute légende le groupe [hieroglyphs], *s-âs'-u*, qui est identique à celui de notre Papyrus; j'en conclus que ce groupe désigne l'homme qui frappe. On pourrait le rapprocher du mot [hieroglyphs], *sex'et* « frapper », et du copte ⲥⲱ, *percussio;* mais je crois qu'il faut l'expliquer par le radical [hieroglyphs], *âs'*, copte ⲱϣ. *multus*, précédé de la préformante *s* qui lui donne la signification « augmenter, ajouter », parce que les hommes qui donnent la bastonnade comptent tous les coups qu'ils frappent. Cette forme *s-âs'* paraît s'être conservée dans le copte ϣⲁϣ, ϣⲟⲧϣ, *percutere;* car la préformante *s* donne presque toujours un ϣ dans la langue copte, quand elle n'y disparaît pas entièrement.

44. (VI, 6.) [hieroglyphs], *x'erâu-t* « combat, attaque, lutte, empêchement, opposition » (Chabas, *Glossaire du Papyrus magique Harris*, n° 253); « contradiction » (E. de Rougé, *Conte des deux frères*, clause finale). Cf. ϣⲁⲁⲡ T., *percutere*, ϣⲁⲡⲓ M., *percussio*.

45. (VI, 2.) [hieroglyphs], *z'erâû-t*. Ce mot répond au copte ϫⲟⲣ *M.*, ϫⲟⲟⲣ *T.*, ϫⲁⲁⲣ *B. Fortis, potens esse; fortitudo*, etc. Placé à la fin d'une phrase, il est ordinairement adverbe et veut dire « fortement, puissamment, entièrement, complètement, parfaitement ». Le mot précédent [hieroglyphs], *ba'nû* « mauvais, méchants », est une forme rare du mot [hieroglyphs], *ba'n*, même sens, = ϩⲱⲛ, ϩⲟⲛⲥ *M.*, *malus, noxius, fœdus*.

NOTE SUR LA TRANSCRIPTION DES NOMS ÉTRANGERS

J'ai dit, dans la note 17, qu'un certain nombre de groupes *syllabiques* étaient employés avec des valeurs *purement alphabétiques* dans la transcription des mots étrangers à la langue égyptienne, ou tout au moins à la langue sacrée. Cet usage spécial des groupes en question paraît n'avoir eu d'autre but que de différencier dans l'écriture toutes les transcriptions et les néologismes. Prenons pour exemple le mot hébreu מִגְדָּל « *locus editus; suggestus; turris; præsidium* » de la racine גדל ou גיל « *viribus valuit, potens fuit*, etc. », qui a formé le nom de la ville égyptienne מִגְדָּל ou מִגְדֹּל *Migdol*, Μαγδώλον des Septante, *Magdalum*.

Les voyelles indiquées par les points massorétiques, écrites d'après la prononciation traditionnelle à une époque relativement moderne, n'ont pas une grande importance dans la question. Une transcription antique comme celle des Septante en a beaucoup plus. Mais ni l'une ni l'autre des deux prononciations ne concorde avec celle que les transcriptions égyptiennes, par groupes en apparence syllabiques, semblent donner.

Les voyelles hébraïques étaient probablement dans l'antiquité ce que sont aujourd'hui les voyelles arabes, c'est-à-dire des émissions vocales souvent imperceptibles et qui paraissent à toute oreille étrangère insuffisantes pour l'articulation des consonnes. Aussi nos transcriptions européennes des mots arabes présentent une étrange variété; le nom de Mahomet par exemple est écrit souvent en français *Mehemet*, *Mahammed*, *Mohammed*, *Mouhammed*, etc., et si l'on voulait s'approcher autant que possible de la prononciation arabe, il faudrait écrire *Mhmmed*.

De même, si l'on voulait s'approcher autant que possible de ce que devait être la prononciation antique du mot *Migdol*, il faudrait écrire *Mgdol*.

L'un des caractères distinctifs de ces langues sémitiques est en effet la brièveté, la rareté et presque l'absence des voyelles. Les consonnes y jouent seules un rôle important.

Comment donc expliquer maintenant que le mot *Migdol* est transcrit en égyptien [hieroglyphs], *Má-gà-dī-ra?* — Cela n'est pas possible, et nous devons arriver à la conclusion que chacun des quatre groupes hiéroglyphiques qui composent ce nom n'est employé dans cette transcription que pour son articulation initiale : *má* pour *m*, *gà* pour *g*, *dī* pour *d* et *ra* pour *r* ou *l*. Nous obtenons ainsi la lecture *mgdl*, qui est identique à l'orthographe hébraïque מגדל.

Voici, pour terminer, la liste des noms étrangers que j'ai transcrits jusqu'ici d'après le système syllabique et dont je propose maintenant la lecture alphabétique.

LECTURE SYLLABIQUE	LECTURE ALPHABÉTIQUE	ORTHOGRAPHE SÉMITIQUE
A'dīramá.	A'drm, A'doram.	אדרם
Bàr-màhàr.	Bár-mhr.	יפל־מהר
Kàrapùná.	Krps.	כרפס
Nànàïu.	Nnīu.	נינוה
Pàï-a'rï-sàlemàh.	Pa'rī-slmà.	פטרי שלמה
Pàï-b'às-t.	P-bst.	פי־בסת
Pàïoretà.	Pwrt.	פודתא
(Pà-)lekà.	(Pà-)lk.	יי
Qednren (?).	Qdrn (?).	קדרין
Uàr.	Uàr (?).	יאר

Uàra'à.	Uàr-a'à (?).	אוריה
(*X'á-m-*)a'*rmáànr.*	(X'á-m-)a'rmn (?).	ארמן-
(*X'á-m-*)máà-*ner.*	(X'á-m-)ml' (?).	מלא-

Les autres transcriptions ne sont pas modifiées par cette nouvelle méthode de déchiffrement.

Terrañal, près Cannes, 10 avril 1868.

LES LAMENTATIONS D'ISIS ET DE NEPHTHYS

MANUSCRIT HIÉRATIQUE DU MUSÉE ROYAL DE BERLIN

PUBLIÉ EN FAC-SIMILE, AVEC TRADUCTION ET ANALYSE

par J. DE HORRACK[1]

Sous ce titre, M. J. de Horrack vient de traduire et de publier un très intéressant texte égyptien qui, jusqu'à présent, avait été simplement signalé par M. Brugsch. L'interprétation suivie de ce précieux document témoigne d'une connaissance approfondie de la langue égyptienne[2]. Dans ce travail, rien d'inutile; pas de dissertations oiseuses; on remarque même une concision qui peut paraître poussée à l'extrême, car le mémoire n'a que seize pages; mais cette concision n'est pas un défaut quand on considère la clarté comme le principal but à atteindre.

1. Extrait de la *Revue critique*, 1866, t. I, p. 366-368.
2. Les seuls passages que je pourrais proposer de modifier dans cette traduction littérale, sont les suivants : P. 5, l. 2 : « Je ne te vois plus! (litt. : je ne t'ai plus vu) » au lieu de « Ne m'aperçois-tu pas? » — P. 11, l. 3 : « L'abondance est en elles, » au lieu de « (pour) t'y abreuver. » — Je couperais différemment la phrase (p. 5, l. 10) et je traduirais : « depuis qu'(ils) me voient (dans cet état), » ou « dès que je (les) vois, je suis à t'appeler dans (mes) lamentations jusqu'au bout du ciel et tu n'entends pas ma voix! » — Le groupe hiéroglyphique composé de la lune et du soleil, discuté p. 10, reste d'une signification douteuse. Cette expression désigne peut-être simplement la lune. — Une erreur de composition (p. 15, l. 15 et 23) a fait employer le signe de la *droite* pour celui de la *gauche*; cela rend le passage obscur quand on n'est pas prévenu.

On doit cependant regretter que l'auteur n'ait pas donné quelques développements qui feraient mieux comprendre certaines croyances mythologiques révélées par ce curieux papyrus. M. de Horrack a bien saisi la nuance qui distingue les deux premières sections des suivantes; les unes sont des *évocations* adressées à Osiris mort, les autres sont des *invocations* adressées aux nouvelles manifestations du dieu; les unes montrent la douleur des déesses qui ont perdu leur frère; les autres expriment leur joie de le retrouver sous diverses formes.

La première de ces manifestations divines est exprimée par ces mots: « O dieu An, tu brilles pour nous au ciel chaque » jour. Nous ne cessons plus de voir tes rayons. Thot est » pour toi en sauvegarde, il élève ton âme dans la barque » *Ma-at*, en ce nom, qui est le tien, de dieu Lune. »

Ces seuls mots, que l'auteur s'est contenté de rapprocher des passages du *De Iside* dans lesquels Osiris est en rapport avec la lune, auraient pu lui fournir les observations suivantes :

1° Il ressort du contexte que, pendant qu'Isis et Nephthys se lamentaient sur la terre de la perte d'Osiris, Thot conduisait son âme dans la barque divine où elle devenait visible sous la forme de la lune. C'est une donnée mythologique très importante qui ne se trouve pas clairement énoncée dans le traité attribué à Plutarque.

2° Cela explique pourquoi Osiris et Thot avaient tous deux des attributions lunaires, et pourquoi ils étaient souvent représentés avec le disque de la lune sur la tête, sous les noms d'Osiris-Lune et de Thot-Lune.

3° Cela nous apprend pourquoi le dieu Thot était devenu le conducteur des âmes, comme l'Hermès Psychopompe des Grecs[1].

4° Cela nous montre enfin pour quelle cause la région sub-

1. Champollion, *Panthéon*, p. 30, c.

lunaire de la voûte céleste était considérée comme le séjour des âmes pendant l'intervalle de leur transmigration[1].

La IV⁰ section contient ces mots, qui demandent à être expliqués : « Les esprits de tes pères te secondent ; ton fils, l'adolescent Horus, fils de tes deux sœurs, est devant toi. » — Ils font allusion à l'un des principaux mystères du mythe osiriaque. Lorsque Isis, aidée par Anubis, eut réuni les parties du corps divin que Typhon avait dispersées, elle en forma un être nouveau que ses incantations et celles de Nephthys ramenèrent à la vie sous la forme d'un enfant; c'est ce que prouvent les sculptures de Dendérah et d'Edfou ainsi que l'hymne à Osiris de la stèle d'Amen-mès et plusieurs autres textes. Cet enfant était Harpocrate, c'est-à-dire *Horus enfant*, fils d'Osiris, mais on comprend qu'il était aussi Osiris lui-même, puisqu'il était formé de son propre corps. Ses deux mères étaient Isis et Nephthys, sœurs d'Osiris, qui avaient coopéré toutes deux à son retour à la vie. Or, on sait qu'Horus personnifiait le soleil levant, symbole de toute naissance. Voilà donc Osiris qui réapparait sous la forme d'Horus, c'est-à-dire avec les attributions d'un dieu purement solaire. C'est enfin avec cette dernière attribution qu'il est dit plus loin « fils de Neith », car on sait que Neith personnifiait à son tour l'hémisphère inférieur du ciel, d'où sortait le soleil à son lever, et qui paraissait ainsi lui donner naissance chaque jour. C'est une idée qui a fait dire Nou-t mère d'Osiris ; Nou-t personnifiait en effet l'hémisphère supérieure du ciel par opposition à Neith, et *Râ*, le Soleil, ne redevenait Osiris qu'après être sorti de l'hémisphère supérieur (Nou-t), qui lui donnait ainsi, chaque soir, une nouvelle naissance dans l'hémisphère inférieur du ciel[2].

1. *Dialogue d'Isis;* voy. Stobæi *Eclogarum physicarum*, lib. I, cap. III, p. 1076; Jamblique, *De anima*, ap. Euseb. *Præp. evangel.*
2. L'auteur, qui a bien voulu me citer à l'occasion de ce symbolisme, n'a pas très exactement rendu ma pensée, que d'ailleurs je ne lui avais

Qu'on me permette encore une observation : M. de Horrack se demande (p. 11) pourquoi « Nephthys s'adresse, non pas » à la défunte *Tentrut*, comme on devait s'y attendre, mais » à sa sœur *Tarut*[1], à laquelle la partie hiéroglyphique du » papyrus est consacrée ». C'est tout simplement, je crois, parce que l'hiérogrammate égyptien aura voulu assimiler les deux *sœurs* défuntes aux deux déesses *sœurs* auprès desquelles elles sont représentées au-dessous du texte. Il est très vraisemblable, en effet, que la partie hiéroglyphique du manuscrit a été rédigée pour la défunte *Tarut* du vivant de sa sœur ; puis que, cette dernière venant à mourir, on y aura ajouté le texte hiératique en son honneur avec son nom, *Tentrut*, et que le scribe sacré aura trouvé cet ingénieux moyen de rendre le texte final également profitable aux deux défuntes.

En résumé, nous ne trouvons qu'à ajouter à la publication de M. de Horrack ; et dire d'un travail scientifique qu'on n'y trouve rien à supprimer, c'est faire son meilleur éloge.

peut-être pas suffisamment expliquée ; mais ce n'est là qu'une question de détail qui ne nuit en rien à l'intérêt de son travail.

1. Je transcrirais *Tent-rüd* et *Tä-rüd*. Je regrette de voir que l'auteur, comme aujourd'hui la plupart des égyptologues, ait renoncé au système de transcription de M. Brugsch pour adopter celui qu'a proposé dernièrement M. Lepsius, et qui est beaucoup moins complet.

L'OSTRACON DE LA COLLECTION CAILLAUD[1]

M. Chabas, dans son intéressant article *Sur un Ostracon de la collection Caillaud*[2], après avoir signalé la difficulté qui s'attache au déchiffrement des textes de ce genre, invite ses confrères en égyptologie à joindre leurs efforts aux siens pour y élucider les points douteux. Je crois donc répondre à son désir en présentant ici quelques lectures différentes de sa première appréciation.

La première ligne est bien traduite, mais le typographe a mis un trait vertical | de trop au nom hiéroglyphique du mois d'Épiphi (p. 38); je ne m'arrête pas au mot 𓅱𓂋𓅱 ou 𓅱𓂋𓇳 *ûsew* « oisiveté, ou jour de vacance, de chômage », dont le déterminatif est supprimé dans la transcription, ainsi qu'aux lignes 4 et 5.

Je lis à la fin de la 2ᵉ ligne : 𓂋 𓃀𓂓𓅱 𓅓 𓏏𓄿 𓇋𓂋𓇋𓏏𓄿 𓂜 *r bâkû m tâ arî-tâ n*, « pour (s'occuper?) de ce qu'a fait », et à la ligne 3 : 𓂋 𓏏𓄿𓇌𓅱 𓎛𓇋𓅓𓏏𓅱 𓍱 𓐍𓂋 *tâi-w h'ime-t-u ûbâû Sa h'er S'a-m-ûsi-t H'ora*, « son atelier de femmes, l'ouvrier Sa-her, S'a-m-ûsi et Hora. »

A la ligne 4, un trait vertical | est omis dans la transcrip-

---

1. Inédit et conservé au Louvre; écrit à la fin de 1867 et destiné à la *Zeitschrift*. — G. M.
2. Publié dans la *Zeitschrift*, mai 1867, p. 37.

258 L'OSTRACON DE LA COLLECTION CAILLAUD

tion après le signe ⸺, et je lis à la fin : ... *aû-ю ûseю m matt-ю*, « il a chômé comme lui ».

Au troisième groupe de la ligne 5, un céraste ⸺ est omis dans la transcription. Le nom, inconnu jusqu'à présent, que M. Chabas lit Nekhtteh me paraît très incertain dans la gravure originale. Serait-ce ... Next-zem, nom fréquent à l'époque du document étudié? Il y a là une véritable difficulté de déchiffrement.

Enfin, les deux derniers signes de la 6ᵉ ligne me paraissent très douteux; le dernier surtout, car je n'ai jamais rencontré dans les textes hiératiques le pronom *sû* écrit par le signe ... seul. Je transcrirais plus volontiers ... sans pourtant connaître un autre exemple de cette expression.

Voici maintenant comment je lis l'ensemble du document :

« Epiphi, jour 14. Jour de vacance a fait le chef des ouvriers

» Xonsû pour s'occuper de ce qu'ont fait

» son (atelier de) femmes, l'artisan Sa-her, Sᵗâ-m-ûsi

» et Hora. Le teneur de livres est venu le jour 21;

» il a chômé comme lui. Jour 26. A chômé

» Neχt (teb?); il fut à se mettre au lit; ..... Pen-tà-our

» fut à faire (son bon plaisir?) »

Si la version de M. Chabas et la mienne présentent de notables différences, à la ligne 3 particulièrement, je me plais néanmoins à reconnaître que mon savant ami de Chalon a parfaitement compris le sens général et la destination du document. Mais je me demande pourquoi il n'y a pas joint un autre ostracon de la même provenance, publié sur la même planche, et dont le texte, évidemment tracé par la même main, paraît faire suite au premier. Voici comment je lis ce dernier :

« Également, les gens..... (Un nom à demi effacé)... nower, il a

» passé un jour à s'en aller; Mesori, jour 8, il fut à

» faire une gloutonnerie. »

Je dois maintenant justifier mon interprétation par quelques explications philologiques. Le verbe  bâkâ, construit avec la préposition , semble avoir dans le premier ostracon un sens spécial que je ne saurais définir avec précision. Est-ce le type du radical copte ⲃⲁⲕ *emittere*, conservé dans ⲃⲁⲕⲙⲁⲧⲟⲩ *venenum emittens* et dans ⲃⲁⲕⲱⲛⲉ *saxa emittens?* — Est-ce plutôt l'analogue de ⲃⲉⲕⲉ *merces* (cf. ⲥⲓ ⲃⲉⲭⲉ *M. Mercedem accipere, quæstum facere*)? Je ne puis rien affirmer. Mais il est évident que le chef des ouvriers, Khonsou, a abandonné pendant un jour son propre travail pour s'occuper de produits déjà fabriqués, comme pour les distribuer, les vendre ou les emmagasiner. Dans le groupe suivant, il m'est impossible de voir l'article pluriel 🐦 *nà* et après le verbe 👁 *ari* « faire », la marque du passé et du passif 🍞 *tà* est assez reconnaissable. Le groupe entier est donc 🐦👁🐦〰 *tà ari-tà-n*....., « ce qu'a fait..... ». Ligne 3 : 🐦🐦 *taï-tc h'ime-t-u* « ses femmes, son (atelier de) femmes ». Le possessif *taï-tc* « la de lui » est au féminin singulier, parce que le mot féminin *h'ime-t-u* « femmes » est pris dans un sens collectif qui gouverne le singulier, le mot *atelier*, *réunion*, ou quelque chose d'analogue, étant sous-entendu. On trouve identiquement les mêmes mots voulant dire « ses femmes (et ses filles) » dans le *Papyrus Sallier I*, pl. VII, l. 3. C'est exactement le même fait grammatical qui se présente dans l'expression 🐦🐦 *taï-tc tent h'etra-u*, « sa cavalerie » (Voyez Champollion, *Grammaire*, p. 208, 4, et Birch, *Hieroglyphic Grammar*, dans Bunsen, *Egypt's Place*, t. V, p. 637). De plus, si le mot que je lis *h'ime-t-u* « femmes » était le mot 🐦 *peh'u* que M. Chabas traduit « fermes », il est certain que son déterminatif aurait été assez distinctement tracé pour qu'on ne pût pas le confondre avec l'expression très ordinaire de l'idée « femmes ». Du reste M. Chabas admet lui-même la possibilité de cette lecture, et je la regarde comme d'autant plus certaine que j'ai trouvé le déterminatif *femme* sous une forme presque identique, dans le *Papyrus judiciaire de Turin* (IV, 2), pour le mot *senu-t*, « sœurs »[1]. Le mot 🐦🐦 *àbàà* « ou-

---

1. [Cf. plus haut, aux pages 129-130 du présent volume, la forme hiératique à laquelle Devéria fait allusion ici. — G. M.]

vrier, artisan », est certain. La forme est identique dans le *Papyrus Anastasi IV*, pl. VII, l. 10, et dans le *Papyrus d'Orbiney*, pl. XVIII, l. 3. M. Chabas a mentionné lui-même ce dernier exemple dans son *Voyage d'un Égyptien*, p. 270. Le nom de cet ouvrier ne peut pas être *Neferho* comme le lit M. Chabas, car jamais, à ma connaissance, dans l'écriture hiératique, le mot *nefer* ou *notere* n'est écrit par les seuls signes 〖〗; on trouve toujours le groupe entier 〖〗.

Je lis donc 〖〗 *sa h'er* avec beaucoup plus de probabilité. Le nom bien connu 〖〗 *S'a-m-ûsi* (d'après la lecture de M. Brugsch) est aussi incontestable que le mot *ûbâû*, et je m'étonne que M. Chabas, qui en a déchiffré de plus difficiles, n'ait lu ni l'un ni l'autre. En revanche, il a, je crois, parfaitement déterminé, à la ligne 4, le sens de l'expression 〖〗 *zât-s'ât* « teneur de livre ». Mais il n'a pas déchiffré, à la fin de la même ligne, le groupe 〖〗 *m ma-t-t-ro* « comme lui », qui se retrouve, à l'exception du pronom, en tête de l'autre ostracon. On pourra m'objecter que le 〖〗 a une forme qui le fait bien ressembler à 〖〗 *m*, aussi, je ne rejette pas d'une manière absolue cette dernière transcription, et je reconnais qu'en l'admettant, on pourrait couper les phrases différemment : « Le teneur de livre est venu le jour 21 et il a chômé. Également (*m ma-t-t*), dans (*m*) le jour 26, a chômé Har-khem, etc. » Cependant, dans la gravure originale de M. Caillaud, la forme est beaucoup moins accusée que dans la reproduction de la *Zeitschrift*, et la position *inférieure* de ce caractère me le fait plutôt reconnaître pour un 〖〗.

Les derniers signes du second ostracon me laissent des doutes comme quelques-uns de ceux du premier. J'ai pourtant remarqué quelquefois que, dans l'hiératique, le groupe 〖〗 se contracte de telle manière que le bras 〖〗 disparaît presque entièrement.

262 L'OSTRACON DE LA COLLECTION CAILLAUD

Le Musée du Louvre possède aussi un ostracon du même genre[1] dont, à mon tour, je soumets la traduction aux lecteurs de la *Zeitschrift*. Il porte d'un côté six lignes d'écriture hiératique, qui semblent contenir un certificat délivré à des ouvriers pour un travail de corvée exécuté par exception pendant un jour non ouvrable.

On voit au revers les restes de quatre lignes de la même écriture, tracées en surcharge sur un texte à l'encre rouge presque entièrement effacé, plus le signe de *l'archer accroupi* 𓀒 répété trois fois comme exercice de plume, et deux traits sans signification. Il ne reste plus qu'une faible trace de la première ligne, mais on lit ensuite :

1. *Inventaire du Musée égyptien*, n° 694, 3.

L'OSTRACON DE LA COLLECTION CAILLAUD

(Vacance?) a faite X'num-mès Mois de Pachons, jour 11.

Ousew-mès, en disant : Je fais (mon jour

de vacance?); a fait X'num-mès, mois de Pachons, jour (14?)

Cette pièce est donc une note prise par un inspecteur de travaux pour déduire les jours de chômage de la paye des ouvriers.....

La fin de cette notice a été reproduite avec quelques modifications légères dans le *Catalogue des manuscrits égyptiens*, p. 194-195. Le commentaire qui devait terminer le mémoire n'a jamais été écrit à ma connaissance. — G. M.

EMBLÈME D'HERMANUBIS

DANS LE

TOMBEAU DE BAKENXONSOU

PREMIER PROPHÈTE D'AMMON SOUS LA XIXe DYNASTIE [1]

Nous avons donné dans la *Revue archéologique* [2], puis dans les *Mémoires de l'Institut égyptien d'Alexandrie* [3], la traduction des inscriptions d'une statue conservée dans la Glyptothèque de Munich, et représentant le premier prophète d'Ammon Bakenxonsou.

Champollion a visité le tombeau de ce personnage à Thèbes [4], et son sarcophage a été signalé dans la collection de M. Mayor, à Liverpool [5].

Un objet funéraire conservé au Musée du Louvre [6] porte également son nom, dans une légende hiéroglyphique, qui

---

1. Extrait de la *Revue archéologique*, nouvelle série, 1869, t. XX, p. 305-309. — G. M.
2. *Revue archéologique*, août 1862, t. VI, p. 101-104 [Cf. ce mémoire plus haut, au t. I des *Mémoires et fragments*, p. 269-273].
3. *Mémoires de l'Institut égyptien*, t. I, p. 701-754 [Cf. ce mémoire plus haut, au t. I des *Mémoires et fragments*, p. 275-324.
4. Champollion, *Monuments de l'Égypte et de la Nubie*, t. I, p. 538.
5. *Zeitschrift*, janvier 1868, p. 12.
6. Inventaire n° 3018. Champollion l'a décrit ainsi : « (Bois.) SIMULACRE DE PALETTE DE SCRIBE, terminé par une tête de chacal, symbole d'*Anubis*, avec inscriptions gravées au revers, en creux, et remplies de mastic jaune, relatives à un prêtre d'Ammon, nommé *Djok-en-Khons*,

avait échappé à mon attention. Cet objet, découpé dans une planchette de bois[1], paraît représenter un vase en forme de cœur, surmonté d'une tête de chien[2] coiffée du *claft*. Les appendices latéraux du vase ont disparu; mais on en distingue encore la trace. Sur la partie antérieure, qui figure la panse, est sculptée une palette de scribe, de chaque côté de laquelle on lit un des titres habituels d'Anubis. L'un de ces titres, à droite, veut dire « ensevelisseur »; l'autre, à gauche, « seigneur du Tà-doser (région funèbre) ». Ces légendes, les rayures de la coiffure et tous les caractères hiéroglyphiques sont gravés en creux et remplis d'un mastic jaune.

La palette étant l'emblème de Thot, l'*Hermès* égyptien, et le chien celui d'*Anubis*, nous trouvons l'explication de leur réunion dans le nom d'Hermanubis ou Hermès-Anubis. Ce dieu révélateur des mystères de l'hémisphère inférieur est mentionné au chapitre 61 du *Traité d'Isis et d'Osiris* de Plutarque.

« Toutes les substances, dit l'auteur, qui sont au ciel et
» dans les enfers ont un rapport commun; et les anciens
» donnaient à celles-ci le nom de sacré et aux premières
» celui de saint. Le dieu qui fait connaître le rapport des
» substances célestes avec les substances de la région sou-
» terraine est appelé tantôt Anubis[3], tantôt Herma-

qui invoque *tous les dieux et toutes les déesses de la contrée des morts ou de l'Amenté* (l'enfer). » (*Notice du musée Charles X*, p. 102, M. 55). M. E. de Rougé mentionne en ces termes le même objet : « Une palette d'une forme singulière est surmontée d'une tête de chacal, emblème des hiérogrammates. » (*Notice sommaire*, p. 82.) Voyez la planche ci-jointe.

1. Ce bois n'est peut-être pas du cèdre, mais il provient certainement d'un arbre de la famille des conifères, étranger à l'Égypte. Les anciens paraissent avoir confondu plusieurs espèces analogues qu'ils employaient indistinctement aux usages funéraires.

2. Les auteurs grecs désignent toujours comme un chien l'animal qu'on a l'habitude d'appeler chacal à cause de sa longue queue.

3. Un symbole connu d'Anubis, représentant un chien couché sur un

» nubis [1] ; le premier de ces noms désigne la relation des
» substances supérieures, et le second, celle des substances
» inférieures. Ils sacrifient au premier un coq blanc, et au
» second un coq jaune. Le premier de ces animaux désigne
» la clarté et la pureté des substances célestes; l'autre
» marque le mélange et la variété qui caractérisent les
» substances souterraines. »

Le même auteur, toutefois, nous met en garde contre la confusion des attributs, quand il nous dit au chapitre XI :
« Ils ne croient pas que le chien soit proprement le dieu
» Mercure; mais, comme cet animal est dans une continuelle
» vigilance, qu'il fait bonne garde et que son instinct lui
» fait distinguer avec sagacité un ami d'un ennemi, ils l'ont
» comparé, suivant Platon, au plus fin des dieux. »

Les rapports cosmogoniques qui existent entre Isis, Nephthys et Anubis, sont exposés au chapitre 45 du même *Traité* : « Après que Nephthys a engendré Anubis, Isis

---

sanctuaire ou sur le signe du ciel, exprime à cause de cela, dans la légende antérieure de notre objet funéraire, les mots *her se-s'età*, « maître des secrets » ou « possesseur des mystères ». C'est l'initié de l'ordre le plus élevé, que le décret de Kanopus comprend dans la désignation générale : οἱ εἰς τὸ ἄδυτον εἰσπορευόμενοι. Il ne faut pas confondre cette expression approximativement rendue par les mots « secrétaire sacré » avec le signe représentant un chien ou chacal debout, en égyptien *sab* (= héb. *zieb*, lupus), et qui désigne un « scribe » ou « docteur » par homophonie avec *sbo*, « doctrina, eruditio ». (Voyez S. Birch, *Zeitschrift*, 1868, p. 112; E. de Rougé, *Recherches sur les monuments qu'un peut attribuer aux six premières dynasties de Manéthon*, p. 85, 86, 118, 121, etc.).

1. Ce nom a certainement été considéré par Plutarque comme formé de ceux d'Hermès et d'Anubis, l'un grec et l'autre égyptien. Mais il peut aussi n'être que la transcription hellénique d'un surnom ou titre d'Anubis, tel que *her-ma-noub*, « préposé au lieu funèbre » ou *her ma-n-ouab*, « préposé au lieu de purification ». Il n'en serait pas moins admissible qu'Anubis, considéré comme révélateur des choses mystérieuses, aurait reçu l'un des attributs de Thôt, l'interprète sacré, le dieu de la parole et de l'intelligence.

268   EMBLÈME D'HERMANUBIS

» reconnaît l'enfant[1]; car Nephthys désigne ce qui est sous
» terre et qu'on ne voit pas, et Isis ce qui est au-dessus de
» la terre et qui est visible. Le cercle de l'horizon qui divise
» ces deux hémisphères et qui est commun à l'un et à l'autre
» s'appelle Anubis, et on lui donne la figure d'un chien
» parce que cet animal voit aussi bien la nuit que le jour.
» Anubis paraît avoir chez les Égyptiens la même puissance
» qu'Hécate chez les Grecs; il est tout à la fois dieu du ciel
» et des enfers[2]. »

Nous avons vu, au chapitre 61, que sous cette dernière attribution Plutarque l'appelle Hermanubis. Notre objet funéraire réunit donc bien évidemment les symboles de ce dieu : la palette d'Hermès et le chien d'Anubis.

La palette porte par devant le commencement de la légende du défunt : « L'Osiris, le noble chef, divin père et ami, secrétaire sacré... » — Une fracture a enlevé la suite.

Au revers on lit un texte plus important : « L'Osiris, le premier
» prophète d'Amon, Bak-n-xonsou,
» véridique. Il dit : O tous dieux et
» déesses de la divine région infé-
» rieure, je suis venu vers vous;
» mon cœur possède la vérité; il

1. Comparez chapitres 14 et 38. — Toutes nos citations sont empruntées à la traduction de Ricard.

2. L'auteur ajoute : « Quelques-uns le
» prennent pour le Temps, et ils disent
» qu'on lui a donné le surnom de Chien,
» parce qu'il produit tout de lui-même et en lui-même. Mais cette expli-
» cation renferme des secrets réservés pour les adorateurs d'Anubis. »

Les bronzes d'Éons en forme d'Anubis panthée, dont le Musée possède plusieurs exemplaires (Salle des Dieux, armoire E), témoignent de cette

» n'y a pas d'iniquités [en lui][1]; je fus intègre sur terre;
» accordez-moi que les dieux soient en mon sein et au lieu
» où je suis[2] dans la divine région inférieure. »

Comme on devait s'y attendre, cette prière ne s'adresse qu'aux divinités de la région inférieure[3]. La couleur jaune a été choisie pour les caractères par la raison qui faisait sacrifier un coq jaune à Hermanubis. Enfin, les attributions psychopompes de Thot (Hermès) et d'Anubis semblent être inséparables dans les représentations de la psychostasie. On voit en effet, dans les meilleurs exemplaires du chapitre 125 du *Todtenbuch*, Anubis et Hermès procéder devant le tribunal d'Osiris à la pesée du cœur et à l'enregistrement du jugement de l'âme. Aux basses époques et sous la domination romaine, les rôles de ces deux divinités se confondent et

croyance. Le dieu, ordinairement debout, s'élève comme l'Horus cosmique au-dessus de deux crocodiles, symboles du chaos et des ténèbres; il est chargé d'attributs divers. La base de ces statuettes est entourée d'un serpent qui se mord la queue, emblème bien connu du monde et de l'éternité (Horapollon, l. I, §§ 1-2).

Plutarque dit encore : « Anciennement, le chien recevait en Égypte » les plus grands honneurs; mais après que Cambyse eut tué le bœuf » Apis et l'eut fait jeter à la voirie, aucun autre animal n'ayant touché » à son cadavre, le chien perdit le premier rang qu'il avait eu jusqu'alors » entre les animaux sacrés. » Il est de fait qu'Anubis semble avoir eu le premier rang dans les monuments funéraires de l'ancien empire; mais longtemps avant Cambyse il n'en était plus ainsi.

1. Cette restitution des mots enlevés par la fracture est autorisée par les variantes de la même formule qu'on lit dans le tableau initial des plus anciens exemplaires du Livre des Morts, au-dessus du défunt en adoration devant Osiris. Voyez par exemple le manuscrit de Nebqed (Nebset), Louvre, Pa[ ]. III, 36.

2. Litt.: « A ma place, en mon lieu, en moi-même. »

3. *Neter-xer-t*, « divine inférieure » ou « région inférieure et sacrée. » Cette expression, prise dans un sens plus restreint, désigne souvent la nécropole, ou même le tombeau, l'hypogée, le lieu souterrain. Le signe *Neter*, « divin, » répond parfaitement à l'adjectif ἱερός, « sacré, » du chapitre 61 du *Traité d'Isis et d'Osiris*.

s'unissent parfois même en un seul personnage mythologique, semblable à l'Hermanubis de Plutarque.

L'objet que nous venons de décrire unit l'image du cœur aux attributs de ce double dieu, dans le but évident de rappeler, comme la prière ci-dessus interprétée, ce jugement d'outre-tombe qui réglait les destinées de l'âme dans ses pérégrinations éternelles.

LES CIPPES D'HORUS

EXPLIQUÉS PAR HERMÈS TRISMÉGISTE, HORAPOLLON ET PLUTARQUE [1]

I

Les plus grands philosophes de l'antiquité classique s'accordent à reconnaître que les Égyptiens étaient leurs maîtres. Quelques-uns d'entre eux allèrent même puiser leur sagesse et leur science en Égypte. Les Égyptiens avaient donc une philosophie. Plutarque l'affirme quand il nous dit des rois d'Égypte : « Lorsque le choix tombait sur un guerrier, il
» était aussitôt associé au sacerdoce, et on l'instruisait dans
» cette philosophie secrète dont la plupart des dogmes sont
» enveloppés de fables et d'allégories, qui ne laissent apercevoir que comme dans un jour sombre de traces obscures
» de la vérité [2]. » Ceci est bon à rappeler, car quelques savants semblent encore n'attribuer à ce peuple que de vaines superstitions. Une étude approfondie des textes sacrés de l'ancienne Égypte nous amène en effet à cette conclusion, que les nombreuses et étranges puérilités qu'ils semblent contenir avaient un sens caché, mystérieux, profond, révélé seulement à l'initié dans le secret du sanctuaire. De là une différence absolue entre le sens propre ou vulgaire et le sens figuré ou ésotérique d'un même texte ou d'une même représentation sacrée. L'auteur, quel

---

1. Inédit et conservé au Musée du Louvre; écrit à la fin de 1869 et au commencement de 1870. — G. M.
2. Plutarque, *Traité d'Isis et d'Osiris*, ch. 9.

qu'il soit, du *Traité d'Isis et d'Osiris*, nous a déjà soulevé un coin du voile en nous expliquant un certain nombre de symboles mythologiques. Mais l'expression la plus abstraite de la philosophie pharaonique nous est conservée dans un livre qui, à mon avis, a été mal apprécié jusqu'ici. Je veux parler des écrits attribués à Hermès Trismégiste.

Nous en devons une excellente traduction à M. Ménard. Mais nous ne saurions être entièrement de l'avis du savant traducteur, quand il nous dit : « Enfin, de la rencontre des doctrines religieuses de l'Égypte et des doctrines philosophiques de la Grèce sortit la philosophie égyptienne, qui n'a pas laissé d'autres monuments que les livres d'Hermès, et dans laquelle on reconnait, sous une forme abstraite, les idées et les tendances qui s'étaient produites auparavant sous une forme mythologique[1]. »

Non, la philosophie égyptienne n'est pas sortie de la rencontre des doctrines religieuses de l'Égypte et des doctrines philosophiques de la Grèce. Elle existait tout entière longtemps avant les Ramessides, et c'est là la source à laquelle les Grecs ont puisé. Elle a laissé un grand nombre d'autres documents que les livres d'Hermès, car tous les textes sacrés conçus dans la langue égyptienne que nous possédons aujourd'hui en sont l'expression symbolique ou figurée. Mais, primitivement, l'expression abstraite n'en était pas écrite; elle était seulement révélée dans les degrés les plus élevés de l'initiation. Qu'importe que le seul texte conservé des livres dits hermétiques appartienne aux dernières époques du paganisme, qu'il ait été interpolé, qu'on y remarque même quelques influences étrangères ? — Les doctrines qu'il renferme remontent à la plus haute antiquité; elles sont l'expression presque pure de la philosophie égyptienne. La seule difficulté qui existe pour s'en assurer est de reconnaitre l'abstraction de la version grecque dans le symbolisme égyptien. Les cippes d'Horus vont nous en donner un exemple.

1. Ménard, *Étude sur l'origine des livres hermétiques*, p. 8.

M. E. de Rougé, quand il rédigea sa Notice sommaire des monuments du musée égyptien du Louvre, avait déjà entrevu dans ces petits monuments l'expression métaphorique d'une pensée philosophique ou d'une des grandes lois de la nature[1]. M. Chabas, dans un récent travail[2], préfère n'y voir qu'un simple talisman magique, tout en reconnaissant que les figures qu'on y observe toujours sont en rapport de symbolisme avec la lumière, les ténèbres, les bonnes et les mauvaises influences que le dieu repoussait par son attitude tranquille et sa figure souriante.

[Ici devait suivre une description détaillée des animaux et des divinités représentés sur les cippes; après quoi venait la traduction de la formule qu'on lit le plus souvent à la suite. — G. M.]

II

Je prendrai, pour en représenter le type le plus simple, deux de ces petits monuments, dont l'un porte à la Bibliothèque Impériale le n° 292, et dont l'autre était conservé jadis dans la collection Borgia. En voici le texte et la traduction qu'on rapprochera de la traduction de Chabas.

Bibl. Imp. n° 295	Cippe Borgia	Traduction
		Hommage à toi,
		Dieu, fils du dieu [bon];
		Hommage à toi,
		Chair
		fils de chair;

1. E. de Rougé, *Notice sommaire*, 1re édit., Paris, 1855, p. 118.
2. *Horus sur les crocodiles* dans la *Zeitschrift*, 1868, p. 99-106.

Bibl. Imp. n° 295	Cippe Borgia	Traduction
		Hommage à toi,
		Taureau, fils de Taureau[1],
		enfanté par la vache divine;
		Hommage à toi,
		Horus sortant d'Osiris,
		enfanté par la déesse Isis,
		je parle en ton nom,
		j'agis par ta puissance,
		ma parole est dans ta parole
		mes vertus dans tes vertus;
		tu as créé ton œuvre
		... par ta bouche (ta parole),
		ton père Seb t'a prescrit ton nom,
		ta mère Nou-t t'assiste
		pour fermer la bouche[2]
		à tous reptiles;
		Viens à Pedosiri,

1. Chœremon, *Hiéroglyphe n° 12*, ἀντὶ γῆς βοῦν.
2. [Ici s'arrête le plus petit des cippes Borgia. — G. M.]
3. Horapollon, l. I. § 43; variante d'un cippe Borgia,

LES CIPPES D'HORUS   275

Bibl. Imp. n° 295   Traduction

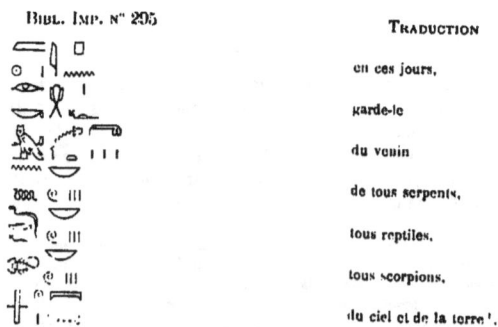

en ces jours,

garde-le

du venin

de tous serpents,

tous reptiles,

tous scorpions,

du ciel et de la terre[1].

Examinons maintenant le passage d'Hermès Trismégiste qui donne, je crois, le sens abstrait ou philosophique des symboles figurés sur les cippes d'Horus. J'indiquerai dans des notes tous les rapports qui me paraissent exister entre les expressions du texte et les symboles du mouvement.

On se rappelle que l'auteur du *Pœmander*, faisant le récit d'une vision révélatrice, commence par décrire le trouble de ses sens et l'apparition de l'être supérieur. Ce dernier, consentant à l'instruire, lui fait voir toute chose dans une lumière douce et agréable qui est celle de la révélation[2]. On lit ensuite : « Bientôt après descendirent des ténèbres effrayantes et horribles de forme sinueuse; il me sembla voir ces ténèbres se changer en je ne sais quelle nature humide et trouble, exhalant une fumée comme le feu et une sorte de

---

[1]. [Cette traduction porte la date du 1ᵉʳ juillet 1869. Elle est suivie, sur la fiche originale, de la traduction donnée par Chabas dans la *Zeitschrift*. — G. M.]

[2]. La lumière de la révélation, ou *l'intelligence*, est représentée dans le haut de plusieurs cippes d'Horus par la figure d'un cynocéphale accroupi, symbole de Thot, ou Hermès, le λόγος ou la raison personnifiée.

bruit lugubre¹. Puis il en sortit un cri inarticulé qui semblait la voix de la lumière². Une parole sainte descendit de la lumière sur la nature, et un feu pur s'élança de la nature humide vers les hauteurs³ ; il était subtil, pénétrant et en même temps actif⁴. Et l'air⁵, par sa légèreté, suivait le fluide ; de la terre et de l'eau⁶ il s'élevait jusqu'au feu⁷, d'où

1. Ces ténèbres, cette nature humide et trouble, sont le chaos qui précède la création, la nuit qui précède la lumière (cf. E. de Rougé, *Études sur le Rituel*, p. 78). Elles sont représentées dans les cippes d'Horus par les crocodiles qui se retournent (cf. Horapollon, l. I, § 69 = ϰάτω « immersion, déclin, trou, etc. » ; l. I, § 70, queue de crocodile = σκότος « ténèbres »). Les ténèbres sont également figurées par le crocodile dans le tableau des heures de jour et de nuit sculpté sur le sarcophage du Louvre D 9. « La substance humide, qui, dès le principe, fut le principe générateur de toutes choses, produisit d'abord trois éléments, la terre, l'air, le feu » (Plutarque, *Traité d'Isis*, ch. 36).

2. Le verbe lumineux et actif, la première manifestation de la volonté divine, l'ordre, le ϰόσμος, Horus. « l'image sensible du monde intellec- » tuel..... il n'est pas le monde même, mais seulement une image, et » comme une ébauche du monde qui devait être formé » (Plutarque, *Traité d'Isis et d'Osiris*, ch. 54).

3. C'est l'Horus solaire. « Dans les livres attribués à Mercure, il est dit au sujet des noms sacrés que la puissance qui préside aux révolutions du soleil est appelée Horus par les Égyptiens et Apollon par les Grecs » (Plutarque, *Traité d'Isis*, ch. 61). « Sa chaleur est entretenue par les vapeurs qui s'élèvent des lieux humides » (Plutarque, *op. cit.* ch. 11, cf. 36). « Le feu seul est vivifiant, parce qu'il tend vers le haut » ce qui tend vers le bas est subordonné » (*Hermès*, p. 115 ; cf. p. 65).

4. « L'âme du monde se nourrit par une agitation perpétuelle. Le » corps se développent au moyen de l'eau et de la terre, aliments d » monde inférieur » (*Hermès*, p. 121).

5. « Et cet Horus est la saison ou la température de l'air qui conserv » et qui nourrit tous les êtres » (Plutarque, *Traité d'Isis*, ch. 38, cf. 36

6. Dont le mélange formait le chaos figuré par les deux crocodile animaux, amphibies. Voyez ci-dessus, note 1.

7. Le feu, n'étant pas l'élément dominant, n'est figuré que par la tê de *Bès* (chaleur, flamme), forme de Typhon ou *Set* (flamme, feu, cha leur violente et désordonnée). « Cette chaleur brûlante, qui souvent fa » périr les animaux et les plantes, n'est pas l'ouvrage du soleil ; elle e » produite par les vapeurs et les vents qui s'élèvent hors de saison s

il paraissait suspendu¹. La terre et l'eau demeuraient mêlées², sans qu'on pût voir l'une à travers l'autre, et recevaient l'impulsion de la parole qu'on entendait sortir du fluide supérieur³. La parole lumineuse (le verbe) qui émane de l'intelligence, c'est le fils de Dieu⁴. Je vois dans ma pensée la lumière et ses puissances innombrables⁵, le monde indéfini se produire⁶, et le feu, maintenu par une force très grande, arriver à son équilibre⁷. La parole ou raison de dieu s'élança bientôt des éléments inférieurs dans la pure création de la nature, et s'unit à la pensée créatrice, car elle est de la même essence. Et les éléments inférieurs et sans raison furent laissés à l'état de simple matière. La pensée créatrice, unie à la raison, enveloppant les cercles et leur imprimant une rotation rapide, ramena ses créations sur elle-même et les fit tourner de leur principe à leur fin, comme entre deux limites inaccessibles; car, là où tout finit, tout commence éternellement⁸. Cette circulation, par la

» la terre et dans les airs et y forment des combinaisons nuisibles quand
» la faculté irrégulière et désordonnée du mauvais principe Typhon
» étouffe, par ses funestes influences, les exhalaisons qui auraient pu
» tempérer la chaleur » (Plutarque, *Traité d'Isis et d'Osiris*, ch. 51;
cf. 36, 45, 64). Voir ci-dessus p. 276, note 1, 3, 6.

1. Voyez ci-dessus p. 276, note 5. Le jeune dieu Horus s'élève en effet jusqu'à la tête de Bès (le feu) à laquelle il est comme suspendu.
2. Voyez ci-dessus p. 276, note 2.
3. Voyez ci-dessus p. 276, notes 2 et 3.
4. Le dieu fils par excellence est encore Horus (Plutarque, *Traité d'Isis et d'Osiris*, ch. 53 à 55; 57 fin).
5. Horus, la lumière, l'ordre, κόσμος, qui maîtrise les ténèbres et tous les mauvais principes de la nature.
6. Horus, l'image du monde intelligible (Plutarque, *Traité d'Isis et d'Osiris*, ch. 43), la manifestation ou la production divine (cf. *Traité d'Isis et d'Osiris*, ch. 54).
7. Voir Plutarque, *Traité d'Isis et d'Osiris*, ch. 43 fin. Le fait de ne représenter que la tête de Bès sans jamais y joindre son corps peut indiquer cette sorte de dépendance ou d'équilibre forcé du feu dans la nature.
8. Cela est exprimé dans deux exemplaires du musée Borgia par un

volonté de l'intelligence, fit sortir des éléments inférieurs les animaux sans parole à qui la raison n'a pas été donnée. L'air porta ceux qui volent, l'eau ceux qui nagent. La terre et l'eau furent séparées l'une de l'autre selon la volonté de l'intelligence (motrice), et la terre fit sortir de son sein les animaux qu'elle contenait, quadrupèdes, reptiles, bêtes féroces et domestiques¹. »

Tel est, d'après Hermès², le sens primitif des symboles réunis dans les cippes d'Horus et dans les compositions analogues. Mais, suivant le point de vue sous lequel on les envisageait, la signification pouvait en être modifiée ou étendue de différentes manières. Si c'était au propre le triomphe de la lumière sur les ténèbres, du verbe sur la confusion, de l'ordre (κόσμος) sur le chaos, c'était aussi celui de la vie sur la mort, de la jeunesse sur la décrépitude, et en somme de tout ce qui est bon ou bien sur ce qui est mauvais ou mal.

On comprendra facilement maintenant pourquoi les objets de ce genre ont été choisis comme phylactères afin d'y graver

grand serpent qui se mord la queue, symbole des perpétuelles rénovations de la nature physique (Horapollon, 1. I, § 2), placé avec ou sans représentations accessoires au dessous des crocodiles. Ce symbole, plus ancien qu'on ne le croit généralement, figure dans le même sens dans un papyrus du temps des Ramessides conservé au Musée du Louvre.

1. Les figures panthées ou *ρανς* des basses époques expriment les mêmes idées par le serpent qui se mord la queue entourant aux pieds de la divinité les principaux types des créations normales. Ce dernier passage d'Hermès Trismégiste contient aussi ces mots : « L'intelligence, » le dieu mâle et femelle qui est la vie et la lumière, engendre par la » parole une autre intelligence créatrice, le dieu du feu et du souffle » (πνεῦμα), qui forma à son tour sept ministres, enveloppant dans leurs » cercles le monde sensible et le gouvernant par ce qu'on nomme la des» tinée. » Ces *ministres*, qui ont pu postérieurement être assimilés aux *planètes*, semblent être représentés dans l'un des cippes du musée Borgia que j'ai déjà cités, par des personnages divins armés de glaives.

2. Tous les passages cités ci-dessus sont extraits du *Permander* d'Hermès Trismégiste, p. 4-7 de la traduction de M. Ménard.

probablement à l'occasion des naissances, des formules préservatrices (mais non magiques), qui devaient protéger les nouveau-nés pendant toute leur existence. On comprendra comment la personnification divine appelée « vieillard qui se rajeunit » exprime la perpétuelle rénovation de la nature, l'ordre, le κόσμος.

L'EXPRESSION MÀÁ-XEROU

L'épithète *màá-xeru*, et ses variantes, est ordinairement placée dans les textes funéraires de l'ancienne Égypte après les noms des morts. Mais les inscriptions de pèlerinages gravées sur les rochers de la première cataracte du Nil nous montrent que les vivants pouvaient aussi se l'approprier, en vue, peut-être, de la fin de leur existence.

Cette épithète réduite à la plus simple expression hiéroglyphique se compose de deux caractères : ▭ ou ∫ *màá*[2] « vérité, justice, droit, autorité », et ⟶ ou ∫ *xerû* « voix, parole; dire, parler, s'écrier ».

Champollion avait d'abord traduit cette expression composée par le mot « véridique » ou « disant la vérité[3] ». C'est la traduction que j'ai adoptée dans ces derniers temps, faute de mieux, pour rendre l'idée égyptienne.

La même expression employée comme substantif ou comme verbe fut rendue aussi par les mots « justification, justificateur, qui justifie[4] » ; mais jamais au passif « justifié », dans les écrits du maître.

1. Publié en 1870 dans le *Recueil de Travaux*, t. I, p. 10-18. — G. M.
2. Je transcris *màá* et non *mà* à cause du groupe, parce que les variantes ne donnent jamais *mà*, mais toujours *mà* dont le véritable complément est *à*.
3. *Grammaire égyptienne*, p. 65, 128, 294 et 403.
4. *Grammaire égyptienne*, p. 471, 413, 247, 278.

Je ne sais par suite de quelles considérations on renonça à cette première interprétation pour la remplacer par le mot « justifié ». Rien, à ma connaissance, ne nécessitait ce changement. Champollion avait dit dans sa Grammaire (p. 128) « qu'on doit traduire 〖〗 par *disant la vérité, véridique*, qualification convenable aux vivants, et plus encore aux âmes des morts qui étaient censées rendre compte de leurs actions devant le tribunal d'Osiris en présence de la déesse *Thmei* (*Maâ-t*), la Vérité ou la Justice, l'Alethé et la Dicé des Mythes égyptiens ». C'était une explication suffisante pour conserver le sens actif; mais je ne crois pas qu'elle soit juste, ni que l'expression en question ait le moindre rapport avec le jugement de l'âme.

Quoi qu'il en soit, la signification de notre épithète est active et non passive. Il suffit pour s'en convaincre d'observer que si l'expression ⎯ est parfois accompagnée de la marque du féminin ⚬, quand elle s'applique à une femme, elle ne l'est *jamais* des signes du passif ⚬🐦 ou ⚬⚬ *tû*.

Ainsi, grammaticalement, le sens « justifié » ou « proclamé juste » est inadmissible; ce serait tout au plus « justifiant » ou « proclamant la justice ».

Mais, dans la forme verbale 〖〗 *s-màà-xeru*, 〖〗 *màà* est un verbe actif et ❘ *xeru* le substantif qu'il régit.

〖〗 *Màà* « vérité, justice, droit, autorité », devenant verbe prend nécessairement la signification des mots « donner la vérité, faire justice, faire droit, autoriser ». Avec l's 〖〗 transitive, 〖〗 *s-màà-xeru* veut donc dire : « rendre vraie la parole, faire faire justice à la parole, faire faire droit à la parole, donner autorité à la parole. »

Cette dernière forme, avec ses variantes, est constante dans toutes les répétitions de la formule du chapitre 18 du *Todtenbuch* où on a lu jusqu'à présent : « O Thôt, qui as justifié Osiris contre ses ennemis, justifie l'Osiris N. contre ses ennemis, comme tu as justifié Osiris contre ses ennemis¹, etc. » Nous allons voir que cette interprétation n'est pas plus admissible au point de vue mythologique, qu'elle ne l'est au point de vue grammatical.

En effet, cette formule ne peut exprimer qu'un avantage donné par Thôt à Osiris sur ou contre ses ennemis, et accordé également au défunt assimilé à Osiris.

Or, l'épithète *maâ-xeru* 〚, qui exprime le résultat de l'action de Thôt, est particulièrement attachée à la forme royale, je dirai presque à la forme historique d'Osiris, au roi Ounnowré, « l'Être bon » par excellence, le dieu dynaste.

L'Être bon, le type et l'auteur du bien, a-t-il donc jamais été *justifié* dans aucune mythologie? — Ce serait absurde! — Son rôle au contraire est d'être persécuté, d'avoir à souffrir de la malice humaine et de ne prouver son innocence que par l'évidence de ses bienfaits.

La confession du chapitre 125 du *Todtenbuch* ne prouve en rien ces prétendues accusations qui n'apparaissent nulle part. La forme négative implique seulement l'examen de conscience. De plus, il est à remarquer que c'est presque le seul endroit du *Todtenbuch* où la personnalité d'Osiris soit séparée de celle du défunt, car c'est Osiris qui préside au jugement du mort. Enfin, il est évident pour moi que le titre de 〚 *maâ-xeru* ne résulte pas de la phychostasie, puisqu'il est appliqué au défunt dans toutes les parties du Livre des morts. On le trouve même au premier chapitre, c'est-à-dire au jour des funérailles, et bien avant que l'âme n'ait subi les nombreuses épreuves qui la séparent encore du tribunal d'Osiris.

Champollion avait bien remarqué qu'une phrase du premier chapitre du *Todtenbuch* relative à Horus était expliquée par un passage du *Traité d'Isis et d'Osiris*. Il la tradui-

---

1. Charles Lenormant. *Revue orientale et américaine*, 1861, p. 254.

sit ainsi : [hieroglyphs]
« Moi, Thôt qui ai justifié le dieu Horus contre les attaques de ses ennemis¹. »

Plutarque parle du même dieu en ces termes : « Aussi est-il accusé par Typhon d'illégitimité, parce qu'il n'est point parfaitement pur et exempt de toute corruption, comme son père, dont la substance est par elle-même sans passion et sans mélange : au lieu que l'union d'Horus avec la nature corporelle a mis dans sa naissance une sorte d'illégitimité. Mais il triomphe par le secours de Mercure, c'est-à-dire de la raison λόγος qui atteste et qui prouve que la nature a formé le monde à l'image de la substance intelligible². »

Or, le mot *justification* ne convient pas ici, puisque l'accusation n'est pas démontrée fausse. Horus, malgré l'imperfection de sa nature, triomphe du parti typhonien « par le secours de Mercure, c'est-à-dire de la Raison ». Voilà tout ; il n'est pas pour cela dégagé de sa participation à la nature corporelle.

De plus, l'auteur explique *clairement* que rien de semblable ne peut exister relativement à Osiris, puisqu'on ne peut pas porter la même accusation contre lui. C'est donc à tort qu'on a déduit de ce passage la signification de « justifié » pour notre épithète [hieroglyph]³ ; ce serait bien plutôt « légitimé ». Mais ce dernier sens ne conviendrait pas mieux au père d'Horus.

Si nous joignons maintenant à la fable osirienne rapportée par Plutarque les détails et les développements qu'y ajoute Clément d'Alexandrie, nous arrivons à une interprétation nouvelle, qui me paraît être la seule admissible.

Plutarque dit en effet : « Dès qu'Osiris fut monté sur le

1. *Grammaire égyptienne*, p. 247. Je traduis littéralement : « Moi, Thot, qui fais faire droit à la parole d'Horus contre ses ennemis. »
2. *Traité d'Isis et d'Osiris*, ch. 54.
3. Orcurti, *Catalogo dei Monumenti Egizi*, t. II, p. 202.

trône, il retira les Égyptiens de la vie sauvage et misérable qu'ils avaient menée jusqu'alors ; il leur enseigna l'agriculture, leur donna des lois et leur apprit à honorer les dieux. Ensuite, parcourant la terre, il adoucit les mœurs des hommes, eut rarement besoin de la force des armes, et les attira presque tous par la persuasion, par les charmes de la parole et de la musique ; aussi les Grecs ont-ils cru qu'il était le même que Bacchus[1]. »

Diodore, de son côté s'exprime ainsi : « Il honora Hermès qui était doué d'un talent remarquable pour tout ce qui peut servir la société humaine. — En effet, Hermès établit le premier, suivant la même tradition, une langue commune, il donna des noms à beaucoup d'objets qui n'en avaient pas ; il inventa les lettres et institua les sacrifices et le culte des dieux. Il donna aux hommes les premiers principes de l'astronomie et de la musique ; il leur enseigna la palestre, la danse et les exercices du corps. Il imagina la lyre à trois cordes, par allusion aux trois saisons de l'année : les trois cordes rendent trois sons, l'aigu, le grave et le moyen. L'aigu répond à l'été, le grave à l'hiver, et le moyen au printemps. C'est le même dieu qui apprit aux Grecs l'interprétation des langues ; c'est pourquoi ils l'ont appelé Hermès (interprète). Il était le scribe sacré (hiérogrammate) d'Osiris qui lui communiquait tous ses secrets et faisait un grand cas de ses conseils[2]. »

Ainsi Thôt ou Hermès était non seulement « le plus sage des amis d'Osiris[3] », mais encore son conseiller, si l'on prend la fable au pied de la lettre.

Dans le sens philosophique, Osiris représente toute force régulière ou impulsion organisatrice et Thot, toute raison[4].

1. *Traité d'Isis et d'Osiris*, ch. 13.
2. Diodore de Sicile. l. I, ch. 15-16.
3. *Ibidem*, l. I, ch. 17.
4. V. ci-dessus p. 11, note 6. On remarquera que Thot, la Raison, est un principe primordial non engendré, comme Râ, le Soleil, et Seb.

Ces deux forces ne constituent en réalité que deux attributs de la puissance divine. Mais le symbolisme égyptien, séparant les attributs divins, en a fait deux personnages mythologiques qui s'associent dans l'œuvre cosmique.

Osiris ayant le premier rôle, Thôt est son complément nécessaire. Si, au point de vue le plus élevé, Osiris est la force génératrice ou productive, il est *conseillé*, modéré et dirigé par Thôt ou la Raison. Leur union constitue cette loi physique qui fait dominer le bien sur le mal, la vie sur la mort, la production sur la destruction par la reproduction, en un mot, tous les principes osiriens sur les principes typhoniens.

Sous l'influence de Thôt, Osiris devient *Oun-nofré*, l'Être essentiellement bon, et l'épithète [] *maâ-xeru* lui est alors particulièrement appliquée.

Au point de vue supposé historique, c'est le roi bienfaisant qui impose la civilisation à tous les peuples de la terre par l'éloquence persuasive qu'il a reçue de Thôt. C'est le dieu anthropomorphe, le type accompli de l'homme vivant comme de l'homme mort, et sous ce rapport, il participe de la nature humaine.

Or, nous lisons dans Hermès Trismégiste[1], à l'occasion de la création de l'homme: « Et moi, dit Hermès, je donnerai à la nature humaine la sagesse, la tempérance, la persuasion[2] et la vérité. »

Au point de vue purement mythologique, Osiris est encore le Dieu bon qui soumet les puissances typhoniennes, par la simple expression de sa volonté. Il ne les détruit pas parce qu'il ne saurait être destructeur et que, guidé par la Raison,

---

la matière éternelle, tandis qu'Osiris, la force productive, appartient à la première génération des dieux; il est fils de Nou-t, l'Éther, et de Seb, la matière éternelle ou de Itâ, la première manifestation divine (Voyez Plutarque, *Traité d'Isis et d'Osiris*, ch. 12).

1. Traduction de M. Ménard. 1ʳᵉ éd., p. 183.
2. Par « persuasion » nous devons entendre non la conviction, mais l'art de persuader à l'aide de la sagesse et de la vérité.

il les reconnaît nécessaires à l'équilibre du mouvement universel[1]. Il ne saurait agir par la violence; c'est pour cela que les fonctions castigatrices sont réservées à d'autres divinités telles qu'Horus, qui participe de la nature terrestre, c'est-à-dire des imperfections de la natière.

De tout cela, on peut déduire que dans les idées égyptiennes le Bien était le résultat de la Force productive unie à la Raison.

Ces observations nous amènent aussi à conclure qu'aux chapitres 1. 18, 19 et 20 du *Todtenbuch*, l'avantage assuré par Thot à Osiris sur ses ennemis est tout simplement la *persuasion*. C'est cette sagesse éloquente et persuasive qui donnait à sa parole une autorité suffisante pour subjuguer tous les adversaires sans coup férir. Cela est exprimé par les signes ▯▯ *maà-xeru* « justice de la parole, droit de la parole, autorité de la parole ». C'est enfin la manifestation toute-puissante du λόγος, de la Raison, qui assure la supériorité du bien sur le mal.

Le sens que nous attribuons à cette expression composée, employée soit comme substantif, soit comme adjectif, soit comme verbe uni à son complément, convient à tous les passages où l'ancienne interprétation ne donne qu'un sens obscur et inadmissible.

En voici quelques exemples. Mais l'idée égyptienne ne pouvant être rendue en français qu'au moyen de périphrases, le lecteur devra suppléer lui-même à l'imperfection de nos traductions approximatives.

M. E. Lefébure, dans son excellent travail sur le chapitre 15 du *Todtenbuch*, est visiblement embarrassé par le sens d'un passage qu'il traduit : « le fidèle des deux Justices dans Tà-ser, *justifié comme Khepra*, père des Dieux. »

Khepra n'étant pas Osiris, l'auteur tourne la difficulté sans la résoudre, en disant que « l'idée du Dieu justifié est

---

1. V. Plutarque, *Traité d'Isis et d'Osiris*, ch. 40, 41, etc.

bien égyptienne, car le chapitre 39 mentionne *la justification de Râ contre Apap* (l. 15) ».

Or, dans le premier exemple je lis : « le fidèle des deux Justices dans Tâ-doser) [hiéroglyphes] " persuasif¹ comme Xepra, père des dieux ».

L'autre passage est ainsi conçu : [hiéroglyphes] « Le cycle des dieux tremble à l'autorité de la parole de Râ contre Apophis² ». »

Cette interprétation est confirmée par les paroles que prononce le défunt au commencement du même chapitre : « Arrière toi, retourne-t'en, *Apop*, plonge dans la profondeur de l'Abyme, au lieu où ton père a ordonné de faire tes blessures et au-dessus duquel est le lieu de naissance du Soleil. Tremble, je suis le Soleil; tremble, arrière, le lieu du supplice t'immerge; le soleil renverse³ sa course au-dessus de toi. »

Champollion cite cette phrase du Tombeau d'Haremheb, à Thèbes : [hiéroglyphes] « Le grand chef (Osiris) est avec vous dans l'Amenthès, qui est le monde où les âmes se justifient⁴. »

Le sens me paraît être : « Le grand chef est avec vous à l'occident de la terre, où (sa) parole fait loi. »

Une stèle du musée de Berlin donne cet autre exemple : [hiéroglyphes] « Vous entendrez ses justifications⁵. » Cela veut dire, je crois : « Vous

---

1. Litt. : « dont la parole fait autorité » ou « dont la parole fait loi comme celle de Xepra, père des dieux. »

2. *Todtenbuch*, 39, 15. C'est l'expression de la crainte des dieux devant la toute-puissance de la parole du Soleil, qui confond Apophis par la seule manifestation de sa volonté, comme on le voit au « Livre de ce qui est dans l'hémisphère inférieur ».

3. C'est-à-dire tourne dans son orbe; revient d'Orient en Occident après avoir navigué d'Occident en Orient dans l'hémisphère inférieur.

4. *Grammaire égyptienne*, p. 471.

5. Champollion, *Grammaire égyptienne*, p. 413.

entendrez ses ordres » (litt. : « l'autorité de ses paroles »).

Dans une variante du chapitre 1ᵉʳ du *Todtenbuch*, les mots : [hiéroglyphes] « Moi qui justifie Osiris envers ses ennemis¹ », veulent dire : « Moi, donnant autorité à la parole d'Osiris, contre ses ennemis. »

Dans le Livre de ce qui est dans l'hémisphère inférieur, il est dit aux dieux de la 9ᵉ heure de nuit : « Accomplissez vos rites pour Osiris ; adorez le seigneur de la région occidentale : [hiéroglyphes] « faites prévaloir sa parole contre ses ennemis, chaque jour² ».

Que serait donc cette fameuse justification divine, s'il fallait la recommencer *chaque jour?*

M. Brugsch, ne pouvant conserver, dans son excellent Dictionnaire, le sens « justifié », propose ceux de « bénédiction, bénir, béni, béatifié, etc. ». Mais aucun des exemples qu'il en donne n'est concluant. Les voici ; j'indique les traductions de M. Brugsch par un B. et les miennes, par un D :

1. [hiéroglyphes] B. « *du hast in Besitz genommen die beiden Welten zum Segen* ». D. « tu t'empares des deux mondes par l'autorité de la parole ».

2. Thoutmès III est [hiéroglyphes] B. « *mit Fülle und Segen um zu schlagen diesen Feind* ». D. « avec la puissance et l'autorité de parole (nécessaires) pour renverser ce criminel ».

3. Un défunt a [hiéroglyphes] B. « *Glanz im Himmel, Fülle auf Erden, Segen in der Unterwelt* ». D. « la splendeur au ciel, la puissance sur terre, l'autorité de la parole dans l'hémisphère inférieur ».

4. On lit sur le pylône du Temple de Xonsou à Karnak : [hiéroglyphes] B. « *der Friedegruss wird ausgespro-*

---

1. *Ibidem*, p. 279. C'est toujours Thôt ou la Raison qui parle.
2. Louvre, Pap. II, 1 (3071), § 9 a.

chen für deinen Namen ». D. « l'autorité de la parole est possédée par ta personne ».

5. Dans les matériaux publiés par M. Dümichen : [hiéroglyphes] B. « *geseynet sei der Weg deiner Majestät* ». D. « la voie de sa Majesté est l'autorité de la parole ».

On peut également rendre en français l'autorité de la parole par le mot *sagesse*, et alors le sens est toujours satisfaisant. Nous n'admettons donc pas l'interprétation de M. Brugsch.

Passons à d'autres exemples.

Dans l'une des plus anciennes rédactions du chapitre 151 du *Todtenbuch*, les paroles suivantes sont adressées au défunt dont l'âme doit renaître : [hiéroglyphes]

[hiéroglyphes] « Rà entend ton appel; les dieux font prévaloir ta parole; l'autorité de ta parole l'a emporté sur ce qui a été fait contre toi; Ptah a renversé tes ennemis. Tu es (maintenant) Horus, fils d'Hathor... »

Aucune autre interprétation ne me paraît donner un sens satisfaisant. Le Défunt, comme Osiris, ne triomphe de ses ennemis que par la sagesse qu'il a reçue de Thôt. Il ne les combat pas, mais leur châtiment est réservé à Ptah qui préside à la nature matérielle.

Au chapitre 127, 3-4, du *Todtenbuch*, nous lisons : [hiéroglyphes] « Est ta parole justice pour tes ennemis, Osiris, etc. » C'est-à-dire : « Ta parole fait justice de tes ennemis, ou prévaut sur tes ennemis. »

Un bel hymne intitulé : « Adoration au Soleil, Horus des deux horizons, au commencement du matin, » débute par ces mots : [hiéroglyphes] [hieroglyphs] « Tu t'éveilles bienfaisant, Amon-Râ, Horus des deux horizons; tu t'éveilles avec l'autorité de la parole, Amon-Râ, seigneur des deux horizons. »

Plus loin, dans le même texte on lit les passages suivants : « Tu sors, tu montes, tu t'élèves en bienfaiteur, tu conduis [hieroglyphs] ta barque, tu circules en elle; l'autorité de la parole de [hieroglyphs] ta mère Nou-t, chaque jour, (t'accompagne?) en haut; tes ennemis tombent, etc... »

[hieroglyphs] « Les dieux et les hommes en prière invoquant le Soleil sur son pavois par l'ordre² de ta mère Nou-t, etc... »

[hieroglyphs] « Ta lumière luit comme un rayonnement, comme la justice³ de ta parole pour tes ennemis, etc... »

[hieroglyphs] « O, accompli comme le Soleil, Horus des deux horizons, tu navigues en lui⁴ par l'autorité de la parole de ceux qui sont dans ta barque, en exaltations. »

Un autre hymne contient le passage suivant : [hieroglyphs]

---

1. Lepsius, *Denkmæler*, VI. Bl. 115.
2. Litt. : « l'autorité de la parole, le droit de la parole. »
3. « Le droit, ou l'autorité » donnerait le même sens
4. Le texte fait allusion au Pharaon, l'assimile au Soleil et le suppose incorporé dans l'astre pendant sa navigation céleste.

[hiéroglyphes] « Hommage à toi, Ptah[1], hommage aux dieux qui sont avec toi, ô grandi à la face de ton cycle (divin); l'autorité de ta parole est dans tes vérités[2]; c'est Thôt qui te l'apporte; tu réconcilies par elles[3]; elle est (reconnue) parmi les hommes et auprès des dieux pendant leur vie, et pendant leur mort[4]. »

Ce dernier exemple donne l'explication la plus complète et la plus satisfaisante des formules qui nous occupent.

Terminons cette étude en revenant au *Todtenbuch*. Le premier chapitre a été déjà l'objet de plusieurs interprétations. Voici comment, à mon tour, j'en traduis les premières lignes, après avoir comparé une dizaine de bons exemplaires. « O Osiris, ô Taureau de la région occidentale, dit Thôt, ô roi des siècles, je suis le dieu grand au milieu de la divine barque Dep-t, j'ai combattu pour toi. — Je suis un de ces divins chefs royaux qui font prévaloir la parole d'Osiris contre ses ennemis, ce jour de l'appréciation des paroles. — Je suis de tes compagnons, Osiris. — Je suis un de ces dieux qu'enfanta Nou-t; massacrant les antagonistes d'(Osiris) Ourd-het, emprisonnant ses ennemis pour lui. — Je suis de

---

1. Ptah, forme inerte ou matérielle d'Osiris, qui deviendra Sokari pour renaître ensuite en Harmachis ou Horus des deux hémisphères.

2. C'est-à-dire : ce sont des vérités, les vérités dont tu as le secret, qui constituent les droits ou l'autorité de ta parole. La signification ordinaire de ● *xer* est « près de ».

3. ⌈ s peut être employé ici pour ⌉ *su*; mais cette forme féminine du pronom se prend aussi dans un sens déterminé, comme en français « cela ».

4. Lepsius, *Denkmæler*, VI, Bl. 120, l. 85 à 88. Cette dernière phrase montre bien que, pour les Égyptiens, la mort n'était pas l'anéantissement, mais seulement un changement passager, ainsi qu'on le voit dans Hermès Trismégiste. Voir la traduction de M. Ménard, 1ʳᵉ édition, p. 13, 48, 89 et 93.

tes compagnons, Horus ; j'ai combattu pour toi ; je t'ai assisté. — Je suis Thôt, faisant prévaloir la parole d'Horus contre ses ennemis, ce jour de l'appréciation des paroles, dans la Grande Demeure du Prince à On. — Je suis Dad, fils de Dad ; j'ai été conçu à Dadou, et je suis né à Dadou[1]. — Je suis avec les deux pleureuses[2] d'Osiris, gémissant sur l'Osiris dans les régions du lieu des deux couveuses[3], faisant prévaloir la parole d'Osiris contre ses ennemis. — Le Soleil repousse ceux-ci vers Thôt, qui fait prévaloir la parole d'Osiris contre ses ennemis et (leur) expulsion est opérée par Thôt. »

Ici la parole d'Osiris, recevant son autorité de Thôt, ou de la Raison, n'est autre que la loi divine qui fait dominer le bien sur le mal, la force active sur la force passive, la production sur la destruction. Les ennemis d'Osiris personnifient simplement le mal ou tout mauvais principe repoussé par la Raison.

Au chapitre 18 du *Todtenbuch*, le défunt demande à Thôt de lui accorder le même bienfait, ou la même autorité, en vertu de son assimilation complète avec Osiris.

La formule est ainsi conçue : « O Thôt, qui fais prévaloir la parole d'Osiris contre ses ennemis, fais prévaloir la parole de l'Osiris N. contre ses ennemis, comme tu fais prévaloir

1. Le *Dad* étant le symbole de la durée perpétuelle ou de la perpétuité, ce passage semble exprimer métaphoriquement que Thôt, ou la Raison, est éternel ou non engendré, car on pourrait traduire également : « Je suis le Perpétuel, fils du Perpétuel ; j'ai été conçu dans la Perpétuité, et je suis né dans la Perpétuité. »

2. Isis et Nephthys. Voyez J. de Horrack, *Les Lamentations d'Isis et de Nephthys*. — Un texte ajoute ici : « le jour de l'ensevelissement. »

3. Ces deux couveuses, en égyptien *Zer-ti*, sont encore Isis et Nephthys, opérant l'incubation mystérieuse qui fait naître Horus des restes d'Osiris, ou qui, en d'autres termes, fait ressusciter le Dieu. Ainsi est exprimée l'éternelle rénovation de la nature, ou le triomphe de la vie sur la mort.

la parole d'Osiris contre ses ennemis par-devant les grands chefs royaux, etc. »

Elle est abrégée au chapitre 20 : « O Thôt, fais prévaloir la parole de l'Osiris N. contre ses ennemis, comme tu fais prévaloir la parole d'Osiris contre ses ennemis, par-devant... etc. »

Les chapitres 18 et 19 sont connus, d'après leur titre, sous le nom de Chapitres de la Couronne de justification. On devra les désigner à l'avenir comme les chapitres de la couronne d'autorité, ou de persuasion. On trouve parfois cette couronne, formée de feuillages, sur la tête des momies. Elle rappelle par son sens symbolique le talisman qu'Isis suspendit à son cou, selon la fable, pendant le temps de sa grossesse, et qui signifiait *Parole véritable* [1].

Au commencement du chapitre 19 du *Todtenbuch*, il est dit au défunt : « Ton père Toum [2] te ceint de cette bonne couronne de persuasion dès ce commencement de la vie aimée des dieux, dont tu vis. Osiris, qui est dans la région occidentale, fait prévaloir ta parole contre tes ennemis. Ton père Seb t'accorde toutes ses substances, afin qu'on t'acclame avec l'autorité de la parole d'Horus, fils d'Isis et fils d'Osiris, sur le trône de ton père le Soleil, pour renverser tes ennemis. »

Dans ce texte, les dieux auxquels on attribuait à différents points de vue la paternité divine sont successivement désignés comme pères du défunt, qui devient à son tour un nouvel Horus. Seb, dieu du monde matériel, lui donne ses substances pour qu'il participe de la nature physique, et qu'il revienne à la vie dans les mêmes conditions d'illégitimité divine qu'Horus fils d'Isis et d'Osiris. Osiris, enfin, assure le triomphe du défunt en lui communiquant l'autorité que sa parole a reçue de Thôt.

---

1. Φωνὴ ἀληθής, Plutarque, *Traité d'Isis et d'Osiris*, ch. 65 et 68.
2. Toum, le Soleil couchant qui se précipite dans la nuit, exprime ici la mort ou les rites funèbres.

Arrêtons-nous, car nous n'en finirions pas si nous voulions passer en revue tous les exemples du *Todtenbuch*.

En résumé, ◻| *maâ-xeru* exprime la vérité, la justice, le droit ou l'autorité de la parole, c'est-à-dire la persuasion, ou la faculté de persuader. L'homme qui possède cette qualité dans toute sa perfection est essentiellement « véridique » et « persuasif ». Il a l'art de persuader ses ennemis, comme Osiris Ounnowré, par la sagesse éloquente dont Thôt ou Hermès lui donna le secret.

Les textes ainsi interprétés n'admettent plus le dieu *justifié* où l'on ne pouvait voir qu'une puérilité absurde. Mais ils retrouvent leur véritable importance morale dans l'expression du triomphe absolu de la sagesse et de la raison.

Paris, 12 septembre 1869.

LETTRE A M. PAUL PIERRET

SUR LE CHAPITRE 1ᵉʳ DU « TODTENBUCH »[1]

Mon cher ami,

J'ai reçu et lu avec un véritable plaisir le premier article de votre *Traduction du chapitre 1ᵉʳ du Livre des Morts*[2], qui a été pour moi l'occasion d'un nouvel examen de ce texte difficile.

La forme sage et modeste, sous laquelle vous présentez ce que vous appelez votre première ébauche de traduction, m'engage à vous indiquer les quelques points sur lesquels je ne suis pas complètement d'accord avec vous. Vous verrez, d'ailleurs, que ma version diffère, en réalité, très peu de la vôtre.

Depuis longtemps déjà vous avez compris que le sens général de tous les textes funéraires de l'ancienne Égypte peut se résumer dans ce passage des Livres hermétiques : « Et toute génération de chair animée et de graine de fruits, » et toutes les œuvres périssables seront renouvelées par la » nécessité et le renouvellement des Dieux, et la marche » périodique et régulière de la nature. Car le divin est l'or-

---

1. Publié en premier lieu dans la *Zeitschrift für ægyptische Sprache*, 1870, p. 57-68. — G. M.
2. L'article de M. Pierret avait paru dans la *Zeitschrift*, 1869, p. 135-141, et 1870, p. 14-19. — G. M.

» donnance du monde et son renouvellement naturel, et la
» nature est établie dans le divin » (Hermès Trismégiste,
Discours sacré, trad. Ménard, 1ʳᵉ éd., p. 29).

Notons en passant que ce même passage nous explique parfaitement le double sens du mot ⌐⌐⌐ *neter*, renouveler et diviniser, et n'oublions pas qu'Horus est le type de toute manifestation ou naissance, c'est-à-dire de tout renouvellement, soit divin, soit physique. Sous le nom d'Harpocrate, il est supposé naître des restes d'Osiris mort (Plutarque, *Traité d'Isis et d'Osiris*, ch. 19); sous ceux de ⌐⌐⌐, Horus, fils d'Isis, issu ou provenant d'Osiris, et de ⌐⌐⌐ *Hor-nez-tew-ew*, il est la suite, la continuation et l'auxiliaire de son père, c'est-à-dire d'une forme antérieure de lui-même, pour laquelle il conserve une sorte de piété filiale.

Hermès dit encore : « Rien ne se perd, et c'est par erreur que les *changements* sont appelés mort et destruction » (*Ibidem*, p. 48).

Tout défunt, étant un Osiris en tant que mort, devient nécessairement un Horus en tant que changeant ou se rénovant. — Il peut aussi être assimilé à d'autres divinités suivant le point de vue sous lequel il est envisagé.

Cela posé en principe, je me demande, malgré ce que j'ai pu en dire jusqu'ici, si, au commencement du 1ᵉʳ chapitre du *Todtenbuch*, c'est bien Thôt qui parle, ou si ce n'est pas plutôt le défunt lui-même, comme je crois en avoir actuellement la certitude? — Toute la question porte sur l'interprétation qu'il faut donner au mot ⌐ *an* de la première colonne. — Est-il nécessaire de supposer l'élision du mot ⌐ *zod* « parole »? — J'arrive à ne plus le penser, car ce mot est exprimé dans le titre horizontal du *Todtenbuch*, comme dans celui de beaucoup d'autres exemplaires, où nous lisons : « Commencement des chapitres, etc... *dit* (le jour

des funérailles et de l'entrée après la sortie) *par l'Osiris N.,
véridique.* » Ainsi, ce titre met dans la bouche du défunt
tout ce qu'on a mis jusqu'ici dans celle de Thôt. Oublions
donc l'élision du mot ⸺ *zod*, et traduisons simplement les
mots ⸺ « par Thôt », dans le sens de « par l'influence
de Thôt » c'est-à-dire « par la Raison » ou « par la Sagesse ».
Dans cette hypothèse, voici ma version des premières
colonnes, qui, je le répète, diffère à peine de la vôtre. J'y
ajoute quelques observations qui, je crois, ne pourront
laisser subsister aucun doute sur cette nouvelle manière de
comprendre le texte. Supposons donc que c'est le défunt qui
parle. Il dit :

« O Osiris, Taureau de la région occidentale (et), par
Thôt, Roi à perpétuité ! »

C'est en effet par Thôt (la Raison, la Sagesse), qu'Osiris
est le Roi *Oun-nowré-maä-xeru* « l'Être-bon-persuasif »
(voir mon mémoire *Sur l'expression maä-xeru*, dans le
Recueil Viewey, p. 12[1]).

« Je suis le dieu grand dans la divine barque, j'ai combattu pour toi. »

Le défunt se rénovant est un Horus; le premier des
Horus est le soleil levant dans la barque *Mad*, qui combat
et éloigne les ténèbres et les maux (Cf. *Todt.*, 85, 1).

« Je suis l'un de ces divins chefs royaux qui font prévaloir
la parole d'Osiris contre ses ennemis, le jour de l'appréciation
des dires. Tes compagnons sont les miens, Osiris. »

L'âme du défunt, *divinisée* par la séparation du corps,
s'assimile aux compagnons d'Osiris, qui font prévaloir sa
parole dans les chap. 18 à 20 du *Todtenbuch*. Cf. Hermès
Trismégiste, trad. Ménard, p. 65.

« Je suis l'un des dieux nés de Nou-t, massacrant les
ennemis d'Ourd-het, emprisonnant pour lui ses adversaires.

---

1. Cf. plus haut, *Mémoires et Fragments*, t. II, p. 286. — G. M.

Tes compagnons sont les miens. Horus ; j'ai combattu pour toi ; j'ai amené (soumis) à ton nom. »

Le défunt, assimilé à Horus, devient ici Harouêris ou Horus l'Ancien, conçu d'Isis et d'Osiris, enfanté par Nout-t l'hémisphère céleste (*Traité d'Isis*, ch. 12 et 54). Une erreur s'est glissée dans votre citation de ce passage de Plutarque, car Mercure n'y apparaît pas comme né de Rhéa ; il est mentionné, au contraire, comme père d'Isis. Thôt étant le λόγος, le Verbe, la volonté créatrice, n'a aucune généalogie, car il est inséparable de la Divinité éternelle et incréée, dont il n'est qu'une forme, ou pour mieux dire, une face, un aspect. Le rôle de castigateur ne lui convient pas mieux, car la Raison ne donne que l'*autorité* nécessaire au châtiment ; elle peut soumettre, mais non « massacrer ». C'est donc encore un Horus qui parle ; sa nature, inférieure en comparaison de la plus haute expression divine, lui permet de châtier. A ce titre aussi, il défend sa propre cause, en coopérant au triomphe ou à la réhabilitation de l'Horus cosmique, c'est-à-dire de la nature physique (Plutarque, *Traité d'Isis*, ch. 19 et 54). Car il ne faut pas oublier que le défunt, tout en devenant un Horus est encore un Osiris ; qu'il a participé et qu'il participera peut-être encore à la vie terrestre, et « que l'homme est double, mortel par le corps, immortel par sa propre essence » (Hermès, p. 8). En tant qu'Osiris, il pourrait encore être considéré comme enfanté par *Nou-t ;* mais le rôle de castigateur ne lui conviendrait pas davantage. Osiris et Horus ne sont d'ailleurs qu'une seule et même substance, sous deux aspects différents. C'est pour cela que le défunt se dit successivement compagnon d'Osiris et compagnon d'Horus.

« Je suis Thôt, qui fait prévaloir la parole d'Horus contre ses ennemis, le jour de l'appréciation des dires dans la grande demeure du chef qui est dans An. »

Ce passage est celui qui, suivant ma manière de voir actuelle, a égaré jusqu'ici tous les interprètes. Il semble en effet contraire à ma thèse, et pourtant l'explication en est bien facile, car Plutarque nous la donne lui-même dans ces mots : « l'union d'Horus avec la nature corporelle a mis dans sa naissance une sorte d'illégitimité. Mais il triomphe par le secours de Mercure (Thôt), c'est-à-dire de la raison, qui atteste et qui prouve que la nature a formé le monde à l'image de la substance intelligible » (*Traité d'Isis et d'Osiris*, ch. 54; cf. ch. 19). L'auteur, en employant les expressions, τοῦ Ἑρμοῦ, τουτέστι τοῦ λόγου, a certainement voulu faire comprendre que le personnage divin d'Hermès (Thôt) n'est pour rien dans l'affaire, mais que c'est simplement la raison, la plus sage appréciation des choses, qui assure le triomphe de l'Horus cosmique ; c'est-à-dire de la nature tout à la fois physique et divine du monde. Notre défunt ne se dit donc Thôt que pour exprimer qu'il est, grâce à sa rénovation, en possession de la raison qui légitime sa nature à la fois physique et divine, et cela ne l'empêche pas d'être encore un Horus.

« Je suis le Perpétuel, fils du Perpétuel ; je suis conçu dans la Perpétuité et je nais dans la Perpétuité. Je suis avec les deux pleureuses d'Osiris qui se lamentent sur Osiris dans les (marais ?) du lieu des deux couveuses, faisant prévaloir la parole d'Osiris contre ses ennemis. »

La perpétuité exprimée par le *dad* est celle du cercle de la Métempsycose, qui embrasse tous les êtres et tous les temps dans un éternel renouvellement (Hérodote, II, 123, cf. *Todtenbuch*, 76 à 88; Plutarque, *Traité d'Isis*, ch. 72 et 78; *Hermès Trismégiste*, p. 60, etc.; *Revue archéologique, Mystère des Bardes*, novembre 1868 à janvier 1869, etc.).

Cela nous ramène à la rénovation physique. « Les deux pleureuses d'Osiris sont Isis et Nephthys » (J. de Horrack, *Les Lamentations d'Isis et de Nephthys*). Ces deux déesses représentent les deux principes opposés dans la nature, qui transforment tous les êtres ; la conservation et la corruption, la fécondité et la stérilité, la terre et le désert (*Traité d'Isis*, ch. 59, etc.). Elles sont appelées les deux couveuses (*Zer-t-t*, *Todtenbuch*, 17, 13), parce que leur action, comme une sorte d'incubation, ramène éternellement toute substance organique de la mort à la vie et de la vie à la mort. Celui qui est avec les pleureuses d'Osiris est donc l'Osiris qui devient Horus, le défunt qui se rénove pour renaître, sous une nouvelle forme et dans une nouvelle génération. C'est ce triomphe d'Horus revenant à la lumière, qui fait prévaloir la parole d'Osiris, l'être bon, en faisant dominer le bien sur mal (*Traité d'Isis*, ch. (¹

« Il est ordonné par Râ à Thôt de faire prévaloir la parole d'Osiris contre ses ennemis. L'ordre est exécuté par Thôt. »

Râ, le soleil, la plus grande manifestation du Dieu de vie, a décrété ce triomphe du bien, l'existence et la conservation du nouvel être, au moyen de Thôt, le Verbe, la loi divine, en dépit du mal et de tout principe de destruction.

« Je suis avec Horus le jour d'envelopper *Testes*, d'ouvrir le seuil pour la purification du cœur d'*Ouerd-het*, de célébrer les mystères de Ro-sât. »

L'être rénové, à l'imitation d'Horus, s'occupera à son tour de donner les soins funéraires à son père, qui sera un nouveau *Testes*, un nouvel Osiris, car votre interprétation me parait excellente. Il ouvrira la porte du lieu de la momification au corps d'*Ouerd-het*, « celui dont le cœur ne bat plus ». Il célébrera pour lui les mystères du tombeau; car *Ro-sât* est le nom de l'entrée de la tombe comme celui de la voie qui conduit à l'hémisphère inférieur. L'explication proposée par Brugsch (*Dictionnaire hiéroglyphique*, p. 234) ne saurait être conservée.

« Je suis avec Horus pétrissant ce bras gauche de l'Osiris
» qui est à Sezem, sortant, entrant dans le lieu des flammes,
» effaçant les antagonistes, autrement dit, les maux dans
» Sezem » (var., le jour d'effacer).

L'Osiris qui est à Sezem doit être Xem, l'Amon générateur. Au *Todtenbuch* (17, 12), Xem est *Har-nez-tew-ir*, un

Horus, mais avant d'être Horus, il est nécessairement Osiris ; car il est dans l'éternité avant « ses manifestations, sa naissance », comme dit le texte. Cette manière de voir est confirmée par la mention de « l'action d'Isis et de Nephthys, qui se tiennent derrière lui pour être deux couveuses » (*Todtenbuch*, 17, 13). Ce dieu, dont le corps est presque entièrement enfermé dans une gaine en forme de momie, lève le bras droit, dans l'attitude active et fécondante du semeur. Son bras gauche est, au contraire, dans une position inerte et comme affaibli, ou à l'état rudimentaire et caché sous l'enveloppe du dieu. Devons-nous chercher dans l'action qui consiste à refaire ce bras un symbole de régénération ou celui de la momification ? — On peut hésiter; c'est peut-être l'une et l'autre. — Le lieu des flammes peut aussi bien être le lieu de l'embaumement, où se purifie toute corruption physique, que le bassin de feu qui purge de toute souillure morale (*Todtenbuch*, 126).

Toutefois, le contexte indique que notre Horus continue ses soins funéraires. — Or, tout défunt momifié, c'est-à-dire tout Osiris, est un dieu générateur (cf. col. 1), car de la mort naît la vie, comme Râ procède de Toum, et tout ce qui meurt doit revivre dans de nouvelles générations. Osiris momifié reçoit en effet d'Isis un phallus de bronze, et il s'unit avec elle (la fécondité), après sa propre mort, pour donner naissance à un Horus (une rénovation). Il est le père et l'origine de toutes les formes d'Horus, c'est-à-dire de manifestation, de naissance, y compris l'Horus cosmique, le monde. Tout cela ressort d'une étude attentive du *Traité d'Isis et d'Osiris*. « Pétrir le bras gauche de l'Osiris qui est dans Sezem » peut donc aussi vouloir dire, au moyen d'une métaphore alambiquée à l'égyptienne, « faire du défunt, au moyen de la momification, un Osiris générateur plus complet que celui de Sezem, puisqu'il aura ses deux bras ». Cette explication pourra paraître tirée par les cheveux; c'est pourtant la seule qui jusqu'ici me semble admissible.

« Je suis avec Horus le jour de célébrer la cérémonie
» (funèbre) d'Osiris Ounnowré, véridique, et de faire des
» offrandes à Râ, le jour de la fête de 6 et de la fête du quar-
» tier de la lune dans An. »

Le défunt, l'être rénové, toujours à l'imitation d'Horus,
rend ou rendra les honneurs funéraires à son père, et en le
faisant, non seulement il s'associe à l'acte pieux d'Horus,
mais encore il renouvelle les funérailles d'Osiris. On peut
cependant interpréter autrement ce qui précède : le défunt
se rénovant est séparé de sa dépouille terrestre ou osirienne,
dont il émane, de même qu'Horus est séparé d'Osiris qui
lui donna naissance. C'est donc en quelque sorte à sa propre
dépouille qu'Horus rend les honneurs funèbres, et rien
n'empêche de supposer que l'être rénové, qui lui est assimilé, puisse agir de même. Quoi qu'il en soit, nous allons
voir que ce dernier, toujours en vue du culte funéraire, va
s'attribuer successivement toutes les fonctions des prêtres
auxquels étaient confiés les offices mortuaires. Cela nous
fournit un précieux tableau de la hiérarchie sacerdotale.

« Je suis le prêtre (*ab*, ουηβ, *sacerdos*) dans Dadou,
» oignant(?) [dans Abydos], élevant celui qui est sur les
» degrés (de l'initiation?). »

Deux des plus anciens textes du Musée Britannique
donnent la variante ⌂ 𓅜 𓅭 𓏏, et un autre, à Dublin,
⌂ 𓃀 𓏏, *qatu*, *qâi-t*, « degré, escalier ». Peut-être les
degrés ascensionnels de toute rénovation?

« Je suis le prophète (*hen*, ϩοντ, ἱερεύς, *sacerdos*) dans
» Abydos, le jour de soulever la terre. »

Abydos étant la cité funèbre par excellence, le jour de
soulever la terre à Abydos peut exprimer, par euphémisme,
le jour où l'on creuse une sépulture. Il est à noter que les
inscriptions de la statue de Bakenxonsou placent entre le
simple prêtre et le prophète le *neter ateu*, « divin père[1] ».

---

1. Cf. *Mémoires et Fragments*, t. I, p. 285, 288-289. — G. M.

« Je suis celui qui voit les mystères dans Ro-sàt. »

C'est probablement la fonction qui répond au titre de ⟦...⟧ *her-seseta* « supérieur du mystère » que Bakenxonsou portait également (voir *Revue archéologique*, nov. 1869, *Emblème d'Hermanubis*[1]). Dans les tombes royales de Thèbes, *Ro-sàt* désigne aussi bien l'entrée du tombeau ou le couloir qui y donne accès, que la voie mystérieuse qui conduit de l'hémisphère supérieur dans l'hémisphère inférieur (cf. Louvre, *sarc. de Zaho, côté gauche*).

« Je suis celui qui énonce les rites [dans la demeure] de Ba-neb-Dadou. »

C'est la fonction du *maître des cérémonies* du culte égyptien. Il est figuré dans le *Todtenbuch* au-dessus de la colonne 14 du chapitre 15. Son titre habituel est ⟦...⟧ χ*er-heb*, « chargé des cérémonies ». La lecture χ*er-heb* est prouvée par le *papyrus du Louvre n° 3155*. Ce personnage avait pour mission de lire à haute voix pendant les offices sacrés les rites qui réglementaient le culte.

« Je suis le *Setem* parmi ses compagnons. »

Le ⟦...⟧ *setem* ou *stem*, le ⟦...⟧ *sem* du temps des Ramessides (Louvre, *sarc. D, 13*; *Papyrus archaïques de Londres et de Dublin*), est très probablement le ⟦...⟧ *semer* ou *semr* de l'Ancien Empire. C'est lui qui donne le sacrement funéraire désigné par le groupe ⟦...⟧ d'après les prescriptions que lui lit le χ*er-heb*; il est représenté au-dessus de la colonne 17 du chapitre 15 du *Todtenbuch* (voir le *papyrus n° 3155* au Musée du Louvre).

« Je suis le grand [chef] de l'œuvre, [le jour de] placer l'arche sur le support. »

Les principales variantes donnent les formes ⟦...⟧ (*Papyrus archaïque de Londres*; Louvre, *Papyrus hiéra-*

---

1. Cf. plus haut, *Mémoires et Fragments*, t. II, p. 265-270. — G. M.

tique Clot-Bey, c. 16, n° 210) ⟨glyphs⟩ (Louvre, sarc. D. 13) ⟨glyphs⟩ (*Papyrus archaïque de Dublin*). Ce titre sacerdotal avait déjà toute son importance sous l'Ancien Empire (voir E. de Rougé, *Recherches sur les monuments qu'on peut attribuer aux six premières dynasties de Manéthon*, p. 110 et 111), et on le retrouve souvent ailleurs, particulièrement dans les monuments du Sérapéum. Le texte nous apprend qu'il s'appliquait au prêtre chargé de placer ⟨glyph⟩ l'arche sur son support. L'arche sacrée des temples égyptiens avait la forme d'un vaisseau, ou plutôt, elle était construite dans un bateau. Les sculptures d'Abydos et de plusieurs autres édifices montrent qu'à certaines fêtes on la faisait flotter sur le lac sacré dont on retrouve la trace auprès de tous les temples. Ensuite, on la replaçait en grande pompe sur son support. Ce dernier est appelé ⟨glyphs⟩ dans les textes de Dublin : mais il semble parfois avoir la forme du signe ⟨glyph⟩ qui détermine le même mot ⟨glyphs⟩ *stand, frame, stocks*, dans l'excellent Dictionnaire de M. Birch (p. 422). Cet appareil pouvait être destiné à imiter dans certaines conditions et au moyen d'un mécanisme quelconque le mouvement de la navigation.

« Je suis l'inauguration de la fête du labourage [le jour » du labourage] dans Soutenzenen. »

Nous voici arrivés à la plus élevée des fonctions sacerdotales, à celle que les Pharaons eux-mêmes se réservaient sans doute, car les sculptures de Thèbes nous montrent les rois présidant en personne aux solennités religieuses de l'agriculture. Le mot ⟨glyphs⟩ se prend très souvent dans le sens d'entreprendre, commencer, inaugurer. Mon interprétation n'est donc pas contraire aux notions acquises, ce qui n'empêche pas la vôtre de trouver place ici, puisque toute fête agricole est en rapport avec le culte osirien. Mais je ne crois pas que le sang dont il est question au chap. 18, col. 21, soit celui d'Osiris. La colonne 23 semble indiquer au contraire que c'est celui de ses adversaires.

Jetons maintenant un regard d'ensemble sur cette première partie du texte : nous nous trouvons en face, non plus de Thôt, mais de la partie essentiellement divine de l'être humain, dégagée, par la mort terrestre, de tout lien matériel. « Seul de tous les êtres qui vivent sur la terre, l'homme est double, mortel par le corps, immortel par sa propre essence » (Hermès, p. 8). « Rien ne meurt, mais ce qui était composé le divise. Cette division n'est pas une mort, c'est l'analyse d'une combinaison; mais le but de cette analyse n'est pas la destruction, c'est le renouvellement » (Hermès, p. 89, cf. p. 13, 48, 93, etc).

J'ai déjà dit que l'être ainsi modifié est à la fois défunt ou osirien sur terre, et manifestation divine ou Horus dans les régions célestes. A ce dernier titre, il s'attribue non seulement les principales formes, mais encore les actions et les œuvres de l'Horus divin pour y participer dans l'éternité. Puis, il semble se consacrer tout entier au culte osirien, qui s'applique en même temps à sa propre dépouille, et il va jusqu'à s'investir successivement de presque toutes les fonctions sacerdotales, pour accomplir ce pieux devoir dans ses moindres détails.

Mais cette partie subtile de l'être se distingue de l'âme et lui est supérieure ; c'est le χu ou l'Intelligence. L'âme vient de la vie, l'intelligence de la lumière (Hermès, p. 9, cf. p. 11). L'intelligence purifiée et affranchie de ses enveloppes, divine par sa nature, prend un corps de feu et parcourt l'espace abandonnant l'âme au jugement et à la punition méritée (Hermès, p. 64). C'est ce que nous verrons en effet dans la suite de notre texte. Le jugement est mentionné à la colonne 16, et je n'ai pas besoin de rappeler qu'il constitue tout le chapitre 125.

Il importe donc de déterminer dès à présent la nature des éléments divers que les Égyptiens croyaient reconnaître dans l'homme. Cette question a déjà été en partie traitée par M. Maspero (*Études démotiques*, dans le *Recueil des Travaux*, t. I, p. 21). Et nous n'avons, pour la compléter, qu'à continuer notre dernière citation des livres hermétiques, en y ajoutant les mots égyptiens auxquels répondent évidemment les diverses expressions du texte grec : « L'intelligence (🐦 ou 🐦 χu) se sépare de l'âme (🐦 ou 🐦 *bâ*) et l'âme (*bâ*) de l'esprit (⟂, *Todtenbuch*, 38; 54 à 59, etc.), puisque tu as dit que l'âme (*bâ*) était l'enveloppe de l'intelligence (χu) et l'esprit (⟂) l'enveloppe de l'âme (*bâ*) ». Ce système d'enveloppes existe dans le corps terrestre ($\chi \hat{a}t$). L'intelligence (χu) toute nue ne pourrait s'établir dans le corps ($\chi \hat{a}$-t) de terre, et ce corps passible ($\chi \hat{a}$-t) ne pourrait contenir une telle immortalité, ni porter une telle vertu (, *Todtenbuch*, 24; 31; 32, etc.). L'intelligence (χu) prend l'âme (*bâ*) pour enveloppe; l'âme (*bâ*) qui est divine ( ) elle-même, s'enveloppe d'esprit (⟂) et l'esprit (⟂) se répand dans l'animal. Quand l'intelligence (χu) quitte le corps terrestre ($\chi \hat{a}$-t), elle prend aussitôt sa tunique de feu, qu'elle ne pouvait garder lorsqu'elle habitait ce corps ($\chi \hat{a}$-t) de terre; car la terre ne supporte pas le feu, dont une seule étincelle ( ) suffirait pour la brûler. »

Vous avez parfaitement expliqué, p. 136, le sens de ces dernières lignes, à l'aide de la formule N, et d'un passage de Suidas, dont j'avais moi-même emprunté la citation à M. Birch. Mais continuons notre extrait d'Hermès, il nous apprendra encore quelque chose: « C'est pour cela que l'eau entoure la terre et lui forme un rempart qui la protège contre la flamme du feu. Mais l'intelligence (χu) universelle emploie tous les éléments, celle de l'homme seulement les éléments terrestres. Privée du feu, elle ne peut construire des œuvres divines (☧), soumise qu'elle est aux conditions de l'humanité. Les âmes humaines (*ba-u*) non pas toutes, mais les âmes pieuses (☧ *ba-u menχ-u*, (*Todtb.*, I, 12-13), sont démoniaques et divines (*Todt.*, I, 18-20). Une fois séparée du corps (χà-t) et après avoir soutenu la lutte de la piété (col. 18) qui consiste à connaître Dieu (col. 18-19) et à ne nuire à personne (col. 22), une telle âme (*bà*) devient toute intelligence (χu), c'est-à-dire divine (col. 17). Mais l'âme impie (☧) reste dans son essence propre et se punit elle-même (☧), en cherchant pour y entrer un corps terrestre (☧ *sàhu*), un corps humain, car un autre corps ne peut recevoir une âme humaine (*bà*), elle ne saurait tomber dans le corps d'un animal sans raison : une loi divine préserve l'âme humaine (*bà*) d'une telle injure (Hermès Trismégiste, trad. Ménard, 1ʳᵉ éd., p. 65-67). L'âme (*bà*) change de condition en mieux, mais non en pire » (*Ibidem*). — Ces dernières phrases semblent être contredites par un autre passage : « Mais quand l'âme (*bà*) après être entrée dans un corps humain (*sàhu*) reste mauvaise (χeut), elle ne goûte pas l'immortalité (☧ *Todt.*, 44, tit., cf. 109, 11); elle retourne en arrière et redescend vers les reptiles » (*Ibidem*, p. 60).

Les antiques traditions conservées par les bardes montrent pourtant, en admettant toute espèce de migration volontaire (*Revue archéologique*, nov. 1868, p. 342; janv. 1869, p. 28-29; *Traité d'Isis*, ch. 72, etc.), que ces deux assertions ne sont pas inconciliables, et expliquent les chapitres 76 à 88 du *Todtenbuch*.

Le mot ☧ χu-u, au pluriel (*Todt.*, I, titre), s'appliquait proprement, comme une sorte de collectif, aux parties subtiles et immatérielles de l'être, c'est-à-dire seulement à l'intelligence (χu) et à l'âme (*bà*); c'est ce que nous pourrions appeler les *mânes*, les *esprits* de l'être, en ayant soin de noter pourtant que, dans les livres hermétiques, le mot *esprits* ne répond ordinairement qu'au mot [hiéroglyphes] du *Todtenbuch*, c'est-à-dire au souffle matériel de la respiration vitale. Dans certains cas cependant, comme aux chapitres 155 à 159 du *Todtenbuch*, qui semblent appartenir à une époque relativement postérieure, le mot χu [hiéroglyphes], sans perdre sa signification primitive de « lumière », est appliqué par respect au défunt, au mort lui-même. Cette seule exception ne saurait amener aucune confusion. Ainsi, au chap. 78, nous n'hésitons pas à lire : [hiéroglyphes] [hiéroglyphes] « Moi, l'une de ces intelligences qui sont dans la lumière » (col. 10, 11), comme expressions synonymes de [hiéroglyphes] « moi, l'Horus qui est dans la lumière » (col. 24). Cela établi, revenons au titre du premier chapitre : c'est encore Hermès Trismégiste qui va nous en donner l'explication. « La nature de l'homme étant complexe, cette part de lui qui se compose d'âme, de sentiment, d'esprit et de raison ([hiéroglyphes]) est divine, et des éléments supérieurs (lisez *inférieurs*, [hiéroglyphes] ?) semble pouvoir monter ([hiéroglyphes]) au ciel ; tandis que la partie cosmique, mondaine, formée de feu, d'eau, de terre et d'air, est mortelle et reste sur terre ([hiéroglyphes]) afin que ce qui est emporté au monde lui soit restitué ([hiéroglyphes]) » (Hermès, p. 128).

Je traduis maintenant le titre entier : « Commencement des chapitres de sortir de la journée (de l'existence terrestre). Les parties immatérielles (de l'être) s'élèvent de la région inférieure. — Dit le jour de l'ensevelissement, de la rentrée après la sortie, par l'Osiris N véridique, enfanté par N véridique. »

Dans le texte, c'est bien l'Osiris, l'osirien, qui parle sous la forme immatérielle du χu, ainsi que le chapitre 79 du *Traité d'Isis et d'Osiris* peut le faire comprendre, car le nom d'Osiris est loin de ne s'appliquer qu'aux parties matérielles de l'être défunt.

J'avais presque terminé cette lettre, déjà beaucoup trop longue, quand, le 31 mars, j'ai reçu votre deuxième article. La lecture attentive que j'en ai faite ne change rien à mes vues. Tout au contraire, elle les confirme, et je m'aperçois que, comme nous avons puisé aux mêmes sources, nous nous servons parfois des mêmes arguments. C'est la meilleure preuve qu'au fond nous sommes d'accord, et que nous ne différons que sur des points accessoires, bien qu'ils ne soient pas sans importance. Cela me permet de vous communiquer simplement, et sans entrer dans de nouveaux détails, ma version de la fin du texte. J'y ajoute seulement entre parenthèses l'indication des divisions du discours telles que je les comprends.

L'Osiris, le défunt, sous la forme essentielle ou analytique du χu, ce nouvel Horus, continue son discours, col. 10; il parle de l'âme, qui a été sa compagne, aux génies psychopompes de l'hémisphère inférieur :

« O conducteurs des âmes pieuses dans la demeure d'O-
» siris, conduisez l'âme de l'Osiris N., véridique, avec vous
» à la demeure d'Osiris. Elle voit comme vous voyez, elle
» entend comme vous entendez, elle se lève comme vous
» vous levez, elle s'assied comme vous vous asseyez. »

« O distributeurs des aliments et des boissons des âmes
» pieuses dans la demeure d'Osiris, donnez aliments et
» boissons en temps à l'Osiris N., véridique, qui est avec
» vous. » Ici c'est l'âme qui est appelée Osiris.

« O vous qui ouvrez les chemins, ô vous qui dégagez les
» voies pour les âmes pieuses dans la demeure d'Osiris, ouvrez
» les chemins, dégagez les voies pour (l'âme de) l'Osiris N.,
» véridique, qui est avec vous; qu'elle entre également dans
» la demeure d'Osiris, qu'elle entre craintive, qu'elle sorte

» en paix, dans la demeure d'Osiris (Pap. de Dublin). Qu'elle
» ne soit pas repoussée, qu'elle ne soit pas empêchée, qu'elle
» entre à son plaisir, qu'elle sorte à son gré. Sa voix fait
» autorité ; son ordre est exécuté dans la demeure d'Osiris ;
» elle avance ; ses paroles soient avec vous ! L'Osiris N.,
» véridique (ici encore c'est l'âme), avance vers la région de
» vérité, en paix. On ne trouve pas de faute en lui ; la
» balance (du jugement) est vide pour ce qui le concerne. »
Ce dernier passage est illisible au *Todtenbuch* ; il m'est
donné par les exemplaires de Londres et de Dublin :

Ce jugement divinise l'âme qui s'unit alors de nouveau
au *χu* et s'absorbe en lui ; l'être divin ainsi composé s'adresse
à Osiris ; jugé dans sa partie faillible, il devient juge à son
tour.

« Je juge moi aussi les paroles nombreuses. Ton âme s'est
» affermie depuis qu'elle a été trouvée saine (pure) de
» bouche (de parole?) sur terre ; car je suis devant toi,
» seigneur des dieux, j'ai atteint le champ de la double
» justice. Je suis né aussi en dieu vivant, je rayonne
» aussi dans le cycle des dieux qui sont dans le ciel. »

La divinisation est complète, l'être parle aux dieux du
cycle céleste.

« Je suis comme l'un de vous, élevant mes pas dans la
» région du combat. Je vois la barque du saint Orion tra-
» versant l'abime céleste. Je ne suis pas empêché de voir les
» seigneurs de l'hémisphère inférieur, autrement dit, du
» cycle divin, sentant les mets des dieux du cycle et siégeant
» avec eux. »

L'être, continuant son discours, rappelle ses actes depuis
sa mort terrestre et sa piété ; il indique son état actuel et
fait allusion à des transformations futures, qui ne seront
plus sans doute indépendantes de la matière.

« J'ai appelé (fait venir à mes funérailles) le *χer-heb* du

» cercueil ; j'ai entendu les prières de propitiation ; j'ai
» avancé dans le vaisseau (funèbre) ; mon âme n'est pas em-
» pêchée d'être avec son possesseur (le χu). Hommage à toi
» qui résides dans la région de Vérité, Osiris, au milieu de
» la région des grands souffles. Tu accordes que j'approche
» en paix de la région de Vérité, et que me reçoivent les deux
» seigneurs du *Tâ-doser-t* (les deux Anubis ?), ils me disent :
» Adoration ! (*bis*) en paix ; ils me font place auprès du
» prince des chefs (Osiris). Les deux nourrices (Isis et
» Nephthys) me reçoivent en temps ; j'apparais devant
» Ounnowré (l'être bon), véridique ; je sers Horus dans Ro-
» set (le lieu de passage), Osiris dans Dadou (le lieu de per-
» pétuelle rénovation). J'accomplis toutes les transforma-
» tions (nécessaires) pour placer mon cœur en tout lieu où
» se plait mon être. »

RUBRIQUE

« Ce livre étant connu sur terre, ou bien fait en écritures
» sur le sarcophage, il (le défunt) sort chaque jour qu'il
» lui plaît et rentre dans son palais ; il n'est pas empêché.
» Lui sont donnés aliments, boissons et quantité de chair de
» l'autel du Soleil. Il récolte dans les champs et les prés de
» l'Élysée, où lui sont donnés blés et orges pour qu'il soit
» allègre, comme il était sur terre. »

Il résulte de l'ensemble du texte que le nom d'Osiris convient à divers éléments constitutifs de l'être, comme l'intelligence et l'âme prises isolément ; mais aussi il importe de ne pas confondre ces éléments séparables. Le χu, l'Intelligence, immédiatement après la mort terrestre, arrive dans les régions supérieures ; il est essentiellement divin. C'est un nouvel Horus. L'âme, au contraire, ne s'élève que difficilement des régions inférieures ; elle a besoin d'aide, de protection, de sustentations même ; elle est d'une nature beaucoup moins subtile, plus assimilable à la matière. Le χu intercède pour elle, l'assiste jusqu'à son entrée dans la demeure d'Osiris. Là, il la livre au jugement divin, auquel il semble participer lui-même. L'âme jugée bonne est enfin divinisée dans une union nouvelle avec le χu[1]. Ainsi dégagée de tout lien matériel, elle vivra dans l'éternité; mais pourra, à son gré, prendre toute forme et parcourir toute existence qui lui plaira (cf. Hermès, p. 60 à 69, etc.).

En terminant l'étude de ce texte difficile, n'oublions pas que d'autres savants nous ont ouvert la voie, particulièrement M. Brugsch et M. Samuel Birch.

Mais il est évident qu'après le *Traité d'Isis et d'Osiris*, ce sont les livres hermétiques, bien que leur habile et consciencieux traducteur n'ait pas paru s'en douter, qui nous révèlent aujourd'hui les mystères les plus impénétrables de la philosophie égyptienne.

Cannes, le 5 avril 1870.

1. L'être immatériel recomposé du χu et de l'âme absoute constitue le ⊔⏋ (*Todtenbuch*, I, 22).

UNE STÈLE ÉGYPTIENNE

DU TEMPS DE L'EXPULSION DES ROIS PASTEURS [1]

M. Auguste Harlé vient de donner au Musée du Louvre une stèle égyptienne qui présente un véritable problème historique [2]. Elle me paraît dater de l'époque où les armes égyptiennes remportèrent leurs premières victoires sur les Hyksos ou rois pasteurs. Cette stèle de pierre calcaire sculptée porte encore des traces de peinture. Le style est celui des monuments qui précèdent la XVIII° dynastie. Les hiéroglyphes sont mal gravés, parfois fautifs, et tous, à une exception près, tournés vers la droite, évidemment parce que le lapicide ne savait pas les tracer dans l'autre sens.

1. Inédit : c'est le dernier mémoire que Dévéria ait écrit. Il en avait jeté la première esquisse une dizaine d'années auparavant dans le temps même où M. Auguste Harlé venait de donner la stèle au Louvre : la rédaction originale comprenait, avec l'étude sur la stèle même, une discussion sur le sens du demi-cartouche et sur les passages d'Horapollon qui correspondent à ce signe. Dévéria, reprenant au milier de 1870 la tâche interrompue, pensa qu'il valait mieux diviser la matière et en tirer deux mémoires qui n'étaient pas achevés au moment où la mort l'enleva, dans les premiers jours de janvier 1871. L'article actuel, le premier des deux, était destiné à la *Revue archéologique*, ainsi qu'il résulte d'une des notes du second mémoire. — G. M.

2. La stèle, qui fut inscrite sous la rubrique C 201, a été publiée depuis par Pierret, *Recueil d'inscriptions inédites du Musée Égyptien du Louvre*, première partie, p. 59-62 ; M. Pierret a inséré dans son commentaire un long passage du mémoire de Dévéria. — G. M.

Au registre supérieur, au-dessous des yeux symboliques, la défunte ⸺ 𓄿𓃭𓅓𓏏 « Tàouàou » debout, tient un flagellum. Derrière elle, une autre femme représentée de même, est appelée 𓅓𓏏𓅓 « Se-t-dhouti¹ ». Enfin, une troisième 𓅓𓏏𓅓 « Se-t-aah-mès(?) », figurée en plus petit, paraît avoir été ajoutée après coup, ainsi qu'une légende royale sur laquelle nous reviendrons tout à l'heure. Devant ces femmes, deux hommes également debout : 𓅓𓏏 𓅓𓏏 Pa-mès² et 𓅓𓏏𓅓 Râ-sodem, ou plus correctement Sodem-Râ, car le déterminatif indique une inversion de majesté. La légende royale³, écrite en petits caractères, est disposée horizontalement dans le peu d'espace resté libre au bas des colonnes d'hiéroglyphes qui occupent le milieu du tableau :

𓅓𓏏 𓇳𓁹𓂋 𓊹𓏏 (Pieds de la défunte)⁴.

Il est facile de voir que cette légende, composée uniquement de titres royaux, est une addition postérieure à l'exécution de l'ensemble de la stèle. Cela ressort clairement des considérations suivantes :

1º Elle a été disposée horizontalement à cause du peu d'espace libre en hauteur, et malgré les divisions verticales qui la coupent en deux endroits ;

---

1. « La fille de Thot », avec le déterminatif des noms masculins.
2. Le déterminatif des noms divins est employé par erreur.
3. Lepsius, *Konigsbuch*, Taf., LXX, n° 919. C'est d'après une empreinte de la stèle de M. Harlé que le savant allemand enregistra ce cartouche.
4. Dans l'original, cette légende court de droite à gauche. — G. M.

2° Les caractères dont elle est composée sont plus petits et mieux formés que les autres; on n'y remarque aucune incorrection. Ils sont donc probablement d'une autre main;

3° Le dernier groupe, ⟡, faute d'espace, a été placé au-dessus de l'avant-dernier ⟡.

De ces trois faits il résulte que la légende royale a évidemment été ajoutée après l'achèvement du monument.

Le second registre est occupé par six lignes horizontales d'hiéroglyphes qui constituent la formule funéraire suivante :

« Royal don d'offrande à Ptah, Sokari, Osiris, seigneur,
» seigneur¹, de Dadou, dieu grand, seigneur d'Abydos;
» qu'ils donnent les biens funèbres, des boissons², des bes-
» tiaux, des volailles, toutes choses bonnes³ et pures, les
» présents du ciel⁴, les créations⁵ de la terre, l'apport du Nil
» avec tous ses produits et les biens dont vivent les dieux,
» au ka⁶ de Tâ-ouâou; par son fils qui vivifie son nom⁷,

---

1. Répétition fautive. — Cette consécration aux dieux de la nécropole de Memphis m'avait fait penser que le monument était memphite, ce qui en eût doublé l'intérêt. Mais cette conjecture ne saurait être soutenue en présence du proscynème presque identique gravé sur le cercueil thébain de la reine Aâh-hotep.

2. *Hep-t-u* pour *heq-t-u*.

3. Réduplication fautive d'un *t*.

4. Le signe du ciel ▭ est remplacé par celui d'un signe ▭ qui lui ressemble un peu.

5. Nouvelle confusion entre le signe représentant un œuf ○ et celui de l'articulation △ *q*.

6. Je crois avoir démontré dans un travail sur le 1ᵉʳ chapitre du *Todtenbuch* envoyé à la *Zeitschrift* de Berlin (cf. p. 297-314, du présent volume), que le *Kâ* est la réunion de l'intelligence (*Xu*) et de l'âme (*ba*), de même que le *Sâhou* est celle des éléments matériels de l'être. La nature du *kâ* est subtile, céleste et immortelle, tandis que celle du *Sâhou* est pesante, terrestre et mortelle.

7. *Ten* pour *ran*, « nom ».

» Bâk. » Quelques mots de cette prière sont écrits d'une manière tellement incorrecte qu'ils seraient indéchiffrables si la formule n'était connue par un grand nombre d'autres monuments.

Au registre inférieur on a représenté 🙵 « Bâk », le fils de la défunte, celui qui fit ériger le monument funèbre. Ce personnage est armé comme un guerrier : il porte sur l'épaule droite la hache de combat et un poignard passé dans la ceinture. Sa tête est ceinte d'un bandeau et ses bras sont ornés de bracelets. Sa « femme 𓆑𓆑 . Iu-net(?) » s'appuie affectueusement sur son épaule. Viennent ensuite ses deux fils; mais on n'a inscrit que le nom du plus grand : « Aah-mès. » Ce nom se présente sous une forme archaïque 𓆑[1]. En face du premier personnage, on voit « son frère » 𓆑 qui semble avoir été « auditeur de vérité[2] » 𓆑 et deux autres hommes dont la légende 𓆑 se lit : *asusu* ou « les deux asu(?) ». Un dernier individu, enfin, a été figuré dans la partie fruste de la stèle. Il est à noter que les titres funéraires d'*Osirien* ou d'*Osirienne* 𓆑 et de *Véridique* 𓆑 ne figurent pas sur ce monument. C'est encore un signe d'archaïsme dont il n'existe peut-être pas d'exemple sous la XVIIIe dynastie[3].

Cherchons maintenant à quel personnage on peut attribuer les titres royaux ajoutés sur la pierre et rapportés plus haut. Ils se lisent sans difficulté : « Le fils du Soleil, le grand

---

1. Cette variante est caractérisée par la forme et la disposition du croissant lunaire, les cornes en haut. Elle s'observe sur les bijoux au nom du roi Aah-mès qui sont sortis jusqu'ici de la nécropole de Thèbes. Le même signe figure dans le cartouche de la reine Aah-hotep inscrit sur le cercueil du musée de Boulaq.
2. Peut-être faut-il interpréter *augure*.
3. Ce paragraphe entier a été reproduit par Pierret, p. 61. — G. M.

Gouverneur, vivificateur éternellement, » et il est à noter que les mots *Le Grand Gouverneur* sont enfermés dans un cartouche, comme un nom royal qui devrait suivre le titre de fils du Soleil.

II

Un papyrus bien connu[1] nous montre deux princes en présence, s'envoyant des messages et des espions comme au jour d'un combat. L'un est un gouverneur égyptien qui paraît avoir régné dans le Sud; l'autre, un *Hyksos* ou roi pasteur. Le texte débute ainsi :

« Il arriva que la terre d'Égypte était aux *Aâdou*, et
» aucun seigneur n'était roi, les jours qui vinrent, lorsqu'il
» y eut ⸺ ⸺ le roi[2] Râ-s-qenen (Tâu-âa-qen?). Alors il fut GOU-
» VERNEUR[3] de la région[4] du Midi. Les *Aâdou* étaient à la
» forteresse des *Aâmou*. Le chef Apepi était dans Hâ-uâr
» (Avaris), et (les habitants) du pays entier étaient ses tri-
» butaires. » Voici donc un prince égyptien, régnant seule-
ment dans la partie méridionale du pays; il est ⸺ « Roi » et non ⸺ « Roi des haute et basse régions ». Contemporain et compétiteur d'un roi pasteur, on lui donne le titre de *Hâq* « gouverneur » ou « procurateur[5] » du Midi.

---

1. Le *papyrus Sallier n° 1*, conservé au Musée britannique, et publié dans la précieuse collection des *Select Papyri*, pl. I-III.
2. ⸺, le roi de la Haute-Égypte.
3. Lepsius, *Konigsbuch*, Taf. LXX, n° 918.
4. Ou seulement peut-être de la ville du Midi.
5. Ce mot peut être rapproché du copte ⲞⲨⲰⲤ T., *curare*. Il est très souvent employé pour désigner les rois et paraît s'appliquer même aux rois pasteurs, *hyk* ou *hak* d'après les témoignages de Josèphe (*Contre Apion*, chap. v). Voir dans la *Revue archéologique* les *Recherches sur la ville égyptienne d'Acaris*, par M. E. Poitevin, première série, t. XII, p. 259 sqq.

Ce titre, pour plus d'honneur, est enfermé dans un cartouche royal¹ et suivi des marques du respect qui figuraient déjà après le premier cartouche.

III

M. E. de Rougé a démontré depuis longtemps que ce prince, qui dans d'autres documents prend tous les titres royaux, fut le dernier roi de la XVII° dynastie, mais que l'honneur d'expulser les rois pasteurs de la Basse-Égypte revient à son successeur Aah-mès ou Amosis, chef de la XVIII° dynastie. Ce dernier, conquérant militaire, paraît ne se rattacher qu'indirectement, par sa mère, à la famille des rois thébains, ses prédécesseurs. Toutefois, l'ordre de succession est bien prouvé par ce passage de l'inscription du tombeau d'Aah-mès, fils d'Abana²; le défunt dit : « Lorsque j'ai
» passé ma jeunesse dans la forteresse d'Éléthya, mon
» père était officier du feu roi *Râ-sqenen* (Tau-âà-qen),
» Baba³ le Saronien⁴ était son nom. Voici que je fus offi-
» cier, à sa retraite, dans le vaisseau *Le Veau*, par les

---

1. Ce fait, très rare dans les inscriptions hiéroglyphiques, est plus fréquent dans les textes hiératiques; le papyrus Abbott particulièrement en fournit des exemples. Mais il est à remarquer que le rédacteur du papyrus Sallier I, appliquant le même titre à un autre personnage (III, l. 7), n'a tracé que la partie antérieure du cartouche sans le compléter comme pour les noms royaux. Toutefois, Horapollon explique cette expression (I, 60), dans un passage que nous expliquerons plus bas.
2. Cf. אבנה *n. pr.* Ce nom ne présente aucun sens en égyptien.
3. Cf. בבי *n. pr. m.* Ne pourrait signifier que *âme-âme* en égyptien.
4. Cf. שרן *n. pr., tractus campestris inter Joppem et Cæsaream.* Les trois noms que je rapproche ici de l'hébreu me paraissent être d'origine sémitique. Le dernier a été lu jusqu'ici : *Si Ro-an* « fils de Ro-an », et *Ro-an* voudrait dire « *Bouche de Vallée* » ou « *Entrée de Vallée* ». Cela s'appliquerait assez difficilement à un nom d'homme. Je préfère y voir un ethnique asiatique. Comparez *Papyrus judiciaire de Turin*, V, 2 : *Pai-ari-Sâlmâ* פעי־ארי־שלמה (?), et à la page 148 du présent volume.

» volontés du feu seigneur des deux mondes, Râ-neb-
» pehou-ti (Aâh-mès). J'étais jeune homme, etc. » Ce récit
montre évidemment qu'il n'y a place pour aucun règne
entre les deux rois qui y sont nommés. C'est donc à tort,
je crois, qu'on a voulu y introduire celui de Ka-mès, depuis
la découverte de la momie de la reine Aah-hotep[1].

IV

Un autre personnage du même nom, Aah-mès, dit
Pen-Souban[2], qui fut à la même époque prince-gou-
verneur d'Éléthya, nous a également laissé de précieux
renseignements biographiques et historiques. Dans une
inscription hiéroglyphique conservée au Musée du Louvre (C 49) :

Il dit : « Que prospère le Roi, vivant éternellement, je ne me suis pas

---

1. Le fait de la réunion de bijoux aux noms d'Aah-mès et de Ka-
mès dans la momie de cette reine, s'il était bien constaté, ne prouverait
rien quant à l'ordre de succession. Mais ce fait même n'est pas absolument certain, car la momie d'Aah-hotep a été ouverte par des Turcs,
dans un harem, en l'absence de tout Européen. C'est dire qu'on ne
saura jamais au juste ce qu'on y a trouvé. Parmi les bijoux rendus à
M. Mariette comme en provenant, il ne se trouve ni un pendant d'oreille
ni une bague ! Qui nous dit que cette même momie ne contenait pas aussi
quelque bague ou autre bijou au nom de Ta-âa qen (Râ s-qenen)?
— On ne saurait rien conclure non plus du papyrus Abbott, qui ne
présente aucune disposition chronologique.

2. La lecture de ce surnom n'est pas certaine. M. Brugsch ayant
constaté des exemples de la valeur kem ou kam pour le signe qu'on lit
d'ordinaire sou, il serait possible que le nom hiéroglyphique d'Éléthya
dût être prononcé kembu ou kamb. Cela le rapprocherait singulièrement
du nom arabe El Kab.

» séparé du roi par intérêt', depuis le roi *Râ-neb-peh-ti* (Amosis).

» véridique jusqu'au roi *Râ-âa-χeper-n* (Thoutmès II), véridique : je fus

» des récompenses de par la royauté jusqu'au roi *Râ-men-χeper* (Thout-

» mès III), vivant éternellement, etc. »

Voici encore un Hâq « *Gouverneur* » ou « *Procurateur* » dont le simple titre est entouré du cartouche et suivi de l'épithète royale ⚋ « *vivant éternellement* ». C'est donc probablement le même que celui du papyrus Sallier I, c'est-à-dire Ta-âa-qen (Râ-s-qenen). Il est en effet prédécesseur d'Amosis comme ce dernier roi l'est dans l'inscription d'Amosis, fils d'Abana. Nous examinerons plus loin les raisons qui ont pu le faire désigner ainsi sans nom royal.

V

Revenons maintenant à la stèle de M. Harlé.
Les titres gravés en surcharge sont ainsi conçus :

« *Le fils du Soleil*, LE GRAND GOUVERNEUR, *vivificateur éternel*. »

1. ⚋ *Vues, desseins, projets, entreprises*: Brugsch ne donne pas ce mot.

Le style du monument est celui de la XVII° dynastie; on y voit un guerrier armé et un personnage nommé Aah-mès qui rappellent les succès militaires d'Amosis.

Quel peut donc être le royal *grand Gouverneur*, si ce n'est encore Ta-áa-qen (Râ-s-qenen), le compétiteur d'Apepi, le prédécesseur d'Amosis?

C'est encore lui, nous n'hésitons pas à le croire.

Si nous cherchons maintenant quelles raisons ont pu faire adopter pour lui cette désignation étrange et anormale, nous arrivons aux suppositions suivantes:

Les conclusions annoncées par Devéria manquent dans le manuscrit actuel, mais le mémoire suivant nous permet de deviner aisément ce qu'elles étaient. — G. M.

LES HIÉROGLYPHES 1, 2 ET 59 A 64 D'HORAPOLLON

LE SERPENT QUI SE MORD LA QUEUE ET LES CARTOUCHES ROYAUX [1]

En égyptien la syllabe *ren* ou *ran* signifiait en même temps « nom [2] » et « anneau [3] ».

Or, la bague ou anneau qu'on mettait au doigt servait ordinairement de sceau, et l'empreinte de son chaton gravé valait une signature, comme cela se pratique encore dans tout l'Orient [4]. L'anneau royal était le signe de l'autorité souveraine, et nous lisons dans la *Genèse* (XLI. 41-42) : « Pha-
» raon dit encore à Joseph : Je vous établis aujourd'hui sur
» toute l'Égypte. — En même temps il prit son anneau qu'il
» avait à la main, et le mit à celle de Joseph ; il le fit revêtir
» d'une robe de fin lin, et lui mit au cou un collier d'or [5]. »

---

1. Inédit. Faisait primitivement partie du mémoire précédent ; cf. p. 315, note 1, du présent volume. — G. M.
2. Copte ⲣⲁⲛ T. M. ⲣⲉⲛ M. ⲗⲉⲛ B., *nomen*.
3. Copte ⲗⲉⲟⲛ M. ⲛⲓ, *Innures, Armillæ manuum*. Cf. ⲡⲁⲛⲛⲓ, ⲡⲁⲁⲛⲓ T. *ansa*, *annulus*. De là (ⲣⲉⲛ-ⲡⲉ « révolution céleste ») ⲣⲁⲙⲡⲉ, ⲣⲟⲙⲡⲉ T. ⲣⲟⲙⲡⲓ M., *annus*, avec le même rapport qu'entre *annulus* et *annus*, « anneau » et « année ».
4. La seule différence est que les anciens faisaient l'empreinte sur de l'argile, tandis que les modernes la font sur le papier au moyen d'un peu d'encre. M. Aug. Harlé m'a depuis longtemps signalé tous les rapports qui pouvaient exister entre le cartouche royal et l'anneau ou sceau (*deb*, *debá*, *zebá*), avec l'hébreu טבעת et le copte ⲧⲉⲃⲉ « sigillum », ⲧⲱⲃ « sigillo obsignare », etc. ; ainsi qu'avec ⲧⲏⲃ, ⲑⲏⲃ, ⲑⲏⲃⲉ, *zebá*, אצבע « digitus ». V. *Journal asiatique*, 1870, p. 162.
5. Cette investiture des grands dignitaires est plusieurs fois repré-

C'est pourquoi, dans la légende d'Apis dynaste, une bague Ω (*ren*) sert de déterminatif au nom royal[1].

C'est pourquoi aussi, dès la plus haute antiquité, les noms des rois sont écrits dans un encadrement figurant ce même anneau, Ω, qui, plus ou moins allongé en hauteur ▯ ou en largeur ▭, constitue ce que nous appelons le cartouche royal, nommé en égyptien *ren* ou *ren ouer* « grand *ren* ».

Dans certains textes sacrés deux anneaux ΩΩ expriment les deux hémisphères, les deux mondes. Aussi quand l'usage du double cartouche fut définitivement adopté, le premier renferma le nom divin ou céleste, qui assimilait le roi au Soleil, et le second, son nom vulgaire ou terrestre de fils du Soleil. De cette manière les deux noms royaux se trouvaient en rapport avec la double puissance attribuée aux Pharaons, comme souverains du monde supérieur et du monde inférieur.

Cette dernière observation pourra faire comprendre pourquoi Horapollon a toujours désigné le cartouche royal comme s'il était formé d'un serpent se mordant la queue; car aux chapitres 1 et 2 de son premier livre, l'anneau formé par le corps du serpent est le symbole du monde et de l'éternité[2].

Ainsi on remarquera particulièrement les passages suivants :

β'. Πῶς κόσμον;

Κόσμον βουλόμενοι γράψαι, ὄφιν ζωγραφοῦσι τὴν ἑαυτοῦ ἐσθίοντα οὐράν (I, 2).

---

sentée dans les monuments égyptiens, avec tous les détails que mentionne la Bible. La bague royale est même figurée dans un bas-relief reproduit par M. Lepsius.

1. Lepsius, *Auswahl*, pl. VII; Mariette, *Renseignements sur les soixante-quatre Apis*, dans le *Bulletin Archéologique de l'Athénœum Français*, 1856, p. 61.

2. M. Charles Lenormant avait déjà signalé ce fait en 1849, dans la 15ᵉ leçon de son cours au Collège de France.

Ici, le serpent qui se mord la queue est bien le symbole du monde et de son éternelle rénovation, ainsi que nous le voyons figuré dans les peintures des plus anciens papyrus du Louvre[1], sur la base des Éons ou Anubis panthées, et parfois dans les sculptures des cippes d'Horus.

νθ'. Πῶς βασιλέα κάκιστον;

Βασιλέα δὲ κάκιστον δηλοῦντες, ὄφιν ζωγραφοῦσι κοσμοειδῶς ἐγκηματισμένον, οὗ τὴν οὐρὰν ἐν τῷ στόματι ποιοῦσι· τὸ δὲ ὄνομα τοῦ βασιλέως ἐν μέσῳ τῷ ἐλίγματι γράφουσιν, αἰνιττόμενοι γράφειν, τὸν βασιλέα τοῦ κόσμου κρατεῖν (I, 59).

Ce passage est évidemment altéré, car il ne peut se rapporter qu'à l'usage de marteler et d'effacer partout les noms des rois réputés mauvais pour une cause quelconque. L'auteur a donc dû dire, non qu'on *écrivait*, mais qu'on *effaçait* le nom royal écrit au milieu[2] de l'enroulement, ⌯, ἔλιγμα. Voici que le serpent qui se mord la queue, semblable à celui du monde (κοσμοειδῶς), représente tout simplement l'enroulement d'un cartouche royal, et je n'hésite pas à placer ici, comme application de ce chapitre, l'hiéroglyphe suivant : (nom royal effacé).

ξ'. Πῶς βασιλέα φύλακα;

Ἑτέρως δὲ βασιλέα φύλακα δηλοῦντες, τὸν μὲν ὄφιν ἐγρηγορότα ζωγραφοῦσιν· ἀντὶ δὲ τοῦ ὀνόματος τοῦ βασιλέως, φύλακα ζωγραφοῦσιν (I, 60).

Notre serpent devient à l'occasion « vigilant » (ἐγρηγορότα). Mais il n'y faut encore voir que l'enroulement du cartouche; car, sans autre explication, l'auteur nous dit qu'au lieu du

---

1. Musée du Louvre, Papyrus I. 2, § 5, et *Catalogue des manuscrits égyptiens écrits sur Papyrus*, p. 10.

2. Il est à noter que ces martelages furent ordinairement exécutés avec grand soin dans l'intérieur des cartouches, de manière à ne pas toucher ces derniers.

nom royal, on y inscrivait en hiéroglyphes le mot « gardien ». Le texte ainsi interprété nous permet de reconnaître un roi gardien, c'est-à-dire défenseur, protecteur ou fidèle observateur de ses devoirs dans l'expression *hyq* [?⌂].

ξχ'. Πῶς μηνύουσι κοσμοκράτορα;

Πάλιν δὲ τὸν βασιλέα κοσμοκράτορα νομίζοντες καὶ μηνύοντες, αὐτὸν μὲν ὄφιν ζωγραφοῦσιν ἐν μέσῳ δὲ αὐτοῦ, οἶκον μέγαν δεικνύουσιν (I, 61).

Pour écrire « Maître du Monde », c'est toujours le même serpent-cartouche, au milieu duquel on exprimait en hiéroglyphes « grande maison ». Tous les égyptologues s'accordent à reconnaître ici le mot Pharaon ⬛⬛, *par-âà* (« grande maison »); c'est le cartouche [⌂] et ses variantes².

Le chapitre suivant, 62, expliqué depuis longtemps, est relatif à l'abeille comme expression de la royauté. Rappelons seulement que le texte d'Horapollon, évidemment corrompu, est rectifié dans le passage de Chérémon, publié par M. Birch : « ἀντὶ βασιλέως, μέλισσαν (ἔγραφον). »

1. J'ai expliqué dans un précédent article qu'Horapollon appliquait le verbe ζωγραφεῖν à toute expression hiéroglyphique, aux signes phonétiques comme aux caractères idéographiques.

2. J'ai réuni plusieurs exemples de ce titre royal dans un article destiné à la *Revue archéologique* et relatif à une stèle de la XVIIᵉ dynastie récemment donnée au Musée du Louvre par M. Auguste Harlé. [C'est l'article inséré aux pages 315-323, du présent volume]. On doit observer que, surtout dans les textes hiéroglyphiques, le cartouche ajoute au mot *hoq* la valeur toute particulière indiquée par Horapollon.

3. Ce cartouche sous la forme [⌂] a été rapproché du texte d'Horapollon par M. Lenormant en 1849, dans la 16ᵉ leçon de son cours du Collège de France. C'est probablement l'origine du copte ⲫⲟⲩⲣⲟ, ⲡⲣⲣⲟ « rex » et de l'assyrien *pir'-u*, qui a pu être transcrit plus tard en hiéroglyphes [⌂] ou [⌂] (Lepsius, *Denkmäler*, V, pl. 53). Voir *Journal asiatique*, 1870, p. 177; Cook, *Excursus on Egyptian Words in the Pentateuch*, p. 5; et enfin la *Zeitschrift* 1868, p. 111.

C'est le mot ⟨hiero⟩, *xeb*¹ « Roi des régions inférieures) ».
Ce mot n'est que la seconde partie de l'expression composée
⟨hiero⟩ = βασιλεύς (Décret de Canope) = (βασιλεύς) τῶν τε ἄνω καὶ
τῶν κάτω χωρῶν (Insc. de Rosette)².

Le titre honorifique ⟨hiero⟩, yeux du roi (des régions supérieures), ⟨hiero⟩, oreilles du roi (des régions inférieures), a pour variante ⟨hiero⟩, yeux du roi dans la localité du Sud, ⟨hiero⟩, ses oreilles dans les champs du pays du Nord.³

Enfin, le groupe ⟨hiero⟩ au pluriel se décompose toujours en deux mots qui prennent chacun les marques de la pluralité et se présentent sous les formes suivantes : ⟨hiero⟩ (*Chambre des rois de Karnak*), ⟨hiero⟩ (Abydos, *Liste royale de Séti I*ᵉʳ), ⟨hiero⟩ (*Todtenbuch*, CXXV, 69), *Suteni-u, xebti-u* (?). Le premier terme a été comparé au copte ⲕⲱⲧⲉⲛ « dirigere »; mais nous ne connaissons aucun dérivé du second dans le sens de *roi*. Cette circonstance peut faire penser que nous n'en possédons pas encore la véritable lecture.

Le serpent équivalant au cartouche reparaît dans les chapitres 63-64.

ξγ'. Πῶς βασιλέα μέρους κόσμου κρατοῦντα;

Βασιλέα δὲ οὐ τοῦ παντὸς κόσμου κρατοῦντα, μέρους δὲ, βουλόμενοι σημῆναι, ἡμίτομον ὄφιν ζωγραφοῦσι (I, 63).

---

1. Prisse, *Monuments*, pl. 33, cône funéraire de Râ-mès, haut fonctionnaire sous Tahraqa. La lecture *xeb* ou *xebti* n'est prouvée par aucune variante dans cette expression de la royauté; mais elle est très probable. Voyez E. de Rougé, *Inscription d'Ahmès*, p. 113 à 120, et p. 75.
2. Voyez E. de Rougé, *ibidem*.
3. Prisse, *Monuments*, pl. 39. — Dans les mots « roi » et « sud »

Ici la moitié du serpent cosmique répond évidemment à la moitié du cartouche royal. Les exemples en sont rares et je n'en connais que dans l'écriture hiératique.

Dans cette écriture, qui procède horizontalement et de droite à gauche, le cartouche royal n'est ordinairement indiqué que par le commencement et la fin de l'encadrement elliptique. Ainsi (nom royal), pour (nom royal). La moitié du cartouche devait donc s'indiquer par la première partie) seule, que nous retournons (, pour la commodité de la transcription hiéroglyphique.

Les exemples en question se transcrivent rigoureusement, mais de gauche à droite, de la manière suivante :

(Papyrus Sallier I, 3, 7).
pā   Hyq ànẖ uzā senb.

(Papyrus Anastasi V, 10, 4).
pi   Hyq.
le   Hyq (-sos?)

Ces deux exemples se trouvent dans deux copies d'une même lettre. L'écriture de la première est assez négligée, quoique correcte; mais celle de la seconde est si belle et si soignée qu'il est impossible d'y supposer une omission fautive. Le scribe égyptien a donc bien eu l'intention de n'écrire que la moitié du cartouche, et il a même supprimé les signes ànẖ uzā senb de la première copie.

Dans le papyrus Sallier I, cette lettre suit exactement une copie inachevée du seul fragment historique en langue égyptienne qui nous soit parvenu de la période des *Hyq-sos* ou Rois pasteurs. C'est la première pièce d'un recueil des-

figurent deux variantes du même caractère : le jonc ou roseau (?). C'est probablement ce que Plutarque veut dire dans cette phrase : Θρίμ (lisez Θρύψ?) βασιλέα καὶ τὸ νότιον τοῦ κόσμου γράφουσι.

tiné à l'enseignement du style épistolaire sous Ramsès II, ainsi qu'en avertit l'intitulé : « *Commencement de l'instruction épistolaire* faite par le scribe Pen-tâ-ouer, en l'an X, (mois de) Choiak, étant (le Roi) dans la demeure de Ramessès II (vie, santé, force!) pour accomplir les (cérémonies?) de Râ-Harmachis. » Cette copie est de la même main que celle du document relatif aux Hyq-sos, qui la précède, et elle a été écrite probablement par l'un des élèves du professeur Pen-tâ-ouer.

La lettre est précédée, dans l'exemplaire Sallier seulement, du protocole du Conservateur des Archives Amen-m-aàn :
« Le Supérieur Gardien des écrits Amen-m-aàn, de
» l'école¹ du Pharaon (vie, santé, force!) dit au scribe Pen-
» tâ-ouer : (C'est) pour que te soit porté cet écrit de corres-
» pondance. » Ce protocole ne figure pas dans la copie Anastasi, qui n'en a enregistré que les deux derniers mots; mais il se retrouve en tête d'un grand nombre d'autres lettres. Cette formule n'est donc pas particulière à la pièce qui nous occupe. Je pense même qu'elle n'est employée ici que pour constater l'envoi d'une pièce choisie comme modèle par Pen-tâ-ouer, dans d'anciennes archives, et dont l'archiviste Amen-m-aàn a pu être le copiste, mais non l'auteur. Dans cette conviction, je n'hésite pas à admettre que la lettre, comme la pièce qui la précède au papyrus Sallier, est relative à l'époque des Pasteurs, et que l'original en a été rédigé avant leur expulsion.

Le texte qu'on ne pouvait pas trop comprendre s'explique alors tout naturellement. Un scribe a été envoyé, avec des agents sous ses ordres, au pays occupé par le *Hyq* (à demi-cartouche), le dominateur partiel, le *Hyq*(-*sos*). Sa mission avait pour but d'éclairer le gouvernement égyptien sur l'or-

---

1. Le mot ⎕☥⎕, qu'on a transcrit *anχ-per-ti* et traduit « double demeure de vie », paraît être le correspondant du copte ⲁⲛⲍⲏⲃⲉ T. ⲁⲛⲍⲏⲃ M. ☥, *schola, ludus litterarius*.

ganisation militaire des Pasteurs qu'on voulait expulser; mais ses rapports n'arrivent pas. C'est alors, probablement, que, pour stimuler son activité, on lui adresse la lettre dont voici une nouvelle traduction :

« Oh! donne ton application aux écritures pendant le
» jour; sois aux aguets pendant la nuit. C'est à toi de con-
» naître les actes du *Hyq(-sos)* [vie, santé, force ! '] et tous
» ses desseins, activement'. — Est-on à enrôler des *semd-ou?*
» Est-on à dresser leurs listes? — Est-on à mettre l'homme
» (fait) aux officiers (?), le jeune homme aux troupes
» légères? — Et l'enfant (le jeune conscrit) le fait-on enlever
» du giron de sa mère; marche-t-il pour faire (plus
» d')hommes, et ses os sont-ils rompus (de coups) ?

» Les tiens (tes gens) sont des ânes, et pour ce qui est
» de tes émissaires ', ils n'ont pas de *cœur au ventre!* —
» Remplis tes fonctions importantes, si nombreuses que
» soient tes affaires. — Ton écriture et ton parchemin sont
» enveloppés! — Oh! sache cela! »

Nous voici évidemment en possession de la désignation égyptienne des *Rois-Pasteurs*, que l'historien Josèphe explique ainsi : Ἐκαλεῖτο δὲ τὸ σύμπαν αὐτῶν ἔθνος ΎΚΣΩΣ ', τοῦτο δέ ἐστι βασιλεῖς · ποιμένες· τὸ γὰρ ΎΚ · καθ' ἱερὰν γλῶσσαν βασιλέα σημαίνει,

---

1. N'oublions pas que cette expression du respect dû à la royauté est supprimée dans la meilleure des deux copies.

2. On lit au *Papyrus Anastasi* : « Oh! donne ton explication aux
» écritures, complètement (bis), sans laisser reposer ta main; sois l'in-
» terprète des actes du (*Hyq(-sos)*) et de tous ses desseins, activement. »

3. « Ceux qui sont à ta dévotion, à ton service. »

4. 𓋾𓈖𓄿𓅱, *hyq*, ṣwc « pasteurs, bergers ».

5. L'autre confond le sens dérivé 𓋾𓈖, *hyq*, « roi », avec le sens primitif 𓋾𓈖, *hyq*, « pasteur », qui doit être préféré ici, puisqu'il s'applique à toute la population des Pasteurs. On pourrait admettre la correction : βασιλεῖς καὶ ποιμένες « rois 𓋾𓈖 et pasteurs 𓋾𓈖 ». Cf. ⲢⲎⲤⲈ T. *curare*.

6. 𓋾𓈖, 𓋾𓈖, *hyq* « Roi ».

τὸ δὲ ΣΩΣ ' ποιμήν ἐστι καὶ ποιμένες κατὰ τὴν κοινὴν διάλεκτον, καὶ οὕτω συντιθέμενον γίνεται ῩΚΣΩΣ... Ἐν δ' ἄλλῳ ἀντιγράφῳ οὐ βασιλεῖς σημαίνεσθαι διὰ τῆς ῩΚ προσηγορίας, ἀλλὰ τοὐναντίον αἰχμαλώτους δηλοῦσθαι ποιμένας. Τὸ γὰρ ῩΚ (hèq) πάλιν Αἰγυπτιαστὶ καὶ τὸ ῎ΑΚ δασυνόμενον αἰχμαλώτους ῥητῶς μηνύει· J'ajoute maintenant les hiéroglyphes à la traduction, en renvoyant le lecteur aux mêmes notes :

« Leur peuple entier était appelé *Hyksos*, ⸢𓀀⸣, ⸢ϣⲱⲥ⸣, ce qui
» veut dire « rois » ⸢𓀀𓏥⸣, (et) « pasteurs » ⸢𓀀𓏥⸣ et ϣⲱⲥ.
» Car *hyk* ⸢𓀀𓏥⸣ [*Hyq*] signifie dans la langue sacrée *roi*, et
» *sos* [ϣⲱⲥ] veut dire dans le dialecte vulgaire *pasteur* et
» *pasteurs*, — *hyksos*... Suivant un autre manuscrit, l'expression *hyk*, ⸢𓀀⸣, ne signifiait pas *rois* ⸢𓀀𓏥⸣ [*haq-u*]. Car
» le mot *hyk* ou *hak* aspiré désigne aussi expressément les
» *captifs* ⸢𓀀𓏥⸣ [*hàq-u*]. »

Il importe d'établir que le mot *hyk* ou mieux *hyq* veut dire à la fois *pasteur* « et *roi* ». De là dépend l'explication de tout le passage, et un seul exemple nous le démontrera suffisamment.

Écartons d'abord de l'expression écrite la syllabe ΣΩΣ.

1. ϣⲱⲥ « pastor », mot qui, n'appartenant qu'au langage vulgaire, ne devait pas s'écrire et que, pour cette raison, le copte nous aurait seul conservé.
2. Voir ci-dessus, p. 332, note 5.
3. ⸢𓀀𓏥⸣, ûk, hàq « captif, prisonnier ». L'ὑ n'est employé dans la transcription grecque, que pour indiquer l'aspiration de la syllabe au moyen de l'esprit rude qui en est presque inséparable, et la voyelle pourrait être tout autre chose qu'*y* ou *u*.
4. Αἰχμαλώτους ⸢𓀀𓏥⸣, δηλοῦσθαι ἢ ποιμένας ⸢𓀀𓏥⸣. Big. et Hafn.
5. Voyez ci-dessus, p. 333, note 1.
6. V. ci-dessus, p. 333, note 3; ûk = âk = hàq.
7. V. ci-dessus, p. 333, note 3.
8. V. ci-dessus, p. 333, note 1.
9. Et les variantes ⸢𓀀𓏥⸣, (⸢𓀀𓏥⸣) et (⸢𓀀𓏥⸣).

L'auteur nous apprend que ce mot n'appartenait qu'au dialecte vulgaire « κατὰ τὴν κοινὴν διάλεκτον ». De là nous pouvons tirer la conclusion rigoureuse qu'on ne l'écrivait pas. Nous n'en trouvons en effet aucune trace dans les textes hiéroglyphiques ou hiératiques. Mais le copte, qui n'est en réalité que le langage vulgaire de l'ancienne Égypte, nous le montre sous la forme ⲙⲱⲥ, *pastor*[1]. Ainsi l'expression composée que Josèphe rend par la forme ΥΚ-ΣΩΣ pouvait être usitée dans la langue parlée, mais non dans la langue écrite.

Écartons aussi le mot ΥΚ ou ΑΚ aspiré, 𓎛𓄿𓈎, *hâq captifs*, qu'on a pu appliquer aux Pasteurs dans certaines circonstances, mais qui ne saurait être confondu avec le premier élément de l'expression ΥΚ-ΣΩΣ[1].

Reste l'élément ΥΚ (non ΑΚ) dégagé de la finale ΣΩΣ, qui ne s'écrivait pas. Cet élément ΥΚ ne peut être, ainsi qu'on l'admet généralement, que la transcription du signe phonético-symbolique représentant un *pedum*, un bâton de berger 𓏇. Or, ce caractère 𓏇 = ΥΚ figure comme élément principal, je dirai même essentiel, dans deux groupes hiéroglyphiques, dont l'un 𓏇𓀀 veut dire « berger, pasteur de troupeaux[2] », et l'autre 𓏇𓀂 « roi, pasteur du peuple ».

On voit donc déjà que le mot ΥΚ dans la langue écrite, comme le composé ΥΚ-ΣΩΣ dans la langue parlée, pouvait s'appliquer aussi bien à la population entière qu'aux rois des Pasteurs. Il n'y avait dans ces deux applications que deux acceptions très voisines d'un seul et même terme.

Dans la transcription ΥΚ, l'*upsilon* n'est employé que pour rendre autant que possible, avec l'alphabet grec, l'aspiration

---

1. Voyez Chabas, *Les Pasteurs en Égypte*, p. 26.
2. Voyez Chabas, *Les Pasteurs en Égypte*, p. 14.
3. Comparez 𓏇 𓂝 𓅭 « troupeaux, animaux domestiques et autres ». Louvre, *Statue dite de Pefpanet*, dos, col. 4). De la même racine dérive le copte ⲙⲟⲥⲧ T. *curare*.

initiale. Mais la voyelle égyptienne qui était brève dans ce mot pouvait être tout autre qu'*u* ou *y*. Le κ représentant un *s* doit être remplacé par la lettre *q*. Les groupes hiéroglyphiques ayant pour élément phonétique le signe ⸢ doivent donc être transcrits *heq*, en figurant comme d'ordinaire la voyelle inconnue par un *e* sans accent. C'est seulement pour se rapprocher davantage de la transcription grecque ϒκ qu'on propose *huq*, *hyq* ou *hiq*.

Cela posé, un seul exemple suffira pour démontrer le sens *pasteurs*, *bergers*, qui a été omis jusqu'à présent dans les Dictionnaires. Au tombeau de Râ-sx'em-kâ, le défunt et sa femme sont représentés assis côte à côte et inspectant leurs domaines. Des paysans leur apportent des légumes, des oiseaux dans des cages, des veaux, des gazelles, et c'est ce que l'inscription appelle 𓂋𓌳𓀀𓏥𓈗𓎛𓈎𓏥 « Voir les apports des *hiq* », des *bergers*[1].

Quant au sens *Roi*, il est bien connu sous la forme 𓎛𓈎, et (𓎛𓈎𓀀) (cf. les passages d'Horapollon cités déjà), et nous avons vu plus haut qu'appliqué aux dominateurs partiels de l'Égypte, ce mot s'écrivait avec le demi-cartouche (𓎛𓈎𓀀. Or, les rois pasteurs n'ayant été que des dominateurs partiels furent naturellement désignés dans la langue écrite par cette dernière expression, qu'on augmenta du mot *s'os* « pasteur » dans la langue parlée, pour éviter toute confusion avec les autres acceptions du même radical.

Ajoutons que nous avons noté deux autres exemples seulement du demi-cartouche et qu'ils s'appliquent tous deux au nom du roi pasteur (𓎛𓈎𓏤𓏤.

On pourra m'objecter que ces noms se trouvent à la fin des lignes, que l'espace a manqué au scribe et que ce dernier aura simplement abrégé. Je répondrai simplement que, si le

1. Lepsius, *Denkmäler*, II, 42; le même mot se retrouve dans la plupart des tombes de l'Ancien Empire.

rédacteur égyptien, malgré la forme impartiale qu'affecte le récit, a fait en deux endroits cette supression de préférence à toute autre, en respectant jusqu'à des signes véritablement explétifs, c'est qu'il savait que pour un roi pasteur cela n'avait rien d'irrégulier.

Ainsi le demi-cartouche désignait bien la domination partielle. Ce signe sous deux formes différentes détermine en effet toute idée de division dans les textes courants :

La première forme, bien connue, représente la partie postérieure du cartouche ⌐ ; c'est le déterminatif des mots ▱ ⎯⎯ (*dena* « diviser, séparer », ▱ ⎯⎯ ⌐ *pexa* « briser, diviser », etc.

L'autre forme ⋔, confondue à tort avec ⋂, est la partie supérieure du cartouche vertical ⎕ coupé par un trait horizontal ⋔, pour le distinguer du signe ⋂, *dix*. Ce caractère détermine les mots : ▱ ⋔, *dena* « moitié », ▱ ⋔, *hept*, ▱ ⋔, *sbxn*, etc.

Le demi-serpent d'Horapollon nous a conduit un peu loin ; au chapitre suivant nous allons retrouver le serpent tout entier.....   ....

Tout ce chapitre manque, mais Devéria avait jeté sur un feuillet isolé les conclusions qu'il comptait donner à son mémoire. Les voici dans leur rédaction un peu lâche:

En résumé :

1º Le mot ⎯⎯, ūx, *hyq*, veut dire *pasteur* et répond au copte ⲡⲁϩⲉ *T. curare*.

2º Dans la forme ⎯⎯, on l'appliquait à la royauté pour désigner le pasteur du peuple, le roi, ūx = *rex*.

3º Dans le cartouche royal ⎯⎯, le même mot ūx, *hyq*, exprimant le gardien du royaume ou de la royauté, a été appliqué par honneur aux plus grands rois et pour flatterie aux rois vivants.

4° Le même mot avec le demi-cartouche ⟨?⟩ ne désigne plus qu'un dominateur partiel de l'Égypte, tel qu'un ŭx, *hyq*, ou *Roi pasteur*, appelé dans la langue parlée ŭxσως, *hyq-s'os* « *Pasteur berger* ou *roi berger* », pour le distinguer de l'expression précédente.

5° Le mot σως peut être une transcription grécisée de l'égyptien 𓆷, *sâu* « *pasteur, berger* », et alors, il n'y aurait besoin d'aucune explication. Ou bien, se lisant *s'os*, il n'appartient qu'au langage vulgaire et conséquemment ne s'écrivait pas[1]. C'est pourquoi le copte l'aurait conservé sous la forme ϣⲱⲥ, *pasteur, berger*[2], sans que nous le trouvions dans les textes antiques.

6° Le mot ⟨?⟩, ŭx, *hyq* « *Pasteur* », avec le demi-cartouche est donc bien le seul et véritable correspondant égyptien de l'expression ŭxσως, *roi pasteur* ou *pasteur berger* de l'historien Josèphe.

7° La population tout entière des Pasteurs a pu, ainsi que l'assure Josèphe, être appelée ŭx-σως, non dans le sens de *rois pasteurs*, mais dans le sens de *pasteurs bergers*.

8° Le mot 𓍢, ŭx ou ŭx, *hâq* « *captif* », a pu être appliqué dans certaines circonstances aux Pasteurs. Il est analogue aux formes coptes ⲉⲱⲕ T. *cingere*; ⲉⲱⲛⲛ T. *cingere, ligare*; ⲉⲟⲥ, ⲉⲥ, ⲉⲟⲥⲣⲉⲥ, ⲉⲥⲣⲱⲥ, ⲉⲥⲣⲟⲥ T. M. *premere, comprimere, arctare, opprimere, affligere, premi, opprimi, affligi*, etc. Mais il n'y a là qu'un rapport de consonance avec les expressions précédentes.

---

1. Les personnes qui ont visité l'Orient avec quelques notions d'arabe savent qu'un grand nombre de mots très généralement usités au courant de la conversation *ne s'écrivent pas* dans cette langue.
2. Quum Ægyptii detestentur omnes pastores ovium, *potuit eadem vox* ϣⲱⲥ *notare cum dedecus* (ϣⲱⲥ T. dedecus, ignominia, etc.), *tum pastorem. Hinc sunt Hicsos reges pastores a Josepho et Manethone commemorati, quos primus XVIII*ᵉ *Dynastiæ rex ex Ægypto ejecit* (Peyron, *Dictionnaire copte*, p. 308).

LE FER ET L'AIMANT

LEUR NOM ET LEUR USAGE DANS L'ANCIENNE ÉGYPTE[1]

Depuis qu'il est démontré que les expressions d'âge de pierre, de fer et de bronze ne peuvent pas s'appliquer à des degrés déterminés de l'avancement des anciennes civilisations, il est permis de dire d'une manière générale que l'Égypte n'est arrivée à l'âge de fer que dans les temps modernes. L'abondance du cuivre et la rareté du fer dans les possessions territoriales des Pharaons suffisent pour expliquer ce fait.

Toutefois, le fer était connu des Égyptiens à une époque très reculée, et si l'influence naturelle des productions locales a suffi pour faire prédominer le cuivre, il faut reconnaître aussi que quelque autre cause a dû éloigner le fer des usages ordinaires. Cette cause est, en effet, une superstition qui nous est rapportée par Plutarque au chapitre LXII du *Traité d'Isis et d'Osiris*. L'auteur, qui veut toujours trouver des étymologies grecques aux noms égyptiens, s'exprime ainsi : « Typhon, comme on l'a déjà dit, porte les noms de
» *Seth*, de *Bébôn* et de *Smu*, termes qui veulent dire
» obstacle, empêchement violent, contrariété, renverse-
» ment[2]. Ils disent aussi que la pierre d'aimant est un des

---

1. Publié en 1872, dans les *Mélanges d'Archéologie égyptienne et assyrienne*, t. I, p. 2-10.
2. Le premier nom, *Seth*, est celui qui se rapproche le plus, par le sens, du mot grec *Typhon* : il semble exprimer étymologiquement le

340   LE FER ET L'AIMANT

» os d'Horus[1], et le fer un des os de Typhon ; c'est Mané-
» thon qui nous l'apprend. Comme le fer est souvent attiré
» par l'aimant et le suit sans résistance, que souvent aussi
» il s'en éloigne et prend une direction contraire, de même
» le mouvement du monde, qui, dirigé par la raison, est
» salutaire et bienfaisant, attire par la persuasion, adoucit
» et rend flexible le mouvement indocile et désordonné de
» Typhon, qui, ensuite, se repliant sur lui-même, se
» détourne de ce premier mouvement et retombe dans l'op-
» position naturelle qu'il a pour lui. »

Ainsi, l'aimant naturel ou fer magnétique, qu'on supposait provenir d'Horus, paraît être une substance sacrée ; mais le fer non magnétique devait être maudit comme provenant de Typhon. Cela explique très bien l'extrême rareté des objets en fer dans l'antiquité égyptienne, car on n'aurait pu s'en

feu, la flamme, ⲕⲁⲧⲉ, ou un dard, ⲥⲟⲧⲉ. La forme hiéroglyphique la plus habituelle ⟨⟩ est bien connue. Le second, Bēbōn, me paraît être la transcription un peu altérée du groupe ⟨⟩, pà-ban, le mauvais, le méchant. Quant au troisième, Σμύ, smu, c'est, je crois, la reproduction exacte du mot ⟨⟩ ou ⟨⟩, samiu, smu, qui, au Papyrus magique de Londres et ailleurs (Todt., 18, l. 4 et 22), désigne aussi bien Seth que l'ensemble de ses adhérents. C'est l'expression collective du parti hostile, des forces contraires, de tout ennemi du bien. On ne s'étonnera pas si ces explications diffèrent un peu de celles que Plutarque prétend tirer la langue grecque. Le groupe ⟨⟩, souti, me paraît avoir été employé seulement par euphémisme au lieu du nom détesté de Seth, ⟨⟩, qui ne reçoit pas d'ordinaire le déterminatif divin ⟨⟩. Le mot ⟨⟩, soutex, désigne plus particulièrement la forme asiatique du dieu. Enfin, sous le nom de Bes, flamme, la même divinité était adorée dans le temple de Ptah (Vulcain), à Memphis.

1. La traduction de ce passage, que j'emprunte à Ricard, substitue ici le nom d'Osiris à celui d'Horus ; c'est une erreur évidente qu'aucune édition ne justifie.

servir qu'avec une grande répugnance ou même au mépris de la religion.

Mais Typhon, sous les noms de *Soutez* et de *Bâr* ou *Baal*, était le Mars égyptien, le dieu des combats, et, à cause de cela, le fer n'était pas exclu des armes de guerre.

Les alchimistes du moyen âge avaient, comme l'indique le mot *al-chimie*, tiré toute leur science de la vieille Égypte. Aussi donnaient-ils traditionnellement au fer le nom de *mars*, et celui de *martiales* à plusieurs compositions ferrugineuses. Les encyclopédistes modernes expliquent cela en disant « que c'est avec le fer que sont fabriquées les armes de guerre » (Bouillet). Aujourd'hui encore, dans certaines officines, le mot *martial* est synonyme de *ferrugineux*.

Dans l'armée de Xerxès, l'Égypte avait fourni deux cents vaisseaux ; les hommes qui les montaient avaient la tête couverte d'un casque de mailles de fer, et leurs boucliers creux étaient entourés d'un très grand cercle de fer, ils portaient pour armes des lances propres aux combats de mer et des haches de fer très fortes. Le plus grand nombre avait des cuirasses et de longues épées (Champollion-Figeac, *L'Égypte ancienne*, p. 381).

On se rappelle aussi que, si l'eau douce était considérée comme l'élément d'Osiris, la mer était regardée comme celui de Typhon ; toute armée navale devait donc être placée plus particulièrement sous la protection de ce dernier dieu, et cela expliquerait encore l'usage des armes de fer.

Typhon personnifiait aussi la violence et la force. En vertu de ce principe, les instruments destinés aux travaux les plus durs, qui étaient exécutés probablement par des esclaves étrangers, pouvaient être en fer. Le musée du Louvre en possède un précieux exemple dans un puissant outil, type du signe ☌, *sotp*, à manche court et à lame pesante. C'est l'instrument appelé par le copte ϭⲟⲧⲡ et ϭⲟⲧⲃⲉϥ, ⲛ, « instrumentum ferri acutum » ; le manche est en bois, la lame et la douille qui la retient sont en fer.

Comment expliquer maintenant que cet instrument, sous différents noms, et à cause même du métal maudit dont il était formé, eût aussi un usage particulièrement religieux? Diodore de Sicile, en décrivant les procédés de la momification, pourra nous le faire deviner. « Les conventions
» arrêtées, dit cet auteur (I, 91), ils reçoivent le corps et le
» remettent à ceux qui président à ces sortes d'opérations.
» Le premier est celui qui s'appelle le *grammate;* il cir-
» conscrit sur le flanc gauche du cadavre, couché par terre,
» l'incision qu'il faut pratiquer. Ensuite vient le *paraschiste*,
» qui, tenant à la main une *pierre éthiopienne*, fait l'incision
» de la grandeur déterminée. Cela fait, il se sauve en toute
» hâte, poursuivi par les assistants, qui lui lancent des
» pierres et proférent des imprécations comme pour attirer
» sur lui la vengeance de ce crime, car les Égyptiens ont en
» horreur celui qui viole le corps d'un des leurs et qui le
» blesse ou exerce sur lui quelque autre violence. »

Je ne sais si, par *pierre éthiopienne*, on pourrait entendre l'*éthiops martial* des anciens alchimistes, le *deutoxyde de fer noir* des chimistes modernes, ou quelque autre substance ferrugineuse ; mais, dans tous les cas, le bronze, le métal sacré des statuettes d'Osiris, était exclu de cette opération maudite.

Or, l'opération symbolique à laquelle était destiné l'instrument en question dans la cérémonie des funérailles n'était pas sans quelque analogie avec celle que décrit Diodore. C'était, il est vrai, un simple simulacre ; le prêtre chargé d'exécuter les prescriptions du culte funéraire faisait semblant de rouvrir sur le corps embaumé la bouche et les yeux, fermés par la momification. Cela avait pour but d'assurer au défunt, dans toute nouvelle existence, l'usage des organes nécessaires pour *exprimer la vérité*, ∏, et pour se convaincre de toute évidence.

Mais cette opération, que les dieux eux-mêmes étaient censés pratiquer réellement, n'en était pas moins aussi une

LE FER ET L'AIMANT

sorte de violation du corps humain. A ce titre Typhon, ou au moins sa substance, devait y participer. C'est ce qui avait lieu en effet, et un papyrus du Louvre nous en donne la preuve en nous apprenant que le métal dont l'instrument était formé émanait de Seth ou Typhon.

Ce métal est le [hiér.] ou [hiér.] *baà*. Champollion y a le premier reconnu du fer, mais on a conservé plusieurs autres acceptions, auxquelles il me paraît aujourd'hui qu'il faut renoncer. Je ne crois donc pas inutile de reproduire le passage du manuscrit hiératique du Louvre qui, comparé au paragraphe du *Traité d'Isis et d'Osiris* (chap. LXII) cité plus haut, prouve évidemment cette identification du *baà* avec le fer. Il est extrait d'un livre de liturgie mortuaire qui n'a rien de commun avec le *Todtenbuch*, mais qui mérite à tous égards le nom de *Rituel funéraire*, puisque c'est en réalité le code de la cérémonie des funérailles. Ce passage a un duplicatum avec variantes plus développées aux pages 9 et 10 du même papyrus; l'écriture appartient malheureusement aux basses époques, mais la rédaction paraît être fort ancienne.

Voici la traduction des lignes qui se rapportent plus directement à notre sujet. C'est la prescription impérative qu'un prêtre, le lecteur des rites, le *χer-heb*, adresse à un autre prêtre, le *sodem*. Le premier dit au second :

LOUVRE, *Papyrus n° 3155*.

(Page 5) :

Sodem, prends le fer qui est dans l'hypogée sacré, pour la troisième fois; touche-s-en la bouche et les yeux de l'Hathor Saïs, quatre fois, en disant : O Hathor Saïs, je te (rends?) ta bouche par mes opérations,

(Page 9) :

Sodem, prends la *χopes* pour la seconde fois, touche-s-en la bouche et les yeux de l'Hathor Saïs quatre fois en disant : O Hathor Saïs, je viens pour t'embrasser, moi, Horus, je te baise(?) la bouche, moi ton fils que tu

Hathor Saïs ; je te touche ta bouche, je te touche les yeux...

O Hathor Saïs, je t'ouvre la bouche avec l'instrument d'Anubis, je te touche avec l'instrument d'Anubis et le *Mesex-t* de fer avec lequel les dieux touchent la bouche, avec lequel l'Hathor Saïs touche la bouche. Horus touche la bouche de l'Hathor Saïs. Horus ouvre la bouche de l'Hathor Saïs ; ouvre, Horus, la bouche de l'Hathor Saïs ; il touche la bouche de son père Osiris avec cet (instrument) et avec le fer provenant de Seth, le *Mesex-t* de fer avec lequel les dieux touchent la bouche et avec lequel l'Hathor Saïs touche la bouche. — Elle marche ; ses paroles sont sur les langues auprès des dieux du grand cycle, dans le grand temple du dieu principal dans An, où il (*sic*) a reçu le double diadème royal près d'Horus, seigneur des humains.

aimes, qu'étreint sa mère qui pleure, et qu'elle étreint, quand il se réunit à elle... je te rends une bouche par mes (opérations?), Hathor Saïs ; je te touche ta bouche, je te touche les yeux avec la *xopes*' de l'*Ar-hor* des *xopes*'.

Paroles du *Xerheb*: Sodem, pr... l'instrument d'Anubis avec le fer de *celle dont l'étoile fait l'importance*, pour la seconde fois ; lève le bras pour la troisième fois, touche la bouche et les yeux de l'Hathor Saïs, quatre fois, en disant : O Hathor Saïs, je t'ouvre la bouche avec l'instrument d'Anubis et le *Mesex-t* de fer avec lequel les dieux touchent la bouche.

Horus ouvre la bouche de l'Hathor Saïs ; ouvre, Horus, la bouche de l'Hathor Saïs ; (p. 10, l. 1) touche, Horus, la bouche de l'Hathor Saïs, comme il touche la bouche de son père Osiris avec cet (instrument) et avec le fer provenant de Seth, et le *Mesex-t* de fer avec lequel les dieux touchent la bouche.

Il marche ; ses paroles sont sur sa langue auprès des dieux du grand cycle, dans le grand temple du dieu principal dans An, où il reçoit le double diadème royal près d'Horus, seigneur des humains.

LE FER ET L'AIMANT 345

Cette cérémonie n'était en réalité qu'une sorte de sacrement donné par le prêtre au corps momifié. Elle était pratiquée dès les plus anciens temps, et on la jugeait si importante qu'elle était parfois mentionnée avec les titres sacerdotaux placés dans la courte inscription qui, sous l'Ancien Empire, surmontait la porte des tombeaux. En voici un exemple :

S-hes du Pharaon [1] qui fait les instrumentations, le parent royal, Apa.

(Lepsius, *Denkmæler*, II, 82 f.)

Je suis loin de prétendre tirer de là la conclusion que le fer était usité en Égypte dès cette époque reculée ; mais c'est au moins une présomption pour le croire.

Plus tard, sous le Moyen et le Nouvel Empire, la cérémonie est souvent figurée dans les tombeaux. Dans l'une des plus anciennes tombes de Thèbes, celle de *Nest*, près de Qurnah, on voit deux prêtres : le premier lit ou récite la prescription liturgique, l'autre approche l'instrument ⌒ du visage de la momie qui est placée debout devant lui ; au-dessus est la légende suivante :

Dit   par   le *xer-heb:*   Sem,   prends   l'instrument d'Anubis,

touche la bouche   et les yeux   de l'Osiris   *Nest*,   véridique.

La même scène est représentée une seconde fois dans le même tombeau, avec cette seule différence que l'instrument

---

1. Th. Devéria avait lu, à tort, *smer* au lieu de *s-hes* ; j'ai cru pouvoir prendre sur moi de corriger une faute évidente (P. Pierret).

est remplacé dans la main du prêtre par un bâtonnet légèrement tordu et terminé par une tête de bélier. La légende est aussi presque semblable à la première :

Dit   par   le *xer-neb* :   Sem,   prends   le *ouer-hekå-u*

et touche la bouche   et les yeux   de l'Osiris   *Na-ert*.   véridique.

Le bâtonnet à tête de bélier, la baguette magique des prêtres égyptiens, s'appelait donc *ouer-hekåu* « la plus grande des puissances ».

M. Chabas ignorait ce fait quand, croyant rectifier une fausse interprétation, il a traduit par les mots « reçois la vertu surnaturelle du ⌒, qui ouvre la bouche et les yeux », cette légende du tombeau de Séti Ier :

Prends le *ouer-hekåu* et le *nou*, et touche la bouche et les yeux.

Les légendes que je viens de citer, comparées au texte du papyrus du Louvre, donnent lieu à plusieurs observations intéressantes. J'en tire les conclusions suivantes :

1° Le groupe  des légendes du tombeau de Thèbes doit être lu *xer-heb*, d'après plusieurs passages du papyrus et notamment d'après la page 9. C'est littéralement *le chargé de la cérémonie* ou *l'officiant*; c'est lui qui lit et transmet à l'autre prêtre les prescriptions liturgiques, et on peut le voir représenté en grand costume au-dessus de la colonne 14 de la planche V du *Todtenbuch*.

2° Le titre du second prêtre est orthographié   dans

le tombeau de *Nexi* et sous les Ramessides, et ⟨hiero⟩, *selem*, ou ⟨hiero⟩, *sodem*, dans notre papyrus de basse époque. Ce personnage, tout en obéissant aux prescriptions liturgiques lues par le premier, pouvait ne pas lui être inférieur, car le ⟨hiero⟩, *sem n Ptah*, était le grand pontife de Memphis. Mais les fonctions d'*auditeur* qu'il remplit me font penser que les différentes formes du mot qui exprime son titre peuvent être rapprochées du radical sémitique שמע, qui, après avoir passé par les formes hiéroglyphiques ⟨hiero⟩, *sem*, ⟨hiero⟩ et ⟨hiero⟩, *selem*, a laissé dans le copte le type ⲥⲱⲧⲉⲙ, *audire*. Relativement au premier prêtre, celui-ci, qui exécutait les prescriptions, était en quelque sorte le *servant*. Il est représenté au-dessus de la colonne 17 du chapitre xv du *Todtenbuch*.

3° Le groupe ⟨hiero⟩ ou ⟨hiero⟩ est un de ceux dont la lecture et l'interprétation présentent encore, à mon avis, le plus d'incertitude. Rien ne prouve la lecture *ap*, car l'*a* ⟨hiero⟩ initial qu'on observe quelquefois peut être accidentellement placé devant tous les radicaux égyptiens, comme devant le nom de *Toum*, ⟨hiero⟩, sous la forme ⟨hiero⟩, *atum* ou *atmu*. J'avais, malgré cette considération, proposé la lecture *arp*, parce que je croyais en trouver les dérivés sous le type ⲟⲩⲱⲣⲡ du dictionnaire copte. Mais rien n'est venu confirmer cette conjecture, et il est certain que le mot peut avoir aussi bien une consonne pour initiale. Le nom copte de la corne ⲧⲁⲡ semble indiquer un ⎯ *t*, un ⎯ *d*, ou un ⟨hiero⟩ *z* antique. Cela me porte aujourd'hui à chercher les dérivés de notre mot sous les différentes formes du thème copte ⲧⲛ, et j'ai comparé le groupe ⟨hiero⟩ ou ⟨hiero⟩ au mot ⲧⲟⲛⲧⲛ *T.* ⲧⲁⲛⲧⲉⲛ *M. contrectare*, *palpare*. Toutefois, c'est peut-être plutôt la forme primitive de ⲧⲫⲉ *M. committere*, *patrare*. C'est ainsi qu'on pourrait reconnaître dans le groupe

LE FER ET L'AIMANT

[hiéroglyphe] = τὰ γενέθλια le radical ⲍⲛⲟ T. ⲭⲫⲟ M. *gignere, generare* (cf. ⲥⲙⲍⲛⲟ *nativitas*), qui s'appliquerait bien aussi à cet exemple :

[hiéroglyphes] (*Todtenbuch*, 54, 2).

Ce grand œuf qu'engendre Seb sur terre (ou pour la terre?).

Quoi qu'il en soit de la lecture de ce groupe difficile, je ne crois pas qu'il puisse avoir exactement le même sens que le mot [hiér.] *un, ouvrir;* mais je suis loin d'affirmer l'interprétation que j'ai provisoirement adoptée. L'emploi si fréquent de ces deux mots dans les formules relatives à la consécration de la bouche explique deux titres sacerdotaux qu'on rencontre surtout aux basses époques et dont l'expression la plus abrégée est [hiér.] et [hiér.]. Il est certain enfin que si le groupe [hiér.] ou [hiér.] exprime une action déterminée du prêtre sur la bouche du défunt, le même groupe avec ou sans des déterminatifs spéciaux, [hiér.] (Brugsch, *Dictionnaire hiéroglyphique*), [hiér.] (*Todtenbuch*, 64, 34), [hiér.] (*Todtenbuch*, 30, 5), n'exprime plus que l'acte de consacrer ou la consécration dans le sens le plus général, comme l'indique M. Birch, dans son excellent Dictionnaire. En voici un exemple que je tire d'une des stèles orientées du musée Borelli :

[hiéroglyphes]

Prescriptions relatives à une brique de terre fraîche; grave ce chapitre

[hiéroglyphes]

sur elle; dispose une statuette de bois d'*amâ* de 7 doigts (de haut);

[hiéroglyphes]

consacre-la: fixe(-la) sur la brique, etc.

Cette signification, plus générale, ne s'éloigne pas beaucoup du sens proposé par M. Brugsch.

4° Les instruments du culte funéraire destinés à la consécration de la bouche et des yeux pouvaient être de très petite dimension, puisqu'ils ne servaient qu'à de simples simulacres pratiqués, ainsi qu'on le voit dans les peintures, sur l'enveloppe extérieure des momies. Les textes que nous avons examinés leur donnent des noms très divers, que nous pouvons ramener à trois types principaux. C'est d'abord l'instrument ⌒ *nu*, proprement dit, qui n'est qu'un diminutif du *solp* ⌒. Il est appelé dans notre papyrus 〰〰, *instrument d'Anubis*. Le musée du Louvre en possède plusieurs exemplaires en nature, mais un seul parfaitement conservé. En voici le dessin, grandeur de l'original :

Face.   Profil.

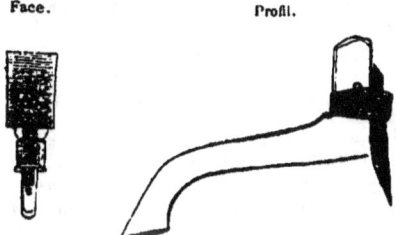

Il provient de la collection Clot-Bey. Le manche est en ivoire ; la lame, la douille, et la goupille qui les retient, sont en fer ou en acier. Le tout est du meilleur travail. Un autre exemplaire, dont le manche est en bois dur, a perdu sa lame, mais conserve encore sa douille et sa goupille de fer. Enfin un manche isolé porte quelques traces d'oxyde de fer qui ne peuvent laisser aucun doute sur la nature de la lame. Ces petits instruments ne sauraient être confondus avec des objets de forme analogue, mais d'une courbe un peu différente, et dont la lame de bronze beaucoup plus longue, très mince, fixée par des lanières de cuir, forme avec le manche un angle plus aigu. Ces derniers, qui portent le cartouche de la reine Hatasou, de la XVIII° dynastie, ont été trouvés en assez grand nombre dans la sépulture royale avec des modèles de hoyaux, également réduits, et des morceaux de bois sculptés dans la forme du sac ou panier à semences qu'on voit d'ordinaire sur le dos des figurines funéraires. La réunion de ces objets montre suffisamment qu'ils n'étaient que le simulacre des instruments aratoires destinés à la culture des champs élyséens, d'où le fer devait être exclu, quoique l'enceinte infranchissable de cette région fût formée de ce métal (*Todtenbuch*, 109, 4). La destination de ces outils à lame de bronze était donc entièrement différente de celle des instruments à lame de fer qui nous occupent, et dont le nom s'est conservé sous les formes aspirées ϩⲛⲁⲁⲧ, ϩⲛⲟ, *instrumentum*.

5° S'il pouvait rester le moindre doute sur l'identité du *baà* avec le fer, l'instrument du deuxième type mentionné dans notre papyrus suffirait pour le faire disparaître. Celui-ci est appelé [hiero], *s'opes'*, et [hiero] (p. 9), *xopex*. Ce sont deux formes également altérées du mot [hiero] *cuisse* ou *épaule*; *cimeterre* (en persan, *chimchir*). *constellation de la cuisse*; en copte, ⲙⲟⲩⲛϩ T. *n brachium*; *ren (conjungitur cum hepate); stella (quædam, quæ conjungitur cum stella canis); Arcturus (stella)*, PARTHEY, p. 211. L'expression [hiero], le *xopex*, instrument de l'Ar-Hor des *xopex* (cuisses), n'est qu'un jeu de mot dont l'explication se trouve à la col. 5 du chapitre XLII du *Todtenbuch*; on y voit, en effet, que les cuisses du corps humain sont consacrées à Ar-Hor.

6° Le même texte nous fournit aussi l'expression [hiero], *mesxet* (col. 5, 9 et 10 du papyrus), et ce mot désigne également les membres de quadrupèdes qu'on offrait en sacrifice, l'instrument tranchant qui nous occupe et l'une des principales constellations du ciel égyptien. Les dérivés coptes semblent être ⲙⲁϩⲓⲟⲩϯ *M.* ⲛⲓ (pieds ou partie du pied?); ⲙⲁϩⲓ *M.* ⲛⲓ, *ascia, securis*, et ⲙⲉϫⲉ, *ferrum*. Le texte ne manque pas d'ajouter à chaque mention que cet instrument est de *baà*, fer, et on doit nécessairement lui attribuer, d'après ces deux noms, la forme d'un membre de quadrupède. Or, le musée du Louvre possède également un objet en fer répondant exactement à ces conditions, réduit aux mêmes proportions que le premier instrument et provenant de la même collection. En voici le dessin, grandeur de l'original :

C'est une preuve matérielle de l'identification du fer avec le *baà* qui d'ailleurs serait, je le répète, suffisamment établie par ce passage de notre papyrus :

Le fer   provenant de Typhon,   le *mes-ret*   de fer (col. 5 et 10).

Je dis suffisamment établie, puisque Manéthon nous assure, au dire de Plutarque, que le fer était considéré comme la substance même des os de Typhon. M. E. Lefébure avait déjà remarqué, dans son excellent travail sur le chapitre XV du *Todtenbuch* (p. 62), que la chaîne qui retenait Typhon (cf. *Traité d'Isis*, chap. 19) devait être de fer. Le texte du *Todtenbuch* (108, 5) dit même , *sa chaîne de son fer*. Cela s'accorde aussi bien avec notre papyrus qu'avec le renseignement de Manéthon, car il ne fallait rien de moins pour retenir la violence du Génie du mal que des liens tirés de sa propre substance.

7° L'expression 〈𓏤𓅱𓏤 ⭐ × 𓊃〉 (col. 9) désigne encore notre instrument, mais au moyen d'un jeu de mots encore plus alambiqué que le premier. Le groupe ⭐ × 𓊃, *l'étoile est sa grandeur* ou plutôt *celle dont l'étoile fait l'importance*, ne peut s'appliquer qu'à une constellation contenant une étoile de première grandeur, et cette constellation doit être celle de la Cuisse, appelée soit *xopes'*, soit *mesex-t*, c'est-à-dire d'un des deux noms de l'objet qui nous occupe. Les mots *le fer de celle dont l'étoile fait l'importance*, déterminés par l'instrument ⌒, reviennent donc au même que *le fer de la xopes'* ou *le fer du mesex-t*.

8° Nous avons encore à examiner la première de toutes ces expressions 〈𓏤𓅱𓏤 𓉐〉 ⌒ (col. 5), *le fer qui est dans l'hypogée sacré*. Le duplicatum (col. 9) semble indiquer qu'elle désigne aussi la *xopes'*; mais je crois que c'est plutôt le premier instrument, le *nu d'Anubis*, simplement parce que l'hypogée était placé sous la protection particulière de ce dieu. Toutefois, il est fort possible que ces mots s'appliquent à un autre objet, ou même collectivement à plusieurs.

Nous avons déjà vu l'*ouer-hekau* ou bâtonnet à tête de bélier dans la main du prêtre figuré au-dessus de la col. 17 du chapitre xv du *Todtenbuch*. Devant lui, au-dessus de la col. 19 du même chapitre, est dessiné un coffre destiné sans doute à contenir les objets qui sont représentés au-dessus. Ces objets sont la *xopes'* ou *mesext*, ⌒, le *nu d'Anubis*, ⌒, et deux autres instruments encore inconnus, ⌒ et ⌒.

Ces deux derniers peuvent avoir eu une autre destination que les premiers : mais il est possible aussi que l'un d'eux soit désigné dans le passage suivant du *Todtenbuch* (23, 2) :

LE FER ET L'AIMANT 353

Vient à moi, ouvre ma bouche Ptah avec cette lame sienne de fer avec laquelle il touche (?) la bouche des dieux.

Il est à noter que cet objet, quel qu'il soit, est encore de *baà, fer*. Le mot qui le désigne au *Todtenbuch* a un déterminatif indistinct, peut-être ⌒ (?). Mais l'un des plus anciens papyrus du musée du Louvre, n° 4889, donne simplement.

Je pense que la feuille de papyrus roulée doit être prise ici dans le sens idéographique de *feuille* ou *lame*, de même que nous disons : une feuille de papier, une feuille ou une lame de tôle, d'étain, de zinc, etc.

Remarquons en passant que les chapitres 21 à 23 du *Todtenbuch*, qui se rapportent à la restitution de la bouche, organe essentiel de la parole, suivent immédiatement les chapitres 18 à 20, qui ont donné au défunt la sagesse, l'expression absolue de la vérité.

L'identité du *baà* avec le fer me paraît bien établie par tous les exemples que j'en ai donnés, et surtout par les objets matériels qui répondent exactement à ceux que désignent les textes antiques.

Cela posé, nous arrivons à admettre que les Égyptiens croyaient à un ciel de fer ou d'acier, car il est dit au *Todtenbuch* (15, 23) :

J'apparais au ciel, je parcours le σίδηρος, je tourne avec les astres.

J'emploie le mot grec σίδηρος, *fer*, à cause de sa connexion évidente avec le latin *siderites*, pierre d'aimant (fer magnétique), espèce de diamant, *sidus, sideris*, ciel, constellation, etc., et avec les dérivés français *sidérotechnie, sidérurgie, sidération, sidéral*, etc. Un ciel de fer, d'aimant ou de diamant, n'est guère plus invraisemblable que le ciel de cristal auquel croyaient nos pères.

Au surplus, le fait est bien prouvé par l'expression 𓅃 𓏺 𓂝 𓏌, *substance du ciel, matière du ciel* (Birch, *Dictionnaire*, p. 375; Lepsius, *Denkmäler*, III, 194, 10), qui s'est conservée en copte sous la forme ⲃⲉⲛⲓⲡⲓ M. ⲃⲉⲛⲓⲡⲉ T. *ferrum*. Était-ce primitivement le nom du fer météorique, comme l'a supposé M. Birch, ou plutôt celui du fer magnétique, ou bien les deux à la fois? Je ne saurais le dire; mais le passage de Plutarque déjà cité me fait penser que cette matière céleste devait être l'aimant, la substance d'Horus, la *siderites* des Romains, plutôt que le fer non magnétique, substance typhonienne. On pouvait d'ailleurs attribuer en partie le mouvement des astres à des forces attractives et répulsives. Notons aussi que le nom français de l'*aimant* dérive du latin *adamas*, et du grec ἀδάμας, ἀδάμαντος, *acier, diamant*, qui paraît avoir été l'équivalent du latin *siderites, pierre d'aimant*. Cela nous rapproche singulièrement du ciel de cristal des classiques.

Le mot 𓅃 𓏺 𓏌 𓏥, *baâ*, est une variante de 𓅃 𓏺 𓂝, *ba*, en copte ⲃⲱ T. M. ⲧ, *bois*, dans la composition des noms d'arbres et d'arbustes. Mais cette expression, comme le grec ὕλη, pouvait s'appliquer à toute matière ou substance solide, aux matériaux de toute sorte, et n'excluait en aucune manière l'idée du métal. Pourtant, quand on a voulu l'appliquer d'une manière spéciale à la désignation du fer, on lui a donné les formes et les déterminatifs que nous lui connaissons : 𓅃 𓏺 𓏌 𓏥, 𓅃 𓏺 𓏌 𓏥, etc.

Si, d'après ces données, nous cherchons à comprendre ce qu'était le ciel dans la cosmographie égyptienne, nous arrivons à conclure qu'au delà de l'orbite solaire et des

LE FER ET L'AIMANT   355

étoiles était une voûte ou coupole solide, supposée de fer, d'acier, d'aimant ou de cristal, et qu'au delà de cette limite s'étendait l'espace infini, divin puisqu'il est infini, personnifié symboliquement dans la déesse *Nou-t*.

Reste à savoir quelle peut être la substance indiquée par le groupe composé [hiéroglyphes] *baà-qes* (*Todtenbuch*, 64, 31)[1].

Il n'est pas certain que le mot [hiéroglyphes], *qesem*, désigne l'albâtre, et il me paraît douteux que les mots [hiéroglyphes], [hiéroglyphes] et [hiéroglyphes] aient le même sens. Deux variantes de ce dernier pourraient bien désigner un autre ingrédient dans les for-

---

1. La rubrique qui contient cette mention commence ainsi : « Si le
» défunt connaît ce chapitre, il donne autorité à sa parole au-dessus de
» la terre et dans la divine région inférieure. Il accomplit tous les actes
» des vivants, car c'est l'aliment du Dieu grand. Ce chapitre fut trouvé
» à Hermopolis, sur un cube de *baà qes*, écrit en bleu, sous les pieds
» du dieu (Thot). La trouvaille, au temps du roi Men-ka-Râ, véridique,
» fut faite par le royal fils *Har-dou-dou-f*, dans ce (lieu), lorsqu'il
» voyageait pour inspecter les comptes des temples. Il retraçait en lui
» un hymne devant lequel il fut en extase. Il le porta dans les chariots
» du roi, dès qu'il vit que sur ce (cube) était (écrit) ce grand mystère.
» Il ne voyait plus, n'entendait plus, récitant ce chapitre pur et saint,
» n'approchait plus les femmes et ne mangeait plus chair ni poisson. »
Cette extase est expliquée dans les livres hermétiques (Tat) : « Tu nous
» a conduits, ô père, à la contemplation du bien et du beau. C'est une
» clarté vive et pénétrante, inoffensive et pleine d'immortalité. Ceux qui
» peuvent *s'en abreuver* entrent souvent, en quittant le corps, dans la
» vision bienheureuse... (Hermès)... Mais maintenant cette vision est
» au-dessus de nos forces; les yeux de notre intelligence ne peuvent
» pas encore contempler la beauté incorruptible et incompréhensible du
» bien. Tu la verras quand tu n'auras *rien à dire d'elle*; car la gnose,
» la contemplation, c'est le *silence* et le *repos de toute sensation*. Celui
» qui y est parvenu *ne peut plus penser à autre chose, ni regarder, ni*
» *entendre parler de rien, pas même mouvoir son corps. Il n'y a plus*
» *pour lui de sensation corporelle ni de mouvement;* la splendeur qui
» inonde toute sa pensée et toute son âme l'arrache *aux liens du corps*
» et le transforme tout entier dans *l'essence de Dieu* » (*Hermès Trismégiste*, p. 59).

mules magiques traduites par M. Maspero (*Études démotiques*, p. 25). Et quelle substance aurait-on pu appeler *fer d'albâtre* ou *fer alabastrite*?

Le signe 〰 figure comme élément principal dans l'un des noms d'Ibsamboul. Pourquoi le 〰 ne serait-il pas la même chose que la pierre d'Éthiopie de Diodore de Sicile, c'est-à-dire quelque matière ferrugineuse, comme la sidéritine ou fer arséniaté dont l'éclat est résineux, la sidérose ou fer spathique, l'hématite ou sanguine, qui pourrait très bien porter un texte tracé en bleu, comme il est dit au chapitre LXIV du *Todtenbuch?* Espérons que de nouveaux matériaux nous permettront un jour d'éclaircir le fait. Dans tous les cas, le même texte nous apprend que cette substance, évidemment ferrugineuse, était déjà connue au temps du roi *Menkará* (Mycérinus), de la IVe dynastie, qui construisit la troisième pyramide de Memphis.

Cannes, 16 avril 1870.

INTRODUCTION MYTHOLOGIQUE

AU PAPYRUS DE NEB-QED[1]

Le point de départ des croyances de l'ancienne Égypte, comme celui de presque toutes les Mythologies primitives, est un sabéisme pur ou contemplation des astres et de la nature[2].

La plus importante et la plus évidente de toutes les manifestations divines étant le soleil, cet astre fut adoré comme preuve et témoignage sensible de la divinité[3]. La diversité apparente de ses phases lui fit attribuer plusieurs noms. Le soleil levant fut appelé *Har* ou *Hora* (Horus) « Élévation »; le soleil pendant sa course diurne, Râ (avec l'article *Phrâ*, *Phré*, « le soleil »[4]); le soleil couchant,

---

1. Extrait de la préface du Papyrus de Neb-qed, publié par M. Pierret, après la mort de Devéria. — G. M.
2. Voyez Diodore de Sicile, I, 11. Les croyances, dont on va lire l'exposé, ont été savamment résumées par M. E. de Rougé dans sa *Notice sommaire des Monuments égyptiens du Louvre*, et par M. Alfred Maury dans la *Revue des Deux-Mondes*, 1ᵉʳ septembre 1867.
3. Il est à noter que les plus anciens textes sacrés de la vieille Égypte sont précisément ceux dans lesquels l'idée de la divinité apparaît sous sa forme la plus abstraite. Les plus anciens monuments ne présentent que très rarement des images ou des symboles de Dieu, comme par exemple le grand Sphinx de Gizèh. Il n'est pas certain que la stèle du Musée de Boulaq remonte au règne de Xouwou, et le temple de Xawrâ ne contenait aucune autre représentation sculptée que les portraits du roi qui l'avait édifié.
4. Ce mot *Râ*, dans son sens étymologique, peut exprimer les idées « donner, faire ou produire »?

Toum ou Atmou (« fermeture ou négation ? »); le soleil couché pendant sa course nocturne, Noum ou Xnoum (Chnouphis, « Jonction [1] »), type d'Ammon, sous le nom d'*Αω* (« substance »).

Or, le soleil semble naître quand il se lève et mourir quand il se couche. De là une comparaison bien naturelle entre la course diurne du Soleil et toutes les choses de la nature terrestre, qui, comme l'homme, naissent, vivent et meurent.

Mais le coucher du soleil à l'Occident est en quelque sorte le témoignage de son prochain lever à l'Orient. Les Égyptiens ne tardèrent pas à en conclure que, la nature en général, et l'homme en particulier, ne devaient pas non plus s'anéantir, mais qu'au contraire tout était destiné à renaître après la mort. Pour que l'assimilation fût complète, cette nouvelle naissance devait nécessairement être précédée d'un état transitoire répondant à la phase nocturne, c'est-à-dire à la course de l'astre dans les régions inconnues de l'hémisphère inférieur, qu'on supposait ténébreuses. L'homme ne devait donc renaître qu'après les pérégrinations mystérieuses de l'existence d'outre-tombe, qui devaient s'accomplir dans les enfers.

Ces phases diverses se renouvelant sans cesse et avec une régularité absolue, on en tira l'idée de l'éternité, non seulement pour la divinité, mais encore pour l'homme et pour le monde entier.

Cette notion amena la croyance à l'immortalité de l'âme, mentionnée dans les plus anciens textes du *Livre des Morts*.

Horus devint donc le type de la naissance, Râ celui de la vie, Toum celui de la vieillesse ou de la mort et, Noum ou Ammon, qui s'assimile à Osiris, celui de l'existence d'outre-tombe.

---

1. Xnoum sert en effet de trait d'union entre Toum (le coucher) et Hor (le lever).

Horus étant le type de la naissance, il fallait nécessairement qu'il naquît lui-même. Mais en tant que manifestation divine il était considéré comme éternel.

Comment donc concilier ces deux idées : la naissance et l'éternité ?

Là est le premier des mystères de la théogonie égyptienne : Horus naît chaque jour et perpétuellement, mais il naît de lui-même, il se donne naissance à lui-même. Sortant de lui-même, il est toujours antérieur à sa propre naissance ; il est le commencement du soleil diurne, né de la fin du soleil nocturne, qui n'est à son tour qu'une transformation du soleil diurne. En d'autres termes, c'est une phase succédant à une autre phase du même astre.

Tel est le prototype des plus grands mystères : Manifestation divine, éternelle, sous toutes formes, et régénération perpétuelle.

De là, pour les Égyptiens, la certitude d'une ou plusieurs résurrections de l'homme.

De là aussi, au point de vue mythologique, plusieurs dédoublements de la personnalité symbolique d'Horus :

1° Har-ouer (Aroëris), type de la naissance toujours antérieur à ce qui est et à ce qui fut, antérieur à ses propres générateurs, puisque, d'après la fable qu'on lira plus loin, il sortit avant eux du sein de Nou-t (l'Éther).

2° Har-pà-xrat (Harpocrate) « Horus l'enfant », type de l'éternelle jeunesse toujours renaissante dans la nature.

3° Har-si-ési (Harsiésis). Ce n'est plus la naissance toujours antérieure ; c'est la naissance toujours nouvelle.

En résumé, toute manifestation divine susceptible de naissance était Horus, et la création entière, le monde terrestre, considéré à ce point de vue, s'appelait Horus[1].

Le soleil s'engendrant lui-même, comme disent les textes, et ses naissances quotidiennes s'accomplissant dans le sein

---

1. Voyez le *Traité d'Isis et d'Osiris*.

des espaces célestes, ces espaces furent personnifiés sous formes de déesses avec les attributions de la maternité. Ainsi l'espace céleste où le soleil de la nuit donne naissance au soleil levant, c'est-à-dire à Horus, s'appelle *Hat-hor* « Demeure d'Horus », et cette déesse n'est qu'une forme d'Isis. Considérée comme type de la maternité, on la nommait Mouth[1], et en vertu de ses nombreuses attributions, elle subit des dédoublements successifs qui constituent la plupart des déesses du panthéon égyptien.

Passons à *Râ*, la phase du soleil qui suit le lever ou la naissance; c'est l'astre dans toute sa puissance, s'élevant jusqu'à l'apogée de sa course diurne, fécondant toute la nature par sa lumière et sa chaleur; c'est le dispensateur de la vie, le type de toute existence. Considéré comme vivificateur et générateur, il se dédouble aussi et est adoré sous le nom de *Xopra*, c'est-à-dire « Producteur »; le scarabée (*Xoper*) lui est alors spécialement consacré.

Le rôle mythologique de *Toum* ou *Atmou*, le soleil couchant, est moins bien connu; ce dieu ne doit pas être confondu avec le soleil de la nuit qui est personnifié dans la forme suivante.

Noum (Chnouphis), le soleil couché, est le type dont *Ammon* (« le mystère ») est le dédoublement. C'est le trait d'union entre le coucher et le lever du soleil, c'est-à-dire entre la mort et la nouvelle naissance.

Mais sous toutes ces formes, le type divin n'était qu'*un*, toujours le même. Ses changements, ses métamorphoses ou

---

[1]. Ils appellent Isis tantôt *Muth* (*Mout*), tantôt *Athuri* (*Ha-t-hori*), tantôt *Methyer* (*Meh-t-ouer*). Le premier de ces noms signifie *mère*; le second l'*habitation mondaine d'Horus*, ou, comme Platon a dit, l'*espace* et le *récipient* de la génération (Cf. Diodore de Sicile, I, 83); le troisième nom est composé de deux mots qui veulent dire *plein* et *cause*, car la matière du monde est pleine, et elle est unie au principe dont la bonté, la pureté et l'ordre sont les caractères (Plutarque, *Traité d'Isis et d'Osiris*, § 56; trad. Ricard, p. 375).

ses naissances successives, peu importe comment on voudra les appeler, s'accomplissant aussi dans un seul et même espace qui contenait tout son orbite, cet espace, considéré dans son ensemble, fut personnifié sous le nom de la déesse *Nout*, et reçut, comme les personnifications des espaces partiels, les attributions de la maternité.

Pour parler d'un dernier symbole, les orbes que l'astre semble parcourir autour de la terre furent comparés aux sinuosités d'un serpent. Le soleil était donc, au figuré, considéré comme accomplissant sa course sur le corps du reptile emblématique, et conséquemment comme le domptant et le surmontant. Ce serpent, sous le nom d'Apap (Apophis), le Python des Grecs, fut de là considéré comme le premier type de l'antagonisme et du mal.

Le dieu primordial dans toutes ses phases était déjà le type de l'homme, de sa naissance, de sa croissance, de sa vie, de son destin, de sa mort et de ses destinées futures. Mais, comme l'a très bien remarqué M. Alfred Maury[1], ce n'était pas encore l'anthropomorphisme qui ne tarda pas à s'introduire dans les idées égyptiennes.

Quand les hommes eurent inventé ce grand dieu astronomique dont chaque phase, chaque forme et chaque nom était un nouveau mystère, faisant allusion à un phénomène de la nature, et l'un des types du Panthéisme égyptien, ils ne s'en tinrent pas là! — Il leur fallut des dieux semblables à eux, des incarnations terrestres et anthropomorphes, des fables à la portée du vulgaire. On satisfit à ce besoin des superstitions humaines par de nouveaux dédoublements de l'Être primordial, en divisant de plus en plus ses attributions.

Jamblique nous explique ces dédoublements successifs dans le passage suivant de son *Traité des Mystères des Égyptiens*:

1. *L'ancienne Égypte, Revue des Deux-Mondes*, 1ᵉʳ septembre 1867.

« Le dieu égyptien, écrit-il, quand il est considéré
» comme cette force cachée qui amène les choses à la lumière,
» s'appelle Ammon[1]; quand il est l'esprit intelligent qui
» résume toutes les intelligences, il est Émeth[2]; quand il
» est celui qui accomplit toute chose avec art et vérité, il
» s'appelle Phtah[3]; enfin quand il est le dieu bon et bien-
» faisant, on le nomme Osiris[4]. »

D'après les traditions hermétiques[5], Osiris, le type du
bien, incarné sur la terre pour moraliser l'humanité, n'était
en effet qu'une effluve ou un dédoublement du dieu primordial; non pas d'une phase divine en particulier, mais de
toutes les phases prises dans leur ensemble.

Le bien étant ainsi personnifié, il fallait pour qu'il pût
triompher lui trouver un antagoniste, le principe du mal;
ce fut Soutex, Set ou Typhon, nouvelle forme d'Apap ou
Apophis.

La fable Osiriaque nous est connue jusque dans ses
moindres détails par le *Traité d'Isis et d'Osiris*, et par le
récit de Diodore de Sicile. Voici le résumé qu'en donne
le traité attribué à Plutarque; j'y ajoute quelques annotations qui pourront en faciliter l'intelligence. Mais je ne
saurais trop engager ceux qui voudront pénétrer plus
avant dans la philosophie égyptienne à se reporter au traité
original.

« Rhéa[6], dit-on, ayant eu un commerce secret avec

1. *Ammon* « Mystère », dieu de Thèbes; associé à *Râ* « Soleil », il
est à la fois le mystère et l'évidence.
2. *I-m-hotep*, Esculape?
3. Ce nom du dieu de Memphis paraît être d'origine sémitique et le
même que celui des Pataiques phéniciens.
4. Le nom d'*Asar* (Osiris) semble aussi étranger à l'Égypte, malgré
les étymologies forcées qu'en donnent les Grecs. Peut-être a-t-il la même
origine que l'*Assur*, « le dieu bon », des Assyriens.
5. Ménard, *Hermès Trismégiste*.
6. C'est *Nout*, la personnification de l'Éther céleste, qui est ainsi
désignée.

Saturne¹, le Soleil², qui s'en aperçut, prononça contre elle cette imprécation, qu'elle ne pût accoucher dans aucun mois ni dans aucune année. Mercure³, qui aimait cette déesse et qui en était bien traité, joua aux dés avec la Lune⁴, et lui gagna la soixante-dixième partie de ses clartés, dont il forma cinq jours, qu'il ajouta aux trois cent soixante de l'année⁵ ; les Égyptiens les appellent épagomènes, et ils les célèbrent comme l'anniversaire de la naissance des Dieux⁶. On dit qu'Osiris naquit le premier jour, et qu'au moment de sa naissance on entendit une voix annoncer que *le maître de toutes choses*⁷ arrivait à la Lumière. D'autres racontent qu'un certain Pamylès de Thèbes, étant allé chercher de l'eau dans le temple de Jupiter⁸, entendit une voix qui lui ordonnait d'annoncer hautement qu'Osiris, le grand roi, le bienfaiteur⁹ de l'univers, venait de naître,

1. Ici le nom de Saturne (Cronos) ne peut s'appliquer qu'au dieu *Seb* qui personnifie la matière du monde terrestre. Cette confusion du dieu du temps avec celui de la matière peut s'expliquer parce que les Égyptiens considéraient la matière comme éternelle, à tel point que le mot hiéroglyphique qui exprime l'éternité est déterminé par le signe *terre*,

⌐ (Comparez Hermès Trismégiste et Plutarque, *Traité d'Isis et d'Osiris*). L'union mystérieuse de Nout et de Seb, ou de l'Éther et de la Matière, qui se renouvelle sans cesse, devient un symbole de résurrection quand elle est figurée sur les cercueils. On en voit des exemples sur les momies de Boutha-Ammon à Turin, et dans le manuscrit funéraire de Ten-Ammon à la Bibliothèque Nationale.

2. Le grand dieu solaire, considéré dans son ensemble comme manifestation du dieu primordial antérieur au ciel et à la terre.
3. *Thot*, l'intelligence, l'Hermès égyptien.
4. *Aâh*, dieu mâle assimilé à Osiris, à Xonsou et à Thot lui-même.
5. L'année vague ou religieuse était en effet de 365 jours, sans fraction (Cf. Hérodote, II, 1).
6. Voyez Diodore de Sicile, I, 13, le *Todtenbuch* et les coudées égyptiennes.
7. Traduction du nom égyptien *Neb-er-zer* « Maître pour tout ».
8. *Ammon*, le Jupiter de Thèbes (Voyez Diodore de Sicile, I, 13).
9. *Oun-nowré* « Être bon » est en effet le nom royal d'Osiris con-

que, pour cette raison, Saturne le chargea de nourrir l'enfant, et qu'en mémoire de cet événement, on célébrait la fête des Pamylies, qui ressemblent à nos Phallophories. Le second jour naquit Arouéris[1], ou Apollon, que quelques-uns appellent l'ancien Horus; le troisième jour Typhon[2] vint au monde, non à terme et par la voie ordinaire, mais en s'élançant par le flanc de sa mère qu'il déchira. Isis[3] naquit le quatrième jour dans des marais, et le cinquième Nephthys[4], que les uns appellent Teleuté et Vénus, et d'autres la Victoire. On ajoute qu'Osiris et Arouéris eurent pour père le Soleil, qu'Isis[5] fut fille de Mercure[6], Typhon et Nephthys[7] de Saturne[8]. Le troisième des jours épagomènes était regardé comme de mauvais augure, à cause de la naissance de Typhon; les rois n'y traitaient aucune affaire et ne prenaient leurs repas qu'à l'entrée de la nuit. On dit encore que Typhon[9] épousa Nephthys[10]; qu'Isis[11] et Osiris[12] épris d'amour l'un pour l'autre, s'unirent dans le sein de leur mère[13], et de cette union

sidéré comme dieu dynaste. C'est l'Onouphis, l'Omphis et l'Agathodaimon des auteurs grecs. C'est aussi la traduction du nom d'*Assur*, l'homophone assyrien d'*As-ar* (Osiris).

1. *Har-ouer*, type de la naissance toujours antérieure ou manifestation éternelle.
2. *Set* ou *Soutex*, le mal.
3. La terre productive, la fertilité.
4. La stérilité, le désert.
5. La sagesse.
6. Thoth, l'intelligence.
7. Le mal et la stérilité.
8. *Set*, la matière.
9. Le mal.
10. La corruption, la stérilité.
11. La terre fertile, la fécondité maternelle.
12. Le Nil générateur, la fécondité paternelle.
13. L'Éther ou l'Espace des Cieux. Le signe hiéroglyphique de son nom, *Nou-t*, est un vase ou *récipient*, qu'on lui plaçait aussi comme symbole sur la tête.

formée dans les ténèbres naquit, selon quelques-uns, Arouôris[1], que les Égyptiens appellent le vieil Horus, et les Grecs Apollon. »

« Dès qu'Osiris fut monté sur le trône, il retira les Égyptiens de la vie sauvage et misérable qu'ils avaient menée jusqu'alors ; il leur enseigna l'agriculture, leur donna des lois et leur apprit à honorer les dieux. Ensuite, parcourant la terre, il adoucit les mœurs des hommes, eut rarement besoin de la force des armes, et les attira presque tous par la persuasion, par les charmes de la parole et de la musique[2] ; aussi les Grecs ont-ils cru qu'il était le même que Bacchus. »

« Typhon qui, pendant son absence, n'avait osé rien innover, parce qu'Isis administrait le royaume avec autant de vigilance que de fermeté, tendit des embûches à Osiris lors de son retour, et fit entrer dans la conjuration soixante-douze complices. Il fut secondé aussi par la reine d'Éthiopie, qui se nommait Asô. Il avait pris furtivement la mesure de la taille d'Osiris, et avait fait faire un coffre de la même grandeur, très richement orné, qu'on apporta dans la salle du festin qu'il donnait à ce prince. Tous les convives l'ayant regardé avec admiration, Typhon leur dit, comme en plaisantant, qu'il en ferait présent à celui d'entre eux qui, s'y étant couché, se trouverait justement de la même grandeur.

---

1. Type de la naissance toujours antérieure, puisqu'il sortit du sein de *Nou-t* avant Isis et Osiris, ses propres générateurs.
2. Thot ou Hermès était le dieu de la raison, de la parole et de la musique. Il était aussi le conseiller d'Osiris. C'est lui qui lui donna ces trois biens qui se résument dans le premier : *la persuasion* ou l'art de persuader. Ce don de persuasion est exprimé en égyptien par les mots *maâ-xeru* « droit de la parole ». Il est particulièrement attribué à Osiris *Oun-nowre maâ-xeru* « l'Être bon, *persuasif* ». Tous les justes portaient cette épithète qu'on rencontre dans tous les textes funéraires, et particulièrement dans le *Todtenbuch*, 18-20, etc. Cette persuasion sans combat est le triomphe de la morale et de la raison ; cf. *Mémoires et Fragments*, t. II, p. 281-295.

Chacun d'eux l'ayant essayé à son tour sans qu'il convînt à personne, Osiris y entra aussi et s'y étendit. A l'instant les conjurés accourent, ferment le coffre et, pendant que les uns en clouent le couvercle, les autres font couler sur les bords du plomb fondu pour le boucher exactement[1]; après quoi ils le portent dans le Nil, d'où il fut poussé dans la mer par l'embouchure Tanitique, dont les Égyptiens, pour cette raison, ne prononcent encore aujourd'hui le nom qu'avec horreur. Cette conjuration eut lieu le 17 du mois d'athyr, où le soleil parcourt le signe du scorpion, la 28ᵉ année du règne d'Osiris ; d'autres disent de son âge et non pas de son règne. Les Pans et les Satyres qui habitent auprès de Chemnis furent instruits les premiers de cet événement et en répandirent la nouvelle. De là, les frayeurs soudaines qui saisissent une multitude ont été appelées terreurs *paniques*. »

« Isis n'en fut pas plutôt informée, qu'elle coupa, dans le lieu même où elle l'apprit, une boucle de ses cheveux[2], et prit une robe de deuil. Ce fut à l'endroit où est aujourd'hui la ville de Coptos, nom qui, suivant quelques auteurs, signifie privation, car on dit *coptein* pour priver[3]. Elle courait de tous côtés, livrée aux plus cruelles inquiétudes, et s'informant à tous ceux qu'elle voyait du coffre qui faisait l'objet de ses recherches, lorsque enfin elle rencontra de petits enfants à qui elle fit la même question. Ils l'avaient vu par hasard, et lui dirent par quelle embouchure les amis de Typhon l'avaient poussé dans la mer. De là vient l'opi-

---

1. C'est à l'imitation de ce coffre que les cercueils des momies ont ordinairement la forme du corps humain, qu'ils sont richement ornés, qu'ils sont hermétiquement fermés, et que le couvercle en est cloué au moyen de longues chevilles.

2. C'est pour cela que, dans les hiéroglyphes, le signe qui représente une boucle de cheveux détermine l'idée du deuil.

3. Cette étymologie supposée est purement tirée de la langue grecque, et conséquemment inadmissible.

nion où sont les Égyptiens, que les enfants ont la faculté de deviner ; et ils tirent des présages des paroles qu'ils leur entendent prononcer au hasard dans les temples[1]. »

« Isis[2] apprit qu'Osiris[3] avait eu par erreur un commerce avec Nephthys[4], sa sœur, qui en était amoureuse, et qu'il avait prise pour Isis, et elle en eut la preuve dans l couronne de mélilot qu'il avait laissée auprès de Nephthys[5] ; elle se mit à la recherche de l'enfant que la mère avait exposé aussitôt après sa naissance, par la crainte de Typhon. Isis l'ayant trouvé avec bien de la peine, conduite par des chiens qui allaient à la découverte, se chargea de le nourrir[6]. Elle le prit ensuite pour son gardien et son compagnon de voyage et lui donna le nom d'Anubis. On croit qu'il est préposé à la garde des dieux, comme les chiens sont faits pour garder les hommes[7]. »

« Elle apprit bientôt que le coffre, porté par les flots de la mer auprès de la ville de Byblos[8], avait été déposé doucement sur un buisson, qui, en peu de temps, parvint à un tel degré de grandeur et de beauté, que sa tige en ....ppa le coffre et le couvrit entièrement[9] ; en sorte qu'on ne pouvait l'apercevoir. Le roi du pays, frappé de la grandeur de cette plante, ayant fait couper la tige qui cachait le coffre

---

1. On se rappelle la singulière conclusion que Psamétik tira de la première parole d'un enfant (Hérodote, II, 2).
2. La terre fertile.
3. Le Nil.
4. Le désert.
5. A la limite du désert.
6. Parce ... est la fertilité par opposition à Nephthys, la stérilité.
7. Et c'... ,our cela qu'on le représentait avec une tête de chien ou de chacal, le chien du désert.
8. En Phénicie.
9. Cet *arbre du coffre* est représenté à Karnak dans un bas-relief du temps de Tahraqá. Voyez *Bulletin de la Société des Antiquaires de France*, [1858, t. XXV, 3ᵉ série, t. V, p. 133-136; cf. *Mémoires et Fragments*, t. I, p. 123-126. — G. M.]

dans son sein, en fit une colonne qui soutenait le toit de son palais. »

« Isis, qui en fut, dit-on, avertie par une révélation céleste, vint à Byblos, et s'assit auprès d'une fontaine, les yeux baissés et versant des larmes, sans adresser la parole à personne; seulement elle salua les esclaves de la reine, leur parla avec bonté, arrangea leurs cheveux et leur communiqua l'odeur délicieuse qui s'exhalait de son corps. La reine, frappée de la coiffure de ses esclaves et de l'odeur agréable qu'elles répandaient, conçut le plus vif désir de voir cette étrangère. On la fit venir, et la reine, dont elle devint l'amie, lui donna un de ses enfants à nourrir. On dit que le roi s'appelait Malcandre et la reine Astarté[1], d'autres la nomment Saôsis, et quelques-uns Nemanoun, qui répond au nom grec Athénaïs. Isis, pour nourrir l'enfant, lui mettait, au lieu de mamelles, le doigt dans la bouche[2]; la nuit, elle le passait dans le feu pour consumer ce qu'il y avait en lui de mortel, et, prenant la forme d'une hirondelle, elle allait se placer sur la colonne et déplorait la perte d'Osiris. Une nuit, la reine l'ayant observée, et voyant son fils dans les flammes, elle jeta de grands cris, et le priva par là de l'immortalité. Alors la déesse se fit connaître et demanda la colonne qui soutenait le toit. Elle lui fut accordée, et ayant coupé la tige avec facilité, elle l'enveloppa d'un voile, y répandit des parfums et la remit au roi et à la reine. Ce bois est encore à Byblos, dans le temple d'Isis, où le peuple l'honore. »

« La déesse se jeta sur le coffre et poussa des cris si affreux, que le plus jeune des fils du roi en mourut de frayeur. Isis, accompagnée de l'aîné, s'embarqua avec le coffre et fit voile vers l'Égypte. Comme au lever de l'aurore il soufflait du fleuve Phédrus un vent impétueux, la déesse, irritée, le

1. Malcart, Melcartus et Astaroth, Astarté, dieux phéniciens.
2. Cf. Hymne à Osiris, *Revue Archéologique*.

desséchât entièrement. Dès qu'elle se vit seule dans un lieu écarté, elle ouvrit le coffre, et collant son visage sur celui d'Osiris, elle le baisa et l'arrosa de ses larmes. Le fils du roi s'étant approché doucement par derrière pour l'observer, Isis, qui s'en aperçut, se retourna et lança sur lui un regard si terrible[1], qu'il ne put le soutenir et en mourut de frayeur. D'autres racontent autrement sa mort, et disent qu'il tomba dans la mer de la manière qu'on l'a dit plus haut. Les Égyptiens l'honorent à cause de la déesse, et c'est lui qu'ils chantent dans leurs repas sous le nom de Manéros. Selon quelques-uns, il se nommait Palestinus ou Pelusius, et la déesse bâtit une ville qu'on appela de son nom Pélusium. On dit que ce Manéros, chanté par les Égyptiens, fut l'inventeur de la musique. D'autres prétendent que Manéros n'est point un nom d'homme, mais une espèce de formule usitée dans les festins et dans les fêtes, par laquelle on souhaitait que ces divertissements fussent heureux ; car c'est là ce qu'exprime le mot *manéros* qu'ils répètent si souvent dans ces occasions. De même, cette figure de mort qu'ils présentent aux convives n'est pas, comme quelques-uns l'ont pensé, une représentation de la mort d'Osiris[2]. Leur but en cela est de les avertir qu'en jouissant des plaisirs de la vie, ils doivent se souvenir qu'ils seront bientôt dans le même état. »

« Isis, s'étant mise en chemin pour aller en Butô où son fils Horus était élevé, déposa le coffre dans un lieu éloigné de la vue des hommes; mais Typhon, en chassant la nuit au clair de la lune, trouva le coffre, et ayant reconnu le corps d'Osiris, il le coupa en quatorze parties[3], qu'il dispersa

---

1. C'est probablement l'origine du nom propre féminin *Sat-ar-ban* « coup-d'œil mauvais ».
2. Le Musée du Louvre possède des cercueils en miniature renfermant des simulacres de Momies (et d'autres des figurines de femmes), qui semblent avoir eu cette destination.
3. Vingt-six parties, suivant Diodore de Sicile, I, 21.

de côté et d'autre. Isis l'ayant appris, monta sur une barque faite d'écorce de papyrus, et parcourut les marais voisins pour les chercher. De là vient que ceux qui naviguent dans des vaisseaux de papyrus ne sont point attaqués par les crocodiles, soit crainte, soit respect pour la déesse de la part de ces animaux. A mesure qu'Isis trouvait une partie du corps d'Osiris, elle lui élevait une sépulture dans le lieu même [1], et c'est pour cela qu'on voit en Égypte plusieurs tombeaux d'Osiris. D'autres disent qu'elle fit faire plusieurs représentations d'Osiris et qu'elle en donna une à chaque ville, en leur faisant croire que c'était le corps même de ce prince. Elle voulait qu'il fût plus généralement honoré, et que si Typhon, venant à l'emporter sur Horus, cherchait à découvrir où était le tombeau d'Osiris, le grand nombre de ceux qu'on lui montrerait lui fît désespérer de connaître le véritable. Il n'y eut que les parties naturelles qu'Isis ne retrouva point, parce que Typhon les avait jetées de suite dans le Nil, où elles furent dévorées par le lépidote, le pagre et l'oxyrrhinque ; aussi ce sont les poissons que les Égyptiens ont le plus en horreur. La déesse, pour remplacer cette perte, en fit faire une représentation, et elle consacra le phallus, dont les Égyptiens célèbrent encore aujourd'hui la fête. »

« Osiris apparut des enfers à son fils Horus, et l'instruisit dans l'art des combats ; après quoi il lui demanda quelle action il regardait comme la plus glorieuse : « C'est, répondit Horus, de venger les torts qu'auraient essuyés un père et une mère. » Osiris lui demanda encore quel animal il croyait le plus utile pour la guerre. Horus lui ayant répondu que c'était le cheval, Osiris, étonné, lui demanda pourquoi il n'avait pas nommé le lion plutôt que le cheval. « C'est, répliqua Horus, que le lion est utile à ceux qui n'ont besoin

---

1. Les plus récents travaux sur la géographie ancienne de l'Égypte ont démontré que presque toutes les villes se glorifiaient de posséder quelque partie du corps divin.

que de défense ; mais avec le cheval on poursuit son ennemi et on le tue. » Osiris, charmé de ses réponses, comprit que son fils était assez préparé pour le combat. On dit qu'une foule d'Égyptiens passèrent dans le parti d'Horus, et entre autres la concubine de Typhon, nommée Thouéris[1]. Un serpent qui la poursuivait fut tué par les gens de la suite d'Horus; et c'est en mémoire de cette action, qu'encore aujourd'hui, ils apportent dans leurs assemblées une corde qu'ils coupent en plusieurs morceaux[2]. Le combat dura plusieurs jours, et Horus remporta la victoire. »

« Isis ayant trouvé Typhon enchaîné, ne le fit point périr, mais le délia et lui rendit la liberté. Horus, dans l'indignation qu'il en conçut, porta la main sur sa mère, et lui arracha les marques de la dignité royale qu'elle portait sur la tête. Mercure[3] lui donna en dédommagement un casque qui représentait une tête de taureau[4]. »

« Typhon intenta procès à Horus sur sa légitimité; mais aidé du secours de Mercure[5], il se fit reconnaître par les dieux, et vainquit Typhon dans deux autres combats. »

« Isis, avec qui Osiris avait eu un commerce après sa mort[6], en eut un fils qui naquit avant terme, et qui était boiteux. On lui donna le nom d'Harpocrate[7]. »

« Tels sont les principaux faits de ce récit, dont j'ai retranché les circonstances les plus révoltantes, telles que le démembrement d'Horus et le décollement d'Isis » (Plu-

1. *Tâ-ouer.*
2. Dans le tableau des peines infernales du *Livre de ce qui est dans le ciel inférieur*, Horus vengeur et castigateur tient un serpent divisé en deux parties.
3. *Thoth.*
4. Ou plus exactement, de vache. La déesse est ordinairement représentée ainsi sous le nom d'Hathor.
5. C'est-à-dire du don de persuasion que Thoth avait déjà octroyé à Osiris (Cf. *Todtenbuch*, 18-21, etc.)
6. Voyez plus haut.
7. *Har-pâ-xrad* « Horus l'enfant ».

tarque, *Traité d'Isis et d'Osiris*, § 12 à 20, traduction de Ricard, édition Didier, p. 320 et 337).

L'ensemble du traité de Plutarque nous apprend en résumé que cette fable symbolise les forces de la nature et par suite les forces morales.

Osiris est en principe la puissance génératrice, et, dans le sens philosophique, la personnification du bien.

Typhon est la force destructive et le principe du mal.

Ces deux forces ne se neutralisent pas plus qu'elles ne s'anéantissent l'une l'autre. Mais, continuellement en lutte, elles se font à peu près équilibre, l'une et l'autre prenant le dessus tour à tour.

Typhon persécute Osiris, mais il ne parvient pas à l'anéantir. Osiris renait sous la forme d'Horus, première *production* divine, qui personnifie l'éternelle rénovation de la nature terrestre ou de l'univers cosmique. Ce dernier à son tour parvient à dompter Typhon jusqu'à une nouvelle lutte, et ainsi de suite. Horus devient alors le vengeur de son père Osiris, c'est-à-dire, dans l'ordre moral, le type de la piété filiale.

La persécution d'Osiris a été prise aussi pour le type de la mort, considérée par les Égyptiens comme un état d'inertie transitoire. Le corps de ce dieu fut en effet, suivant la fable, mutilé et divisé en plusieurs morceaux, puis inhumé comme on inhuma depuis tous les hommes. Mais sa résurrection fut considérée comme la garantie d'une vie future et éternelle, quoique soumise à des phases diverses.

Plutarque nous explique aussi le rôle funéraire d'Osiris (cap. 79). « Il est un point de doctrine, dit-il, dont les prêtres ont aujourd'hui une espèce d'horreur, et qu'ils ne communiquent qu'avec une extrême discrétion; c'est celui qui enseigne qu'Osiris règne sur les morts et qu'il est le même que l'Adès, ou le Pluton des Grecs. Cette disposition dont le vulgaire ne connaît pas le véritable motif, jette bien des gens dans le trouble, et leur fait croire qu'Osiris, ce dieu si saint et si pur, habite réellement dans le sein de la terre et au séjour des morts. Mais, au contraire, il est aussi éloigné de la terre qu'il soit possible; toujours pur et sans tache, il n'a aucune espèce de communication avec les substances qui sont sujettes à la corruption et à la mort. Les âmes humaines, tant qu'elles sont unies aux corps et soumises aux passions, ne peuvent avoir de participation avec Dieu que par les faibles images que la philosophie en retrace à leur intelligence et qui ressemblent à des songes obscurs. Mais lorsque, dégagées de leurs liens terrestres, elles sont passées dans ce séjour pur, saint et invisible qui n'est exposé à aucune révolution, alors ce dieu devient leur chef et leur roi : elles sont fixées en lui [1], et en contemplent cette beauté ineffable dont elles ne peuvent se rassasier et qui excite sans cesse en elles de nouveaux désirs. C'est cette beauté dont on voit, dans l'ancienne fable, Isis, toujours éprise, la poursuivre, s'attacher intimement à elle, et, par un effet de cette union, communiquer aux êtres qu'elle produit toute sorte de biens précieux. Voilà les interprétations les plus convenables à la nature des dieux qu'on puisse donner de ces pratiques » (Plutarque. *Traité d'Isis et d'Osiris*, chap. 79, traduction de Ricard, édition Didier, vol. 5, p. 396).

1. L'identification des morts avec Osiris est devenue si complète qu'à partir de l'époque de la XVIIIe dynastie tout défunt ou toute défunte fut appelé Osiris. Mais beaucoup plus tard, sous la domination romaine, les femmes mortes furent souvent qualifiées du nom d'Hathor, forme d'Isis dotée aussi d'attributions funéraires.

SUR LE

CHAPITRE CLI DU LIVRE DES MORTS[1]

Il résulte d'un travail inédit de Th. Devéria que, d'après des prescriptions énoncées sur des stèles du musée de Marseille[2], sur des briques crues, trouvées dans un caveau d'Apis, et d'après la rédaction primitive du chapitre 151, les quatre parois de la chambre funéraire devaient être ornées, conformément au tableau que nous avons sous les yeux, et suivant une orientation qui n'est pas constante, des objets ci-après désignés : 1° un chacal ; 2° un *Tat* (ou *Dad*) ; 3° un ou deux flambeaux ; 4° une ou plusieurs statuettes funéraires. Ces objets, posés sur des briques faites de limon du Nil[3], étaient enfermés dans des niches. La lecture du procès-verbal des fouilles du Sérapéum nous apprend que cette disposition était précisément celle du souterrain inviolé, où ont été successivement ensevelis les deux Apis morts l'an 16 et l'an 26 de Ramsès II.

Les tableaux du chapitre 151, reproduits par notre papyrus et par quelques rares manuscrits de la même époque, nous offrent un plan cavalier de la chambre sépulcrale.

---

1. Publié, comme le précédent, dans la préface du *Papyrus de Neb-qed*. C'est l'extrait d'un très long mémoire que Devéria avait composé à ce sujet et dont les variantes sont conservées au Musée du Louvre, sans qu'il m'ait été possible d'en extraire un texte cohérent. — G. M.
2. Ces stèles ont été publiées par Naville, *Les quatre Stèles orientées du Musée de Marseille*, Lyon, 1880, in-8°, 23 p. et pl. IV ; cf. Maspero, *Catalogue du Musée égyptien de Marseille*, p. 25-27. — G. M.
3. 𓏏𓊖𓏤𓈖𓆛𓈗𓏛 « Briques de terre fertile. »

Au centre, dit Th. Devéria dans l'étude précitée[1], Anubis dans un Naos termine l'ensevelissement d'Osiris qui, déjà momifié, est couché sur un lit funèbre auprès duquel l'âme est représentée sous la forme d'un oiseau à tête humaine. De chaque côté, Isis et Nephthys[2], l'une aux pieds, l'autre à la tête du mort, appuient un sceau à terre et font, en se lamentant[3], les incantations qui ramenèrent Osiris à la vie. Cette scène occupe les trois divisions centrales du tableau, ou la chambre sépulcrale proprement dite; on peut la comparer à celle qui est figurée dans la procession funèbre du chapitre 1er du *Todtenbuch*. Au-dessus, au-dessous, à droite et à gauche, sont dessinées quatre niches semblables à celles que M. Mariette a trouvées dans les quatre murs de la tombe des deux Apis. Elles sont disposées comme si les quatre parois étaient développées en plan, c'est-à-dire de haut en bas, de droite à gauche, de gauche à droite, et de bas en haut. Dans chacune de ces niches un des objets trouvés dans le Sérapéum, ou figurés et prescrits dans les stèles orientées de Marseille, est représenté au-dessus d'une brique ornée de sa légende sacrée.

Aux quatre angles de la chambre, on a peint les quatre génies funèbres, fils d'Osiris, qui prirent aussi une part active à la résurrection de leur divin père.

1. Tout ce qui suit, traductions et notes relatives au chap. 151, est emprunté à ce beau travail. — Note de M. Pierret.
2. Nephthys est ordinairement à la tête et Isis aux pieds; mais les papyrus nos 3079, 3089 et 3144 du musée du Louvre présentent la disposition contraire. Anubis est entre les deux déesses, derrière la momie. Cette composition avait une signification cosmogonique suivant laquelle Isis et Nephthys représentent des espaces célestes; Osiris, mort pour ressusciter, était considéré comme une sorte de microcosme personnifiant les forces de la nature.
3. Les lamentations des deux déesses constituent un hymne sacré publié et traduit par M. J. de Horrack sous le titre de *Lamentations d'Isis et de Nephthys*, Paris, Tross, 1866. In-4°. — [Cf. l'article sur ce livre dans *Mémoires et Fragments*, t. II, p. 253-256.]

Enfin la composition est complétée, dans les deux coins supérieurs, par une âme vivante en adoration, et dans les deux coins inférieurs, par une figurine funéraire accompagnée du chapitre 6 du *Todtenbuch*, commençant par les mots ⟨hiéroglyphes⟩ « Illumination de l'Osiris N., etc. » Ces mots font allusion à la lumière que devait répandre le corps au moment où l'âme arrivait parmi les dieux[1].

Isis au pied du lit funèbre d'Osiris (Pl. VII, 1-3 ; Pl. VI, 37-38)[2]. Parfois représentée debout, on la voit plus ordinairement agenouillée, pleurant ou appuyant un sceau à terre[3]. « Dit par Isis : Je suis venue pour t'assister. J'ai poussé les souffles à ta narine. Les fluides émanés de Tmou, je t'en ai saturé la gorge ; j'ai fait que tu sois en divinité ; j'ai fait que tes ennemis soient sous tes sandales. »

Voici donc Isis qui est venue rejoindre la dépouille mortelle d'Osiris; elle exerce sur lui son action divine et lui rend la vie, en introduisant des souffles dans ses narines et dans sa poitrine. Ces souffles vitaux ne sont que l'air émané d'Atmou, le soleil couchant personnifié, c'est-à-dire, la brise fraîche du soir, qui est si délicieuse à respirer en Égypte. Les mots *tes ennemis sont sous tes sandales* font allusion à la défaite de Set ou Typhon et de ses complices. Dans le sens physique, cela exprime la soumission des forces destructives aux forces productives et conservatrices; dans l'ordre moral, le triomphe du bien sur le mal.

---

1. M. S. Birch a, le premier, signalé que Suidas, à propos de la mort d'Héraïscus, rapportait cette croyance (*Archæologia*, vol. 36, I, p. 164). Cf. mon *Rapport sur deux scarabées* [dans les *Mémoires et Fragments*, t. I, p. 30].

2. [Ces numéros, et ceux qu'on verra par la suite, renvoient aux planches du *Papyrus de Neb-qed*, non reproduites dans ce volume.]

3. Cette action est peut-être un symbole du mystère qui va s'accomplir ou du secret dont on l'entoure; mais je pense qu'elle est plutôt destinée à rappeler le simple fait de l'empreinte qui reproduit identiquement un type primitif qu'elle fait allusion à la nouvelle formation divine. Cf. Plutarque, *Sur Isis et sur Osiris*, § 53 et 54.

« *Nephthys au chevet funèbre d'Osiris* (Pl. VII, 6 à 9). Elle est toujours représentée dans la même attitude ou dans la même action qu'Isis. « Dit par Nephthys : J'ai circulé derrière mon frère, l'Osiris, Scribe, Neb-qed, véridique. Ne défaillent pas ses membres. »

Passons maintenant aux objets ou talismans placés dans les quatre niches du tombeau.

Le Dad. — Connu sous le nom de **Tat** ou Nilomètre[1], cet objet est orné dans les manuscrits de bandes horizontales de diverses couleurs, séparées par des lignes jaunes. Les stèles de Marseille le placent à l'ouest de la sépulture, et les plus anciens papyrus au-dessus du carré central du plan de la tombe. Mais, dans les exemplaires de basse époque comme le *Todtenbuch*, il disparaît ainsi que la légende de la brique sur laquelle on le fixait. Formule[2] :

« Venu en suivant la trace[3]. Le Caché l'éclaire. (Le jour de repousser) les mutilations, je t'assiste ».

Le commencement de ce texte ne présente pas de grandes difficultés ; mais le mot *Kep* (le Caché) est plus ou moins altéré dans la plupart des sept exemplaires que j'ai comparés. On le trouve déterminé comme un nom divin ou remplacé par le pronom ⌐, *K*, qui rappelle son articulation initiale, ou par les mots *nifu n anx* (souffles de vie), au moyen d'une allitération fautive, ou bien encore par le signe, qui lui sert parfois de déterminatif. Il est probable que le nom divin est la meilleure version, et que la variante donne sa pronon-

---

1. Le *Dad* était un des emblèmes particuliers de Ptah dont il ornait le sceptre : ce dieu personnifiait sous le nom de Ptah Sokar Osiris la partie corporelle et momifiée d'Osiris. Peut-être fut-il appelé *Ptah* (ouverture) parce que de sa propre substance devait éclore un être nouveau.

2. C'est le *Dad* lui-même qui parle. Pl. VII, 6-10.

3. *xesef*, copte ϣⲉ *T.*, *percussio, ictus, impressio*.

ciation sous la forme *Kep*, qui ne peut être comparée qu'au copte ⲕⲁⲡ *B*. ⲕⲱⲡ *T*. ⲭⲱⲡ *M. occultare, abscondere, abscondere se;* ⲧⲏⲧ, ⲭⲏⲧ *tegi, abscondi*. Ce personnage mythologique doit donc être le symbole d'une force cachée ou mystérieuse, comme celle qui préside à tout changement ou à la perpétuelle rénovation de la nature. Il figure dans les titres sacerdotaux que mentionnent quelques stèles du Sérapéum.

Le repoussement des mutilations ou blessures garantit le défunt contre toute atteinte ou tout accident nuisible. Les chapitres 41 à 42 du *Todtenbuch* furent composés pour obtenir ce résultat, ainsi que l'indiquent formellement leurs titres en employant les expressions mêmes de notre texte. C'est pour cela aussi que le rédacteur du papyrus de Nebqed a placé la figure du chapitre 41 et le commencement du texte du chapitre 42 immédiatement au-dessous de celui qui nous occupe. La figure du premier représente le défunt, repoussant, au moyen d'un bâton ou d'une pique, la blessure *s'ad* ou *s'at*, exprimée métaphoriquement par la partie antérieure du *dad* qui porte les divisions *s'adu*, ou plus ordinairement dans d'autres exemplaires par le morceau de viande qui détermine le mot ⎯⎯ *s'adt* « blessure » (*Todtenbuch*, 41, titre). Ce mot désigne, dans un texte relatif aux châtiments de l'enfer égyptien, la *division* des parties du corps, infligée par Typhon à Osiris, et reproduite sur les damnés. On peut donc comparer cette expression à la mutilation faite dans le bassin de feu [1], ou à la grande mutilation [2], et conclure que ces textes se rapportent aux mêmes idées.

Le *dad*, emblème de Ptah, qui est la déification des restes momifiés d'Osiris, rappelant le type de toute momification, était un symbole de conservation. Comme tel, il

1. *Todtenbuch*, 71, 12.
2. *Todtenbuch*, 31, 5.

servait de talisman ou préservatif contre toute mutilation.
Cette conservation était la condition essentielle de la résurrection divine, dont le nom même de Ptah semble être
l'expression, et l'on pouvait supposer que la vertu du *dad*
y coopérait. Ainsi le *dad* paraît avoir été premièrement un
symbole de conservation, puis de résurrection.

Statuettes funéraires[1]. — La statuette qu'on devait
fixer sur la brique de terre encore fraîche était, d'après
les manuscrits et la stèle de Marseille, en forme de momie
et semblable à une figurine funéraire. Elle ne figure pas dans
le papyrus de Neb-qed ; elle y est remplacée par deux flambeaux sans flamme ou petits autels supportant des lampes
éteintes. Mais immédiatement au-dessous de ces objets se
trouvent la figurine funéraire et le texte du chapitre vi[2]
du *Todtenbuch*, qui semblent suppléer à son absence. C'est
probablement aussi cette similitude qui a fait répéter ce
texte et cette figure de l'autre côté, à la droite du lecteur.

Les quatre génies. — Les quatre génies des morts, fils
d'Osiris, sont représentés, soit debout, soit assis, aux quatre
angles de la chambre sépulcrale, dans les plans qu'en donnent
les deux papyrus du Louvre. Ces figures et les légendes qui
les accompagnent se retrouvent sur les sarcophages, mais
sur quelques-uns de ces monuments, les légendes sont différentes.

« Discours d'Hapi[3] : O Osiris, scribe, Neb-qed, véridique !
Je suis venu ; je suis ton salut. J'ai disposé pour toi les
principes de tes substances, maîtrisant pour toi tes ennemis
sous toi. Je t'ai donné ta tête pour toujours.

» Discours de Kebhsennuf[4] : O Osiris ! Je suis venu pour
être ton salut. Je te rassemble tes os. Je te réunis tes chairs.

---

1. Pl. VI, 28-32 ; Pl. VII, 11-15.
2. Cf., pour la traduction de ce texte, les travaux dont il a été l'objet de la part de MM. Birch et Chabas.
3. Pl. VII, 1-3 ; Pl. VI, 36-38.
4. Pl. VII, 1-3 ; Pl. VI, 36-38.

Je t'apporte ton cœur que je mets à sa place dans ton sein. J'ai fait prospérer ta demeure avec toi, vivant éternellement.

» Discours de Duaumutef[1] : O Neb–qed, véridique ! Moi, ton fils, Horus, que tu aimes, je suis venu pour sauver mon père Osiris de ce qui lui fait offense[2]. Je le place sous tes pieds pour toujours. »

Le tableau répondant au chapitre 151 du *Todtenbuch*, dans les plus anciens manuscrits funéraires, montre encore, dans chacun des deux angles supérieurs, la représentation d'une âme adorante, figurée sous la forme d'un oiseau à tête et bras humains tournés vers l'extérieur de la composition. Dans le papyrus de Neb-qed, une lampe ardente, ou cassolette allumée, signe de la syllabe *ba* (âme), est placée devant elle[3].

Les prières prononcées par l'âme ne sont pas écrites dans le papyrus de Neb-qed, mais nous savons par d'autres manuscrits que la première âme s'adresse au Soleil couchant, image de la mort terrestre et de l'entrée dans les régions mystérieuses de l'hémisphère inférieur du Ciel, c'est-à-dire dans la vie d'outre-tombe, et que l'autre s'adresse au Soleil levant, image de la nouvelle naissance et du commencement des pérégrinations célestes.

---

1. Pl. VII. 6-10.
2. Ou de *celui qui lui fait offense*. Cette périphrase désignerait alors Typhon qui ne pouvait pas être nommé dans la tombe d'Osiris.
3. Le feu seul est vivifiant parce qu'il tend vers le haut ; ce qui tend vers le bas lui est subordonné (Hermès Trismégiste, trad. Ménard, p. 116 et 65).

L'HIÉROGLYPHIQUE 1, 41 D'HORAPOLLON

ET

LE TITRE DE PASTOPHORE DANS LES TEXTES ÉGYPTIENS [1]

Les livres d'Horapollon ont déjà fourni un grand nombre de renseignements pour le déchiffrement des hiéroglyphes ; mais quelques-unes des explications qu'on y trouve restent encore à élucider.

L'écriture égyptienne étant entièrement composée d'images représentant des objets réels ou supposés, Horapollon a appliqué le verbe ζωγραφεῖν, *peindre*, à toute expression hiéroglyphique, aux groupes phonétiques aussi bien qu'aux signes idéographiques ou figuratifs. Il s'ensuit que certains passages restés obscurs se comprennent facilement si l'on remplace ζωγραφεῖν par γράφειν, *écrire*.

L'interprétation du chapitre LXI du livre Ier, qui résulte des travaux de MM. Brugsch et de Rougé [2], aurait pu mettre sur la voie de cette observation. Mais on ne fit pas grande attention aux expressions du texte, parce qu'on le croyait altéré en cet endroit comme en beaucoup d'autres.

Voici maintenant un exemple qui ne pourra laisser aucun

---

1. Publié par Pierret, en 1873, dans les *Mélanges d'Archéologie égyptienne et assyrienne*, t. I, p. 61-63.
2. Voy. Cook, *Excursus on Egyptian Words in the Pentateuch*, p. 2.

doute sur ce que j'avance. C'est celui du chapitre XLI, ainsi conçu :

Πῶς σημαίνουσι παστοφόρον.

Παστοφόρον δὲ σημαίνοντες, φύλακα οἰκίας ζωγραφοῦσι, διὰ τὸ ὑπὸ τούτου φυλάττεσθαι τὸ ἱερόν.

Tant qu'on a cherché un hiéroglyphe introuvable représentant le *gardien d'une maison* (φύλακα οἰκίας), on n'a pas pu comprendre ce que l'auteur avait voulu dire. Mais aujourd'hui si nous traduisons : « Pour désigner un pastophore¹, ils *écrivent en hiéroglyphes* GARDIEN DE MAISON, » nous trouvons immédiatement l'application de ce passage dans les légendes suivantes :

Le scribe { φύλαξ οἰκίας / gardien de maison / = παστοφόρος } d'Amon, *Neb-qed*, véridique.

Le { φύλαξ οἰκίας / gardien de maison / = παστοφόρος } d'Amon, le scribe, *Neb-qed*.

Il est évident que les groupes hiéroglyphiques : , « Gardien de maison⁴ », répondant exacte-

---

1. M. Leemans, sans expliquer ce passage d'une manière satisfaisante, donne, dans son excellente édition d'Horapollon, p. 259, l'indication de tous les auteurs qui ont parlé des pastophores.
2. *Papyrus de Neb-qed*, pl. VI, 9, 10.
3. *Papyrus de Neb-qed*, pl. VI, 1-4.
4. La valeur phonétique du premier mot semble être *ari*, d'après la finale *i* deux fois écrite; mais le caractère initial ressemble plus au signe *sâu*, *sâau*, ce qui me paraît indiquer plutôt la lecture *sâul*. L'autre mot se lit sans difficulté *â-t*, *maison*. Le sens, dans tous les cas, n'est pas douteux.

ment aux mots φύλαξ οἰκίας d'Horapollon, nous pouvons les traduire avec toute certitude par le titre de *Pastophore*, d'après les observations qui précèdent.

Une stèle de la XIIe dynastie, conservée au Musée du Louvre, n° E 3144, montre que cette expression était en usage déjà à cette époque. On y lit :

Le { gardien de maison / = pastophore } de l'officine (?), *Râ-zeper ka*

enfanté par *Maut net-anx-ta*

Ce monument semble rappeler ce que dit Clément d'Alexandrie en parlant des livres sacrés : « Les six autres
» livres sont du domaine des *pastophores*. Ils ont pour objet
» la *médecine*, et se subdivisent ainsi : organisation hu-
» maine, maladies, instruments, *remèdes*, affections des
» yeux, maladies des femmes[1]. »

La statue A 76, exposée dans la salle Henri-IV au Louvre, représente un pastophore nommé *Sur*, assis à l'égyptienne. Il est revêtu de la peau de panthère, insigne de sa dignité sacerdotale. Sa main gauche est posée sur un simulacre d'arc, qui doit faire allusion à ses fonctions de gardien et défenseur de son temple. Il était de plus *madiu*[2], c'est-à-dire approvisionneur ou économe pour les offrandes et l'entretien des prêtres.

Une autre stèle du musée, C 45, présente, après un . *pastophore de l'intendance* du temple de Ptah,

---

1. *Stromates*, l. VI, chap. IV.
2. Voyez, pour ce titre, mon travail sur les papyrus judiciaires, extrait du *Journal asiatique*, p. 171; [cf. *Mémoires et Fragments*, t. II, p. 231].

quatre *madiu*, approvisionneurs ou économes, dont un pannetier et un échanson et peut-être un préposé au grenier. C'étaient, comme le fait remarquer M. Chabas[1], des personnages beaucoup plus importants que ces humbles fonctions ne semblent l'indiquer.

Diodore de Sicile (I, 29) s'exprime ainsi: « Les Athéniens affirment que l'apparition de Cérès et le don du blé arrivèrent sous Érechthée, dans un temps où le manque de pluie avait fait périr tous les fruits. De plus, les initiations et les mystères de cette déesse furent alors établis à Éleusis, où les Athéniens observent les mêmes rites que les Égyptiens ; car les Eumolpides dérivent des prêtres égyptiens et les Céryces des Pastophores. »

Or, on sait que les Céryces (τοὺς δὲ Κήρυκας) avaient le privilège de fournir les *hérauts* employés dans les sacrifices, et les *parasites* du temple d'Apollon, chargés de l'intendance des blés sacrés. Leurs fonctions n'étaient donc pas sans analogie avec celle des pastophores.

Il ne faudrait toutefois pas conclure de ces divers exemples que les mots égyptiens sau-at, *gardien de maison*, ne pouvaient s'employer que dans le sens de pastophore. Mais je ne connais aucun texte qui leur donne une autre signification.

On n'avait trouvé jusqu'ici, dans les *Hiéroglyphes* d'Horapollon, que l'explication de certains signes ou symboles sacrés ; nous y puiserons maintenant, à l'aide d'une observation bien simple, des indications lexicographiques qu'on ne saurait découvrir ailleurs.

Paris, 1879.

---

1. Chabas, *Mélanges égyptologiques*, t. III, p. 169. La lecture *mba* (non *mba*), peut être bonne, mais j'attends une variante certaine pour l'adopter. (Voyez le *Papyrus judiciaire de Turin*, p. 49, 167 et 171. dans *Mémoires et Fragments*, t. II, p. 138, 228, 231.) J'ignore ce que seraient alors les *madiu*, préposés aux offrandes dans la grande inscription dédicatoire d'Abydos.

LES PASTOPHORES

PAR P. PIERRET[1]

Comme suite et complément de l'article qui précède de notre regretté confrère Th. Devéria, je demande la permission de soumettre au lecteur les observations que m'ont suggérées mes propres recherches sur le même sujet.

Le mot παστοφόρος, employé par Horapollon (I, 41), a été expliqué par quelques-uns : *is qui* PALLIUM *gestat*, de παστάς, *voile de diverses couleurs*[2], mais Jablonski (*Panthéon*, II, 2, § 5) traduit avec plus de vraisemblance παστάς par édicule, *naos*. Les Grecs auront adopté cette dénomination, soit à cause des peintures variées dont les naos en bois précieux étaient ornés, soit à cause du voile recouvrant la divinité qu'ils contenaient. Les Pastophores étaient donc ceux qui, dans les processions, portaient ces chapelles sur leurs

---

1. Publié dans les *Mélanges*, t. I, p. 64-66. J'ai cru devoir joindre aux *Mémoires et Fragments* ce mémoire de Pierret, qui en est le complément, et qui contient des extraits des notes inédites de Devéria. — G. M.

2. Cette désignation s'appliquerait plutôt aux prêtres nommés par Plutarque ἱεραφόροι, « qui couvrent les statues des dieux de robes en » partie noires et obscures, en partie claires et brillantes » (*Sur Isis et sur Osiris*, chap. III), les mêmes sans doute que le texte grec de Canope indique comme chargés du στολισμός τῶν θεῶν, mais ils n'avaient que leur entrée dans le sanctuaire, εἰς τὸ ἄδυτον εἰσπορευόμενοι; ils ne résidaient pas dans le temple. Voir à ce sujet, dans Mariette, *Fouilles d'Abydos*, p. 53, le « chapitre de revêtir les divinités de l'étoffe sacrée » appelée *menj*. »

épaules, et il résulte de l'interprétation donnée par Horapollon, que ces prêtres étaient chargés en même temps de la garde des temples.

En raison de ces explications, et conformément à l'observation faite par Devéria lui-même, je ne crois pas qu'il faille toujours traduire 〈hiero〉 par *pastophore*. Cette interprétation ne me paraît admissible que dans les exemples où les mots *sàu à-t* sont suivis d'un nom de divinité, ou lorsque n'étant suivis d'aucune autre indication, rien ne s'oppose à ce que nous admettions qu'il s'agit d'une dignité sacerdotale. C'est ainsi que, dans les exemples suivants, le sens de *pastophore* me paraît très acceptable :

〈hiero〉 Le pastophore *Nezt*[1],

〈hiero〉 Le pastophore *Seb*[2],

〈hiero〉 Le pastophore *Tut-Rà-χeper-ka*[3],

〈hiero〉 Le pastophore (*Au-f-er-anχ*)[4],

〈hiero〉 Le pastophore d'Amon (*Au-f-er-bak-u*)[5],

〈hiero〉 Le pastophore d'Amon (*Ar-nefru*)[6].

Mais, lorsque le scribe a pris soin de spécifier la demeure à laquelle se réfère le titre énoncé, mon avis est de mainte-

---

1. Lepsius, *Denkmaeler*, II, 127 c.
2. Louvre, stèle C 6.
3. Louvre, stèle C 44.
4. Lieblein, *Dictionnaire des Noms propres*, n° 483.
5. Lieblein, *Dictionnaire des Noms propres*, n° 762.
6. Lieblein, *Dictionnaire des Noms propres*, n° 682.

LES PASTOPHORES 389

nir au signe 𓀢 le sens pur et simple de *gardien*. Ainsi je lirai les titres suivants :

Gardien de l'observatoire [1],

Gardien des magasins (?) du roi [2],

Gardien de la demeure de son roi [3],

Gardien de demeure du palais [4],

Gardien de demeure de la ferme [5],

Gardien de demeure de la ferme de Ptah [6],

Gardien de la ferme [7]; variante :

Résident de la ferme [8].

---

1. Au lieu de « pastophore de l'intendance », comme traduit Devéria, ci-dessus, p. 385. D'après M. Birch (*Zeitschrift*, 1868, p. 11), le mot 𓏥𓉐𓀢𓇳, dans une inscription hiératique sur pierre du Musée Britannique, s'applique à des observations astronomiques relatives à une étoile nommée ✶ 𓈗, *seb-en-mu*.

2. E. de Rougé, *Notice des monuments du musée égyptien du Louvre* (3ᵉ édit.), p. 118 : (Cf. Lieblein, *Dictionnaire des Noms propres*, n° 843).

3. Lieblein, *Dictionnaire des Noms propres*, n° 1162.

4. Lieblein, *Dictionnaire des Noms propres*, n° 700.

5. Lieblein, *Dictionnaire des Noms propres*, n° 397.

6. Lieblein, *Dictionnaire des Noms propres*, n° 263. Il s'agit ici de la ferme annexée aux temples (Cf. de Rougé, *Étude sur Tahraka*).

7. Lieblein, *Dictionnaire des Noms propres*, n° 407. Le mot 𓄤𓇳, dans les rares passages où il a été rencontré jusqu'ici, paraît bien désigner les produits de la terre.

8. Lieblein, *Dictionnaire des Noms propres*, n° 407. 𓁹𓏏𓀢𓆑. Cf. ⲉⲙⲁⲥⲓ, *habitare*.

En dépouillant les exemples ci-dessus, j'ai constaté que le titre 𓀿 ⸻ 🞏, se rencontre principalement dans le Moyen Empire, sous la XII⁰ dynastie; il devient très rare dans le Nouvel Empire, surtout à partir des Ramessides ; on ne le rencontre jamais dans les premières dynasties.

Voici quelques explications d'*Hiéroglyphiques* d'Horapollon que j'ai trouvées éparses dans les notes de Th. Devéria. Il n'avait pas songé à les réunir pour en faire l'objet d'une étude spéciale : je les donne telles quelles.

Un crocodile penché en avant = *le déclin*. (Horap., I, 69). — Le déclin (du soleil). Le crocodile dans les tableaux sacrés des heures indique celles de la nuit.

Deux yeux de crocodile = *la naissance* (Horap., I, 68). — 👁 = 👁 𓅭 = toute manifestation physique (?) — 👁👁, les deux yeux d'Horus, c'est-à-dire du monde matériel = les deux principales manifestations ou *naissances* divines, le Soleil et la Lune.

Crocodile = *un homme rapace, féroud ou furieux* (Horap., I, 67). — La *grande dévorante* de l'enfer égyptien est représentée avec la tête et toute la partie antérieure du crocodile.

Un ibis = *le cœur* (Horap., I, 36). — *Ibis*, lisez *héron*. Ce doit être le *benu*, héron sacré d'Osiris, qui est constamment en rapport avec le cœur. Cf. Louvre, pap. de *Tà-baken-xonsu*[1], les amulettes cordiformes sur lesquelles cet oiseau est gravé, etc.

Le phénix = *l'inondation* (Horap., I, 34). C'est le *benu* d'Osiris, oiseau de l'inondation : 𓅠, *bahu*.

Le phénix = *quelqu'un qui revient de voyage après beaucoup de temps* (Horap., I, 35). — 𓅠, symbole de résurrection.

---

1. La première scène de ce papyrus représente le vase 𓎺 contenant la légende de la défunte, placé au-dessus d'un échassier sans aigrette qui peut bien être l'ibis d'Horapollon (P. Pierret).

Un chien = *un scribe sacré* (Horap., I, 39). — ⟨hier⟩ = *her ses'etau, initié aux mystères*[1].

Une langue approchée des dents = *le goût imparfait* (Horap., I, 31). — ⟨langue⟩, langue, dans le mot ⟨h'ū⟩, *h'ū, goût*.

Une main sous une langue = *le langage* (Horap , I, 27). — ⟨vipère⟩, la vipère aura été confondue avec la langue ⟨langue⟩.

---

1. Voir sur ce titre : Dümichen, *Zeitschrift*, 1865, p. 3; E. de Rougé, *Mémoire sur les six premières dynasties*, p. 87, 94; Devéria, *Sur Hermanubis* (*Revue archéologique*, novembre 1869, et *Mémoires et Fragments*, t. II, p. 265-270).

TABLE DES MATIÈRES

	Pages
La race supposée protoceltique est-elle figurée sur les monuments égyptiens?	1-8
Acquisitions du Musée égyptien du Louvre	9-11
La caricature égyptienne	13-17
La nouvelle Table d'Abydos comparée aux autres listes royales de l'ancienne Égypte rédigées sous les Ramessides ou antérieurement	19-40
Manéthon et ses derniers adversaires	41-47
L'écriture secrète dans les textes hiéroglyphiques des anciens Égyptiens, Premier Essai (avec deux planches)	49-80
Les cadenas égyptiens (avec deux planches)	81-82
Les jeux de dames en Égypte (avec une planche)	83-96
Le Papyrus judiciaire de Turin et les papyrus Lee et Rollin (avec six planches)	97-251
Les lamentations d'Isis et de Nephthys, manuscrit hiératique du Musée royal de Berlin publié en fac-simile, avec traduction et analyse par J. de Horrack	253-256
L'ostracon de la collection Caillaud	257-263
Emblème d'Hermanubis dans le tombeau de Bakenxonsou, premier prophète d'Ammon sous la XIXe dynastie (avec une planche)	265-270
Les cippes d'Horus expliqués par Hermès Trismégiste, Horapollon et Plutarque	271-279
L'expression Maâ-xerou	281-295
Lettre à M. Paul Pierret sur le chapitre 1er du *Todtenbuch*	297-314

TABLE DES MATIÈRES

	Pages
Une stèle égyptienne du temps de l'expulsion des rois pasteurs.	315-323
Les hiéroglyphes 1 et 2, 59 à 64 d'Horapollon, le serpent qui se mord la queue et les cartouches royaux	325-337
Le fer et l'aimant, leur nom et leur usage dans l'ancienne Égypte	339-356
Introduction mythologique au Papyrus de Neb-qed	357-373
Sur le chapitre cxi du Livre des Morts	375-381
L'hiéroglyphique 1, 41 d'Horapollon et le titre de pastophore dans les textes égyptiens	383-386
Les Pastophores, par P. Pierret	387-391

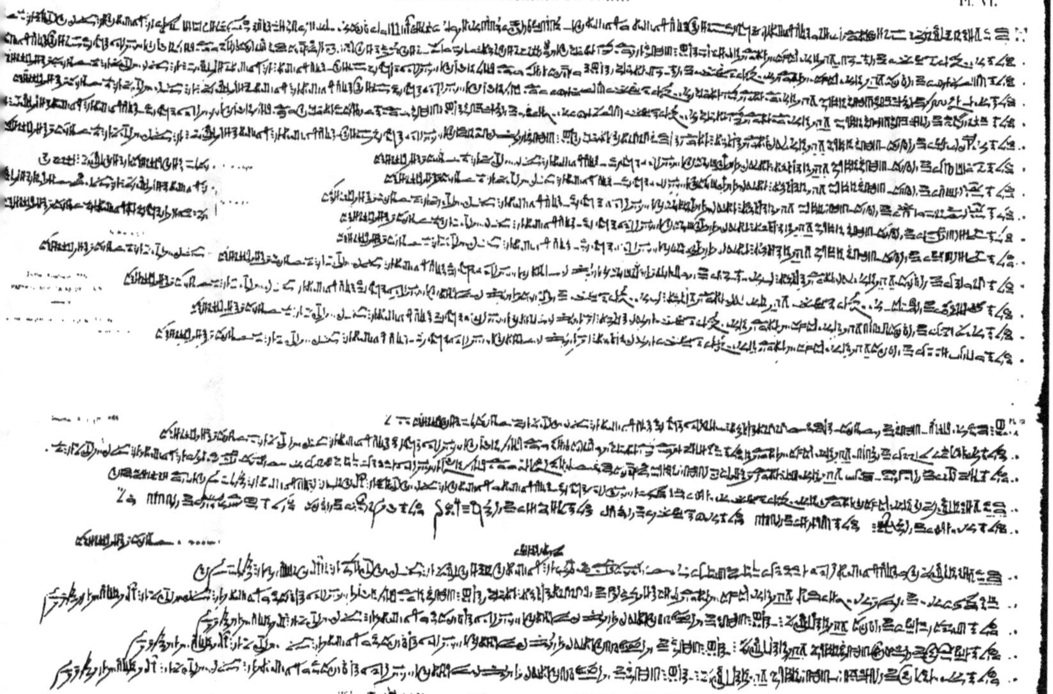

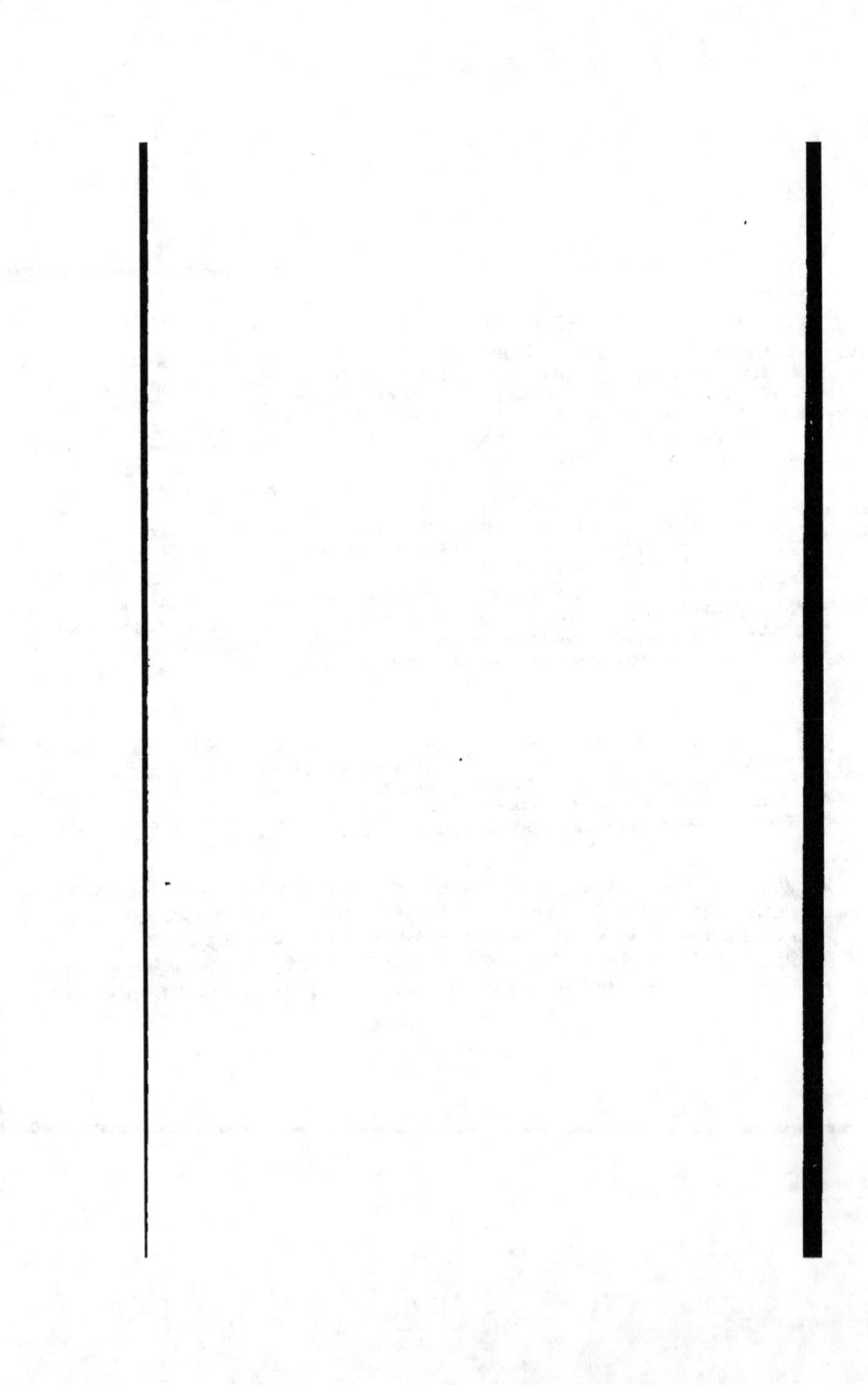

LE PAPYRUS JUDICIAIRE DE TURIN — Pl. VII.

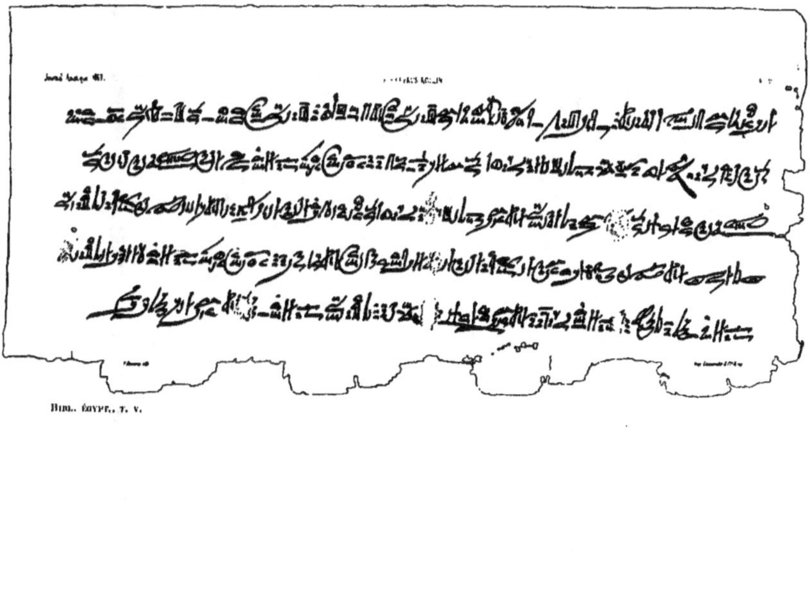

LE PAPYRUS LEE   PL. IX.

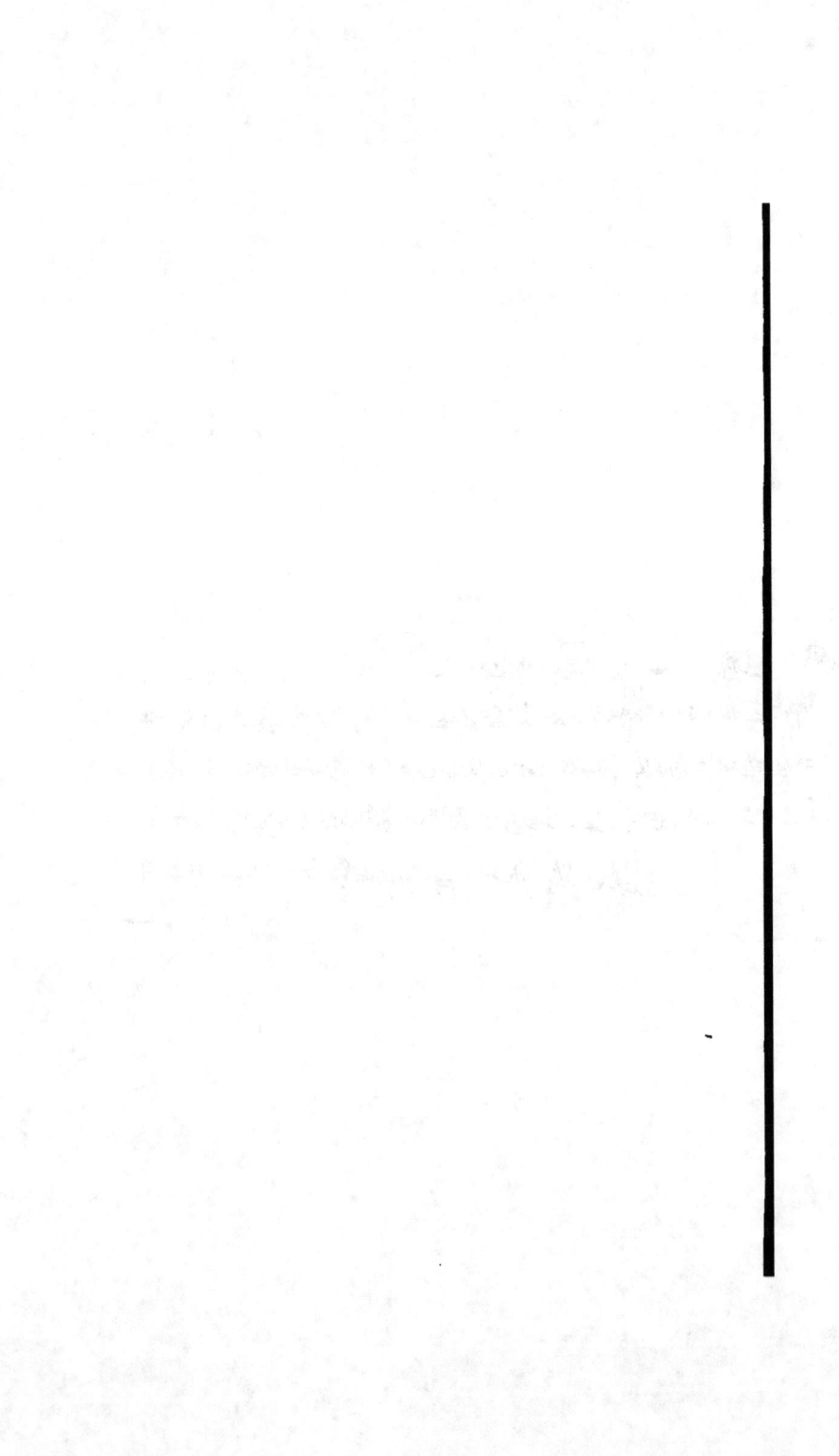

SIMULACRE DE PALETTE DE SCRIBE,
MUSÉE ÉGYPTIEN DU LOUVRE.

26

www.ingramcontent.com/pod-product-compliance
Lightning Source LLC
Chambersburg PA
CBHW051838230426
43671CB00008B/998